2013年度教育部哲学社会科学研究
年度发展报告培育项目

# 文化研究
Annual Report of
Cultural Studies

# 年度报告

## （2012）

● 陶东风　主编

社会科学文献出版社
SOCIAL SCIENCES ACADEMIC PRESS (CHINA)

# 文化研究年度报告（2012）

**主　编**　陶东风

**副主编**　邱运华　王德胜　宋月华

**编辑部主任**　胡疆锋

**主办**　首都师范大学文化研究院
　　　首都师范大学文艺学与文化研究中心

**学术委员会**（按姓氏汉语拼音音序排列）
　　陈光兴　高丙中　黄卓越　鲁晓鹏　陆　扬
　　罗　钢　汪民安　王　宁　王晓路　王晓明
　　徐　贲　张英进　赵　勇　周　宪

**编写组成员**
　　王　毅　杨　玲　罗　靓　李会芳　符　鹏
　　蒋　璐　盖　琪　陈国战　郑以然　翁立萌
　　杨宇静　王峥嵘　徐　铮

**外国学者**
　　托尼·本尼特（Tony Bennett），英国开放大学（Open University，UK）
　　约翰·斯道雷（John Storey），英国桑德兰大学（University of Sunderland，UK）

西蒙·杜林（Simon During），美国霍普金斯大学（University of John Hopkins，USA）

约翰·哈特利（John Hartley），澳大利亚昆士兰科技大学（Queensland University of Technology，Australia）

约翰·阿米蒂奇（John Armitage），英国诺桑比亚大学（Northumbria University，UK）

# 主编的话

　　《文化研究年度报告（2012）》已经编辑完毕，即将由社会科学文献出版社出版。

　　文化研究是当今世界备受瞩目的前沿学术领域，自20世纪50年代末诞生于英国起，文化研究已历经60余年的发展，其间它四处出击，敞开怀抱吸纳各种人文社会科学领域的理论和方法，积极介入当代文化与学术政治，成为目前国际学术界最具活力和创造性，也最具争议性的学术思潮之一。

　　自20世纪80年代末文化研究思潮涌入中国大陆，立即对人文社会科学及其知识生产方式产生了极大的影响，极大地重构了知识分子的话语方式。最近几年，文化研究不仅已经形成浩大的声势，进入高校的研究生和本科生教育，而且将自己的方法、立场和旨趣逐渐渗透到社会科学人文科学的各个分支之中，可谓到处播种，遍地开花，同时也激发了各种各样的争议。

　　为了及时反映文化研究的研究现状和最新进展，我们从2010年开始出版《文化研究年度报告》（以下简称《报告》），2010年度、2011年度的报告已经出版。现在2012年度的报告也已编辑完成。

　　本《报告》主要由四大板块组成：

　　第一个板块为"年度论文"，精选国内期刊上发表的、我们认为能够代表文化研究动向和水准的论文。这是《报告》中分量最重的板块。

　　第二个板块为"文化研究工作坊"。本板块参照法国社会学家布迪厄的《社会学工作坊》，意在探索一种工艺，力求把一个产品（在我们这里就是研究成果）的生产过程、机制、环节、技术呈现出来，而不仅仅是呈现产品本身。这就像带一个人参观一个制作工艺的流程。因此，这个板块除了发表我们认为是重量级的研究成果（可以是学术论文，也可以是有价值的原创性调研报告和民族志访谈）外，还希望作者尽量细致地"交代"自己的研究过程（选题缘起、收集材料、调查研究、写作进展、修改加工等）

涉及的各个环节。

本期的"工作坊"集中发表了上海大学文学院曾军教授等教师，带领他们的几个弟子解读、讨论、分析詹明信教授几个重要理论文本及其翻译的文章，主题集中，讨论深入，也颇能体现"工作坊"栏目的编辑设想。在此对为我们辛苦组织这组文章的曾军教授表示衷心感谢。

第三个板块由两部分组成：

一是，2012年度文化现象扫描及大事记。主要记录2012年发生的热点文化现象，以具有知名度、流行度的大众文化现象为主。此处所使用的"文化"概念，取其广义，颇似雷蒙·威廉斯所说的"一种整体的生活方式"。因而，在我们选取的文化热点中，既有偏于文艺思潮的"宫斗剧""屌丝文化"，也有属于公共文化事件的"手抄讲话""莫言获奖"。在此大文化观念的指导下，我们试图比较全面地勾画出2012年度中国的文化地形图。

二是，文化研究重要著述介绍。这部分主要介绍本年度重要的文化研究著作，兼及大陆本土学者的原创性著作和翻译介绍的西方著作。但目前限于中文著作，暂不涉及中文之外的著作。

第四个板块是文化研究大事记。这个板块辑录、整理本年度国内外文化研究领域影响大、具有重要学术意义与史料价值的重大事件，如文化研究重要机构的成立及其活动、文化研究领域的重要学术会议的举办、重要论著的发表等。自2010年起，我们就希望这个版块除了大陆以外，还应该包括港澳台地区，以及世界其他一些文化研究比较流行的国家。但由于操作上的困难，目前对港澳台地区及其他国家的介绍往往很不全面。值得欣慰的是，本辑《报告》在这个版块上有很大改进，内容涵盖了中国的大陆、香港、台湾，美国，澳大利亚以及欧洲，应该能够比较全面地反映世界各地的文化研究状况，而且撰写者队伍也越来越固定。我们深知做大事记是一个吃力不讨好的工作，需要掌握大量资料，而最后提炼出来的干货却就那么几页。我们对本版块的作者致以特别的谢忱，并恳切希望继续得到他们的支持。

当年的伯明翰文化研究中心曾经出版过自己的工作论文和工作报告，产生了重大影响。本人希望《文化研究年度报告》既是年度文化和文化研究的工作总结和资料汇编，又是文化研究工作者切磋技艺、交流经验的工作坊。我们诚挚地邀请有兴趣的朋友们加入我们的文化研究工作坊，大家一起为它添砖加瓦。

最后，还要特别感谢我的同事和朋友胡疆锋，由于我这段时间杂事繁多，精力不济，本辑《报告》的具体工作都是他做的。其间我还几次萌生了放弃《报告》编辑计划的念头，也都是疆锋鼓励我坚持下去，并表示具体的编辑选稿工作他可以多做一些。因此，这个报告能够继续出版到今天，完全是疆锋的功劳。

陶东风

2013 年 7 月 20 日

# 目　录

## 中国大陆热点评述和研究综述

## 文化研究大事记

# 年度论文

# 核心价值体系与大众文化的有机融合<sup>*</sup>

陶东风<sup>**</sup>

**内容提要：**本文集中探讨了作为我国文化建设根本指导思想的社会主义核心价值体系，应具备什么样的形态和特征，才能和大众文化形成良性关系，并得到大众发自内心的拥护，落实在自己的日常行动中。本文认为，要做到这点，关键是实现两个转化，即从官方文化转化为主流文化或主导文化，再由主导文化转化为大众文化。当下文化研究的一个重要理论课题，就是寻找核心价值体系与大众文化之间的契合点和转化机制。文章通过好莱坞电影的例子指出，由于主导文化和大众文化所传达的都是一个社会中占多数的大众的价值观和审美趣味，两者应该而且能够做到最大程度的融合。

**关键词：**核心价值体系　主导文化　大众文化　精英文化　葛兰西　布迪厄

十七届六中全会提出要建立社会主义核心价值体系，并把它当作我国文化建设的根本指导思想上升到统一全党、全社会的思想道德、行为方式的高度。六中全会《决定》<sup>①</sup> 指出，要"坚持用社会主义核心价值体系引领社会思潮，在全党全社会形成统一指导思想、共同理想信念、强大精神力量、基本道德规范"这样一种核心价值体系，不但要倡导，而且要落实和践行，使之真正得到大众拥护，因而能够落实在自己的日常行动中。

我以为，落实和践行核心价值观的关键，是让它从官方文化转化为主

---

\* 本文系国家社科基金重大招标项目"当代中国大众文化的价值观研究"（项目批准号：11&ZD022）的阶段性成果。

\*\* 陶东风，首都师范大学文学院教授。

① 全称《中共中央关于深化文化体制改革推动社会主义文化大发展大繁荣若干重大问题的决定》。

流文化或主导文化，进而赢得葛兰西所谓的文化领导权。而这种转化，如果离开了大众文化的积极配合和支持，是不可能达到的。本文的目的就是要寻找核心价值体系和大众文化的契合点。

## 一　核心价值体系与文化领导权

官方文化、精英文化、大众文化的三分法出现于 1980 年代，并一直沿用至今。六中全会郑重提出并写入全会《决定》的核心价值体系，显然属于真正的官方文化。但官方文化不等于主流文化，如果说官方文化是官方倡导的文化，那么，主流文化则是在一个社会中真正占据主导地位的文化，是真正支配大众的思维和行为方式、在大众的日常生活中得到践行的那一套价值观。

葛兰西的文化领导权理论可以帮助我们更深刻地认识这个问题。葛兰西把"上层建筑"分为两个层面，一个是被称为"市民社会"（又称"私人领域"）的整个民间组织，也就是由教会、学校和新闻机构等组成的文化领域或公民活动领域，以非暴力为基本特征；另一个则是"政治社会"或"国家"（狭义的国家），主要由政府、军队、警察和司法机构等组成，以暴力或强制为主要特征。① 上层建筑的这两个层面又分别发挥着两种不同的功能。葛兰西所说的文化领导权，是在市民社会而不是政治社会中建构和运作的，它作用于"大众哲学"或"共识"，引导大众自发地认同占统治地位的群体关于社会生活世界的解释；而"政治社会"或"国家"则发挥着"直接的支配"作用，由国家警察机构或司法部门实施强制性命令。②

可见，"领导权"这个概念在葛兰西那里用来指称与赤裸裸的压迫和强权不同的、常常并不被经验理解为统治的统治关系。它不是表现为强制，而是表现为通过被统治者的积极赞成（consent）而实施的统治（正因为这样，把 cultural hegemony 翻译为"文化霸权"是不准确的）。这正是这个概念的精微与深刻之处：文化领导权比以赤裸裸的武力和强制为基础的统治

---

① 参见葛兰西《狱中札记》，曹雷雨译，中国社会科学出版社，2000，第 7 页。

② Antonio Gramsci: "On Intellectuals," see Jessica Munns & Gita Rajan Longman（ed.）: *A Cultural Studies Reader*, *History*, *Theory*, *Practice*, London and New York, 1995, p. 102.

权更为含蓄、复杂、多元，它暗示了以文化领导权为基础的新统治形式，常常是以被统治者的默许与配合为基础的。葛兰西还认为，文化领导权的力量总是依据社会文化条件而被不断地修正，它们不但是更加精致的，而且是可以商谈的。

虽然因为国情和时代的差异，我们不能机械照搬葛兰西的文化领导权理论，但这个概念至少启示我们：一个执政党的文化，即所谓"官方文化"，是否真正获得了文化领导权，其标志决不是它背后是否有强力的支持，可以强迫人民服从，而是人民是否自觉自发地赞同它的那套价值理念和施政方针。官方文化如欲转化为主流文化，亦即在大众的日常生活中真正居于支配地位的文化，最关键的一点是必须获得大众的真正认同，必须通过非暴力手段（比如民主协商、对话、谈判等）达成社会各界的"普遍共识"（"常识"），必须得到大众自愿、积极的赞同而非消极无奈的服从。而这种赞同之所以是"自愿""积极"的，乃是因为它不仅建立在社会各界的广泛对话和民主协商基础上，而且也不像精英知识分子的小众文化那样曲高和寡。它融入葛兰西所说的大众"常识哲学"之中，从而成为思想、文化、舆论领域非强制却又强有力的引领力量。

什么样的价值观能够赢得社会绝大多数成员的积极赞同？当然只能是一种能够协调社会各阶层的利益、信念和生活方式的价值观，是能够把人民利益、国家利益和政党利益有机凝聚在一起的、最有代表性的价值观。如果人民利益、国家利益和政党利益真正合一了，如果三者的价值观真正统一了，那么，官方文化就转化为主流文化，获得了真正意义上的文化领导权。

这样一种能够把人民利益、国家利益、政党利益有机统一起来的主流文化或核心价值体系，首先必须具有多元性、包容性、开放性，必须和开放社会、多元社会相适应。像中国这样一个大国，社会各阶层、各群体、各组织，更不要说众多的个人，都有不同信仰、追求、生活方式、生活理想等，能够在"全社会形成统一指导思想、共同理想信念、强大精神力量、基本道德规范"① 的核心价值观，不可能不充分尊重这种多元性和差异性，

---

① 参见《中共中央关于深化文化体制改革推动社会主义文化大发展大繁荣若干重大问题的决定》（2011 年 10 月 18 日中国共产党第十七届中央委员会第六次全体会议通过）。

为个人的生活方式选择留下足够大的自由空间。只有这样，核心价值体系才能被不同的阶层和群体所接受，才能容纳各种不同的宗教信仰和地方性的风俗习惯，才能促进而不是破坏社会和谐。只有一个包容的社会才可能是一个和谐的社会，因为现代社会是异质社会，现代社会的和谐也是尊重差异基础上的和谐，这和高度同质化的古代社会的和谐形态存在根本区别，也和那些奉行单一宗教信仰的政教合一社会的和谐形态存在根本区别。如果在一个世俗多元、差异的社会奉行单一、狭隘、排他的核心价值体系，必将导致尖锐的社会冲突。

其次，这样一种与多元社会、多元价值观相适应且具有开放性的核心价值体系，必须具有基础性、广泛性，能够适应全社会的不同阶层和群体，是对每个公民基本道德和行为规范的要求。换言之，核心价值体系必须是低调的公民道德，而不是高调的圣人伦理或英雄道德；是一种世俗性道德，而不是宗教性道德。它的目的不是要让每个人都成为灭绝七情六欲的圣人，而是要让每个人都成为遵纪守法的公民。同时必须强调，核心价值体系是面向全民的，而不只是面向共产党员或其他模范人物的，是对普通百姓的要求而不只是对领导干部的要求。因此，它也不能是那种只适合模范人物、共产党员、领导干部的高端道德标准，而是一般公民都能够达到，也应该达到的基本道德标准。《决定》指出要"大力弘扬一切有利于国家富强、民族振兴、人民幸福、社会和谐的思想和精神"[①]，实际上就是在强调核心价值体系的普适性、基础性和广泛性。

如果我们借用社会学家涂尔干对道德划分的理论，那么核心价值体系当属公民道德。涂尔干把规范分为两种类型，一种是适用于所有人的普遍性规范，另一种则仅适合于某些特定群体（这些特定群体依据职业、性别、年龄等特殊属性界定）。前者是道德普遍主义的，属公民道德或共同道德；后者是道德特殊主义的，属特殊社会群体（如职业群体）应该遵循的行为规范（如职业伦理）。关于前者，涂尔干写道："这些规范与普遍意义上的人是相应的"，"无论对我们自己，还是对我们的同胞来说，所有规范都必须依据尊重人、推动进步的原则，对所有人而言，这些规范

---

① 参见《中共中央关于深化文化体制改革推动社会主义文化大发展大繁荣若干重大问题的决定》（2011年10月18日中国共产党第十七届中央委员会第六次全体会议通过）。

都无一例外地同样有效"①。关于后者,作者指出,"这些伦理(职业伦理——引者注)与共同意识并无深层的联系,因为它们不是所有社会成员共有的伦理,换言之,它们与共同意识无关"②。核心价值体系显然属于前者而不是后者。

毋庸讳言,我们以前由官方主导的意识形态教育,还不同程度地存在普遍性道德和特殊性道德、世俗性道德和宗教性道德、公民价值观和政党价值观不分的现象,导致其代表性、包容性、基础性、广泛性的不足。它往往把特定阶级、群体、集团的价值观当成了全民的价值观,不同程度地表现出道德特殊主义或价值观特殊主义倾向,不利于赢得最广泛社会大众的认同和支持,从而成为大众的普遍共识。对此,大众常常采取消极应付的态度(即使不明确对抗或反对)。最近有学者提出了"良知恰到好处地展现"的命题,指出:"我们从小树立伟大的人生观、价值观,但对最为基本的人性尊严、人生常识等却茫然无知;记诵了许多高深莫测的思想,但在社会现实中,却对最基本的生存正义无动于衷。教育与现实之间的矛盾,不断催生着怀疑与虚无主义。"③ 这是很有见地的。

## 二 核心价值体系应作为常识哲学融入大众文化

现在让我们引入葛兰西的"常识哲学"概念来加深对上述问题的认识。

"常识哲学"是葛兰西提出的重要概念,其含义与"大众哲学""自发哲学"等概念相似。"常识哲学"就是大众普遍拥有的,既广泛流行又不那么精致专业的思想和价值观,葛兰西给予了它很高的评价。葛兰西的实践一元论哲学认为,哲学的目的是实践,是改造世界,真正的哲学只能是实践哲学,而实践又必须是群体的、大众的而非个体的创造历史的活动。因此,哲学必然是集体的而不是少数个体的事务,"哲学并不只是少许专业知识分子的抽象思考,而是一切人都在默默从事的具体的社会活动"④。在这

① 涂尔干:《职业伦理与公民道德》,上海人民出版社,2006,第5页。
② 涂尔干:《职业伦理与公民道德》,上海人民出版社,2006,第7页。
③ 上海师范大学哲学系郭美华语,参见《重申道德常识 构筑有预期的社会》,《时代周刊》2011年第42期。
④ 葛兰西:《实践哲学》,重庆出版社,1990,第1页。

个意义上甚至可以说，"人人都是哲学家"——"人类的大多数，在他们都从事着实际活动，而在他们的实际活动（或在他们的行为的指导路线）中又都暗含着一种世界观、一种哲学的范围内，人人都是哲学家。"① 常识哲学（或自发哲学、大众哲学）不是存在于职业哲学家的高度个人化、专业化的著述中，而是存在于语言本身（这种语言不是在语法上抽空了内容的词语总汇，而是特定的观点与概念的总体），存在于常识（common sense）或"健全的识见"（good sense）以及"大众宗教"（popular religion）中。而这种"大众宗教"，又不同于体现在高深经典中的宗教，而是存在于大众的整个信仰、观念、迷信以及观察与行为方式中，即通常说的"民俗"（folklore）中。②

这即是说，哲学不仅包括哲学家的哲学，而且包括大众的世界观，"一个时代的哲学并不是这个或那个哲学家的哲学，这个或那个知识分子集团的哲学，人民群众的这一大部分或那一大部分的哲学。它是所有这些要素的结合过程"③。或者说，哲学与哲学史的三要素是：哲学家的哲学、作为领导集团的世界观、大众哲学（民俗/广大群众的宗教）。

葛兰西之所以如此看重大众哲学或常识哲学，根本原因在于他认识到了官方文化要想赢得文化领导权，其前提就是赢得大众，转化为大众喜闻乐见的"民俗"或"民间故事"，否则就不能成为真正的主流文化。

我认为，一旦官方文化因其广泛的代表性、基础性、流行性而成为真正支配大众日常生活的常识哲学、大众哲学、大众共识，那么，接下来的问题，亦即官方文化与大众文化之间的契合点的问题，以及官方文化如何转化为大众文化、如何在大众文化中得到表现的问题，也就迎刃而解了。

大众文化所体现的，正是一个社会的"常识哲学"，一个社会的普遍价值观——普通人普遍拥有的价值观，普通人都能达到的基本道德。我们上面提到的常识哲学的各种特征，比如大众性、基础性、广泛性等，其实也都是大众文化价值观的特征。

无论在审美形式上还是在价值取向、道德标准上，大众文化都是低门

---

① 葛兰西：《实践哲学》，重庆出版社，1990，第26~27页。
② Antonio Gramsci: "Culture and Ideological Hegemony," see *Culture and Society*, J. C. Alexander and S. Seidman (ed. ), Cambridge University Press, 1990, p. 47.
③ 葛兰西：《实践哲学》，重庆出版社，1990，第27页。

槛、低调的，是日常的，是大多数人乐于接受的（"人民大众喜闻乐见的"）。这正是大众文化区别于精英文化/高雅文化的根本特征：低准入。正因为这样，大众文化才能成为一个社会普遍流行的常识审美趣味和常识价值观（因此也是主流审美趣味和主流价值观）的代表。

大众文化在形式上并不一味崇尚创新，而是偏爱惯例，如重复的结构（大团圆、因果报应等），重复的母题（永恒超越的爱情、安全和秩序的最终回归等），重复的角色规定（常常是善恶分明的），诸如此类经常被精英们斥为"平庸""老套""缺乏创造力"。但必须指出，它和大众的日常经验特别是期待视野是相符的，是常态的、大众乐于接受的。换言之，大众文化表达的是普通人的常态经验，而不是精英们推崇的非常态经验（精英经验），它是日常生活的文化；而不是否定日常生活的文化。

这是由大众文化的本性决定的。"大众文化"顾名思义是面向大众的文化（参见下文关于布迪厄的部分），因此，大众文化的艺术形式，以及它的价值观都必须着眼于被大众接受，这样才能实现其商业诉求。如果说大众文化的最大特征是商业性，那么，这种商业性也必须通过迎合大众、包括大众的价值观才能实现。这种被最广大人口认可、喜欢的文化类型，不正是主流价值观的最佳"培育基地"吗？

美国大众文化可以说明这点。好莱坞大片的价值观就是美国社会的主流价值观。美国没有存在于主流文化或大众文化之外的官方文化。美国文化最成功的地方，就是其主流价值观、主流文化（所谓"美国价值""美国梦"）进入了以好莱坞大片为代表的大众文化，进入了老百姓的日常生活。因此，美国不必去搞一个专门的所谓"官方文化"，美国的官方文化就是主流文化，也就是大众文化。①

好莱坞又被称为"梦工厂"，是制造"美国梦"、传播美国价值观的工厂。这个美国价值观至少包含三个方面的核心。首先，自由和梦想是好莱坞影片中出现频率最高的词语，自我奋斗以及某种程度的个人英雄主义，贯穿于每一部影片（从《终结者》三部曲、《007》系列、《空军一号》，到《阿甘正传》等，虽然类型不同，风格迥异，但其价值观何其相似）。就拿

---

① 韩剧在这点上也比较成功，韩剧体现的价值观实际上就是既低调又健康、既基础又催人奋进、具有广泛代表性和基础性的价值观，比如《大长今》所表现的自强、诚信、宽容，既感动了广大的韩国观众，也感动了广大的中国观众。

近期风靡国内的《铁甲钢拳》来说，这部表现未来世界机器人的影片，故事并不复杂，叙事轻松明快，打斗精彩激烈。而影片最感人的依然是一种最富有美国特色的草根精神：必须保持梦想，追求自由，实现公正和正义；永远不放弃，永远不要自轻自贱，要学会自强自立，相信自己是最棒的，通过自我奋斗实现自己的价值。

其次，平民主义是好莱坞电影的另一个核心价值观，超越等级和传统习俗的爱情，是好莱坞爱情片一以贯之的主题。《泰坦尼克号》《风月俏佳人》《罗马假日》都是这方面的例子。《风月俏佳人》是现代版的王子与灰姑娘的故事，《罗马假日》则是颠倒的王子与灰姑娘的故事（公主和平民的爱情）。《功夫熊猫》一类的励志故事也属此类：强调平民主义的价值观和自我奋斗精神。"功夫之王"所需要的所谓"秘诀"其实不是什么神秘的东西，而是自我奋斗，是自信：对自己有信心，认为自己一定可以做到。即使像江湖圈外的熊猫阿宝，只要具备了这种品质，就能够成为"功夫之王"。这是典型的好莱坞价值观，也是典型的美国价值观。

最后，好莱坞表现的美国梦还包括大众对"回归正常"的渴望，宣扬日常生活中的亲情、爱情、友情永远不能丢弃，它们是生命的真正意义所在。生活再抓狂、再糟糕、再离谱、再刺激，最后一切都要回归正常，这点特别突出地反映在其家庭核心价值观方面，比如《廊桥遗梦》《金色的池塘》。

很多人指责好莱坞的价值观陈腐老套，缺乏革命性、颠覆性和激进性，的确如此。但大体而言，大众文化价值观从来就是保守的，而不是激进的（其审美趣味也是如此）；是迎合大多数人的"意见"的，而不是着意与大众过不去、对着干的。与大众的审美和道德期待对着干的，不可能是大众文化，而只能是精英文化。我们可以比较一下：所有好莱坞的灾难片、警匪片的结局都是灾难被排除、恶匪被降服，人类生活回归常态。这几乎成了没有例外的惯例。为什么？因为大众普遍拥有回归正常生活秩序的渴望，拥有对安全的渴望，这是根深蒂固的，制片人和编导都不可能不尊重这种审美惯例。

大众文化恰恰因为缺乏激进性和革命性而成为落实主流文化或主流价值观的最重要管道。大众文化潜移默化地影响和改变着人们的世界观、价值观和日常生活经验，同时也在潜移默化地塑造和巩固着主流价值观。作为产量最高、受众最多、影响最大的文化类型，大众文化既是一个巨大的产业，也是确立文化领导权、落实核心价值体系的重要阵地。不能落实在大众文化的生产和传播之中的价值观必定不可能得到广泛的传播，不可能深入人心，不可能成为主流文化。

正是大众文化的这个特征决定了其与精英文化的区别。精英文化是面向小众和同行的，这决定了其崇尚创新、追求差异、排斥重复和类似的品格（布迪厄的观点），其价值观和美学理想往往具有对主流文化的颠覆性。

## 三　迎合大众还是征服同行？——来自布迪厄的启示

布迪厄的文化生产理论可以印证我们前面关于大众文化与精英文化差异的分析。布迪厄认为，文学和艺术场域（统称文化生产场域）一方面处于与政治场域、经济场域的联系中，另一方面又拥有相对于政治、经济场域的独立性，因而是一个双重等级制的场域。双重等级制的意思是：文学艺术场域中的等级化依据的是他治和自治的双重原则。文学艺术场域如果完全失去所有自律性，就会归于消失，作家权力或金钱完全征服艺术生产，这个时候，他治的等级化原则（heteronomous principle of hierarchization），亦即经济上的成功（通过书籍的销售量、戏剧演出的次数等表现）或政治上的胜利（通过权力、职位等指标加以测定）将不受挑战地占据绝对优势。相反，自治的等级化原则（autonomous principle of hierarchization）是反权力或市场的。在这里，权力（政治）或市场（经济）上的胜利（巨大的政治权力，巨额的发行量、票房等）恰恰意味着艺术上的失败。这样，自治的等级化原则表现为与市场承认不同的特定资格授予机制和权威产生机制，它也是一种反市场或"颠倒"的特殊承认方式。换言之，"文学艺术场域的特殊性是通过这样的事实加以界定的：它越是自主，即越是完全地实现自己的场域逻辑，就越是倾向于悬置或倒转占支配地位的等级化的原则"①。文学

---

① P. Bourdieu: "The Field of Cultural Production, or the Reversed World of Economy," from: *The Policy Reader in Cultural Studies*, Policy Press, 1994, p. 59.

艺术场域越是自主，自治的等级化原则就越能发挥支配作用；越是不自主，他治的等级化原则就越占据统治地位。

布迪厄进而把这两套不同的等级化原则对应于文化生产的不同场域。在布迪厄看来，文化生产场域可以再划分为"有限生产场域"（the field of restricted production）与"批量生产场域"（the field of mass production）。在有限的文化生产场域中，生产者是为其他的生产者（即同行）而生产，支配这一生产的是超功利（包括政治功利和经济功利）的标准和"赢者输"（the winner loses）的游戏规则；在批量的文化生产场域中，生产者是为了大量的大众观众（mass-audience）而生产，支配它的是他治原则，亦即赤裸裸的经济功利价值。

有限文化生产场域的这种超功利追求，建构了其自身的特殊游戏规则，文化产品在市场上的巨大成功正好成为它在有限的文化生产场域遭到贬斥的原因。一部电影的高票房恰恰意味着它艺术上的失败，一部畅销的文学作品被认为是"失败的作品"①。布迪厄由此认为，在文化生产场域中的最自主部分，亦即有限的文化生产场域（布迪厄举的例子是象征主义诗），文化实践的经济是"建立在对于所有日常经济的基本原则——商业原则、权力原则以及机构化的权威原则——的系统颠覆之上的"。这个原则被布迪厄称为"赢者输"或"颠倒的经济"："对于商业的原则的颠覆表现为排除了利润的追逐，不保证投资与金钱获得之间的任何种类的对应，对于权力的颠覆表现为谴责虚名与短暂的风光，对于机构化的权威的颠覆表现为任何学院式的训练或圣职的缺乏可能被视作一种美德。"②

布迪厄认为，颠倒的经济决定了所有经济主义的解释模式（通过经济主义术语来解释反经济现象）都无法解释这个"颠倒的经济世界"（有限的文化生产世界或纯艺术世界）。当然，布迪厄并不认为"颠倒的经济"真的就完全超越了利益，他依然使用了"经济"一词（尽管是"颠倒的"）就表明即使是自诩超越的有限生产场域，也依然充满了为资本、为利益展开的斗争，它同样是最广义的"经济"（他又称之为"卡里斯马经济"）。事

---

① P. Bourdieu："The Field of Cultural Production, or the Reversed World of Economy," from：*The Policy Reader in Cultural Studies*, Policy Press, 1994, p. 59.

② P. Bourdieu："The Field of Cultural Production, or the Reversed World of Economy," from：*The Policy Reader in Cultural Studies*, Policy Press, 1994, p. 60.

实是，"这种卡里斯马经济是建立在一种摆脱了任何外来的决定因素而唯特定审美意图是从的行为的社会奇迹之上的"①。与通常直接瞄准发行量那种经济的决裂，恰好是"颠倒的经济"得以存在的前提，而这种"颠倒的经济"反过来又是享受着各种特权、摆脱了生存之忧的精英分子玩的游戏。比如，先锋艺术场域中最具有风险的投资（即缺少发行量和直接经济回报的投资），恰恰最需要雄厚的经济实力和社会条件。

著名布迪厄研究专家戴维·斯瓦茨对布迪厄的文化生产场域分化和知识分子分化理论曾经做过这样简要的概括：

有限的文化生产场域是高度专门化的文化市场，参与者为了争夺决定何为最合法的文化形式的标准而斗争，其努力的目标指向同行的认可。这些专门化的文化市场常常是围绕符号资本的专门形式（它们是相对独立于政治经济的）而得到结构的。这些可以称为抵抗商业或政治标准的"纯科学"或"为艺术而艺术"的市场。

相反，布迪厄认为不那么专业化的符号生产场域更多地指向商业成功或大众趣味等外在的标准。它们生产的是可以迅速地或现成地转化为经济资本的东西。这使得那些更加擅长把他们的作品卖给统治阶级的文化生产者与那些在这方面不擅长的文化生产者相互竞争。②

我认为，布迪厄的两个文化生产场域及其不同的等级化原则的理论，对于我们理解大众文化与精英文化在价值观和艺术形式方面的不同取向具有深刻的启示意义。布迪厄明确把大众文化视作批量的文化生产场域，它面向艺术圈外的大众，以商业成功（直接经济利益）为最高原则，这一点决定了它在艺术形式和价值取向上都必须迎合大众趣味，力图得到最大数量观众的认可（这是实现其商业价值的前提）。迎合大众的审美趣味和道德习惯的结果，就是大众文化在形式和价值取向方面的常规化倾向。于是就有了大众文化的模式化叙事结构与人物性格，反复出现的主题 - 母题选择，雷同的、可复制的情节安排，大众化的语言风格等。精英文化属于布迪厄所谓"有限的文化生产场域"，它是面向同行的，以同行的承认为最高原

---

① P. Bourdieu："The Field of Cultural Production, or the Reversed World of Economy," from：*The Policy Reader in Cultural Studies*，Policy Press，1994，p. 60.

② 戴维·斯瓦茨：《文化与权力：布迪厄的社会学》，陶东风译，上海译文出版社，2006，第259～260页。

则，为了在与同行的竞争中胜出，精英文化必须在艺术形式和价值取向方面追求差异化的冒险和实验。正是这点决定了精英文化的反常规化、陌生化特征。它追求新异乃至怪异，一味求变，不考虑乃至故意挑战大众的审美习惯和道德习惯。精英文化是极度张扬个性的，它不但是反主流的，而且是反大众的。① 这方面最有说服力的例子就是晦涩怪异、离经叛道的西方现代派文学，它们无不对西方社会的主流价值观发起了激进的批判，对惯例化的艺术形式（比如《秃头歌女》之于三一律）进行了激进的颠覆。

我国第一部成功的国产通俗电视剧《渴望》也极大地印证了布迪厄的理论洞察。王朔在其《我看大众文化港台文化及其他》一文中以过来人与参与者的身份谈到了《渴望》的创作过程与创作经验。他指出，在《渴望》一剧的酝酿阶段，他与其他编剧人员就认定："给大众的和给自己的完全是两条思路，互不搭界。"他们明确意识到："这（指《渴望》）不是个人化创作，大家都把自己的追求和价值放到一边，这部戏是给老百姓看的，所以这部戏的主题、趣味都要尊重老百姓的价值观和欣赏习惯。什么是老百姓的价值观和欣赏习惯？这点大家也无争议，就是中国传统价值，扬善抑恶，站在道德立场评判每一个人，歌颂真善美，鞭挞假丑恶，正义最终战胜邪恶，好人一生平安，坏人现世报……"② 这段话指出了以通俗剧为代表的大众文化生产，必须是也必然是模式化的，它的价值观必须是黑白分明、简单明了的，这样才能迎合大多数人的欣赏趣味，因而不可能是个性化的，也不可能是先锋的（无论是价值取向上的先锋，还是艺术形式上的先锋）。王朔反复指出大众文化与艺术个性之间的矛盾，而且断言："这就是大众文化的游戏规则和职业道德！一旦参加进来，你就要放弃自己的个性，艺术理想，甚至创作风格。大众文化最大的敌人就是作者自己的个性，除非这种个性恰巧正好为大众所需要。"③

---

① 关于大众文化和精英文化的这个区别，其实赵树理在很早就认识到了。赵树理把文学家分为"文坛文学家"和"文摊文学家"两种。前者是一个"狭小得可怜的圈子"，"真正喜欢看这些东西的人大部分是学习写这样的东西的人，等到学的人也登上了文坛，他写的东西事实上又是给另一些新的人看，让他们也学会这一套，爬上文坛去。这只不过是在极少数的人中间转来转去，从文坛来到文坛去罢了"（贺桂梅：《转折的年代——40~50年代作家研究》，山东教育出版社，2003，第360页）。这个极少数人转来转去的文坛，就是艺术家、作家同行圈子。

② 王朔：《我看大众文化港台文化及其他》，《天涯》2000年第2期。

③ 王朔：《我看大众文化港台文化及其他》，《天涯》2000年第2期。

王朔指出，《渴望》的创作过程就像"做数学题""求等式"，"有一个好人，就要设置一个不那么好的人；一个住胡同的，一个住楼的；一个热烈的，一个默默的；这个人（指刘慧芳——引者注）要是太好了，那一定要在天平的另一头把所有倒霉事扣她头上，才能让她一直好下去。所有角色的性格特征都是预先分配好的，像一盘棋上的车马炮，你只能直行，你只能斜着走，她必须隔一个打一个，这样才能把一盘棋下好下完，我们叫类型化，各司其职。演王亚茹的演员在拍摄过程中曾经不喜欢或者叫不相信自己扮演的这个角色是合乎人情的，找导演谈，导演也许很同情她，但他也无法对这个角色进行根本性的调整，因为 40 集戏全指着这搅屎棍子在里头搅了。我们搞的是一部大众文化产品，也叫通俗文艺作品。通俗文艺有它铁的规律，那是你无论抱有什么艺术洞察力和艺术良心也无从逾越的……"① 这一对大众文化模式化的"探索"对于中国大众文化发展提供了技术与操作上的样板。无论王朔对于大众文化类型化与模式化的强调多么过头，但他的确敏锐地抓住了大众文化与精英文化的一个根本区别。大众文化必须面向大众，这个无法摆脱的"宿命"使它必须通俗也只能通俗（但不一定低俗或庸俗），必须易于阅读与接受，也即是必须模式化、类型化，个性化、独创性、探索性、实验性、先锋性只能是少数艺术家圈子里的事情。用布迪厄的话说，这样的艺术生产场域是"有限的文化生产场域"，这样的作品是艺术家为自己创作的，她的创作者与接受者都是艺术家群体，这个群体与大众相比永远是少数。②

## 四 大众文化批评：定位与尺度

由于大众文化是世俗社会大众"常识哲学"的集中表达，因此，大众文化批评应该是一种意在提升"常识哲学"的公共话语实践活动。其批评

---

① 王朔：《我看大众文化港台文化及其他》，《天涯》2000 年第 2 期。

② 最近热播的《我的娜塔莎》再一次证明了大众文化因为必须照顾大众的文化趣味与审美期待而不得不采用模式化制作方法的规律。编剧高满堂透露，该剧原剧本并不是一个大团圆结局，导演郭靖宇在编完片子之后说："高老师，麻烦大了，咱从元旦播到农历新年，观众看得涕泪滂沱，到最后两个人没走到一起，这观众得骂咱们呀！"高满堂一想，中国人讲究大团圆，就接受导演的建议，让两人走到一起。参见《娜塔莎式爱情不是童话》，《北京晨报》2012 年 1 月 7 日。

的价值尺度，不应该是宗教价值尺度或精英价值尺度，当然也不是某特定社会群体（比如某职业群体）的特殊价值尺度，而应该是适合于公民文化的普遍价值尺度。它应该弘扬的是能够得到全社会各界最广泛认可的价值观，它应该否定的是公民道德底线之下的价值观。[①]

让我们再次借用一下葛兰西的理论。大众文化批评类似葛兰西理解的有机知识分子的工作——把大众的"常识哲学"提升到有意识的高度。如前所述，葛兰西借用"常识"或"常识哲学"概念来指称与专家哲学（也可以理解为泛指精英文化）不同的大众哲学，这种大众哲学实即大众文化，或至少与大众文化属于同类的文化形态。对于这种常识哲学或大众哲学的特点，葛兰西有这样的描述："常识哲学是'非哲学家的哲学'，或者换句话说，是各种社会和文化环境——一般人的道德个性就是在其中发展起来的——非批判地吸收的世界观。常识不是一个在时间上和空间上同一的独特的概念，它是哲学的'民间传说'，并像民间传说一样采取不可胜数的不同形式，它的最基本的特征在于它是这样一种概念：即使在一个个人的头脑里，也是片断的，不连贯和微不足道的，这和它是其哲学的那些群众的文化和社会观点相一致。"[②] 可见，"常识哲学"或"大众哲学"具有双重特点：它既是广泛流行的、大众的，因而对于群众动员具有重要意义；同时又是自发性的、无意识的和未加反思的，因而需要知识分子（专家）加以提升。与之相比，知识分子的"专家哲学"（精英文化）的优点是有反思性，精致而连贯，但是其缺点是个人化和脱离大众，如果不与大众结合，就会成为没有实践意义的象牙塔中的冥思苦想。葛兰西强调，知识分子（哲学家、专家）的使命，并不是把自己的专家哲学与大众的常识哲学对立起来，而是提升由"常识哲学"组成的意识形态。葛兰西虽然承认哲学家的专家哲学的确高于人民大众的平均水平，但是同时警告，专家哲学如果失去与大众哲学的联系，就会失去力量与意义（至少就葛兰西所推崇的实践哲学而言）。而如果知识分子对于"大众常识"进行精心的推敲与提升，则可以使之获得连贯性和反思性，从而成为一种"更新了的常识"[③]。这样，

---

[①] 比如脱离了道德维度的、极端的、非理性的暴力崇拜（包括语言暴力）和权谋崇拜，赤裸裸的嫌贫爱富，等等，这些都违背了公民社会的基本道德。
[②] 葛兰西：《实践哲学》，重庆出版社，1990，第110页。
[③] 葛兰西：《实践哲学》，重庆出版社，1990，第11页注。

葛兰西所钟情的实践哲学的使命，一方面是"把自己建立在常识的基础上"，另一方面则是"对'常识'的一种批判"，"使之成为'批判的'"。① 换言之，"实践哲学并不倾向于让大众停留于常识的原始哲学水平上，而是把他们引向更高的对于生活的理解。如果它肯定知识分子与大众（人民）之间的联系的需要，那么这样做的目的不是限制科学活动或在大众的低水平上维护整体性，而是为了建构一个知识－道德集团（intellectual-moral bloc），它可以在政治上使得大众的而不只是知识分子小群体的知识进步成为可能"②。

这种旨在提高大众哲学或常识哲学的有机知识分子的工作，本质上就是我理解的大众文化批评。这种批评首先必须是建立在对常识哲学或大众文化的尊重基础上，必须承认其文化（在葛兰西那里就是"哲学"）的属性和地位，然后才可能对它进行提升（而不是替代），使之具有反思和批判意识。这样的大众文化批评本质上不是宗教批评而是世俗批评，不是审美批评而是政治批评，不是精英批评而是大众批评，是以建设公民文化、完善公民道德为根本目的的公共话语实践。很遗憾的是，恰恰是这种大众文化批评，在当代中国极度缺乏。

当代中国的大众文化批评集中出现于 1990 年代中期，其代表就是具有强烈精英主义、道德理想主义和审美主义倾向的"人文精神"话语。此后，占主流地位的文化批评一直延续了这种倾向。"人文精神"论者对于大众消费文化的批判，是一个在世俗化的祛魅潮流中出现的反祛魅的"抵抗"运动，目的在于维护自己在 1980 年代确立的精英地位，而审美主义和道德理想主义则正是他们质疑大众文化的合法性、为自己进行合法化辩护的两个基本立场。③ 从审美主义的立场看，他们认为大众文化文本是贫乏的、复制的、类型化的，缺乏创造性和想象力，其所传达的审美经验是贫乏的；从道德理想主义的标准看，他们更指责大众文化在道德上是低级的、堕落的、欲望化的，而导致大众文化蔓延的则是人的逐利本能和娱乐本能。这种审美主义和道德主义的文化批判，实际上已经沦为抽象的人性批判和世俗批

---

① Antonio Gramsci: "Culture and Ideological Hegemony," see *Culture and Society*, J. C. Alexander and S. Seidman (ed.), Cambridge University Press, 1990, p. 53.

② Antonio Gramsci: "Culture and Ideological Hegemony," see *Culture and Society*, J. C. Alexander and S. Seidman (ed.), Cambridge University Press, 1990, p. 54.

③ 参见拙文《去精英化时代的大众娱乐文化》，《学术月刊》2009 年第 5 期。

判，他们感叹如今的大众沉溺于感官声色，丧失了对抽象哲学问题、人性问题、存在问题、"终极价值"问题、"天国"问题的兴趣。这是他们的大众文化批评的基本"话语型"。

但恕我直言，这种对大众文化的批判是抽象、大而无当、不得要领的，因此也是无力的。它用来评价大众文化的或者是宗教伦理价值观（比如"终极关怀""天国律令"），或者是精英审美价值观（比如独创性、实验性、不可重复性等），都是与大众文化异质、反向的，也是与世俗社会格格不入的。它不是立足于葛兰西所说的提升大众的"常识哲学"，而是要扼杀、取代、灭绝它们。这套围绕"终极关怀"等超级能指建立的文化批评话语，显得高蹈而虚空，根本没有力量从社会理论、政治理论的层面切入大众文化的具体社会语境，把握中国特殊语境中大众文化的政治文化功能。[①] 具体的、立足于世俗世界及其公共空间的政治批评视野被挡在了虚幻的"人文精神"话语之外。它把90年代以来的大众文化抽象地说成是什么"世纪之交人性精神的一场劫难"[②]，或者把抽象的市场经济当作自己的声讨对象，认为是市场经济刺激了人的欲望，导致人欲横流、道德滑坡，却从来没有结合当代中国大众文化或消费主义的具体社会环境，特别是政治环境，对中国特色的市场经济和消费主义的政治维度进行深入的政治经济学分析（比如权力和市场是如何纠缠、勾结、沆瀣一气的，权贵市场经济是如何形成的）。他们所说的"市场经济"和消费主义是抽象的、纸上的，而不是扎根于中国本土的，正如他们拿出来抵抗消费主义的那个神秘兮兮的"人文精神"是抽象的、不着边际的。他们只有所谓人文激情，却缺乏社会理性，他们动辄祭起"宗教"的大旗，诉诸"天国"的律令，昂扬所谓"终极价值"，恨不得灭绝世俗社会及其日常生活文化，而没有耐心与后者进行平等、理性的对话。他们把远离世俗公共世界的抽象"人文精神"作为价值基点，认为人文精神"所体现的是一种终极关怀而不是一种初级关怀，它往往超出于人的实际需要之上，表现出对于实际需要的异在性、对

---

① 顺便指出，把"人文精神"和"终极关怀"搞在一起本来就显得不伦不类。因为人文精神正是一种世俗精神，是宗教精神的反面。参见拙文《人文精神遮蔽了什么?》，（香港）《二十一世纪》1995年6月号。

② 姚文放：《当代审美文化批判》，山东文艺出版社，1999，第8页。

抗性和超越性"①。这种对于人的"实际需要"不屑一顾的文化批评,其着眼点不再是具体的社会政治,也不是大众真切的世俗生活理想,而是抽象的人性,以至于认为法兰克福学派的批判理论的局限就是所谓"不谨守学术的边界,带有文化激进主义的色彩,他们往往把政治问题引向学术领域,将学术政治化,将学术直接转化为政治实践"②。由于抽象的"文化精神"的遮蔽,这种文化批评往往回避对大众文化作具体的体制分析,而偏于抽象的理论探讨,一厢情愿地要求大众文化应该具有怎样的"精神高度"。这就使得它即使在联系特定的大众文化进行分析的时候,也往往存在似是而非的套用理论的嫌疑。借用葛兰西的术语,这种精英主义、道德理想主义和审美主义的大众文化批判,对大众常识哲学充满了仇恨和蔑视,根本没有与之进行对话的诚意,因此其貌似激进的批判也就不可能达到提升大众文化的目的。用它的标准要求大众文化,结果不是提升大众文化而是灭绝大众文化。

真正有效的大众文化批评一定是扎根于世俗社会的,正因为这样它才可能提升大众常识。它使用的批判标准和价值立场不是来自宗教天国,也不是来自先锋实验艺术,而是世俗社会的公民价值。换言之,大众文化是世俗流行文化,我们对大众文化价值观的分析,也应该依据世俗社会本身的标准,而不是宗教标准或实验艺术的标准,否则就会因为错位而导致批评的无效,变成自说自话。

按照世俗公民文化的标准,我们可以发现,当代中国大众文化价值观的误区,根本不在于缺少什么高蹈虚空的"终极关怀"或"天国情怀"(大众文化本来就不需要有这种关怀或情怀),而在于违背了世俗公共文化的实实在在的价值底线。比如,脱离道德约束无限地渲染和美化暴力;庸俗、低级、缺乏节制的性描写和色情描写;宣扬权谋文化,津津乐道于玩弄权术,崇尚权力和地位;赤裸裸的炫富,把"好生活"等同于奢华生活,把"成功人士"等同于豪宅 + 美女 + 名车;等等。很多大众文化的价值观已经降到世俗社会公民文化的标准之下,它已经并正在继续误导国人,特别是青少年的思维方式和行为方式。大众文化圈内的有识之士对此也极为不满。

---

① 姚文放:《当代审美文化批判》,山东文艺出版社,1999,第8页。
② 姚文放:《当代审美文化批判》,山东文艺出版社,1999,第8页。

比如文化娱乐记者、资深影视广告策划人、经纪人谭飞批评中国某些"大片"导演"只有票房观没有价值观"，指出"中国电影最主要是贩卖封建、血腥、暴力，儿子杀父亲，父亲杀儿子，欧美也有这样的，人家怎么处理的？人家处理得让人看着很圣洁，而不是看得很反胃"。真格基金创始人、新东方创始人之一徐小平对此表示认同，他感言："中国电影往往看得脑残、头痛。"他比较说："在某个电影节上，梅尔·吉布森称自己拍《启示录》是为了告诉大家暴力没有出路；《史莱克》的制片人斯皮尔伯格则想通过这部电影告诉女儿，每个人都很美，都能找到真爱；但谈到《满城尽带黄金甲》时，张艺谋则说： '我什么都拍过了，就是没有拍过帝王的生活。'"①

　　笔者也曾经以大片中的暴力主题为例，撰文批评当代中国大众文化价值观的混乱。在《夜宴》《满城尽带黄金甲》等表现暴力和复仇的影片中，所有复仇者和复仇对象、统治者和造反者、权威和秩序的代表者或颠覆者、挑战者，几乎没有任何一方代表正义和良知，他们在使用暴力进行复仇或反复仇的时候，除了满足自己的权力和欲望，几乎没有别的正当理由。换言之，这些大片中的道德立场和价值判断完全是悬置的、空缺的，我们不知道应该同情影片中的哪个角色，所有角色都没有好坏之分，他们只有欲望、阴谋和仇恨：国王和皇后的相互仇恨，王子们之间的相互仇恨，皇后和太子的相互仇恨。这种情况在美国的好莱坞电影和港台大众文化中基本上是不存在的。正如我们前面指出的，大众文化不是勘探人性深度和道德复杂性的试验场，也不是先锋艺术手法的实验室（这是高雅前卫的精英艺术的使命），大众并不希望在大片中思考什么深刻的人性和道德问题。美国好莱坞大片或港台功夫片、武侠片的主题都是极其简单的惩恶扬善、是非分明，价值观简单而明确。这种常常被精英分子嘲笑的"惯例""套路""模式化"，是和大众的常识相吻合的，也是和大众日常生活中稳定的价值需求相一致的，它对于维护一个社会的世俗价值观和道德伦理而言也是必要的。

（原载《文艺研究》2012年第4期）

---

① 《张艺谋被批拍戏无价值观　编剧激辩中国电影弊端》，http://news.xinhuanet.com/ent/2011-09/15/c_122036739.htm。

# 从摇滚到民谣："批判现实"的音乐轨迹

赵　勇[*]

## 一

2008年1月5日晚，我赶到首都工人体育馆，为的是那场"时代的晚上——经典20年回顾崔健个人演唱会"。我买的票在307区的38排，那是侧面比较靠后的位置。快开场时，见正面一点的前几排还有空位，我便游荡到那里。这意味着那晚的演出并非座无虚席。据我观察，那天晚上像我这把年龄的中年观众居多，而崔健唱的也大都是老歌，很容易引起共鸣，但场面并不算特别火爆。一位当时置身现场且在1990年也看过崔健"首体"演出的网友曾如此比较过这两场演出："（1）1990年的演唱会，全场从头到尾观众都是站着看；这场大家都坐着，只有最后返场的时候唱《一无所有》和《新长征路上的摇滚》时才全场起立，万人一起K歌。（2）1990年的演唱会，观众席基本被当年'北大崔健后援会'渲染成第二个舞台，锣鼓喧天，热闹非凡。这场演唱会，只有一面印有崔健头像的红旗成为全场的亮点。因为没有旗杆，也没造成彩旗招展的效果（会场不让带进来，所有饮料和荧光棒都禁止入内。会场临时加了安检措施，过了之后还有贴身检查，简直比出境安检还严格）。（3）48岁的崔健比18年前明显的随和、亲切以及娱乐了一些，整个歌曲串场中也夹带了一些话和玩笑，这些都是1990年的演唱会从来没有的。那时的崔健话很少，很犀利，眼神、态度都是明显的批判的愤青状态，也可能是因为刚过'八九'吧。"[①] 当年

---

　　\* 赵勇，北京师范大学文学院教授。

　　① 天王：《时代的晚上——经典20年回顾崔健个人演唱会》，http://club. baby. sina. com. cn/thread-96534-1-1. html。

的演出是怎么回事我并不清楚，但作为 2008 年摇滚现场的一个目击者，我以为这位网友的描述是靠谱的。而他所谓的 18 年前的那场演出，指的是1990 年 1 月 28 日崔健为亚运会集资义演的首场演出。

看完那场演出之后我有些感慨。崔健虽然宝刀不老，但来听崔健摇滚乐的观众却大都老了。早在 2005 年，崔健已推出了他的第五张专辑——《给你一点颜色》，不过现场观众对他的新歌反应平平，只是听到那些老歌时才有了一些激动。这么说，那些走进摇滚现场的观众莫非来怀旧的居多？而通过怀旧，通过那种物是人非的现场，他们或许才接通了 20 世纪 80 乃至90 年代的光荣与梦想？

我想我的猜测应该有些道理。

现在看来，自从摇滚乐在 1986 年正式登上中国的历史舞台之后，它也确实开始了自己的"光荣与梦想"之旅。众所周知，伴随着崔健"新长征路上的摇滚"，"后崔健群"也集体亮相了。张楚的《姐姐》与《孤独的人是可耻的》，何勇的《垃圾场》和《姑娘漂亮》，"唐朝""黑豹"等摇滚乐队的主打曲目，那些摇滚音符总能把人迅速击中。再加上崔健的另外两张专辑《解决》（1992）和《红旗下的蛋》（1994），我们甚至可以说，正是那些摇滚歌手的音乐才准确表达了时代精神，唱出了那个时代的最强音。我在 1993 年的一篇文章中曾经写道："崔健选择了摇滚，实际上就是选择了一件批判的武器。正因为如此，摇滚也就只能是重金属震耳欲聋的轰鸣、声嘶力竭的长啸。摇滚歌星在舞台上的姿态也就只能是不妥协、不气馁和无边无际的怀疑、无穷无尽的发问。他们歌唱青春、胆气和自豪，他们批判伪饰、矫情和堕落，他们倾诉迷惘、痛苦和忧虑。这些经验，经过了他们的歌喉，全都变得那么粗厉、那么真切、那么刻骨铭心又那么饱满坚挺，仿佛扎心般的疼痛，却又能在痛楚中爆发出极大的快感。那是男人的嚎啕大哭。"① 这是我当年听崔健的感受，很大程度上也代表着我对那个年代中国摇滚乐的理解。

然而，经过十年左右的辉煌之后，摇滚乐却在 20 世纪 90 年代中后期开始走上一条下行线。1995 年，"唐朝"乐队的贝司手张炬因车祸身亡，这个

① 赵勇：《追随大腕儿——从崔健王朔张艺谋热看当代青年的偶像崇拜》，《山西青年》1993年第 6 期。

乐队从此一蹶不振。1996 年，何勇在首都工人体育馆演出因出言不慎而遭封杀，从此在人们的视野中长期消失。① 2001 年，张楚也淡出江湖，成为歌坛的隐者。何勇后来复出（2004）时曾说过：“我摇了很多年，一直在摇，后来我‘滚’了。”“我们是魔岩三病人，张楚死了，我疯了，窦唯成仙了。”② 这应该是一个不无调侃又异常凄凉的现状描述。而摇滚乐中虽然也有一些后起之秀络绎而来，但他们似乎还没来得及完全绽放就转型或凋谢了。这些人当中，大概只有崔健高举着摇滚乐的大旗，一直飘扬到今天，但早在 1998 年他推出第四张专辑《无能的力量》时，人们就在惊呼：“崔健老了。”

当摇滚走向没落时，什么东西风生水起进而走到了历史的前台？如果从青年亚文化的谱系上打量，我以为是民谣。周云蓬说：“2000 年，世界末日没有到来，我住在树村。那时不好意思跟人说，我是搞民谣的，在血气方刚的摇滚斗士中，民谣意味着软弱、矫情、不痛不痒。”③ 这一个记录提醒我们，民谣诞生于摇滚乐的余威之中，而“软弱、矫情、不痛不痒”，或许还要加上一些羞涩，则是民谣与做民谣者的最初表情。然而，几年之后，民谣就成长起来了。“798”的“民谣音乐会”（2005），深圳体育馆的“中国民谣音乐周”（2006），“迷笛音乐节”上专设民谣舞台（2007），万晓利获第 7 届华语音乐传媒大奖“最佳民谣艺人奖”（2007）等，无不在强化着一个事实：民谣已今非昔比。而在 2007 年前后，民谣的个人专辑也开始大量问世，如万晓利的《这一切没有想象得那么糟》（2006）、钟立风的《在路旁》（2006）、周云蓬的《中国孩子》（2007）、左小祖咒的《我不能悲伤地坐在你身旁》（2005），等等，它们的面世意味着民谣有了实力也有了一些市场。与此同时，钟立风于 2007 年成立了 Borges（博尔赫斯）乐队，媒体称这个乐队最具有文学气息。还是在 2007 年，饱经沧桑的歌手川子正准备出道。如此盛况，让我们想起乐评人颜峻当年的判断所言不虚：“民谣的最终独立，是在 2000 年以后，各种音乐形式各得其所，民谣不再担负踏板、过渡、羊头狗肉的使命，那些真正热爱民谣和民歌，消化了西方的形式和本土的生活的人，未经商业体系拔苗助长的人，终于开创了中国民谣音乐

---

① 江湖的说法是何勇唱《姑娘漂亮》时，中间加了一句“李素丽漂亮吗？”而遭到封杀。
② 《何勇专访：张楚死了，我疯了，窦唯成仙了》，《新京报》2004 年 12 月 15 日。
③ 周云蓬：《春天责备》，上海文艺出版社，2010，第 217 页。

最初的景象。"① 如今，民谣的巡演已遍地开花。起初，民谣歌手大都是独行侠，他们演出的场地往往是全国各地的酒吧。周云蓬在 2009 年的一篇文章中说："酒吧的调音很专业，现场看演出的文艺青年们很热情，我们的民谣市场就像八路军的根据地一样，正在不断地、一片儿一片儿地壮大。在郑州的火车站，抬头忽然看见许巍和郑钧大幅的演出海报，到江阴后发现'纵贯线'也要在那儿开演唱会，这些大佬们看到我们这些土八路进军中小城市，也坐不住了，要来跟我们分一杯羹。"② 这里的记录显然不乏欣喜与自豪，但似乎依然是单兵作战。自从 2010 年十三月唱片发起并主办了"民谣在路上"的全国巡演后，民谣歌手似乎才找到组织，民谣也形成了不小的影响力。他们的所作所为当年就被媒体报道为《新长征路上的民谣》（《南都周刊》）、《咱们民谣有力量》（《南方周末》）、《接过崔健的旗，在这个时代行吟》（《南方都市报》）等。

简要勾勒民谣兴起的景象如上，我是想指出一个也许为人忽略的事实：在音乐领域，如果说摇滚乐曾经是青年亚文化的主力军，那么进入 21 世纪后，青年亚文化的内容、形式与风格等则发生了某种位移。这当然不是说摇滚乐在今天已从人们的文化生活中完全淡出（事实上，从 2000 年开始的"迷笛音乐节"至今已连续举办 12 年，其创办初衷就是为中国的地下摇滚乐队提供展示舞台），而是说在时代声音与个人心灵同构共振的维度上，摇滚基本上已完成了它的历史使命。摇滚之后是民谣，如今民谣已肩负起了抒情与叙事的现实重任。

如果我的以上判断大体成立，那么接着需要追问的是背后的原因：为什么会发生这样的位移？摇滚曾经表达过什么，民谣如今又在表达着什么？在位移的过程中，哪些东西变了，哪些东西则始终未变？

二

关于摇滚乐没落的原因，最有资格回答的人也许就是崔健了。而事实上，他已做出了某种回答。1999 年接受记者采访时，他一方面承认摇滚的

① 颜峻：《灰飞烟灭：一个人的摇滚乐观察》，花城出版社，2006，第 157 页。
② 周云蓬：《春天责备》，上海文艺出版社，2010，第 214 页。

真正精神是"介入现实，批判现实"，另一方面又直言不讳地指出摇滚乐界所存在的问题："一部分摇滚音乐人介入现实后缺乏面对现实的勇气，另一部分脱离了现实的人所作的音乐只不过是换了一种形式的大俗歌，就像港台歌曲，质量还不如人家，只不过是一把吉他加上失真而已。还有一批人甚至成了专唱赞美诗的马屁精，而且一些人的目的只不过是为了找姑娘更直接而已，他们和摇滚乐精神背道而驰了。摇滚处于这状态怎么能有号召力，能不让人尴尬吗？他们不尴尬我该尴尬了。"① 整整十年之后，当记者问起"现在的摇滚乐还有批判精神吗？"的问题时，崔健对摇滚乐现状的愤激程度丝毫不亚于十年之前："当时摇滚乐的出现是新的审美观的出现，是新观念的确立，比如说黑豹，唐朝，魔岩三杰，他们的出现，本身就带着一种批判精神，对过去的一种否定。现在不是否定了，甚至可以说是顺从了。十几年过去了，中国摇滚乐一直停留在一个阶段，太缓慢了！就像一个老人挪一步要挪半天一样，新陈代谢太差了。我认为这里真正的问题是，没有人敢像何勇一样写《垃圾场》了。以后的人还用英文写，外国人都听不懂，更别说中国人了。你真正该做的是批判！你都没牙了叫什么摇滚乐？你都成猫了还叫什么老虎啊？真正的个性不是在商业上的体现，而是在于你的批判精神。而这样批判的权利，正在逐步被削弱。"②

这样的愤激之词不能不让我们深切感受到摇滚乐的堕落，而用崔健的评判尺度（其实这也是摇滚乐的基本尺度）来衡量一些摇滚歌星的作品，他们与摇滚精神确实已相去甚远。比如，汪峰的《我爱你，中国》2005 年面世后，媒体一致的报道是："'我爱你，中国，心爱的母亲！我为你流泪，也为你自豪！'简单直白的歌词，直抒胸臆，被称为新一代摇滚教父的汪峰，将继续颠覆摇滚即颓废、愤怒的传说，将摇滚还原最本真的一面，继续其正面、励志的音乐形象。"③ 2011 年 6 月，在一台"红歌新唱"的演出现场，汪峰也深情表白："这是我用心写出来的一首歌曲，只有在我大型演唱会的现场，我才会演唱它。我觉得每一个中国人都应该爱自己的母亲、中国，这是我们的心声，也希望天津文艺台红歌新唱这样的活动能够越办

---

① 江熙、张英：《摇滚革命根本就没有开始过——崔健访谈录》，《北京文学》1999 年第 6 期。
② 吴虹飞：《一个摇滚音乐家是反叛的——专访崔健》，《南方人物周刊》2009 年第 24 期。
③ 《汪峰新歌主打爱国〈我爱你，中国〉出手不凡》，http://ent.sina.com.cn/y/2005-08-18/1505814135.html。

越好，让更多的年轻人喜欢励志的经典作品。"① 如此看来，我们可以说《我爱你，中国》是一首广受欢迎的流行歌曲，是既迎合市场也迎合主流意识形态的励志"红歌"，但它确实已不再是摇滚乐了。而更重要的秘密还在于，汪峰的歌声里再也没有"我眼看着我的精神渐渐崩溃/可我已经无法平衡自己；我眼看着我和这个世界一起瓦解/可我已经无法挽救自己"（《瓦解》）那种愤怒的批判了，我们现在听到的更多是他与现实握手言和之后很流行甚至很"主流"的音乐。在这个意义上，汪峰音乐已完成了从青年亚文化到大众文化的华丽转身。

在摇滚放弃批判和无力批判的时候，民谣开始了它的批判之旅。盲人歌手周云蓬的《中国孩子》，用凄楚的歌声唤醒了人们的灾难记忆，它们是克拉玛依火灾（发生于 1994 年 12 月 8 日，造成 325 人死亡、132 人受伤。死者中 288 人是学生，另外 37 人是老师、家长和工作人员。火灾发生后，市教委官员高喊："学生坐着别动，让领导先走！"）、沙兰镇水灾（发生于 2005 年 6 月 10 日，因一系列官僚主义的错误而导致洪水冲毁学校，117 人丧生）、成都"三岁幼女饿死"事件（2003 年 6 月，有多年吸毒史的李桂芳被警方带走戒毒，警察玩忽职守而导致李桂芳的女儿被饿死），等等。有人说，听完《中国孩子》是"一种冷静地沉思之后的感叹，感叹之后的唏嘘，唏嘘之后的愤怒，愤怒之后的伤感，伤感之后的悔恨，悔恨之后的捶胸顿足"②，我觉得还应该加上某种绝望。而周云蓬的这类民谣甚至会让人想到萨义德的那个说法：知识分子的主要职责就是"挖掘出遗忘的事情，连接起被切断的事件"③。也就是说，当今天的社会处在一个热点迅速覆盖另一个热点的过程中，人们的感知已经疲惫麻木时，周云蓬用歌声固定住了那些被人遗忘的热点和痛点，从而完成了他对现实的批判。

这一谱系中的民谣还有《买房子》（周云蓬）、《5·12 学生遇难名录》（左小祖咒）和川子的《幸福里》《郑钱花》《我要结婚》《七月的人民》等。《幸福里》和《郑钱花》之所以被网友誉为"史上最牛房奴、孩奴之

---

① 《经典红歌唱出摇滚味 汪峰动容春天里》，http://ent.enorth.com.cn/system/2011/06/21/006784213.shtml。

② 老丁：《我的口袋，有三十三块——小记广州喜窝音乐节》，http://www.douban.com/group/topic/4102707/。

③ 〔美〕爱德华·W.萨义德：《知识分子论》，单德兴译，三联书店，2002，第25页。

歌",就是因为它们以大白话的歌词和简单的旋律(如:"我每天赚钱很努力/花钱也很小心/可是要住进这幸福里/需要三个多世纪呀/我买不起呀"),与人们当下的现实境遇发生了直接关系,从而具有了直指人心的震撼效果。而那种辛酸、苦涩却又无奈的音乐语言在批判现实的同时,既有浓郁的草根气息,又有特殊的亲民色彩。这种风格显然与川子坚守的原则有关,因为他的音乐原则是要"做民生的发声器"。他曾经说过:"现在有很多单位找我,听完我的音乐都说很棒,但就是得改改歌词,我说不成,这个词要是改了就不是我的歌了。""民谣是我的血液,是我的爱好,我会永远做下去,哪怕很多作品不能公开,但我也会唱给朋友听。"① 这种执著与追求既保证了民谣与现实的毫不妥协,也保证了它批判现实的犀利,值得那些已经沉沦的摇滚音乐人认真反思。

从摇滚到民谣,更值得注意的是音乐语言与风格的转换,以及它们与世道人心的同构关系。从崔健开始,中国的摇滚就形成了独特的演唱风格:重金属、高分贝的音响、声嘶力竭的"喊唱"。这种风格再加上现场的空间结构(通常在四面是看台和观众的体育馆),成千上万观众的造势、助威乃至合唱,让摇滚乐产生了雷霆万钧之力。摇滚所需要的那种力量感、冲锋感和特殊的魅力也便由此诞生。同时,我们也必须注意到如下事实:无论是1980年代还是1990年代中前期,那种"一无所有"或"因为我的病就是没有感觉"的状态让人积压了太多的时代情绪,人们急需要找到一个出口加以宣泄。崔健说:"布鲁斯音节,24点,各种各样的速度不限,这就是摇滚节奏,很简单。这种节奏带来的生理反应就是不可能唱颂歌。……摇滚乐实际上就是精神上的垃圾要发泄出来,要不憋在心里老想干什么坏事。"② 而当年听众自然也是心有灵犀。作为在中学、大学时代只听崔健摇滚乐的歌迷,刘瑜曾不无俏皮地谈到了她喜欢崔健的原因:"其实那时我到底爱崔健什么呢? 想来想去,大约就是喜欢他歌中的肾上腺激素。像我这样,从小到大被迫害成三好学生的人,体内得积压多少无家可归的荷尔蒙啊,而崔健的歌,就是荷尔蒙的团支部,就是荷尔蒙的党组织。所以那个时候,觉得别人的歌都是花拳绣腿,而他的歌是九阳白骨掌——一掌劈下

---

① 《川子首次来新疆 倾吐创作初衷与音乐坚持》,http://www.tianshannet.com.cn/news/content/2012-06/14/content_6933071_3.htm。
② 金燕:《音乐的生命资源——崔健田青对话录》,《艺术评论》2004年第2期。

来，就让那个不痛不痒的世界粉身碎骨。"① 如此看来，无论是摇滚乐的生产者还是接受者，大概都需要那种"呐喊"式的音乐；而摇滚乐本身的理想主义气质和启蒙主义指向，又为这种"呐喊"增添了许多理性内涵，从而保证了"呐喊"不会变成歇斯底里的空洞嚎叫。因此，如今回望那个年代的摇滚，我们会觉得它既是时代的产物，又是时代的号角，简直与时代形成了一种完美的共振。

然而，那个时代毕竟已一去不复返了。新的时代来临之后，尽管有"走进新时代"的赞歌式解读，但是也许我们只有在听崔健的摇滚乐时才能感受到触目惊心的真相："新的时代到了，再也没人闹了/你说所有人的理想已被时代冲掉了/看看电视听听广播念念报纸吧/你说理想间的斗争已经不复存在了。"（《混子》）在一个耻言理想的时代，整个社会开始弥漫一种犬儒主义的精神氛围；在经济高速发展的同时，人们（尤其是年轻人）又普遍感受到了一种无边无际的生存压力，于是"蚁族""月光族""啃老族""蜗居族"逐渐成为一个庞大的人群。然而，由于犬儒主义，摇滚失去了"呐喊"的勇气；由于生存的重压，人们也失去了呼应"呐喊"的激情。正是在这一历史语境中，民谣出现了。

民谣在很大程度上承接了介入现实、批判现实的摇滚精神，但在遣词作曲和演唱风格上却已与摇滚相去甚远。如果说摇滚是精神世界的反叛者，民谣就是物质生活的批判者；如果说摇滚想在形而上的层面左冲右突，民谣就是在形而下的层面感物伤怀；如果说摇滚主要拨动了人们的理想主义心弦，民谣则更多让人们在现实主义的维度上形成了某种心灵感应。而由于民谣歌手大都来自民间和底层，有着"北漂"和唱地下通道的个人经历和生命体验，他们的歌声里也就融入了底层百姓的歌哭。于是，当他们把摇滚的"呐喊"转换成民谣的"诉说"后，也把原来的那种愤怒之词转换成了平和的悲音。与此同时，那种如泣如诉的曲风，调侃幽默的歌词，极简主义的配器（常常是一把吉他、一架手琴等），到处流浪的巡演方式，逼仄局促的演出空间（往往是在酒吧）和为数不多的现场观众（上百人或几百人）等，又都为民谣营造了一种微小叙事、低调抒情的风格，这种风格显然迥异于摇滚的宏大叙事。然而，就像阿炳的《二泉映月》一样，你又

① 刘瑜：《送你一颗子弹》，上海三联书店，2010，第92页。

不能说这种民谣没有纯棉裹铁的力道。而这种力道借助于网络的助推（如仅两个月，《郑钱花》在互联网上的视频点击量就达到了一千万①），同时又借助于马不停蹄的全国巡演，已引起了许多年轻人的心灵共鸣。

据周云蓬说，组织并观看民谣现场演出的大都是"文艺青年"。② 这种景象让人想到了当年看摇滚、听摇滚的"文艺青年"。毫无疑问，八九十年代的"文艺青年"如今已步入中年且不再"文艺"了，但新时代的"文艺青年"已长大成人，并且有了他们音乐生活中的精神食粮。而无论是曾经的摇滚还是现在的民谣，只要它们还没有被消费文化或主流文化收编，它们就还有批判的动力，它们也会对接受者构成一种刻骨铭心的塑造。台湾摇滚评论家张铁志的《声音与愤怒》一书曾以副标题如此发问："摇滚乐可能改变世界吗？"这样的问题似乎也可以抛给民谣。我想，无论是摇滚还是民谣，它们都不具有直接改变世界的能力。但是就像马尔库塞所说的那样，"艺术不能改变世界，但是它却可以致力于变革那些能够改变世界的男人和女人的意识与冲动"③。而这些男人和女人是可以改变世界的。从这个意义上说，我们应该向雄风不再的摇滚致敬，我们也应该对方兴未艾的民谣寄予厚望。

（原载《中国图书评论》2012 年第 12 期）

---

① 《现在和未来，民谣在这里：川子、卢中强天涯访谈实录》，http://news.hainan.net/newsht-ml08/2010w8r21/674120f4.htm。

② 周云蓬：《春天责备》，上海文艺出版社，2010，第216页。

③ Herbert Marcuse, *The Aesthetic Dimension: Toward a Critique of Marxist Aesthetics*, Boston: Beacon Press, 1978, p.32.

# 在"异托邦"里建构"个人另类选择"幻象空间[*]

## ——网络文学的意识形态功能之一种

邵燕君[**]

**内容提要：**"启蒙的绝境"和"娱乐至死"构成了中国网络文学的现实语境和国际语境，也决定了网络文学在价值观上整体的"回撤"姿态。"清穿"一"穿"回到启蒙前，通过消解爱情神话的幻象而解构"爱情的主体"，从而缓解人们的价值危机和情感焦虑，形成"反言情的言情模式"。在"后撤"的总体大势下，网络小说《间客》的逆流而上特别值得关注。小说以幻想的方式在"第二世界"重新立法，以个人英雄主义坚持启蒙立场，在没有"另类制度选择"的总体困境下，坚持"个人另类选择"的权利。在文学传统上，《间客》是《平凡的世界》的延续，但在现实主义的"乌托邦叙述"已经"不再可能"的今天，只能在"异托邦"里建立"另类个人选择"的幻象空间，并以此实现其意识形态功能。

**关键词：**启蒙 另类选择 异托邦 幻象空间 清穿 间客

齐泽克在 2011 年 10 月 9 日"攻占华尔街"的街头演讲中提到中国的"穿越小说"[①]——

---

\* 本文系国家社科基金项目"新世纪第一个十年小说研究"研究成果（项目批准号：09BZW067）。

\*\* 邵燕君，北京大学中文系副教授。

① "穿越小说"是到目前为止中国网络小说中最热门的文类。其基本要点是，主人公由于某种原因从其原本生活的年代离开，穿越到另一个时空，在那个时空展开了一系列的活动。穿越所至的时空可以是过去、未来或者另一个平行时空，但大多数的"穿越小说"是回到中国古代。按照百度百科的定义：穿越小说是借鉴了玄幻、科幻小说的幻想性，以武侠、历史、言情为架构，讲述当下的主人公在另一时空蜿蜒离奇的人生经历的一种纯娱乐性质的故事文本。

"2011年4月,中国政府禁止电视、电影、小说中出现包含另外的可能(alternatives)或时间旅行的故事①。对中国来说,这是一个好兆头。这意味着人民仍在梦想另外的可能,所以政府不得不禁止这种梦想。我们这儿则想不到禁止。因为占统治地位的系统已经压制了我们梦想的能力。""记住,我们的基本信条是:我们被允许想象另外的可能。现存的统治已经破裂。我们并非生活在最好的可能的世界。但前面有一条很长的路要走。我们面临确实困难的问题。我们知道我们不要什么。但是我们要什么呢?怎样的社会组织方式可以代替资本主义?怎样的新的领导者是我们需要的?记住:问题不在于腐败或贪婪。问题在于推动我们放弃的这个体系。要留心的不仅是敌人。还有虚假的朋友,他们已经在试图瓦解我们的努力,以如下的方式:让你获得不含咖啡因的咖啡,不含酒精的啤酒,不含脂肪的冰淇淋。他们将努力使我们的行动变成一场无害的道德抗议。"②

真所谓"生活在远方"。近年来深受中国理论界推崇的又一位大师级人物齐泽克居然在反抗资本主义的前沿阵地羡慕中国人民的梦想能力。齐泽克的街头宣言活生生地向我们演示了他在《意识形态的崇高客体》一书中揭示的"启蒙主义的绝境":今日的意识形态,尤其是极权主义的意识形态不再需要任何谎言和借口,"保证规则畅通无阻的不是它的真理价值(truth-value),而是简单的超意识形态的(extra-ideological)暴力和对好处的承诺"③。这显然走向了启蒙理性的反面(启蒙主义假定人的理性和理想可以战胜一切卑污),因而表现出启蒙主义的绝境:"人们很清楚那个虚假

---

① 据中国广电总局官网公布的《广电总局关于2011年3月全国拍摄制作电视剧备案公示的通知》称:"个别申报备案的神怪剧和穿越剧,随意编纂神话故事,情节怪异离奇,手法荒诞,甚至渲染封建迷信、宿命论和轮回转世,价值取向含混,缺乏积极的思想意义。对此,希望各制作机构端正创作思想,要弘扬中华民族优秀传统文化,努力提高电视剧的思想艺术质量。"不过,此时只是"希望",并未禁播。事实上,《步步惊心》《美人心计》《甄嬛传》等"穿越剧""宫斗剧"依然火爆上映。到年底各大媒体传出广电总局将从2012年1月起"禁止宫斗戏、涉案剧、穿越剧在上星频道黄金档播出"的新闻。不过到本文截稿日还未见正式公文公布。

② 引文来源:http://www.occupywallst.org/article/today-liberty-plaza-had-visit-slavoj-zizek/,下文中有关齐泽克的引文未注明出处者均出自此演讲。

③ 〔斯洛文尼亚〕斯拉沃热·齐泽克:《意识形态的崇高客体》,季广茂译,中央编译出版社,2002,第42页。

性，知道意识形态下面掩藏着特定的利益，但他拒不与之断绝关系。"① 为什么一切变得如此明目张胆？根本原因就在于人类已经没有"另类选择"。所以齐泽克必须在诅咒资本主义的同时申明"我们不是共产主义者"（附加的定义是"如果共产主义是指那个在 1990 年代覆灭的体制的话"）。问题是，"共产主义虽然彻底失败了，但'共同利益'（the commons）的问题尚在"，这在齐泽克看来，至今仍然是人们为之奋斗的唯一理由。然而，奋斗的目标又在哪里呢？"我们知道我们不要什么。但是我们要什么呢？怎样的社会组织方式可以代替资本主义？怎样的新领导者是我们需要的？记住：问题不在于腐败或贪婪。问题在于推动我们放弃的这个体系"。齐泽克的彷徨是启蒙主义陷入绝境后的彷徨，而他最深的恐惧还不是醒来之后无路可走，而是"这个体系"已经强大到让人们难以醒来，就如电影《骇客帝国》描绘的图景：我们今日生活其中的所谓"世界"不过是机器智能（地球上的真正统治者）制作的"母体"（matrix），所有人类复杂的精神活动都是在被设定的程序里进行的，而程序之所以被设计得如此丰富多彩，只因为唯有在复杂的思维活动中被作为机智能"电池"的人类才可以提供高频率的能量。这是真正的醉生梦死，人类被剥夺了一切，甚至梦想的能力。但问题是，绝大多数人宁愿在梦想中被剥夺一切，也不愿看到自己一无所有而怀抱梦想。

正是站在如此深深的恐惧之上，齐泽克遥想中国"穿越"。其想象中的天真成分让人不得不感叹大师也是凡人，有不可在理性层面言说的精神幻象。在齐泽克的自然联想里，中国的图景尚是奥威尔式的。殊不知，作为全球化体系内为资本主义提供最强劲动力的"大中华区"主体，中国，至少是生产"穿越文学"的白领网民的世界，早已是赫胥黎笔下的"美丽新世界"。波兹曼的《娱乐至死》（广西师范大学出版社，2004）是继齐泽克的《意识形态的崇高客体》之后在学术界广为流行的理论著作，因其笔法通俗，影响范围更广。中国理论界已经过了单纯追赶西方理论时髦的时期，某种理论的流行背后都有其现实动因。和发达资本主义一样，"启蒙的绝境"和"娱乐至死"也是今日中国人深层的精神困境和文化恐惧，只是这

---

① 〔斯洛文尼亚〕斯拉沃热·齐泽克：《意识形态的崇高客体》，季广茂译，中央编译出版社，2002，第40页。另参阅译者序的精彩分析。

个"美丽新世界"更具中国特色而已。

齐泽克确实抓住了问题的核心，任何一种真正的变革背后都必须有一套可替代性制度的支持，否则就会演变成一场无害的道德抗议或嘉年华会。他这里忽略的是，真正有"另外可能"的梦想也需要"另外可能"制度的支撑，否则，禁令之下产生的很可能是更无害的白日梦。作为资本主义后发地之一，中国也一直是世界理想的生产基地之一。最后一次理想的幻灭正在齐泽克所说的"那个体系"覆灭的1990年代。但这一理想的真正死亡（也就是齐泽克所说的"第二次死亡""符号性的死亡""幻象的死亡"）却发生在华尔街危机之时。理想幻灭（并且是双重幻灭），问题还在，梦早醒来，却无路可走，甚至不能呐喊，只能做梦，只能在遥看华尔街的繁华热闹和抗议热闹之余在纸上"穿越"，这就是包括"穿越小说"在内的中国网络文学诞生的现实语境。

# 一 "穿"回到启蒙前

中国新世纪以来网络文学的兴起与主流文学的衰落同时发生，其间既有生产机制的分庭，也有审美原则的抗礼。① 自新文学运动以来，居于主流文学地位的一直是启蒙话语支撑的精英文学，虽然其读者数量一直不敌通俗文学，但始终如一个大"超我"般傲然挺立，牢牢把握着文化领导权。通俗文学也习惯于伏低做小，并以登堂入室为荣。因而每一次张恨水、金庸等通俗小说大家被写进文学史，都会是一场"文学革命"。

而网络文学啸聚山林后，却不再买主流文学的账。在经过一小段"文青"时期后，中国的网络文学没有如欧美那样走上"超文本"的实验之路，而是被资本席卷着成为类型化通俗文学一统天下的"快乐大本营"。"爽"②是这里的唯一王道。对于主流文坛诸如提升"思想性""艺术性"的询唤规训，网络文学的态度基本是表面应付骨子里不予理睬。之所以如此桀骜不驯，本质原因还不在于网络文学代表了先进生产力和先进媒介，而在于启

---

① 参阅拙文《面对网络文学：学院派的态度和方法》，《南方文坛》2011年第6期。
② "爽"的含义很复杂，需要从上下文的语境中理解。简单来说，"爽"不是单纯的好看，而是一种让读者在不动脑子的前提下极大满足阅读欲望的超强快乐，包括畅快感、成就感、优越感，等等。更多的含义可参考百度百科的介绍。

蒙话语解体后，"精英文学"丧失了文化领导权。"精英文学"的伦理基础是，揭示病痛以引起疗救的注意，改造世界，让人们更好地生活、更合理地做人。网络文学的回答是，既然世界不可改变又如此痛苦，为什么不能让"我"爽一点？不能不说，这是一个"礼崩乐坏"的时代，"超我"崩盘，"本我"贲张。网络文学正是一个承载白日梦的巨大容器，一个满足欲望同时又生产欲望的"幻象空间"。特别是那些广为流行的作品，不但投射了当下中国人最核心的欲望和焦虑，更为大量尚处于潜意识状态的弥散欲望赋形，用齐泽克的话说，"正是幻象这一角色，会为主体的欲望提供坐标，为主体的欲望指定客体，锁定主体在幻象中占据的位置。正是通过幻象，主体才被建构成了欲望的主体，因为通过幻象，我们才学会了如何去欲望"①。网络文学不是通过粉饰现实而是通过生产"幻象"来建构现实，通过锁定人们的欲望并引导人们"如何去欲望"，来替代已经失效的精英文学实现其意识形态功能的。

让我们从这个角度来打量"穿越小说"。虽说网络文学让一切被"新文学"压抑的旧文类都得以复活，但"穿越小说"可算是网络文学的一大发明②。身处21世纪的中国网络文学的作者和读者，为什么如此钟情于"穿越"的故事？"男穿"③的原因似乎还比较显见（大国崛起的梦想和有关现代性制度变革的讨论出于种种禁忌的原因需要放置在一个有距离的古代空间），那么"女穿"呢？为什么杜拉拉（《杜拉拉升职记》）和乔莉（《浮沉》）们的言情故事要投放到古代那些大门不出二门不迈的女子身上？为什么她们的言情和"宫斗""宅斗"（折射着现代职场斗争经验）结合得那么紧密，乃至后者压过了前者？齐泽克在谈到传统的

---

① 〔斯洛文尼亚〕斯拉沃热·齐泽克：《斜目而视：透过通俗文化看拉康》，季广茂译，浙江大学出版社，2011，第9页。
② "穿越"作为一种文学形式并非中国网络文学首创，一般会追溯到马克·吐温的《康州美国佬在亚瑟王朝》，对中国网络文学直接产生影响的是台湾作家席绢的《交错时光的爱恋》和香港作家黄易的《寻秦记》。但只有在网络文学的天地里，"穿越小说"才形成一个文类，形成了独特的叙述模式和众多子类。目前在各大原创网站中，"穿越小说"往往占据最主要的位置，其发展巅峰期的2007年甚至被称为"穿越年"。
③ "穿越"有"男穿"和"女穿"之分，其分类标准不是基于表面的绝大多数作者和受众的性别，而是基于"性向"。"男穿"是"男性向"的，一切以男性为中心；"女穿"则是"女性向"的，即对立于传统文学的男性视点，纯粹从女性的需求出发，一切写作都是为了满足女性的心理、生理需求。

心理—现实主义小说在 20 世纪 20 年代被现代小说取代时，提出了一个特别有启发性的洞见：要探测所谓时代精神（zeitgeist）的变迁，最为简易的方式就是密切注意，某种艺术形式（文学等）何时变得"不再可能"，并探讨其原因①。以"清穿"②为代表的"穿越"言情小说的出现使哪一种传统言情叙述变得"不再可能"？换句话说，相对于传统言情小说的叙述模式，"穿越"言情产生了怎样的变体？这背后又折射出怎样的时代精神变迁？

在"穿越"言情小说出现之前，占据大众文化言情模式主导位置的是琼瑶模式。古装剧《还珠格格》（1997）可称是 2011 年初起开始接连热播的"清穿剧""宫斗剧"（《宫锁心玉》《步步惊心》《美人心计》《甄嬛传》）的前身。如今想来，那个从天而降的小燕子实在像个"穿越人物"，而"穿越剧"的出现使"琼瑶剧"变得"不再可能"，质变发生在哪里？

如果我们把小燕子和若曦（《步步惊心》）进行对比可以发现，她们之间最大的不同在于"改变世界"还是"被世界改变"。同是具有"假小子"性格的少女进入宫廷，小燕子一直保持着她的现代品格，独立、平等、打破常规，追求个性解放和自由。她身边的人，无论是皇帝、阿哥还是格格，都被她影响着往现代的路上走；而若曦这个真正的现代人却越来越古代化了，现代人的观念和做派只是让她一出场时引人注目，但很快她就调整了自己的角色：这里的一切千古不变，即使你知道历史的结局也没有用，需要改变的只是你自己。不能脱胎换骨，便死无葬身之地。她以现代人的智慧思考，却照古人的规矩行事，渐渐地比古人还古人。时时刻刻地察言观色，一次一次地深得圣心，不知不觉间，皇权和男权的秩序已是如此天经地义。小燕子之所以可以不变是因为她的世界是爱神特意为她打造的，她可以永远天真未凿，无法无天，谈不食人间烟火的恋爱。若曦没有爱神的庇护，她的爱情只能在铁打的现实逻辑下存在，所以她只能在步步惊心中

---

① 〔斯洛文尼亚〕斯拉沃热·齐泽克：《斜目而视：透过通俗文化看拉康》，季广茂译，浙江大学出版社，2011，第 83 页。

② "清穿文"是"穿越文"的一种，专指穿越到清朝的小说，其中绝大多数穿越到康熙雍正时期，女主人公和康熙的诸位皇子发生爱情纠葛。著名的"清穿三大山"是金子的《梦回大清》，桐华的《步步惊心》，第三部一说是晚晴风景的《瑶华》，一说是月下箫声的《恍然如梦》。

事事算计。明知八爷将落败身亡的结局，还不禁坠入爱河，爱不是不让人沉醉，但若曦却不得不让自己醒来。爱并不能改变八爷争夺皇位的"事业心"，不能改变他妻妾成群的现实，所谓的"真爱"到底能维持多久？有多少爱才能让自己奋不顾身？最终，若曦遵从趋利避害的现实逻辑，舍下八爷而投入未来胜利者四爷的怀抱，但电视剧并没有按照以往的叙事逻辑将她指斥为势利女人，而是引导观众认同了这一选择。言情剧本该是白日梦，受众就是想来YY①的，但YY也是要靠一点"信"来撑着的。热播言情剧广受认同的女主角居然不再相信爱情，这说明爱情这只股票已经跌到怎样的谷底？

从《还珠格格》到《步步惊心》，十余年来中国大陆的婚恋观确实发生了巨大的变化。在"穿越世界"之外的现实情感剧里，从写"70后"的《新结婚时代》（2006年11月首播），经《蜗居》（2009年11月首播）到写"80后"的《裸婚时代》（2011年6月首播），演示了根本没有所谓与"在宝马里哭"并列的"在自行车后面笑"的选项。《裸婚时代》里没有爱情的胜利，只有少不更事的盲目和贫贱夫妻百事哀。既然童佳倩（《裸婚时代》）并没有和海藻（《蜗居》）不同的价值观，那她们的不同也只是一个在宝马里哭一个在自行车后面苦笑。在两剧中饰演"穷小子"的文章从卑微的男友变成卑微的丈夫，到了电影《失恋33天》（2011年11月8日首映）里更变成了"男闺蜜"②。男友和女友都靠不住了，能靠的只有"男闺蜜"，"我们都爱男闺蜜"③的呼唤背后又蕴含了多少对亲密关系不信任的无奈。心是越来越冷了，梦是越来越醒了，在"穿越小说"里，变化也在逐步发生。在2004年开始连载的"清穿三大山"开篇之作《梦回大清》（作者金子，晋江原创网）里，"穿越"女主角与十三爷的爱情还是一对一、生死相许的琼瑶模式；到了2005年的《步步惊心》（作者桐华，晋江原创

---

① YY是网络文学中最常用语汇之一。YY即汉语"意淫"的拼音字头，汉语写为"歪歪"。此语源于曹雪芹的《红楼梦》，意指在不通过身体接触的前提下，通过幻想达到心理极大满足的行为。网络用语中的YY不一定和性有关，泛指一切放纵幻想的白日梦。

② "闺蜜"即"闺中密友"的简称，"男闺蜜"指称的是女性的男性朋友，二人关系亲密，可谈论包括性爱在内的私密性话题，但不含暧昧的男女关系。

③ 在豆瓣网上，第一个以"男闺蜜（密）"作为关键词的"小组"创建于2009年4月7日（比《失恋33天》网络直播贴的最初发表时间早40天），名为"我们都爱男闺密"。参阅林品《男闺蜜或雌雄同体的第二人格——论失恋三十三天中的王小贱》，《网络文学评论》（已接受，待发表），广东省作家协会主办。

网），"愿得一心人，白首不相离" 已是痴人说梦；到了 2006 年的 "宫斗文" 《后宫・甄嬛传》（作者流潋紫，17K 小说原创网）里，女主角甄嬛虽然也曾经在 "宠" 还是 "爱" 之间痛苦挣扎，最后终于以 "无心的狠" 登上后宫权力的巅峰。受众快感从 "白雪公主" 的玫瑰梦，转向 "狠心皇后" 的成长历程。

其实，这几部被改编成影视剧的网络小说，由于有 "老少咸宜" 的潜质，转型还是比较温和的。在相对小众的网络小说内部，言情叙述模式的转型更为彻底，一个典型的例子是当选 2010 年度起点中文网 "年度作品"（女生频道）的《庶女攻略》（作者吱吱）。

这是一部向《红楼梦》致敬的作品，只是完全没有了宝黛那一脉的多愁善感、儿女情长，只取宝钗一袭人一路的现实精明、成熟练达。一位在现代社会专打离婚官司的律师穿越到古代一个大户人家十三岁的庶女十一娘身上，一出场便已是金刚不坏之身。现代人自由平等的理念全都埋在心里，既然在一个嫡庶分明的时代 "穿" 到了庶女的身上，就认了这卑微的出身，再审时度势按照游戏规则一步一步地爬上去。她先努力使自己成为嫡母手中一枚有利用价值的棋子，嫁入侯府后，又以古代贤妻的德行和现代律师的才干一步步赢得了丈夫、婆婆的信任赏识，最终过上了体面尊贵的幸福生活。十一娘的 "冷" 冷在骨子里，虽正值花季，却不任性、不怀春、不吃醋，严格秉承 "把老公当老板" 的原则，即使这个老公年轻有为、德才兼备且有情有义，也坚持让自己不动情。这 "冷" 的背后是戒，是伤，不动心才能不伤心不出错，才能使自己的利益最大化，化解严峻的生存危机。《庶女攻略》被称为 "《杜拉拉升职记》的古代版"，十一娘一直是 "白领"，情场如职场。读者也一直在 "职场压力" 的笼罩下神经紧绷，直到十一娘在侯府站稳脚跟才松下一口气，才有机会以女人的心态打量一下那个坐在 "夫主" 位置上的男人。"宫斗" 和 "宅斗" 的封闭性和惨烈性把现代白领们的生存危机提高到生命危机，生存需要降至安全需要，活命尚且不易，谈何爱情？至此，"穿越小说" 真正形成了其 "反言情的言情模式"，虽然不谈爱情，却釜底抽薪地缓解了爱情的焦虑。

爱情的神话正是启蒙的神话。即使在西方，浪漫爱情的理念，作为广泛接受的价值观并作为理想婚姻的基础，也是 19 世纪的事。文艺复兴运动使人的世俗生活价值受到重视，启蒙运动使人的个体生命价值受到尊重。爱情神话的建立，与"个人的发现"有关，与"女人的发现"有关，与"人权运动"、"女权运动"、浪漫主义文学运动紧密相连。这个神话就是，两个精神共振的独立个体的灵肉合一。① 爱情价值的实现构成了现代人（尤其是现代女人）个体生命价值实现的重要部分，没有得到过真爱的女人，基本等于白活了。因此，爱情神话的幻灭从人类深层情感层面显示了启蒙神话的幻灭，从另一角度说，启蒙话语的解体也必将导致爱情神话的解体。问题是，神话虽灭，欲望尚在。几个世纪以来，罗曼司、浪漫主义文学以及各类言情小说创造的大量幻象，已经把人建构为"爱情的主体"。所以，今日人们对言情小说的根本欲求不是满足匮乏，而是消除欲望幻象。"反言情的言情小说"的功能正是通过消解爱情幻象、重构世俗幻象，从而解构"爱情的主体"，使人回到之前的"正常状态"。

于是，有了"穿越"，至少有了"穿越小说"至今的走势和走向。一"穿"回到启蒙前——在父母之命媒妁之言、三纲五常、一夫多妻的时代，爱情的概念还没有发明，《牡丹亭》、《西厢记》和《金瓶梅》一样属于"诲淫诲盗"的"地下读物"。婚姻只是契约，妻子只是职务，夫妻是合伙人，妻妾是上下级，连林黛玉都要唤袭人作嫂子，还有什么气难平的？"穿"回去，一切现代人的麻烦都化解了，知其无可奈何而"坦然为之"②，这是"穿越小说"快感机制中最隐秘的内核。

## 二 《间客》：难得的"个人另类选择"

"回撤"并不是"穿越小说"的单独姿态，而是网络文学价值观的总体趋向。与"穿越小说"共撑各大网站的另一大类型"玄幻小说"，尤其是那

---

① 参阅〔美〕纳撒尼尔·布兰登《浪漫爱情的心理》第一章"浪漫爱情的演变"，林本春、林尧译，商务印书馆，2009。

② 齐泽克认为，意识形态最为基本的定义出自马克思的《资本论》，马克思在那里提出一个著名论断："他们虽然对之一无所知，却在勤勉为之。"但时过境迁之后，这个定义不再适用于今日。今日意识形态的定义应该是："他们对自己的所作所为一清二楚，但他们依旧坦然为之。"〔斯洛文尼亚〕斯拉沃热·齐泽克：《意识形态的崇高客体》，季广茂译，中央编译出版社，2002，第39~40页。

些打怪升级的"小白文"①，其核心价值观更是"回撤"到文明建构之前的丛林法则。不过，正是在"回撤"的总体大势下，个别逆流而上的作品就特别值得关注，这就是本文要重点分析的《间客》（2009 年 4 月 27 日至 2011 年 5 月 27 日在起点中文网连载，共计 348 万字，与《庶女攻略》双峰并立，获 2010 年度"男生频道"的"年度作品"）。

《间客》被网站划为"玄幻类"小说，而作者猫腻②却在"后记"中称之为"一本个人英雄主义武侠小说"。和金庸参照世俗逻辑打造了江湖世界一样，猫腻以科幻元素在星际背景下建构的"第二世界"也是现实世界的投射，并且因为更直接关注政治体制问题而具有寓言色彩。

这是地球毁灭多年之后人类逃往的宇宙星空，但是铁幕依旧，专制的"帝国"和民主制的"联邦"的对峙依旧，拷问人类的问题依旧——到底是专制–效率还是民主–自由更有利于发展？到底是发展更重要，还是人类的幸福更重要？不过，作者的思考早已超越了冷战式的非此即彼，而是直插当下复杂的现实。代表先进制度的"联邦"是一个数万年前就由"五人小组"制定"第一宪章"并由此建立发展的成熟的民主制国家，但是在"宪章的光辉"背后，历史更加古远的"七大家族"的寡头统治始终在暗处岿然不动，是"联邦"的真正主宰。这个虚构的"联邦"很容易让人联想起现实中的美国，而且是金融危机之后寡头政治浮出水面的美国。小说把叙述的落脚点放在"联邦"而非"帝国"，就使讨论的基点超越了奥威尔的模式（这仍是目前绝大多数主流作家的沿用模式），超越了"西方中心论"

---

① "小白文"是在网络文学中非常火爆尤其在"网游一代"中极受欢迎的一种文类，与其说是一种文类，不如说是一种写作风格。"小白"有"小白痴"的意思，指读者头脑简单，有讽刺也有亲昵之意；也指文字通俗、意思浅白。"小白文"以"爽文"自居，遵循简单的快乐原则，主人公往往无比强大，情节是以"打怪升级"为主，特别适合改编为网游。"小白文"自 2007 年后开始流行，代表作有我吃西红柿的《星辰变》《盘龙》《吞噬星空》，天蚕土豆的《斗破苍穹》等。

② 猫腻，原名晓峰，湖北宜昌人，1977 年出生，1994 年考入四川大学，后来退学打工，2003 年开始网络小说写作，现为"起点中文网"A 级签约作家。著有《映秀十年事》（署名"北洋鼠"）、《朱雀记》（获得 2007 年新浪网第四届原创文学大赛奇幻武侠类一等奖）、《庆余年》（起点中文网累计点击量超过两千万，成为 2008 年最受欢迎网络小说之一，猫腻由此晋身为"大神级"作家）和《间客》。2011 年初，在起点中文网首届"金键盘奖"读者投票中，《间客》荣膺"起点中文网 2010 年度作品"，猫腻名列"2010 年度最受欢迎作家"第二位，仅次于月关。2012 年初，在起点中文网第二届"金键盘奖"读者投票中，又遥遥领先，荣登作家排行榜榜首。2011 年 8 月 15 日起开新书《将夜》，正在连载中。

的制度崇拜，与"占领华尔街"的抗议者们站在同一行列。对于同处于金融危机之下的中国人来说，美国的民主制度或许依然是"最不坏的制度"，但1980年代以来树立起来的"彼岸图景"已轰然倒塌。并不是"初级阶段"才有"血和肮脏的东西"，"高级阶段"也有跗骨之蛆。齐泽克说，民主和资本主义已经"离婚"了，离了婚的资本主义却正在中国生机勃勃。对于齐泽克们来说，问题是有没有"可替代性制度"，抗议之后有没有路可走？对于中国的"划桨奴隶"来说，问题是有没有"个人另类选择"的可能，不敢言是否还敢怒？

猫腻在"后记"里说，《间客》就是"一个愤怒青年的故事"："我不知道什么是正确的，但我真的知道什么是错误的，因为那些错误是如此的简单，根本不需要艰深的理论知识，而只需要看两眼。你抢我的东西，偷我的钞票，我无罪时你伤害我，没有塞红包你就不肯把我的车还给我，你拿小爷我缴的税去喝好酒找女人还像大爷一样坐在窗子后面吼我，这些就是错的。这些都是我经历过的，而被我的家人亲人友人所习以为常甚至认为是天经地义的事情，在我看来都是错的。这是很原始朴素的道德，在很多人看来深具小市民天真幼稚无趣特点，然而拜托，你我不就是小市民吗？不就是想有免于恐惧的权利吗？不就是想有不平临身时，有个猛人能站起来帮帮手吗？"

《间客》的主人公许乐就是一个总是站起来帮人一把的"猛人"，一个"自掌正义"的侠义英雄。他是一个来自底层的小人物，原本的梦想只是成为一家大公司的白领工程师，过体面的中产阶级生活。但是一连串不合理的事情发生了，他的亲人、哥们儿、女友、战友、一些真诚帮助过他或真正无辜的老百姓在他眼前死去、失踪、被冤枉、被屠杀……就是为了保护这一个个具体的人，为他们讨回公道，他卷入了一次比一次更复杂的阴谋、一场比一场更宏大的战争。当然，作者也不断赋予他超人的能力（如"八稻真气"、中央电脑"第一序列"保护对象，以及"联邦英雄""帝国皇太子"的身份），使他能够完成那些不可能的任务。许乐面临的最大挑战不是对非法暴力的反抗，而是对各种各样"合法暴力"的反抗。这种"合法暴力"里有"潜规则"，有"现实理性"，甚至有人之常情。很多时候，联邦政府都为了"国家整体利益"认了，七大家族都为了家族利益最大化忍了，偏偏许乐这个"小人物"却不认也不忍。整部作品"爽"的动力就是，一个小人物的不忍如何坏了大人物的大谋。最大快人心的是,无论对于阴谋还是"阳谋",许乐的反抗形式经常是非常简单的直接暴力。他是如此的强悍,以至于可以免受敌手的要挟。因此,在实现正当目的的过程中,他的手段也一直是正当的。最后不但人生大放异彩,而且始终保持着内心的完整,实现了那句为人打气的豪言——内心纯洁的人前途无量(这句话出于2005年超女大赛,在《间客》中被题写在帝国"大师范府"墙壁上)。

许乐并不是一个简单粗暴的人,《间客》也不是一部感情用事的作品。继《庆余年》之后,《间客》进一步进行了制度的探讨。如果说《间客》里的"联邦"正是《庆余年》中"自由主义穿越者"叶轻眉致力于建立的现代民主制度,《间客》讨论的则是民主制度的弊端和悖论。在不能有一个更好的制度总体解决问题的时候,许乐反对牺牲局部的利益,尤其反对权力集团以任何堂而皇之的名义牺牲草民的利益,这种事只要被他看见了,就一定要管。

很显然,许乐是一个道德绝对主义者。《间客》连载的同时,流行于各大网站的"哈佛公开课"中的"公正课"正成为最热门的课程之一,边沁的功利主义和康德的道德绝对主义之争也成为"间客吧"里常见的话题。猫腻显然是站在康德一边的,《间客》的篇首语便是康德那句被广为引用的名言:"世界上有两件东西能够深深地震撼人们的心灵,一件是我们心中崇高的道德准则,另一件是我们头顶上灿烂的星空。"然而对道德律令的理解,猫腻其实与康德不同。在康德那里,道德律令是绝对的,是不依赖于人的感性而像星空那样的超然存在,是可以代替宗教的信仰。历史发展、自然世界都有一个善的终极目的,人的向善是来自人"内心的道德律令"。康德哲学产生的背景是启蒙运动的兴起,而其思想本身就是启蒙主义的理论基石。康德哲学对于1980年代中国启蒙思潮兴起的影响是巨大的,生于1977年的猫腻显然也曾浸淫其中。然而,今天的中国人如何还能有康德那般的笃信和笃定?猫腻虽然称自己有"道德洁癖",但也不得不承认,道德是相对的,是"此亦一是非,彼亦一是非"的,既然如此,为什么还要格外看重道德正义这种东西?他的回答是,因为人类生活实在是太需要道德了,尤其是那些存在了几千年的"原始道德"(如不伤害无辜,不牺牲不愿意牺牲的无关者,不说假话欺骗他人的利益……),"可以融洽社会关系,减少资源分配赤裸争端,可以让我们生活的世界,不至于又变成非洲草原那么干燥"（见"后记"）。对于许乐而言，选择"道德地生活"只为心安理得，甚至可以是"自私"的选择："人类社会的教育规条太过强大，已经深入了我们的意识之中，敬老爱幼，忠诚正直，这些道德观点就像是一个鞭子，如果碰触它，心便会被抽一记，有些人能忍，以换取金钱权势之类的东西，我却想不明白为什么要忍，我就按照这些人类道德要求的法子去做事儿，一辈子不挨鞭子，活的心安理得，那不就是愉悦？……我怕死，也不是什么正义使者、四有青年，我只是一个按照自己的喜恶，道德的鞭子生存，以寻求人生快乐的家伙。……这不是无私而是最大的自私。"（《间客》第四卷第四十六章）所以猫腻在"后记"中将《间客》定义为"个人英雄主义武侠小说"，"所谓武侠就是以武道达成自己所认为的侠义之行，所谓英雄就是坚定认为自己所做是正确的，然后不顾面前有怎样的艰难险阻，怎样的鲜血淋漓，都会无比坚定地走下去"。

不难看出，猫腻在对许乐行为的"解说"里有很大的辩解和自辩的成分，这其实反映了身处"启蒙的绝境"的中国人的信仰危机、理论贫困和心灵不安。当平等、自由、公正、公平这些基本理念不能获得更好的制度保障和更有力的理论论证时，只能借助最朴素古老的天理良心建立"个人另类选择"。或许这就是启蒙主义的"剩余能量"①。不过，也正是这"剩余能量"使猫腻在"后启蒙"时代保持了启蒙主义的情感立场，在大家都"穿回去"的时候反向而行，"虽千万人，我不同意！"（《间客》第四卷第三百八十章标题）他让心爱的主人公以个人英雄主义申明了普通人的权利：不为虎作伥的权利，不逆来顺受的权利，免于恐惧的权利，愤怒的权利，心安理得的权利……从而为读者打开了另一向度的"幻象空间"。

## 三 从《平凡的世界》到《间客》：从"乌托邦"到"异托邦"

猫腻在《间客》的后记里写道："我最爱《平凡的世界》，我始终认为那是我看过的最好一本 YY 小说，是我学习的两大榜样之一。"（另一榜样据

---

① 在笔者于北京大学中文系开设的"新世纪网络文学研讨课"上，喜欢《间客》并给予其高度评价的基本是"60后""70后"，很少有"80后"，"85后"更少。有一位"80后"同学说，老师之所以这么喜欢这部小说是因为被戳中了"启蒙的萌点"（网络常用语，大致可理解为"因极端喜欢而引发共鸣处"），而他们没有建立过这些价值，没有匮乏体验，也就"戳不中"。我想此言有理。《间客》的粉丝和作者一样，也是"启蒙的剩余能量"过多的人。

笔者推测应该是金庸）

　　虽然深知《平凡的世界》在文学青年中的深远影响（甚至可称唯——部对网络文学有重要影响的新时期经典），但猫腻亲口这么说还是令人惊喜。许乐身上确实有孙少平的影子，那个从底层走出来的"有理想、有道德、有知识、有体力"①的大好青年。当代文学研究界一直对《平凡的世界》评价偏低，即使在这部书近年来以其默默传流的巨大影响力和20余年一直活跃在盗版摊的生命力不断引起学界关注之后，很多人也认为真正代表路遥文学水准的作品是《人生》。原因是，高加林是一个抗争性的文学形象，而孙少平是妥协性的。持这种观点的研究者恐怕并不理解《平凡的世界》这部作品长盛不衰的真正魅力恰在于孙少平这个人物形象的榜样力量和抚慰力量。他不是一个妥协性的人物，而是和解性的，与自己和解，与世界和解。高加林在事业追求和道德背叛之间的矛盾、"王侯将相，宁有种乎"式怨愤不平在他这里消失了。他是"精人""能人"，又是最仁义的好人，"内心纯洁，前途无量"。孙少平和高加林其实是一类人，我们可以理解为都是作家路遥的自我投射，为什么几年过去便如此不同？真正原因不是人物生活的时代变了，而是作品"写作年代"的社会背景变了。《人生》发表于1982年（《收获》第3期），《平凡的世界》酝酿、创作于1982年到1988年（1986年出版第一部，1989年出齐），这6年应该说是改革开放以来农村发展的"黄金时代"。土地所有制改革刚刚实行，在饥饿线上挣扎了多年的农民有望过上富足的好日子，被农村户口束缚了多年的"能人""精人"们也有了寻求别的生活机会的可能，高加林的问题有了可能的解决方案。正是这个"黄金时代"奠定了路遥的"黄金信仰"：聪明、勤劳、善良的人最终会丰衣足食、出人头地、光宗耀祖。书中一个个推动故事发展的情节安排（如孙少平不断获得善人帮助，大人物赏识，润叶、田晓霞等高干女儿"七仙女式的爱情"）都是基于这种信仰，这给了读者极大的心理满足和阅读快感。所以猫腻说《平凡的世界》是他看过的最好的"YY小说"。这正是它作为经典现实主义作品的最成功之处：不但创造出逼真的现实感，还能成功地创造出一种乌托邦式的意识形态幻觉。

--------

　　① 这是邓小平1980年5月26日给全国青少年的题词，后被引申为做"有理想、有道德、有文化、有纪律"的"四有新人"。

然而，现实主义的路在路遥之后就走不下去了，时代精神的变迁使现实主义这种文学形式变得"不再可能"。进入 1990 年代以后，一方面现实主义向犬儒式的"新写实主义"转型，一方面，"纯文学"向"个人化写作"方向停靠，整体世界观的坍塌使任何"宏大叙事"都"不再可能"。在网络文学方面，以"国家中心观"主导的"大叙述"（以"男穿"为代表，如《大汉风云录》《新宋》《回到明朝当王爷》等）和以"个人中心观"支撑的"小叙述"（以"女穿"为代表）始终是分裂的，要么以"大国崛起"的国家意识形态崇拜做"帝王梦"，要么以"小时代"下的"蚁民心态"过偏安一隅的"小日子"，修忍辱负重的"奴隶心"。二者各行其道，平行发展。①

《间客》的出现终于将"大叙述"和"小叙述"重新整合起来，在世界的总体格局里确立个人的位置和价值系统，以个人原则对抗世界法则。这是相当不容易的，需要"荷锄独彷徨"的巨大勇气。许乐就是这样一位"孤独地坚持"的"间客"②，他虽然不知道如何去缔造一个更合理的世界，却敢于打烂一个不合理的世界，至少拒不与之合作。这就是小说结尾高潮处许乐面对联邦隐藏最深的敌人帕布尔总统所说的"或许我们没有办法改变这个世界，但也不能让这个狗日的世界改变我"（《间客》第四卷第三百八十二章）。

在目前的网络文学创作里，像《间客》这样逆流而上的作品难得一见③。在"后记"里，猫腻说："所有人都知道这些（指'原始道德'——

① 参阅庄庸《猫腻作品：解读中国我》，《网络文学评论》（已接受，待发表），广东省作家协会主办。

② 关于"间客"的含义有几种说法，如"间"同"贱"、同"间谍"的"间"、同"中间"的"间"，我同意"中间"的说法。许乐兼具"帝国皇太子"和"联邦英雄"两个身份，处于两国之间、两种体制之间，同时也处在"正义原则"与"功利原则"的对抗之间，"个人原则"与"世界原则"的对抗之间。

③ 《间客》虽然最终被选为"年度作品"，但在"书友总点击""总收藏""总推荐""会员总点击"等更具商业价值的数据上，均大败于连载时与其争锋的《吞噬星空》（天蚕土豆）。一位参加笔者开设的网络文学讨论课的大四本科生（江林峰）在作业中写道：《间客》代表的才是网络文学的异类，它并不是失败的创作，但也绝对称不上巨大的成功。或许它对于网络文学发展史真的有什么巨大的影响，但至少现在，它实实在在地败在了'小白文'的脚下，无论是在物质实绩上，还是在当今网络文学独特的美学价值上——可以这样说，《间客》是赢在传统，输在网络。"这观点很有警醒性，提醒笔者不要把精英文学标准强加到目前网络文学的研究中。但在"网络文学独特的美学价值"和未来方向等问题上，笔者认为，网络文学并不是专属"网络一代"的文学，随着它越来越成为中国当代文学的"主阵地"，它将越来越成为一个容纳更多受众群和审美趣味的公共空间。其中，精英力量也具有合法性并必然形成新的向度。这是一个非常重要的问题，需要专文论述。

笔者注）是可以有、应该有的东西，但不知道为什么，好像现在没有多少人愿意提这个东西，更没有几本书愿意写那样一个人，或许是真的不讨喜而且不容易安排情节吧？"但最终他拿出了这部可能"不讨喜"的作品，在诸多流行元素中夹杂了很多"私货"，在套用了一些桥段模式后再做翻转。这一跳的发生固然是他多年写作内在追求的结果①，也与 2008 年汶川地震的发生有着直接关系。"当法律有时候起不到保障作用的时候，比如泰坦尼克沉的那时，比如飞机落到荒岛上的那时，比如地震的那时，我们真的很需要这些东西，弱小得需要别人把救生船的位置让给你，受伤的人希望有医生愿意帮助你，我们需要这些。"（"后记"）2008 年前后，中国人和网络文学都发生了很大转变。一方面，北京奥运会的召开使中国人更快、更强的追求达到顶点，而此前奥运圣火传递受阻、西藏事件和此后美国金融危机的发生和蔓延，以及雪灾、地震等自然灾害的频繁发生，都让中国人重新思考：中国与世界的关系到底是怎样的？在西方模式之外，中国有没有可能走出自己的道路？什么是人类更合理的生活方式？人应该怎么活着？另一方面，在成功之外，"幸福指数"成为人们普遍关心的问题。这股思潮在网络文学创作中的反映，就是"重生文"②的流行。如果生命可以重来一次，你打算如何生活？这其实就是猫腻在《间客》之前一部广受欢迎的"穿越"作品《庆余年》的主题，猫腻在这个问题的思考上已经超前了。而《间客》出现后，也没有预计中的"不讨喜"，否则也不可能被选为起点中文网 2010 年的"年度作品"。这说明那种"直接导致"作者设计《间客》的故事和人的"无法抑制的冲动"在很多人心中都同样存在——"就是想在这虚幻的世界里告诉自己，有些东西还是可以做一做的"。

当然，一切都只能在虚幻的世界里发生。因为只有在这里，作者才被"赋权"重新立法。他可以赋予许乐无穷的神力，使他能以"匹夫之勇"对抗国家机器，与魔鬼周旋而不必不择手段，无论多少次从血污中爬起，洗个澡，睡一觉，照样明朗如朝阳。猫腻在《间客》连载前的旁白中说，"一

---

① 从处女作《映秀十年事》开始，猫腻就开始了生命意义的追问："人为什么活着？""如何活着？""怎么才能活好？"这样的追问一直连续性地贯穿在他的几部作品之中。

② "重生文"属"穿越文"的一种，特点是主人公保存着前生的记忆，在"第二次生命"中重新规划自己的人生，弥补过去的遗憾。

个怯懦的家伙，写一本大无畏的小说"。没有人要求这个人物的真实性，不会有人傻到以许乐为榜样，他不是个典型人物而是个幻象人物，他不指向乌托邦，而只存在于"异托邦"①。正因为在"异托邦"，他才可以和我们生活在一起，他就在我们每天工作的电脑里，在有名无名的愤怒中。我们可以在"间客吧"里谈论他，甚至可以和作者一起创造他，让这个在现实生活中只可能是以卵击石的小人物成为欢乐英雄。孙少平的故事已经"不再可能"，好在还有许乐的故事温暖人心。

"现实一些吧，提些根本不可能获得满足的要求吧。"——这条在1968年欧洲学生运动中被涂抹在巴黎建筑物上的标语，当年或许表达绝望，今天则在昭示希望。人类只有在丧失幻想能力后才会明白幻想也是一种能力，"不一样的幻想"更可能是"好兆头"。有没有许乐这样的幻想人物存在，生活还是有点不一样吧？他至少可以提醒我们，人还可能以如此"大写"的方式存在，有些事情在虚幻的世界里还是"可以做一做的"。

（本文的写作非常得益于笔者在北京大学中文系开设的"新世纪网络文学研讨课"的课堂讨论，特别是陈新榜、陈荣阳、丁小莺、祁立、林品、江林峰、王瑶、闫作雷、石岸书、白惠元、萧映萱、张薇等人的报告和作业。古人说"教学相长"，在网络文学研究领域尤其如此。更特别感谢经常光临课堂的嘉宾庄庸博士和吴迪女士的高论和未发表文章的启发。诸多受教处未能在文章里一一注明，在此一并致谢！）

---

① 异托邦（Heterotopias）是福柯晚年提出的一个概念。王德威教授曾借用这个概念分析中国的科幻小说，非常有启发性。按照王德威的归纳，"异托邦"指的是我们在现实社会各种机制的规划下，或者是在现实社会成员的思想和想象的触动之下，所形成的一种想象性社会。它和乌托邦（Utopia）的区别在于，它不是一个理想的、遥远的、虚构的空间，而是有社会实践的、此时此地的、人我交互的可能。"异托邦指的是执政者、社会投资者或者权力当局所规划出的一种空间。在这个空间里，所谓正常人的社会里面所不愿意看到的、需要重新整理、需要治疗、需要训练的这些因素、成员、分子，被放在一个特定的空间里。因为有了这个空间的存在，它反而投射出我们社会所谓'正常性'的存在。""异托邦"可以是监狱、医院、学校、军队，也可以是博物馆、商场、主题公园。当然，也可以是网络文学。王德威：《乌托邦，恶托邦，异托邦——从鲁迅到刘慈欣》，《文艺报》2011年6月3日、6月22日、7月11日三期连载。

# 文化研究者的政治自觉和身份反省[*]

## ——兼谈如何看待我国"文化研究"的困境

孟登迎[**]

**内容提要**：中国"文化研究"目前面临的困境，不只是一个有关个案研究与理论研究孰轻孰重的问题。因此，不能只从学术体制和学科制度方面寻求突破，更要深入探讨文化研究者群体自身的政治自觉和文化身份认同问题。英国文化研究的初创者勇于从自身的斗争实践和阶级经验出发，以批判性的态度重新考察英国精英主流文化政治传统，从社会底层汲取思想活力，明确自身的政治和文化立场，从而在学术思想和政治实践两个领域实现突破。中国的文化研究实践者应克服学院体制及学科建制的束缚，积极介入现实政治生活，热情关注新兴的民众文化运动，关注弱势阶层的文化权利，自觉担负起"批判性有机知识分子"的社会责任，才能让文化研究学术与政治生活保持相互促进、相互对话的生动关系，努力为我们的文化研究确立更富前瞻性的政治视野，勾画出更富有理论穿透力的分析架构。

**关键词**：文化研究 有机知识分子 批判知识分子 政治自觉 身份认同

从 1990 年代中期开始，在英美学界流行的"文化研究"（cultural studies）思潮和研究成果被正式引入我国大陆学术界。十多年来，我们不但译介了大量介绍英美文化研究历史、方法和研究个案的著作，而且在文学研究、艺术研究和传媒研究等领域开展了一些带有中国问题意识的本土文化

---

[*] 本文得到中国青年政治学院 2011 年度科研专项经费资助。
[**] 孟登迎，中国青年政治学院中文系副教授。

研究实践，一些大学也开展了文化研究的教学活动。文化研究对我国学界的广泛影响已是不争的事实，但是，与我们对文化研究思潮的译介和文化研究教育所付出的积极努力相比，不少学者认为我国文化研究界目前取得的实际成果还只是差强人意。依笔者浅见，我们似乎还缺乏一些能够对支配性意识形态、支配性生活方式和话语形态进行系统分析，能够对社会主导性政治结构产生重大冲击的研究成果。

## 一　我国"文化研究"面临怎样的困境？

盛宁先生在 2011 年发表的《走出"文化研究"的困境》一文（见《文艺研究》2011 年第 7 期），直接讨论到了中国文化研究的困境问题。在他看来，我国文化研究成果之所以不够突出，一个最主要原因是我们"从一开始就把本应是批评实践的文化研究，误当作所谓的'理论'去没完没了地揣摩深究。结果，我们始终未能找准自己的研究对象，始终未能提出应该解决的问题，致使研究陷入低水平重复的怪圈"。他不但对我国文化研究界过多关注文化研究思潮介绍、轻视个案分析的倾向提出了批评，还对英国和美国出现的文化研究热潮各自针对的不同社会问题和呈现的不同政治特征进行了辨析。在进行完这一系列的"症候"诊断之后，盛宁先生提出了自己的"改进意见"："我们应改弦更张，认清文化研究的实用性宗旨，把对文化研究的伪理论兴趣转向对于现实文化现象的个案分析，这样，我们才有希望早日走出目前的困境。"①

盛宁的分析不无道理。但如果我们考虑到大陆学界接受文化研究思潮的特殊语境，同时能够尊重大陆学界十多年来在本土文化研究实践方面所做的不懈努力，就会发现他对于我国文化研究成效不彰的"病理诊断"和"改进意见"还需要进一步讨论。比如，他把我国文化研究成效不彰的原因直接归结为我们"过多"研讨了理论而未能认真分析现实个案，似乎并不完全符合中国文化研究界多年来的实际努力状态，也无助于理解中国文化研究目前深处的结构性政治困境。实际的情况是，在我十多年来所接触的多位学者当中，不乏试图进行个案研究并努力为之实践的人。那么，问题

---

① 盛宁：《走出"文化研究"的困境》，载《文艺研究》2011 年第 7 期，第 5 页。

的关键也许并不完全在于我们"过多地"搞了理论译介，而在于我们如何搞理论译介，我们的理论译介有没有真正推进到富有本土化问题意识的介入性阐释？也许问题不出在我们没有认真搞个案研究，而是要深入思考：我们究竟应该选择哪些个案，选择什么样的立场和方法，才能充分调动文化研究学术所特有的那种介入（干预）社会文化政治现实的活力？

具体到文化研究思潮被引入我国时的特定背景和文化研究学术在英国的独特构成过程，我们更值得做如下的推问：我们对于英国文化研究学术的立场和理论是不是已经有充分历史化的理解，对那些创建文化研究的左翼知识分子的政治追求和知识实践方式有没有深刻的体认？在此基础上，我们大概还得进一步思考：在中国当代语境中，到底什么样的文化研究成果才真正具有研究意义和政治影响力，促成这种高质量的文化研究的社会条件和文化政治运动（实践）是不是已经具备？换句话说，倡导和进行文化研究的知识分子对于文化研究的政治认识是否已经真正自觉？他们的政治立场、价值取向和身份认同是否已经明确，或者至少经历了充分的商讨和辩论？对于诸如此类的问题，我们在理论探讨上恐怕还没有达到应有的深度，这自然会制约文化研究实践的开展。

这一问题恐怕不只存在于文化研究的理论译介领域，实际自 1980 年代以来，我们对于西方各种学术思潮的译介都几乎未能从根本上克服"简单平行译介"的问题。所谓"简单平行译介"，就是译介者或出版者更多关注对某种西方"新潮"理论进行迅速的译介，而无暇对这种思潮所产生的背景、所适用的社会现实结构、与其他西方思潮以及中国现存的各种思想之间的深层互补关系进行深度分析。这种缺乏"深度互诘"的"平行译介"最终导致大量译介如潮水般竞相奔涌却无人清理思想"水道"，最终只留下淤泥拥塞、狼藉满地的思想乱象。这一切不仅导致了对"西学"的碎片化理解和过度断章取义式的"误读"，也对探讨"西学"在中国本土的适用性制造了重重障碍，使得我们的理论研究和方法论探索很难对中国自身的研究起到应有的参照作用。

因此，将文化研究成效不彰的原因归咎于"过多地"译介了理论似乎有些太过简单化。同样，将文化研究成效不彰的原因归咎于我们没有更多地去搞个案研究也似乎缺乏充分的说服力。也许问题不出在我们没有认真搞个案研究。我们需要深入思考：我们究竟应该选择哪些个案，选择什么样的立场和方法，才能充分调动文化研究学术所特有的那种介入（干预）社会文化政治现实的活力？

## 二 英国文化研究初创者的政治认同与身份定位

众所周知，英国文化研究者对于学术政治使命的高度自觉，在很大程度上促使他们敢于从自身的斗争实践和阶级经验出发，以批判性的态度重新考察那些来自东／西方强权世界的支配性意识形态，考察他们自身所处的英格兰"伟大传统"。这些努力促成了他们对于英国工人阶级底层民主经验和生活方式的重视，为研究英国工人阶级文化以及其他弱势群体的文化提供了理论条件。在很大程度上，正是这种政治使命感和理论抱负激发了英国左派知识分子的理论热情，激励他们以批判性姿态去主动借鉴欧陆马克思主义（从阿尔都塞到葛兰西）以及各种新兴的理论（结构主义－符号学、性别理论及解构理论），从而为文化研究的不断发展和更新提供了源源不断的政治激情和理论能量。他们不再轻视那些为大众所喜闻乐见的新的文化传播方式，从不认为工人群众或其他弱势群体（青少年、女性、少数族群）就是被动而无望的接受对象，而将这些群体自身的社群文化历史和文化抵抗实践大胆地纳入他们所开创的文化研究当中。值得强调的是，英国文化研究虽然是从阶级、种族、性别和代际等不同社会结构维度来分析社会权力关系及其符号再现体系，但这些文化政治分析最终都汇聚到对于资本主义社会各类统治性结构的批判上，都在试图寻找改变这些统治结构的新政治道路。这说明英国文化研究在理论方法上的多变和多元态势并未削弱，反而坚持了它一以贯之的左翼政治倾向。

文化研究作为一种带有强烈政治诉求的学术实践活动，必然涉及实践主体的政治身份认同问题。英国文化研究的初创者虽然大都出身于大英帝国政治文化的边缘地带（小城或乡村、中下层社会、殖民地、有色种族），但由于从小受到了工人阶级文化、反殖民主义等左翼思想的影响，对自己的出身和所属阶层（地域）的社群生活方式保持了一种极其可贵的认同态度。他们大都受惠于"二战"之后英国复兴所带来的高等教育入学机会，有幸获得牛津、剑桥、利兹等著名大学提供的奖学金而接受了"精英"教育。令人敬佩的是，这些被霍加特称为"奖学金男孩"（scholarship boys）

的下层少年才俊，都没有回避和忘却自己的出身和政治立场，却能够以自我批判的精神对"精英"教育制度灌输给他们的"高雅趣味"提出质疑和挑战。

从表面上看，我们可以说以上所述的文化研究初创始者们很像葛兰西所说的那种"有机知识分子"（organic intellectuals），但若细究起来，他们所追求的认同目标其实比葛兰西所说的要复杂。

斯图亚特·霍尔作为在伯明翰当代文化研究中心开展文化研究教育的学者，一直关心一个有重大理论/实践意义的问题：在伯明翰中心开展的文化研究教学和研究究竟要培养什么样的知识分子？这些知识分子应该在英国社会（或扩大到在任何社会）扮演什么样的角色、发挥什么样的作用？为了克服这个理论/实践难题，霍尔结合时代语境深化了葛兰西对于"传统知识分子"和"有机知识分子"的区分。他认为"前者给自己的任务定位是发展现存知识范式并使其复杂化"从而垄断文化权力，而后者则"将充当批判的角色，旨在努力成为对社会新兴趋势更为'有机的'人，成为与这些社会力量关联性更强、联系更紧密的人，能够反映葛兰西所说的那种宽泛的、非专家的和非精英主义意义上的'知识分子功能'"[①]。不难看出，霍尔不但强调了"有机知识分子"自觉应对社会变革和社会力量重组的介入意识、平民意识和公共意识，更突出了知识分子的批判角色。

但是，在霍尔看来，仅仅强调批判职能，"有机知识分子"的内涵似乎还不够具体。霍尔此处进一步挪用了葛兰西的思想，他认为葛兰西"给那些想努力成为'有机'知识分子的人指定了两项任务：挑战各种带有'最精致形式'的现代意识形态，同时参加群众教育的工作"[②]。这意味着"'有机知识分子'必须同时在两条战线上工作。一方面必须冲在学术理论工作的最前线……要比传统知识分子了解更多东西……不是只知道简易的知识，而要知道更深刻更深奥的知识。……另一方面也是最重要的方面：有机知识分子不能免除自身的传播责任，要通过发挥知识分子的职能，把

---

① Stuart Hall, "Cultural Studies and the Centre: Some Problematics," in Stuart Hall, et al. (eds.), *Culture, Media, Language: Working Papers in Cultural Studies* 1972 – 1979, London: Hutchinson, 1981, p. 46.

② Stuart Hall, "Cultural Studies and the Centre: Some Problematics," in Stuart Hall, et al. (eds.), *Culture, Media, Language: Working Papers in Cultural Studies* 1972 – 1979, London: Hutchinson, 1981, p. 46.

那些理念和那种知识传播给那些在职业上并不属于知识分子阶层的人们。而且，除非那两条战线都同时运转，或者除非最起码那两种抱负成为文化研究事业的构成要素，你才可能在政治事业上取得巨大的理论推进而不受任何约束"①。也就是说，有志成为"有机知识分子"的文化研究者必然会身处由批判性的知识生产与传播这些知识的文化实践这两极所构成的张力当中，他必须与这种张力共处，承受这种张力并不断推进，才有可能在文化研究领域取得高质量的理论成果。

由此，我们就不难理解，霍尔为何那么重视大众传媒对于弱势群体和社会事件的编码和再现，为何善于揭示这些符号化再现中或明显有歧视和歪曲色彩、或貌似"去政治化的"（depoliticizing）却微妙暧昧的编码行为。霍尔深知真正的理论推进和学术政治之艰辛，他提醒人们，"知识分子的使命不单单是在适当的时刻出现在正确的示威当中（即，只表明正确的立场），还要让渡（alienate）他们已经从制度中获取的有利条件（advantage），接受整个知识体系本身，并在本雅明的意义上努力让它能为其他事业服务"②。也就是说，"有机知识分子"要圆满完成批判和传播的双重任务，要在理论探索过程当中实现理论与实践的充分结合，必须经历极其艰难的身份自省和与超常艰苦的理论斗争，甚至还得舍弃自己在社会体制之中已经获得的那种优势或利益。这也就是霍尔后来多次提到的"知识分子的谦逊"和"理论的谦逊"，即，知识分子要有独立精神和自我反省意识，要对支撑人类物质和精神生活的整体知识体系作深入艰苦的开掘，而且不要因为这种艰难而气馁，以执著和献身的激情永远寻找那些真正能把理论研究与政治实践结合起来的新通道。

霍尔不但对于文化研究者政治身份有高度的期许，更以自己的实践行动将自己铸造成了"左翼知识分子足以效法的典范"③。他不但是"有机的"，而且是"批判的"，更是将二者结为一体的"谦逊"的知识分子。"批判性有机知识分子"的想象性身份迫使每一个人去反省：我们自己的政

---

① Stuart Hall, "Cultural Studies and its Theoretical Legacies," Lawrence Grossberg, Cary Nelson, and Paula A. Treichler al., ed., *Cultural Studies*, London: Routledge, 1992, p. 281.

② Stuart Hall, "The Emergence of Cultural Studies and the Crisis of the Humanities," *October*, vol. 53, 1990, p. 18.

③ 陈光兴：《霍尔：另一种学术知识分子的典范》，载台湾《当代》杂志 1997 年 10 月号，第 20～23 页。另参考 Terry Eagleton, "The Hippest," *London Review of Books*, 1996, No. 5 (March, 7)。

治立场、身份认同和工作态度之间是否具有霍尔那样真诚的一致性。

## 三 中国文化研究者的政治取向和身份认同

如果我们真正把文化研究视为一项严肃的学术政治事业，首先应该重视的，恐怕并不一定是大学教育体制或学术研究体制问题，而应该是文化研究者自身的政治立场和文化身份认同问题。

关于中国文化研究者的批判性知识分子角色和政治责任的探讨，可以追溯到从 1980 年代中期到 1990 年代后期学术界广受关注的"知识分子研究"[①]。尤其是 1993～1996 年人文学术界开展的旷日持久的"人文精神讨论"，更是直接涉及知识分子的身份认同问题。正像这场讨论的主要发起人王晓明在事后概括的那样，面对 1990 年代中国社会结构的突变，人文知识分子陷入了空前的思想危机当中，他们突然发现自己原来对于社会和自身的种种确信其实都是幻觉，开始怀疑自己所从事的学术工作。[②] 人文知识分子对 1980 年代那种自认为可以推动社会进步的"宏大叙述"和启蒙导师心态产生了怀疑，对于迅速资本主义化的新现实似乎束手无策，从内心深处出现了自"文革"以来最为强烈的身份认同危机。有些人强调知识分子要固守批判现实的理想主义人文精神，要有终极价值追求，但更多的人则强调知识分子要有精神自由和思想独立意识、学术规范意识和专业岗位意识，也有部分受"后学"影响的学者认为知识分子应该放弃"思想启蒙导师"心态，应该"躲避崇高"，把自己从理念王国拉回到普通人的真实位置，尊重普通人的基本欲望以及大众文化、流行文化甚至商业文化中的娱乐解放因素。这场"人文精神讨论"虽然最终未能在许多方面达成共识，但依然促生了以上这些影响当今学院知识分子生存选择的话语形态。

对于近二十年来受教于大学人文系科的学生来说，有关知识分子自由独

---

① 介入"知识分子研究"话题的学者和著述及译著数量浩繁，代表性著作可参看：尤西林的《阐释并守护世界意义的人——人文知识分子的起源与使命》，陕西人民出版社，2006 年增订版；许纪霖：《中国知识分子十论》，复旦大学出版社，2003；郑也夫：《知识分子研究》，中国青年出版社，2004。

② 参考王晓明《人文精神讨论十年祭——在上海交通大学的演讲》，载《上海交通大学学报》（哲学社会科学版）2004 年第 1 期。另参考王晓明编《人文精神寻思录》，文汇出版社，1996。

立、超越党派政治、恪守"纯学术"的观点（比如1990年代后期对陈寅恪、顾准的"学术英雄"形象塑造），似乎早已成了毋庸置疑的信条。随着中国社会陷入体系性的"去政治化"思想调控，这些最初带有强烈政治诉求和批判针对性的话语形式，随着一遍又一遍被"意识形态化"地重复使用，逐渐变成了缺乏政治批判维度的空洞术语。强化学者对于政治的"消极自由"态度，树立学术的尊严和独立，本来无可厚非，但是如果学术人真的"修炼"到了"两耳不闻窗外事，一心只读圣贤书"，或者干脆只求成为"基金项目学术"申请人和承包人，似乎又变成了另一种严重的政治问题。

反观1990年代以来我国学界有关"有机知识分子"论题的学术争论，可以发现许多论者都有意或无意地试图避开对知识分子的阶层属性或价值认同方向的讨论。虽然有学者注意到葛兰西所说的有机知识分子与争夺统治性文化领导权密切相关，但对于中国的政党型知识分子如何真正深入工农群众进行传播动员则基本没有涉及（当然，这也许是以下事实使然：自改革开放以来，政党型知识分子主动下基层并向民众传播先进思想的实践几乎中断）。而另有一些论者则对葛兰西的"有机知识分子"论持怀疑和排斥的态度。比如，邵建担忧知识分子一旦"有机"就可能受到专制的束缚，于是提出与之相反的"无机知识分子"（自由独立、漂泊、批判）之说。有些论者虽然对"有机知识分子"不尽排斥，但担心一旦"有机"，知识分子的自由公共位置就会受到束缚，因此更倾向于使用政治立场更为模糊的"公共知识分子"这一概念。[①] 总体来看，怀疑"有机知识分子"论的学者大都认同中国知识分子群体自1980年代以来因为追求独立性而产生的孤独感和漂泊感，并带有1990年代以来因为知识分子群体分崩离析后所产生的那种对于社会各阶层的不信任感。这种对于权贵阶层、劳工阶层以至所有阶层的政治疏离感和政治冷漠感，弥漫于当今中国知识分子群体当中。

在笔者看来，霍尔所提的"批判性有机知识分子"既不同于国内流行的"公共知识分子"观念，也比"批判性知识分子"的说法要复杂。"公共知识分子"固然意味着一些知识分子努力超越专业领域甚至牺牲个人利益，试图就公共社会中的公共事务或重大问题、为了公众利益并面向公众发

---

① 更多讨论内容，参见陶东风《文化研究：西方与中国》第四章"文化研究与知识分子"，北京师范大学出版社，2002。

言①，但究竟是为了"哪些公众"的利益还是需要斟酌的（因为并不存在抽象的、铁板一块的"公众"）。朱苏力认为"公共知识分子"是一个"价值中性"的概念，"说一个人是或不是公共知识分子，并不一定意味着这个人高尚或渺小，并不隐含对其人格乃至学术成就的评价"②，其实也不无道理。至于"批判性知识分子"，各种说法也有出入。沿袭1980年代以来文学界对于鲁迅批判精神的理解，"批判性知识分子"一般都被描述成那种充满质疑、孤独和精神苦闷、同情弱势怒斥强权（势）、像"牛虻"那样讥刺一切"假丑恶"和社会阴暗面的精英知识分子。③ 当然，在思想史领域，也有论者更强调"批判性知识分子"要恢复马克思主义意义上的批判工作，对现存社会现实和主导性意识形态自身内在的矛盾进行更为深入的辩证反思和历史分析，清理其中被遮蔽被歪曲的内在思想逻辑。④ 但无论如何，"批判性知识分子"很多时候就把思想批判本身作为自己介入社会实践的最主要途径。而霍尔所说"批判性有机知识分子"除了强调知识分子要对某个阶段占主导性地位的意识形态进行质疑、辩证分析和反思之外，还涉及如何努力与底层或处于弱势地位的民众结成共同体，即有效参与底层民众的社会运动等问题。

显然，"批判性有机知识分子"的政治取向与阶级、种族、性别或代际等社会政治维度的关联更为明晰而紧密，这种强烈的实践和参与特征与我国文化研究界对于知识分子的许多看法似乎有着明显的差别。国内有些论者认为知识分子就应该是"漂泊的"、有反思精神、有孤独情怀的独立个体，他（她）不应该与任何群体融为一体；但依照英国人的经验，搞文化研究的学者可能正好相反，他（她）得努力寻找一个可以认同、可以直接参与到其中的共同体，并且努力让这种共同体在整个社会结构中发挥改造性的能动作用。因此，文化研究的实践很多时候会与基层社区和底层民众团体开展的一些草根民主运动相结合，"批判性有机知识分子"正好是这种

① 许纪霖：《中国知识分子十论》，复旦大学出版社，2003，第34页。
② 朱苏力：《中国当代公共知识分子的社会建构》，载《社会学研究》2003年第2期。
③ 参考焦守林、左心颖《林贤治：批判性是知识分子最本质的东西》，载深圳《晶报》2010年12月26日，http://jb.sznews.com/html/2010-12/26/content_1377631.htm。
④ 汪晖倾向于用"批判的知识分子"概念来反对自由主义者把他称为"新左派"，针对自由主义知识分子对于国家与市场关系的简单化阐释，他指出"批判的知识分子提出的是对导致不平等、生态危机和社会分化的整个发展模式的批评"。参见王超华编《歧路中国》，台湾联经出版公司，2004，第14、17页。

结合的纽带。但是，在目前这样一个"去政治化"气味浓烈、以经济主导人们精神追求、用各种利益和行政手段调动知识分子研究方向的时代里，知识分子与底层民众之间的认同和真实联系就变得越来越困难，追求变为"有机"的欲念也越来越弱。在此情况下，我们的文化研究就难免陷入一种缺乏批判活力、研究对象不明确的困境当中。

## 四　制度性障碍与"身份突围"

除了以上所谈的文化研究者自身的政治取向和身份认同问题，现在至少还有三重现实的制度因素直接制约着中国文化研究的发展。

首先就是学术和教育主管部门的政策因素。由于中国的文化研究者（甚至绝大多数学术知识分子）都是体制内人员，对国家体制有着很强的依附性，因此容易受到上级主管部门不断出台的一些工具化管理举措的影响。自1990年代后期以来，由政府主管部门层出不穷地制定、引导并操作（各高校紧步跟进）的一系列关于科研基金、项目、学术刊物等级、学科基地、各种"人才计划"和"世纪工程"的行政规章，几乎对体制内的所有人文知识分子进行了格式化重组。这种以建构学科分类权威为主要动力的强大的格式化整体收编工程，实际上对专门从事反学科和跨学科批判的文化研究者（批判性有机知识分子）的生成机制构成了直接冲击。如果连一般的"学人"都得变成或者被迫"化装"成"项目"的"承包人"，把心思都用在找核心期刊发论文，争夺国家级、省部级基金项目，评基地、跑学科点等难以穷尽的功利性的琐事上，不要说"批判性有机知识分子"，恐怕连专心研究学问的那种"独立的"专业知识分子也会出现生成性的危机。

其次就是文化研究者自身的学术功力的问题。由于大陆学界目前译介或从事文化研究的学者还深陷或受益于主流学科分类体制（文艺学和现当代文学建制），我们在成长过程中普遍缺少政治经济学、人类学、传媒经济学等其他学科意识的训练，即使找到一个相对适宜的可供跨学科解读的研究对象，而所用的解读方法很多只是把以前用于解读经典文学文本的方法扩展到对各种新传媒文本，甚至"社会文本"的解读当中。这从表面上看起来显得非常学院学术，但并未对各类文化现象和社会症候进行更为深入的政治经济学和意识形态分析。

最后就是以上已经提到的中国文化研究与社会运动实践的脱节问题。联系文化研究学术经由美国学界传入我国学界这一历史过程，可以发现，我们的文化研究观念基本上是通过学院体制内的学者们所做的"平行译介"获得的，而并非英国本土那种通过底层的成人教育活动以及工人运动而逐渐获得的，因此我们容易把文化研究理解成一套新的理论流派或范式，并将对这种"新学术范式"的介绍等同于自 20 世纪 80 年代以来我国学界一直流行的"追新"工作，忘记了文化研究事业必须有对底层公众政治文化参与过程和参与权的考虑。更何况目前国内开展草根社会运动的条件很不成熟，蜷居于高校或学术机构的知识分子更难在普通民众的社会日常生活中获得活生生的研究内容。

从这一点来说，强调文化研究者自身的政治自觉和身份反省，强调文化研究以学术批判方式积极介入重大现实政治争论和实践的特征，强调文化研究积极关注新兴的社会文化运动，对于探讨和化解我国文化研究面临的诸多困境不无启示意义。另外，从现实条件来看，随着社会结构的深刻变化，我国已经出现了一些新兴的社会文化建设力量，同时也在其他学科领域或社会运动领域出现了一些积极参与文化研究和文化建设的思想者和实践者。比如，出现了一些搞乡村建设运动并以此运动作为思考对象的研究者，出现了一些直接参与北京民工社区"打工文艺"和"打工春晚"活动的体制内的文化研究者。凡此种种情况皆表明，中国社会阶层结构的变化呈现出的政治文化认同和文化表现问题日益丰富，比如社区文化空间、民工文化表现、乡村与城市的文化关系等，都给我们提供了更为广阔的研究空间和更为明晰的探索路径。

只要我们把文化研究真正视为严肃的学术政治，就不会把它只当作一种从国外传入的新兴文化思潮或学术范式，就会努力去探究中国社会目前出现的各类文化表征所牵连的深层社会政治问题。借鉴英国文化研究初创者当年的探索经验和勇敢作为，我们的文化研究者应该积极关注新兴的民众文化运动，确立富有前瞻性的政治抱负，寻找富有理论穿透力的分析架构。

（原载《马克思主义与现实》2012 年第 6 期）

# 伦理巨变与 21 世纪都市新伦理小说

周志强*

**内容提要**：21 世纪以来中国社会中伦理巨变的现实，造就了一批都市新伦理小说，并呈现出合理性、合情性和合法性三种认同焦虑内涵。其所利用的"现实主义"文体因无力阐释这种困境而让现实主义变成一种掩盖现实社会中矛盾对立的文体政治手段。伦理巨变的背后则是资本体制造成的文化的精神分裂症。

**关键词**：伦理巨变　都市新伦理小说　认同焦虑

进入 21 世纪以来，纯文学领域内的长篇小说写作呈现出回归现实和生活的趋势。大部分作家放弃了曾经一度红红火火的"文体实验"，走上了一种崭新的"现代主义的现实主义"的写作范式。这种变化带来的直接后果之一，乃是长篇小说以一种隐喻的方式来处理作品中的现实生活。换句话说，21 世纪长篇小说可以作为中国社会的"寓言"来解读。在这里，作家们并不满足于写出带有现实感的故事，而是更能够在叙事中提供给读者对现实的超越性体验。不妨说，现代主义的现实主义写作，让"现实"不再仅仅是所谓"活生生"的现实，更是对"活生生"的现实的隐喻性呈现和仪式化反思。

相对而言，最近几年间兴起的以人们的日常生活伦理为题材的作品，反而较多地保有传统现实主义写作的特色，成为我们观察近十年间中国社会伦理情感发生重大变化的窗口。尤其是其中大部分小说围绕城市中男女生活展开，给我们勾勒了一幅 21 世纪中国人生活伦理转型历程图谱。不妨把最近兴起的以都市人家庭生活、情感纠葛和人情伦理为核心话题的小说，

---

＊　周志强，南开大学文学院教授。

统称为"都市新伦理小说"。

在这里，所谓"新伦理"指的是，小说写作的核心线索或者故事进程的核心动力总是与当前中国人血缘伦理、情爱伦理和交往伦理的新现象有关系。在这些作品中，30 年来中国社会的种种变化，都寓言性地体现为人们面对新的世界时所产生的道德震撼与生命喟叹。没有比情感伦理领域的变化更贴近我们的肉身，也就没有比新伦理的质疑、反思、认同和批判更能显示这个时代的内部所存在的种种矛盾、纠葛与分裂。

简言之，这些小说中跌宕起伏的故事以及感人的场景，要么是当前中国社会伦理观念转变的产物，要么就是新伦理观念本身。也正是这些小说，正在悄悄修改我们的生活，塑造我们看待自己和他人的新的目光。

## 从传奇、启蒙、批判到焦虑

写家庭、爱情和人情，一直以来是中国文学的重要传统。尤其是以人伦天伦之变为视角，在道德震撼中写故事，更是古代到现代诸多小说的写作传统。总体来看，中国文学中的伦理叙事经历了明清以来表达伦理生活变迁的"市井传奇体"、晚清以来表达社会伦理复杂状况的"文化启蒙体"、20 世纪 80 年代以来面对现代社会伦理冲击的"反思批判体"，一直到 21 世纪出现"都市新伦理小说"，不仅形成了新型的小说写作潮流，也用现代主义的现实主义写作意识，塑造了伦理巨变过程中"焦虑呈现体"的叙事模式。

事实上，中国传统小说尤其是长篇小说在发生与兴盛历程中，演义与传奇构成了两个有趣的线索。前者演说历史、铺张故事；后者植根日常生活、力求伦理震撼。"三言两拍"展示的世界图景就是一个正在变化中的中国市井社会伦理景观，《金瓶梅》则将中国人带入身体感性伦理时代，《红楼梦》宣告了家族伦理体系正在崩溃的现实，而《聊斋志异》的鬼狐世界则凸显了乡村社会道德逐渐解体的景象。

晚清以来，对于新生活的向往与警惕，分布在不同的小说中，而小说的创作中依然可以寻绎到这两条线索。作家们把伦理生活的变迁看作是新时代到来的前奏，在痛苦和怀疑中，力求以自己的写作启蒙人们走向新生。从鲁迅的《伤逝》到郁达夫的《沉沦》，我们可以感受到传统与现代的道德对立在这一代作家心灵上刻下的划痕；而"革命加恋爱"的故事、巴金的三部曲一直到张爱玲写出的上海十里洋场的世界，都在昭示一种崭新的生活理念的诞生。新中国成立以后，伦理爱情、家庭亲情和社会人情的小说，都紧紧附着在社会主义新生活叙事的链条上。张爱玲的《十八春》在国内发表的时候，把投入到社会主义新生活作为一种历史的拯救方式来书写，旧伦理生活如同旧社会一样被摒弃；王蒙的《青春万岁》用一种荡涤旧生活的热情把"新时代青年"刻写在新时代中国的纪念碑上。

到了20世纪80年代，伦理叙事的视角发生了多元变化。"人"的问题浮出水面，其核心内涵自然与人应该如何活才能活出人样、人的价值何在，以及人与社会的关系如何对待等问题紧密相关。答案的多元与叙述逻辑的一致，构成了反思批判的写作范式。《芙蓉镇》代表了用伦理亲情代替政治理性的趋势；《爱是不能忘记的》则标举情感主义的大旗，试图肃清泛政治化伦理的印记；《飘逝的红纱巾》第一次显示了商品化的伦理体系与传统生活价值的分裂；《人生》则在痛苦不堪的情感故事中试图重建乡村道德的图景；在陈奂生系列作品中，情感的乡土性与工作的现代性之间产生了对立，而对于传统情感伦理的违背变成了现代性的原罪；汪曾祺的小说用一种现代韵白的语言形式，搭建了韵味无穷的乡土中国的文化形象，对现代性中国社会进行了温情的反叛。进入20世纪90年代以来，反思现代性与传统中国的矛盾，成为伦理叙事的核心命题。《万家诉讼》的秋菊所要的"说法"，不过是乡村伦理系统中的朴素平等和公正，但是，现代法制系统却只能提供给她"罪与罚"的制衡功能——法理社会与情理社会的对立令秋菊尴尬茫然。而这个时期更多的小说致力于讲述告别了崇高激情的80年代以后，个人如何融入世俗琐碎的具体生活中去的故事，代表性的作品有《单位》《不谈爱情》《活着》《一地鸡毛》《来来往往》等。世俗化伦理道德的确立，似乎让都市伦理叙事遭遇了一个"结点"：都市生活的故事似乎已经变得没有了深度，更多的作家开始了边缘文化与地域的想象性书写。

综合上述，不难发现，伦理生活叙事作为中国文学的重要传统，总是在伦理价值体系发生重大变革的时候显示其创作成就。从明清感性主义思潮到晚清现代性的发生，从"五四"后革命伦理的确立到新中国成立后社会主义政治伦理的高扬，从80年代启蒙主义回潮到90年代商品主义抬头，每一次伦理小说创作的繁盛，都呈现出中国社会动荡起伏的历史进程。一方面，并没有作家主张"伦理小说"这个概念，另一方面，伦理问题始终是历史关键时刻作家想象和阐释生活的重要视角。从传奇的趣味到启蒙的冲动，一直到批判性地反思，伦理问题纠缠着无数作家的梦。

进入新世纪以来，中国社会现代变革的强度、广度达到了前所未有的程度，个人生活从内到外都处在彻底的变化整合之中，尤其是家庭和性爱观念与行为更是发生了天翻地覆的变化。有调查显示，当代大学生对待性的宽容度明显比上一代人更高：有 25.5% 的年轻人认同偶尔吸引可以有性行为或者无所谓，而 55.5% 的人则对未婚的性爱行为认同或者无所谓。[①] 吉登斯认为，现代社会让女人从性爱的恐惧中解放了出来，避孕术的发明，令"性"成为一种摆脱了生殖活动的独立享乐行为。[②] 有趣的是，据凤凰网去年的报道，长沙一地一个月避孕套的销量达到 70 万，其中，高校学生占有较大用量。[③] 而世界卫生组织 2010 年的统计数据表明，中国女性流产（不含私立医院）人数超过 1700 万人。回忆 20 世纪 90 年代初人们还会为了张艺谋的《菊豆》或者孟京辉的《恋爱的犀牛》疯狂的时候，是无论如何也无法想象 21 世纪自由的性爱已经成了常见的现象了。

在这样的背景下，都市新伦理小说应运而生。所谓"都市新伦理小说"，指的就是以当代中国尤其是 21 世纪以来社会伦理观念发生巨大转变的城市生活为写作领域，以日常生活中新伦理与传统伦理分裂对立为核心矛盾线索，以人们的情感态度和行为观念的变迁为主要故事类型的小说作品。从 20 世纪 90 年代王海鸰着手伦理变迁的小说叙事，到 21 世纪初的《中国式离婚》，开启了都市人们的家庭、情感和人际交往生活为题材的新伦理写作潮流。《新结婚时代》的出版则引发了家庭伦理小说的跟风。严歌苓、六六、王秀梅、焦冲、程琳、须一瓜、易清华、红柯、阎连科、慕容雪村、钟求是、许春樵等诸多新老作家，都写出了值得关注的新伦理长篇小说佳作。其中，《新结婚时代》《成长》《蜗居》《双面胶》《原谅我红尘

① 程毅：《当代大学生性观念现状调查、成因分析及其政策维度》，《华东理工大学学报》（社会科学版）2011 年第 5 期。

② 吉登斯：《亲密关系的变革——现代社会中的性、爱和爱欲》，社会科学文献出版社，2001。

③ 邹宇、文乃斐、张莹、李俞辰：《长沙 1 个月至少消耗 70 万避孕套，高校附近销量高》，http://news.ifeng.com/society/2/detail_2011_09/28/9534998_0.shtml。

颠倒》《女人奔三》《男人三十》《窄门》《屋顶上空的爱情》《零年代》《风雅颂》等，是其中最富有代表性的作品。

在这里，都市生活凝聚了现代中国与传统中国复杂交织的伦理元素，构成了这类作品故事发生的主要空间；而凸显新型生活方式与情感价值趣向，则构成了新伦理叙事。换言之，都市新伦理小说，一方面指的是21世纪以来大量涌现的、对伦理生活进行深度描写的新型小说——它紧紧扣住"伦理生活"来组织其故事，而此前的小说作品，则总是把伦理情感的故事作为历史或者社会深度叙事的附属品来完成；另一方面，这个概念更是针对近年来中国社会出现的伦理领域的革命性变化——不妨干脆称之为"伦理革命"进行全方位描写，其思想内涵超越了传统伦理叙事"现代—传统"、"城市－乡村"以及"中国－西方"的二元模式，尤其是超越了二元伦理叙事模式中总是以传统、乡村和中国为价值旨归的政治无意识。新伦理小说的作家们并不致力于对现代都市伦理生活的变迁进行大力批判，并试图进行反思和矫正；而是更多地感兴趣于这种新伦理背后中国社会的内在矛盾，以一种冷静甚至冷漠的笔调，呈现现代生活的沉重、缺陷、吊诡和变形。

换句话说，此前的伦理叙事不免要回答"什么才是真正的好的生活伦理"问题，而新伦理小说则倾向于描述"现在是怎样的生活伦理"。也正是在这样的描述中，都市新伦理小说成为当前中国社会伦理巨变时刻，人们情感认同、生活观念和评价态度茫然失措的产物。简言之，都市新伦理小说的文体内涵在于，它用所谓不偏不倚的写实主义文体，凸显出当前人们在伦理巨变过程中的茫然与纠结；冷静的叙述和新现实主义的态度，使得作者成功隐藏或者消解了自己对当前中国社会伦理巨变的价值判断——这正是都市新伦理小说呈现出来的伦理认同焦虑的典型症候。

具体而言，这种认同焦虑可以从三个方面进行阐释。人们的伦理活动无外乎涉及三个层面：围绕人们对社会和生活的理解与阐释，伦理活动呈现出建立在认识论基础上的观念层面；围绕人们对自身生活的亲身感受和情感态度，伦理活动呈现出建立在情感论基础上的体验层面；围绕人们的社会行为习惯，伦理活动呈现出建立在实践论基础上的规则层面。简言之，人们的知情意活动，相应形成了伦理活动的三个方面。于是，都市新伦理小说的认同焦虑也就相应地可以从这样三个层面进行阐释：新伦理观念层面的合理性焦虑、新伦理体验层面的合情性焦虑以及新伦理规则层面的合法性焦虑。

## 合理性焦虑：都市伦理与乡村道德

都市新伦理小说充分展现了当前中国现存的两种基本伦理生活理性的矛盾冲突，以及这种冲突所带来的伦理困境：古老乡土中国的伦理体系在现代性的进程中轰然坍塌，新的都市文明以其强大的合理性力量改造每个人的生活，同时又毁灭传统伦理的情感价值；乡村道德血缘合理性与都市伦理法理合理性陷入伦理观念的认同焦虑。

在王海鸰的《新结婚时代》（2006）这部小说中，何建国与顾小西的矛盾典型体现了当前伦理巨变中的合理性焦虑的问题。何建国出身农民，来自偏远的乡下，他身上凝聚着底层孩子一步步奋斗出来的顽强意志力，同时也带着他自己独特的性格特质。家族的责任、眷顾乡亲的欲望，构成了何建国生活伦理的合理性之一。在城里知识分子家庭长大的顾小西身上，我们更多看到的是顾好自己的家庭、过好自己的日子的诉求。在顾小西看来，一切自己的成果，都是自己奋斗和努力的结果，因此，自己既不需要替别人负责，也不需要别人替自己负责。每个人都有自己的生活伦理，不妨碍他人，乃是一种现代生活的美德与前提。小说用城市女性的视角展开叙事，令读者对顾小西嫁给了一个农村人而遇到的麻烦备感同情：回沂蒙山区老家路上因为推车而流产；在农村不能忍受厕所的苦恼三天不大便；为了照顾何建国父亲的面子，顾小西发着高烧干活差点丢命……小说开头这样描述了顾小西在农村的生活：

> 她去的路上还幻想，自己怀孕了，怀的是何家的后代，就算不用人伺候，不伺候别人的资格是有的吧——她知道农村媳妇在家是要伺候家中老少的——可一见建国嫂子，就知道她的这个想法真的只能是幻想了。建国嫂子，都快生了，大着个肚子，忙完人吃的忙猪吃的，一刻不着闲。换句话说就是，妇女怀孕，在何家村根本不算事儿。这种情况下，顾小西能说不干活吗……天天七八个人的饭，做！做完了，在灶屋里猫着，听里屋那些大老爷们儿吃，喝，高声大嗓地说。这也是何家村的规矩，

吃饭只能男的上桌，女的得等男的吃完了再吃。要说这三天里，顾小西做不到的只一点，做不到像建国嫂子那样，就着灶台大口大口吃那些大老爷们儿吃剩的菜，她觉得里面尽是唾沫星子……①

在这个段落中，"都市"与"农村"两种生活方式的对立显露无遗：农耕文明对于劳动力的尊重，直接体现为日常生活中男尊女卑伦理观念的顽固存在，体现为集中人力物力资源围绕劳动力调配的生活状况；相对而言，现代都市文明劳动的多元化、去性别化，使得女性获得了经济地位，从而得到了充分尊重——尤其是怀孕的职业女性，等于同等工作的基础上多付出了身体的牺牲，因此更应受到保护和爱护。城市中女士优先的原则与乡村间女人就应该结实能干的观念，分别植根于两种合理性，但是却在顾小西这里遇到了麻烦。

私人生活与社群生活的差别，形成了不同的伦理观念。对于顾小西来说，社群生活的观念无法令人理解："这就是他们的观念，只要结了婚，他的就是她的，她的就是他的，一切共有，亲戚也是一样。"在顾小西看来，建国父亲总是不断地提出各种要求：看病、盖房子、给村子里的人办事、给建国哥哥安排工作找住处……何建国与顾小西的矛盾的集结点就在于，顾小西不仅仅需要活着，还要活得有品质；而何建国父亲则首先要活着，并且在村子里面活出面子来。这两种要求都具有鲜明的合理性，但是，却在何顾的婚姻中表现出巨大的戏剧性的矛盾冲突。

小说同时呈现了何建国与顾小西伦理诉求的两种合理性。何建国之所以不断地满足父亲提出来的各种"无理要求"，是因为在这种无理要求的背后，存在着乡村道德朴素的公正意识：贫穷的家庭只能供养一个大学生，也就不得不用残忍的方式剥夺何建国哥哥接受教育的机会。何建国的补偿心理产生于中国社会城乡分化而造成的生活质量的巨大差别。

在这里，中国社会发展的严重不平衡体现为：空间不平衡——城乡之间、时间不平衡——父子之间、心理不平衡——伦理之间，而且，最终体现为伦理之间的不平衡。东部与城市的快速发展，令城市中的年轻人有权利主张更好更有品质的生活，主张爱情的浪漫和小生活的圆满；中部、西

---

① 王海鸰：《新结婚时代》，作家出版社，2006，第5页。

部与乡村的落后贫穷，则令其道德体系建立在平均、共有和共享才能活下去的观念基础之上——而何建国的一枝独秀必然伴随他人的集体付出。贫困的生活道德具有更强大的合理性诉求。

不妨说，正是 30 年来中国社会改革开放的后果造就了《新结婚时代》的尴尬矛盾。一个现代都市的中国与一个传统乡土的中国并存的时候，就立刻让人们的精神伦理发生断裂乃至分裂。经济格局的分裂，造就精神伦理的分裂；而有趣的是，在小说中，"乡村"与"城市"的经济对立变成了一种道德层面上的对立，也最终变成了伦理对立消失的浪漫想象。小说用三对爱情伦理呈现出乡村与城市对立格局中社会伦理巨变的事实：顾小西与何建国的婚姻在两种合理性的谅解中得以升华，体现出两种合理性之间在心理层面的和解；顾小航与简佳的恋爱则跨越了年龄的差别，体现出两种合理性之间在时间层面的和解；而顾小西父亲和保姆的爱情，则用仪式化的形式，呈现两种合理性之间在空间层面的和解。

这正是"新结婚时代"，传统婚姻内在分裂、新的婚姻充满动荡冲突，社会的经济与政治的后果与私人生活纠结在一起。在伦理对立的背后，则闪烁中国社会经济对立格局的幽灵。

事实上，乡村与城市两种合理性的矛盾对立，正是都市新伦理小说的核心命题之一。在易清华的《窄门》（2010）中，出身乡村的主人公余致力到省公安厅工作，看似充满前途的道路并不是坦途。"农民气质"让他进单位大门都被门卫盘查；在同事们的活动中茕茕孑立。小说细致写出了这个年轻人小心翼翼观察四周、仰视他人的心态。余致力的矛盾也就很快变成了一方面坚持自己真我性情，另一方面要挤进"窄门"，变成像城里人那样有身份尊严的人。这两种合理性的诉求并没有体现出王海鸰笔下融合的可能性，而是始终尖锐对立，折磨着余致力和读者。

许春樵的《屋顶上空的爱情》（2012）同样把两种合理性伦理呈现在我们面前，让读者陷入道德和美学的尴尬之中。郑凡虽然毕业于名牌高校，却出身乡村；他和韦丽按照都市生活的方式相识——网恋、闪婚，却不得不接受"城中村"的痛苦。郑凡的父亲以为儿子已经飞黄腾达，不仅引以为傲，还不断地把亲戚朋友的难事交给儿子处理；韦丽的父母则要求爱情必须有房子，淳朴的相爱本身变得毫无意义。新结婚时代中的婚姻困境卷土重来，只不过这一次不是通过婚姻的和谐来作为最终解决的方案。小说凸显了城市生活伦理的合理性，同时也反思其合理性背后的荒诞不经；反之，作者用悲凉的语调写出乡村生活道德的朴实，却也同时呈现了它的保守和市侩。到底什么是好的生活，这个命题被置换成了为什么我们没有好的生活。在小说中，乡村道德养育着朴实踏实的信任和亲密的品质；都市伦理激活人们浪漫和温馨的想象。韦丽觉得，爱情是男人跟女人的事情，不是人跟房子的事情；但是，都市社会严酷的资本体制却告诉我们，爱情本身就是资本投资的产品。乡村社会的温馨的情感主义观念，在都市新伦理面前，只能默默破碎。

事实上，乡村与都市伦理对立的背后，隐含着的是中国社会正由一个礼俗社会向法理社会转型过程中人们日常生活所面临的种种伦理困境问题。在礼俗社会中，人们由坚固的家庭纽带、传统和固定的社会角色联系在一起。各个村庄、社区中的各种血缘关系维系着人们的生活。[1] 现代的法理社会则注重利益的得失，从而忽略了血缘纽带所造就的社会关系。传统的道德自律被不知疲倦地赚钱的欲望所替代。人们的社会关系更加正式，更加理性，也更加符合各种法律制度和政策规范的要求，从而相应缺少了人情的温馨意味。[2] 所以，在《男人三十》（2011）中，农村来的卢伟最终带着在城里染上性病的妻子黯然回乡；《零年代》（2008）中城市人赵伏生离开温州去了没有岁月变迁的林心村；《湖光山色》（2006）的暖暖用近乎偏执的形式拒绝都市生活对乡村的入侵。这些小说呈现出对传统乡村伦理的强烈认同，又因为不得不面对都市伦理的强大合理性而最终使用想象的方案来解决现实的矛盾。从这个意义上说，都市新伦理小说中两种合理性矛盾的呈现，凸显了现代中国的一种现代性焦虑：中国往何处去，我们的生活会怎样？

## 合情性焦虑：陌生人社会中的亲密关系

相对而言，伦理问题更集中地体现在人们个人情感生活的层面上。如果说合理性焦虑更多的是中国社会现代性城市化转型产物的话，那么，合

---

[1] Stanley J. Baran, Dennis K. Davis, Mass Communication Theory: Foundations, Ferment, and Future, *Belmont*, CA: Wadsworth Thomson Learning, 2000, pp. 59 - 60.

[2] F. Fukuyama, The Great Disruption: Human Nature and the Reconstruction of Social Order, *Atlantic Monthly*, 1999 (5), pp. 51 - 58.

情性焦虑则体现为新一代都市人在资本体制与利益机制中所确立起来的伦理情感巨变的后果。

"情",本身具有两种指向。情的第一指向是"亲",只有亲密的关系才与情紧密相关;情的第二个指向是"疏",它建立在第一个指向的基础之上,指的是通过"情"来超越非亲密关系,只有陌生人才能产生爱情,这已经是现代都市的新规则了。在传统的社会里,亲情和爱情是紧密联系的。这不仅涉及青梅竹马的生活,或者爱情由亲情关系来主导,而且更多地涉及爱情事件不过是传统社会亲情事件的一个组成部分。爱情伦理,必须交由亲情伦理来管制、疏导和规范,最终成为人们在亲情系统的社会中维持生活的一种方式。

有趣的是,现代中国的亲密关系正在迅速改变,并最终令中国进入一种"陌生人社会"的时期。

现代社会的一个重要标志就是人的行动的解放。一方面,人们越来越不受神学的、阶层的、教条的东西的羁绊,日渐可以自由支配自己的生活;另一方面,如同齐美尔所言,货币逐渐符号化、象征化①,这就让人们可以自由地离开自己的出生地生活,可以自由地跟不同地域的人们做生意、打交道。人们常常看到观念和思想的自由的重要性,却忽视了自由流动时代带给社会的关键性的影响。

而这种人口的大流动带来的移民政治图景是崭新的。吉登斯所说的那种风险社会的色彩更加浓厚了,人们日益依靠所谓"抽象系统"来获得安全感:大家更相信管理体制和规范的可靠,而不再信赖人格、名声和地位。吉登斯提出,现代世界是一个"快速飞逝"的世界,它具有三种基本动力:时空分离(separation of time and space)、抽离化机制、制度反思性。其中,时间和空间的分离,被吉登斯看作影响最大的一种动力。在前现代时期,多数人的生活,其时间和空间通过"地点"连接在一起;而在现代时期,人们越来越多地有机会从地点中分离。②"质疑"变成了一种广泛的社会心态。四顾茫然的生活意识注定了人们会喜欢那些没有组织性的组织活动。在吉登斯看来,这样的社会是一种与此前的社会不同的社会;他认为,现

① Kurt Wolff, *The Sociology of Georg Simmel*, New York: The Free Press, 1950, p.11.
② 安东尼·吉登斯:《现代性与自我认同》,三联书店,1998,第 11~22 页。

代性的到来，是一次人类历史的断裂。这就意味着，现代性的后果不可能在此前的社会中出现过，甚至不被蕴含。①

简单地说，中国社会开始进入了这样一个崭新的时期：我们必须通过更好地跟陌生人相处，才能更好地活下去；同样，一个社会的内在力量是通过聚集了大量陌生人而实现的。这就是我所说的"陌生人社会"。在这里，陌生人社会的核心特征就是个人的自组织性空前提升，"节制""责任""风险""隐私""民主""权益"等，立刻变成了现代人生存的关键词。与之相应，族群的伦理组织能力则明显降低了，人们把与他人交往的一切问题都抛给了社会管理体系，于是，"凡是与自己无关的，就一定是归社会管理的；反之，凡是社会组织管理的，就一定是与自己无关的"②，这个生存法则渗透到了我们生活的方方面面。

于是，陌生人社会中这种私人生活与社会生活严格隔绝的现象，立刻就养成了人们"异居者"的意识。没有一个人觉得自己就生活在一个属于自己的社区里，社区的一切都是与自我息息相关的；事实上却是，很多人终生生活在一个居民小区，却并没有兴趣参与小区的任何活动，只要锁上门，就立刻用陌生人的眼光打量自己身边的一切。

因此，陌生人社会变成了一种精神分裂的社会：越是自己的，就必须越是在外的；越是与自己的生命境遇息息相关的，则越是应该不去参与的；越是表达了真实处境和需要人们去变革甚至颠覆的东西，却越是显得与"自己"不相干。

这正是焦冲系列小说《女人奔三》（2009）、《男人三十》（2011）故事发生的基本语境。不妨以甘旭然与唐糖的爱情为个案做简要分析。他们的爱情故事处处包含了"陌生人"这个关键词：他们相识在机场，本着好聚好散的原则一起旅游，性伙伴加玩伴；他们纠缠在互相不了解对方生活的日子里面，唐糖迷恋甘旭然，仅仅就是因为他的相貌，而不是因为他的品质——而且，这个品质也没什么好了解的；唐糖伪装乖乖女接近甘旭然的妈妈；唐糖花钱雇用硕士生＋妓女的美女苏小镯勾引甘旭然并遗弃他，令他伤心绝望……小说中，每个人都拥有他所呈献给别人的不同的情感内心

① 安东尼·吉登斯：《现代性的后果》，译林出版社，2000，第4页。
② 周志强：《陌生人时代的中国》，《中国图书评论》2012年第3期。

和私人生活。唐糖不知道甘旭然的来历、性情和品格，也懒得知道；甘旭然不知道苏小镯的底细和身份，也无从知道；苏小镯不知道甘旭然和唐糖的感情状况，也不必知道。这是一个只有在陌生人的环境——现代都市中才会发生的故事，也只有在这个环境中，人们自顾自地生活，却根本不去塑造生活。亲情社会的道德伦理体系在这里毫无意义。没有周围叽叽喳喳的道德议论，没有同事们幸灾乐祸或者羡慕嫉妒恨的八卦——当没有外在的伦理语境的时候，就没有了内心的伦理律令。

小说中，合情性焦虑充分体现为一个情感冷漠的时代里面感情的真假以及与情感紧密相关的个人生活的分裂所造就的茫然。主人公孙文虎是一个老老实实本本分分的好男人，却也在大学时代自己暗恋过的女人孟惠那里偷偷过了一夜。这个事情折磨着他，让他每次同时见到自己的妻子葛晓菲和孟惠时便深感歉疚和尴尬，让他陷入难以言说的困境。孟惠借钱而不能还，就为不能生育而备受父母折磨的孙文虎夫妻代孕；而正当孙文虎夫妻借腹生子而享受天伦之乐的时候，孟惠却因为自己的歉疚而告诉了孙文虎真相：这个已经满月的孩子其实是她跟另外一个男人的"产品"……卢伟从乡下来打工，因为长得帅而被美丽多情的林助理看中，每每林助理被男朋友欺负的时候，就用卢伟作为性安慰的工具；卢伟的妻子做保姆，为了一点消费而忍受主人的骚扰，却感染了性病；苏小镯清纯美丽，却迷恋卖身，偷偷跟自己的导师上床；唐糖执著于爱情，痴恋自己的爱人，却并不守身如玉灵肉合一……在这里，偷情、代孕、骗财、卖身、性病、偷腥、二奶、奸情……一方面是身体的快乐，另一方面是这种快乐从传统亲密关系的社会中剥离出来，变成了都市新伦理的情感体验。爱情与亲情的分离，造就了合情性的焦虑：到底忠实于身体与欲望，还是忠实于道德与伦理？

鲍鲸鲸的小说《失恋 33 天》（2009）连同改编的同名电影（2011）则以传统言情叙事的方式，无意中凸显了都市新伦理小说的合情性焦虑。小说的题目就颇值得寻味。"失恋"，在人的成长经历中算得上最为痛苦的故事之一，在这里却变成了可以被计算时间的事件。故事中，33 天发生的事情也证明，这部小说的名字完全可以改成《失恋之后走向新恋爱的 33 天》。在故事的结尾，女主人公黄小仙终于接受了男主人公王一扬的爱情，新的恋情开始了——并且看起来，这段恋情是稳定和美好的，也就不再可能失恋。

正如诸多描述疾病的故事，其内在的欲望则是永远健康的幻觉的养成，《失恋33天》并不是在思考情感的意义价值或者爱情的伦理方式，而是在倾诉这样一种焦虑："我们能不能永远不失恋？"

这是"故事"独有的一种功能，理论上叫做"闭合"（closure），指的是任何故事都是一种走向结尾的结构，即所有的情节都蕴含了对"闭合"（结尾）的期待；而结尾也就无意中造就了"故事的闭合感"。换句话说，任何故事，都通过结尾来给接受者这样一种幻觉：至少在这个故事里面，男女主人公终于进入了一种稳定的生活状态，不再有动荡和变换。

在这里，《失恋33天》也就变成了这样一种意味的暗示："失恋，是告别虚假的、不值得的恋情的方式，是走向永恒的真正的爱情的方式。"

换言之，"爱情"之所以可以成为一种话题，根本的原因之一，乃是现代社会生活中，大家太需要这个东西来掩盖日益冷漠的情感和难以克服的孤单。说白了，在当下的艺术作品中，"爱情"这个话题的内涵变成了提供生活温馨感的重要方式——或者干脆简单点说，当下电影中的诸多爱情，乃是唯一还能提供柔情的场域，让人们干硬的神经，在"爱情"这杯想象出来的美酒中泡软、泡透，泡得身上舒舒服服，仿佛四肢百骸的肉身都不见了，只剩下纯洁而浪漫的感情，飘摇游荡在卧室的床边。

不妨说，《失恋33天》的叙事动力，正是源于它可以提供这样一种奇妙的"情感按摩"。而当我们不得不依赖对爱情的想象来实现对这个世界的想象的时候，我们也就可以清晰地看到，正是现代生活的丛林化与原子化，造就了我们习惯用柔情主义的方式来解决现实矛盾的倾向。而这正是陌生人社会的典型文化特征。

一方面，人们越来越多地遭遇崭新的伦理关系，也就越来越多地遭遇新型的生存故事；另一方面，人们依旧渴望襁褓一样的传统社会中那维系在亲友圈子里面的呵护，从而必然带着深深的失落甚至绝望的心情来观看这个世界。在焦冲的小说《男人三十》中，唐糖不能忍受甘旭然只有想念她的下半身的时候才会想起她的生活，但是，却又不想割舍这种偏执的肉体迷恋；乡下来京的打工仔生得漂亮，变成了白领丽人的自慰器具。慕容雪村的《原谅我红尘颠倒》（2008）一书中，我们看到一个科层制的生活里面，与陌生人谋利，也就意味着将自己的肉身和情感都变成陌生的他者。而王秀梅的《幸福秀》（2009）则更是凸显了陌生人社会中稳定的生活圈子和稳定的婚姻空间，怎么被不断出现的"崭新的诱惑"所挤压和扭曲的情景。

在这里，陌生人社会背后的一个尖锐的问题也就浮出水面：当我们把陌生人社会看作是一种现代性后果的时候，却忘记了这个现代性归根到底是为了创造更多的利润和利益而组织起来的。这也就把这种现代性社会的精神分裂叙述成了另外一种故事。换言之，都市新伦理小说的合情性焦虑，正是现代中国在资本社会与传统社会的较量中，逐渐分裂和碎片化的生活本身的写照。

## 合法性焦虑：性爱的肉身与情欲的物化

到底什么样的生活才是正常的、符合规范的生活？到底什么样的友情、爱情和亲情才是合乎道德人心和公共利益的？这个问题在 21 世纪都市新伦理小说中已经找不到完美的答案了。

换句话说，进入 21 世纪以来，中国社会资本体制的极端发展，令人们的生活陷入总体性的物化时代。马克思认为，现代社会文化情感被金钱的利益欲望所主宰了，"除了冷酷无情的'现金交易'，就再也没有任何别的联系了。它把宗教虔诚、骑士热忱、小市民伤感这些情感的神圣发作，淹没在利己主义打算的冰水之中"[1]。在这里，活生生的人消失了，他们被物品的崇拜最终变成了商品。甚至于，这种商品化也进入了人的灵魂，使得人成为这种商品意识的猎物。人成为一种只能适应这种社会的人。"可计算性"成为了这种资本体制的原则。这种原则渗透到社会生产和生活的方方面面。而随着机械化生产和合理化设计的发展，人——作为主体的意义被这种机械性的生产所控制。[2]

在这里，都市新伦理小说所体现出来的合法化焦虑也就呈现为这样一种方式：肉身体验是真切的，性爱的冲动是浪漫的，但是，这种真切与浪漫的肉身却不得不深深融入物化的世界图景之中才能存在下去。

许春樵的《屋顶上空的爱情》典型体现了这种合法化焦虑的内涵：如

---

① 马克思、恩格斯：《马克思恩格斯选集》（第 1 卷），人民出版社，1995，第 275 页。

② 乔治·卢卡奇：《历史与阶级意识》，商务印书馆，1992，第 149 页。

果只有爱情，却没有房子，那么爱情就会变成令人沮丧的、异化而可笑的东西；可是，如果牺牲爱情而追求房子，人就会变成异化而可笑的东西。在这里，到处是生活规则的混乱而带来的合法化危机。郑凡与韦丽的浪漫爱情不允许有浪漫的想象，因为任何浪漫想象都需要付出高昂的成本。他们只有像动物那么活着的时候，才能像人一样有点爱情的尊严；一旦他们像人那么活着的时候，就只会处处碰壁，穷途末路。舒怀有了房子，却没有赚钱"活得有价值"的本领，女朋友悦悦毫不客气地投入到房地产老板的怀抱，自觉成为二奶。备受刺激的黄衫干脆娶了温州老富婆莉莉，并且还衣锦还乡，希望让人们羡慕他们的富足、豪华和尊贵。但是，黄衫的生活却呈现出狼狈不堪的尴尬和无聊。

我们在 21 世纪都市新伦理小说中遭遇到了空前的无处奔逃的困窘。到处都出错误，没有合法的，也没有不合法的，有的是只是热气腾腾的肉身在盘算如何赚一个好价钱。钟求是的《零年代》（2008）用一种现代主义的笔法，把都市生活的这种合法化对立写到了令人沮丧的地步。小说显示了城市生活中那些在我们看来已经习以为常的悖谬规则是怎样主导着我们的生活。林心未婚先孕，想要留下自己的孩子，却被父母和医生以爱的名义强制流产。爱情变成了集体阴谋，生育乃是一个复杂的社会事件。主人公赵伏生的妻子只有在怀着别人的孩子的时候才能有好质量的生活；而在跟自己的孩子在一起的时候，却只能拥有衰败、残忍和贫困。当他们生活在都市的时候，处处感觉到乡村生活的宁静和美好；而当他们安安静静活在乡村的时候，却不得不接受没有文明和文化的生存中所面对的无价值感。

显然，资本体制与个人生活的纠缠，变成了新世纪都市新伦理小说叙事合法化焦虑的核心命题。一方面是可以购买一切的资本，另一方面是坚持肉体性爱的纯真；一方面是资本主义雄心勃勃改造一切的雄心壮志，另一方面，私人生活从内到外被重新塑造之后留下的道德空壳。这在六六小说《蜗居》（2007）中体现得非常典型。

海藻与市长秘书宋思明那一场纠缠不清的情爱纠葛中恰好暴露了资本体制如何深入我们的内心，并用灿烂的形式养成了现代人生活的精神分裂。海藻一方面坚守"我爱你"三个字的神圣感，即使被宋思明卡住脖子快窒息，也大声喊"我爱小贝"；另一方面，海藻又让自己的肉体沉浸在宋思明带来的高潮体验中。也就是说，她更愿意用身体高潮的沉溺来掩盖内心里面对宋思明的这种不伦之恋的利益关系。一个夜晚，他们吃了晚宴，海藻以为宋思明又会跟她回去缠绵：

> 出乎意料的是，宋思明带着海藻直奔回她家的路，并把车停在小区门前。"我今天还有事情，早点送你回来，改天跟你联络。"海藻心头竟有股失望，这个家伙！他想要就要，想不要就不要，哼！海藻狠狠从心底白了宋一眼，推开车门就走。
>
> 宋思明突然拉住海藻的手，将一个信封塞到她手上："海藻，这个，你拿去买点衣服，以后不要跟你姐姐换了。我喜欢你穿得漂漂亮亮的。"
>
> 海藻质疑地看着宋思明，略有恼怒地后退一步说："你把我当成什么了啊？你怎么这样啊！"说完把手抽回去，把钱丢给宋思明。
>
> 宋思明一用力，将海藻抱在怀里，吻了吻她的嘴唇说："我把你当成我的女人，我有义务让你过得好。知道吗？你是我的。"说完，开始深吻海藻。
>
> 海藻由抗拒到逐渐软化。宋思明再将钱塞进海藻的大衣口袋里，海藻不再拒绝。①

金钱主导下的情感并不是赤裸裸的买卖，而恰恰是对这种购买关系的万般拒绝和鄙视。海藻既活在宋思明所掌握的巨大而丰富的资本资源的支配下，又必须活在自己编制的瑰丽典雅的爱情梦幻之中。海藻必须让自己觉得她与宋思明有刻骨铭心的爱，才能接受和要求宋思明经济和利益层面的付出。

有趣的是，宋思明同样是这样一种精神分裂症的典型代表：他眷恋海藻的女人香，却让自己相信海藻与前男友几年同居而保持了处子之身——也就是说，宋思明对海藻的眷恋，乃是来自他用幻想创造出来的曼妙人生的向往，来自他拥有的可以支配一切的权力资本的雄心壮志。每每夜晚来临，宋思明忙碌了一天，就觉得人生毫无意义。于是，对海藻的思念和爱恋就会滋生疯长。事实上，正是通过权力与资本的媾和交换，政治权力的

---

① 六六：《蜗居》，长江文艺出版社，2007，第 108 页。

神圣感就会在圈钱交易中彻底丧失：如果可以被资本买走，那这个东西就没有什么值得信仰和供奉。换言之，宋思明对于海藻的爱情供奉里面，隐含的正是资本体制赤裸裸地扫荡性购买之后的精神废墟。

在这里，资本主义把一切都作为商品卖出去，一切都是可以赚取利润的价值和手段。于是，一切神圣的和坚固的东西，也就都可以在恰当的时机变成纯粹买卖关系中毫无神圣和坚固意义的东西。可是，我们越是一天天丧失神圣和坚固，就越在日常生活执著于建构它们的幻象——这正是一种文化和价值精神分裂的必然后果。

## 都市新伦理小说：一个精神分裂的中国

简言之，21 世纪都市新伦理小说总是用一种看起来是"现实主义""写实主义"的笔调，"真实客观"地书写人们所遭遇的种种伦理困境，并总是致力于生成不处于现实主义的原则而不对这种生活进行价值判断。事实上，正是这种对"现实主义"的主张里面，我们可以看到当前作家们对于中国社会现实问题匮乏总体性回答能力的困境。换言之，现实主义变成了一种掩盖现实问题的文体政治手段。

不妨把这种无力回答伦理焦虑却是用现实主义文体来掩盖的这种焦虑形式称为"焦虑体叙事"。而恰恰在这种焦虑体叙事中，我们看到了一个分裂的中国，一个在文化和价值层面上处在精神分裂状态下的中国社会生活伦理图景。不妨说，都市新伦理小说的认同焦虑，恰恰是一幅活生生的资本体制条件下现代人精神分裂症的图景：一切心灵的和情感的，都可以无意中变成对污浊的、卑劣的关系的掩盖和重新想象。总是用幻想的和想象的方式来拒绝真实的和历史的关系，这正是当前中国资本体制下精神分裂症的根源。

作为一种精神生活的形式，资本体制就是这样一种体制：不断地刺激各种欲望，只有保持欲望，商品才能成为市场上的流通物；而欲望永远不能被满足，只有不能被满足，我们才能不断更新对商品的购买。这个逻辑，同样适用于我们的情感世界和心理领域。

一方面是解放，一方面是压抑；压抑是为了解放可以作为商品流通，解放是造就消除压抑的内在心理动力。资本主义社会在创造了工业社会的同时，更多地创造着杂志女郎和热气腾腾的肉体欲望。没有什么比白皙苗条、宛若天人的女星身体更能显示这种"解放性压抑"的精神分裂症的症候了：杂志女郎撩拨了男人们的欲望，让任何男人觉得这是一个没有性压抑的国度，"性"是私人的和自由的，是允许公开和自然表达的；但是，杂志和电影中的曼妙女体，说到底乃是一个"nobody"，是一个现代男人在日常生活永远也无法得到，却在想象里面不断得到的欲望——没有人可以在现实的生活中遇到那个杂志女郎，这个女郎是平面的、纯粹的和无形的，所以，最终也是对刚刚被解放出来的性欲望进行压抑的。

告诉你一个神话，却在现实生活中只有一部分可以得到这个神话的体验；给你看到虚假的杂志女郎的机会，让你的欲望疯狂生长，却永远不能在现实生活中"享受"到这个欲望的实现。于是，现实和历史的一切就不再重要了，重要的是，每个人永远处在欲望的纠缠和压抑的痛苦之中。

归根到底，资本主义的文化体制，也就不得不是这样一种体制：它用最绚丽的叙事，构造了我们对未来和生活的欲望，却只能用少部分人得到这个欲望的满足来证明的它的存在和现实。

一部《哈喽树先生》（Hello Mr. Tree）的电影给我们提供了这样一个故事：主人公"树"是一个煤矿矿区村子里面的年轻人。村子已经因为挖煤而变得脏乱衰败。一些人变得富裕而嚣张，另一些人则日益面孔呆滞，终日无所事事。工作已经丧失了任何快乐，少得可怜的收入无法让打工的人有劳动的热情。树日复一日地漫不经心地干活，不小心被电焊的火花打坏了眼睛。他无意中认识了聋哑的梅，这个秀丽的姑娘点燃了树内心里面的浪漫激情。他们像电视剧里面的年轻人那样恋爱，然后准备结婚。但是，婚礼上树忽然变得疯癫神道，呆呆地看着远方。他突然变成了村子里面能预感危机、驱邪逼鬼的"大师"。梅无法忍受而回了娘家，对自己的未来感到茫然。村子开始一天天陷落，树却因为自己的特异功能而变得信心十足。他一个人在破败荒凉的田垄上走着，脸上挂着满足的微笑——在他的眼中，这个陷落的村庄已经变得无足轻重，等待他的是前面干净整齐的高高的楼房；他感觉自己正一手挽着已经怀孕的妻子，一面兴奋地诉说着对美好的未来生活的想象。他预感和相信，一切都会好起来的，幸福的未来正在热气腾腾的重建计划中变成现实。

在这一刻，树穿着肮脏不堪的衣服，孤独地在田垄上跌跌撞撞走着，但是他的眼中充满了对未来美好生活的期待，手臂做出挽着妻子的动作。

没有什么比这一刻更能呈现陌生人社会所养成的一种心灵对立状况：脑子里面充满对幸福的承诺的向往，但是，肉体却无望地行走在破败不堪的现实道路上。

从这里来看，树先生的生活社区，被挖矿的现代社会欲求粉碎了。高楼的召唤，鼓动了人们的干劲，却也预示着我们不得不进入"孤独的人群"来重新组织我们的生活。

一方面总是承诺一个令人神往的未来，另一方面却永远让大部分人生活在困顿和衰败的挣扎之中；一方面，总是用各种各样的手段激发人们瑰丽奇伟的浪漫想象，另一方面，总是让人们像机器一样在现实的生活中日复一日地劳作；一方面，它告诉我们大自然的美丽和人伦爱情的甜蜜，另一方面，却永远在物质的层面上走向两极分化。新伦理小说中那些社会生活的精神分裂症不正是马克思在《共产党宣言》中所批判的变动不居的世界图景的典型形式吗？

〔原载《天津师范大学学报》（社会科学版）2012 年第 4 期〕

# 当代官场小说的权力伦理*

胡疆锋**

**内容提要：**当代官场小说展现了一幅官场生态的全景图，其中的权力伦理可以分为人民伦理、实用主义伦理和精英伦理三种类型，以人民利益至上、权力膜拜论、权谋合理论、腐败必然论以及对权力进行激烈的批判与反思为主要特征，可以归属于主导文化、残余文化、新兴文化；多数当代官场小说的叙事缺乏权力伦理的张力，对主导文化的人民伦理趋于回避，对新兴文化的精英伦理也少有触及，更多地显示出对实用主义伦理的认同。这一症候的主要根源是当下中国的权力运行和权力治理的现实。

十多年前，王跃文的《国画》、阎真的《沧浪之水》先后发表，文坛为之震动，有学者慨叹"简直有种天机被泄露的感觉"①。然而，人们没有想到的是，在这以后，类似的"泄密事件"大有燎原之势，官场小说掀起了一浪接一浪的出版热潮，在畅销书市场里独领风骚，成为大众文化的代表。

中国官场小说非当代特有。从唐传奇、《水浒传》、《三国演义》、《红楼梦》到晚清谴责小说、民国讽刺小说，再到新中国成立后的干预生活小说、新时期的改革小说、新写实主义小说，官场小说已有一千多年的历史。当代官场小说有许多名字："反腐小说""官场生态小说""政治小说""现实主义小说"。但无论叫什么，其焦点无疑是各种权力场。这里所说的权力，主要指公共权力或公职权，是由少数人代表公共利益来掌握公共财富分配

---

＊ 本文是国家哲学社会科学基金重大招标项目"当代中国大众文化的价值观研究"（项目批准号：11&ZD022 ）的阶段性成果。

＊＊ 作者单位：首都师范大学文学院，北京师范大学艺术与传媒学院博士后流动站。

① 雷达：《阎真的〈沧浪之水〉》，载《小说评论》2001 年第 5 期。

的制度安排。① 中国当代官场小说重在揭示权力的运作内幕，尤其是权力分配和治理的谋略、权力腐败（权钱色的交易）和滥用的细节、领导批示的奥妙、权力平衡的建立等，勾勒出官场的倾轧、栽刺、拔桩、篡夺、猜忌、弹劾、笼络、设套、洗牌、控制等权力斗争，官场小说已经构筑起一幅"现代官场生态全景图"（肖仁福语）。与以往相比，这幅官场图中的人物、动作和绘图方式有以下明显的不同。

人物资历完整。从书名和小说主人公上看，中国官场小说可能除了国家主席、总理、总书记，上到省部级，下到乡科级、办事员，几乎所有的官职都被写了一个遍，比如，有《秘书》《秘书长》，也有《市长秘书》《省长秘书》《首长秘书》，甚至有《中国式秘书》。

权力系统健全。既写权力教育（《党校同学》等），也写权力运行过程（《人大主任》《挂职》《调动》《提拔》《官二代》《步步高》《第三种升迁》《代理县长》《跑官》《买官》《卖官》等），更写权力腐败（《国画》《沧浪之水》《苍黄》《青花》《梅次故事》等）、权力惩罚与监督（《纪委书记》《政法书记》《反贪局长》等）、权谋权术（《二号首长》等）。

书写媒介融合。当代官场小说不仅仅有纸媒作为主阵地，而且有网络和影视推动，2011 年最火的官场小说《侯卫东官场笔记》（网名《官路风流》）、《二号首长》、《秘书长》都经历了从网络走向纸质出版的过程，《抉择》《大雪无痕》等一大批官场小说也被改编为影视剧播映，好评如潮。

如此种种要素，构成了当代官场的浮世绘。在官场小说的绘图和叙事中，权力显得"微妙、凶险而又大化无形，不可捉摸"②。本文旨在关注当代官场小说目前尚未引起足够重视的权力伦理，考察其主要构成及文化属性，对这些权力伦理对读者的阅读伦理造成的影响进行分析，并揭示出这些权力伦理的时代症候及原因。

## 一　权力伦理的三张面孔

叙事是一种伦理行为。在叙事学理论中，叙述伦理反映的是"叙述故

① 魏宏：《权力论：权力制约和监督法律研究》，上海三联书店，2011，第29、37页。
② 齐成民：《〈沧浪之水〉与当代知识分子的价值选择》，载《作品与争鸣》2002年第3期。

事和虚构人物过程中产生的伦理后果"①，通过对小说人物、叙述者、隐含作者、真实读者的伦理情境的整体考察，我们可以把当代官场小说的权力伦理概括为三种：人民伦理、实用主义伦理、精英伦理。

**1. 人民伦理**

所谓人民伦理，就是在权力运行和治理中，把"人民利益至上"当作基本的道德准则，让民族、国家、历史目的变得比个人命运更为重要。② 这一伦理集中体现在"主旋律"反腐小说中，代表作有周梅森的《绝对权力》《至高利益》《国家公诉》，张平的《抉择》《十面埋伏》，陆天明的《大雪无痕》《苍天在上》《省委书记》，许开祯的《黑手》等。在此类小说中，反腐力量最后总是取得胜利，权力秩序和民众对执政党的信心得以恢复和重建，体现出执政党"权为民所赋，权为民所用"的宗旨。

人民伦理常常通过反腐英雄的言行或叙述者之口表现出来，如《抉择》中市长李高成的表态：

> 人们打心底里顺从的并不是你的职位，也不是你所拥有的权力和显赫，而是你价值的取向和立场的定位。你一心一意为的是老百姓的利益，为的是这个国家的未来，他就会认可你、敬仰你；反之，即使你拥有再大的权力，即便你拥有再显赫的位置，他也会在心底里蔑视你、憎恶你，也会把你视为他们的敌人！③

这段话反复强调了当权者要遵循的原则、立场：要一心一意为老百姓谋利益，要对得住良心，要符合国家的未来，否则就会失去权力的合法性，丧失人民的信任。

人民伦理主要出现在主旋律反腐小说中，但在其他官场小说中也不少见。如在王跃文《苍黄》中，乌柚县代县长阳明，宁愿不当选县长，也不愿屈从官场亚文化——人大代表向候选人索贿，他怒斥道："我知道这种情

---

① 叙事伦理主要由小说人物、叙述者、隐含作者、读者的伦理情境构成，读者阅读伦理是读者对前三种伦理情境的反应。见〔美〕戴卫·赫尔曼主编《新叙事学》，陈永国译，北京大学出版社，2002，第47~48页。

② "人民伦理"是刘小枫提出的概念，他把伦理看成是以价值观念为经脉的生命感觉。见刘小枫《沉重的肉身》，华夏出版社，2007，引子第7页。何言宏对此有深入的分析，见何言宏《九十年代以来中国小说中的"权力"焦虑》，载《书屋》2002年第5期。

③ 张平：《抉择》，人民文学出版社，2004，第99页。

况各地都有，程度不同而已。没想到乌柚县到了这种地步！此风不煞，党的威信会荡然无存，干部作风会彻底败坏，人民代表的神圣地位会受到严重亵渎！"① 在得罪了人大代表后，阳明因一票之差而落选，上级不得不进行二次选举。

在主旋律反腐小说中，小说主人公、叙述者、隐含作者的伦理处境往往是协同合作的，有血有肉的作者（真实作者）、叙事者、隐含作者、主人公的价值观基本重合，其叙事也是可靠的，读者阅读时容易引起伦理认同。不过，在其他类官场小说中，小说人物的伦理处境、叙述者和隐含作者的伦理取向可能不一致，甚至会发生冲突，比如人民的权力伦理由腐败分子之口说出来，对读者而言就造成了强烈的反讽意味，读者的阅读伦理就显得复杂起来。

反讽作为一种叙述态度，"它要求叙述者与叙述对象之间保持一种隐蔽的、非直接的矛盾关系。比如看上去似乎在颂扬对方，而实际隐藏的用意，却是否定对方"②。在官场小说中，反讽往往出现在官员的大义凛然与背后的腐败贪婪之间的不协调和荒诞中。如《梅次故事》中，市委书记王莽之"很是严肃，大手一挥"，说道：

> 腐败不反，亡党亡国。这一点，作为领导干部，要非常清醒，态度坚决。但任何时候，都不能用运动式的方法反腐败。……所谓风暴，不就是搞运动？运动害死人，我们是有深刻教训的。要坚持个案办理的原则，不捕风捉影，不节外生枝。③

这段话听起来冠冕堂皇，完全坚持人民伦理，而且很讲分寸很讲政治，但实际上王莽之是个彻头彻尾的大贪官。在他的暗示和胁迫下，辖区内只要是两千万元以上的工程，儿子王小莽都要插手，把工程拿到手后给人家做，收中介费，前期收八万块钱，工程拿到手后再收八十万，工程完工后按照总造价的百分之八再收齐全部中介费，因为总不离八，因此得到一个外号"王八"。王莽之坚持反腐不要搞运动，就是因为怕反腐查到自家人。这种反讽不仅嘲弄了官场的神圣与庄严，很大程度上也消解和颠覆了官员

---

① 王跃文：《苍黄》，江苏人民出版社，2009，第 39 页。
② 金汉：《中国当代小说艺术演变史》，浙江大学出版社，2000，第 285 页。
③ 王跃文：《梅次故事》，人民文学出版社，2001，第 349 页。

所标榜的权力伦理，使读者阅读伦理出现了接受和抵抗两种维度。

**2. 实用主义伦理**

实用主义伦理以利益至上为原则，将是与非、对与错、善与恶的基本道德准则悬置起来，遵循官场游戏规则尤其是潜规则。持这种观念的官员掌权主要是受利益驱动，做官只是谋生手段，与惩治腐败、为国为民无关，"官场早就是个大江湖，清清浊浊，恩恩怨怨，是是非非，一塌糊涂。"（《苍黄》）① "官场没有是非，只有利益。"（《陈宗辉的故事》）② 这一伦理主要体现在细致描摹官场生态的小说中，代表作有刘震云的《单位》《官场》《官人》，王跃文的《国画》《梅次故事》《苍黄》，阎真的《沧浪之水》，祁智的《陈宗辉的故事》，李唯的《中华民谣》《腐败分子潘江水》，小桥老树的《官场笔记》和黄晓阳的《二号首长》等。在此类小说中，人民伦理经常无法取得主导位置，即使出现，也多是以反讽的形式出现。实用主义伦理的具体表现有以下几种。

（1）"权就是全"：权力膜拜论

哲学家罗素曾经说过：人和动物的主要区别之一是人类的某些欲望是根本无止境的，其中主要是权力欲和荣誉欲，爱好权力是人性中的一个主要部分。但他同时也强调：实用主义假如普及的话，就会引起暴力的统治。③ 然而，在很多官场小说中，权力却被摆到了神龛之上，人们只能对其顶礼膜拜，与之对抗只能自取其辱。不妨看看《沧浪之水》中的池大为在种种波折之后的两则感悟：

> **权就是全**，其辐射面是那样的广，辐射力又是那样的强，这是一切的一切，是人生的大根本。……钱做不到的事还是有的，而权做不到的事就没有了。（加粗效果为笔者所加，下同）
>
> 想一想这一年的变化，真有一点要飘起来的感觉。老婆调动了，房子有了，职称有了，位子有了，博士读上了，工资涨了，别人对我也客气了，我说话也管用了。**权就是全**，这话不假……世界太现实了，圈子里尤其如此，人不可能在现实主义的世界中做一个理想主义者。

---

① 《苍黄》，第30页。
② 祁智：《陈宗辉的故事》，载《收获》1999年第3期。
③ 〔英〕伯特兰·罗素：《权力论》，吴友三译，商务印书馆，1991，第1～3、184～187页。

……对任何人，你只要站在他的立场上去设想他的态度就行了，可千万不能去虚设什么公正的立场，那些原则是在打官腔敷衍老百姓时用的。①

在这两段话中，池大为反复强调权力的无所不能，对自己曾经有过的"天下意识"和"千秋情怀"也不再坚持，相信只有实际利益才是最重要的，立场也不再以老百姓和公正为原则，而是以当权者的位置为依据，凸显出权力伦理转向的必然性："活着是唯一的真实，也是唯一的价值。历史决定了我们是必然的庸人，别无选择。"②

由于持有实用主义伦理，廖怀宝喊出了"一个人只要有了官位，他就会拥有一切"（周大新的《向上的台阶》）。《国画》中的出家人圆真大师不思静修，满脑子"封官进爵"，对自己的"正处级待遇"很不满意，想落实"副厅级"，当上"政协常委"。③《梅次故事》中，朱怀镜看见长城的烽火台、城堞后，首先想到的就是"权力的神秘力量"，"手中握有至高无上的权杖，一声令下，移山填海都能做到，何况修筑万里长城"。面对着市委书记王莽之的封官许愿，朱怀镜感激涕零："双腿立马都曲成了九十度角，双手也平放在膝盖上，就像受过严格训练的黄埔生。""只觉有股温热而圆润的东西，从膝盖往上滚向胸口，几乎是一种恋爱的感觉。""他突然觉得自己就像个孩子，在王莽之身上体会到了一种慈父般的温暖。他心头一热，却又暗自感到一种不能与人言说的难堪。"④朱怀镜的这些反应和感受，都是拜权力膜拜所赐。

（2）"当官是一门技术活"：权谋合理论

膜拜权力带来的一个结果是：为了升迁或自保，就要千方百计地夺权弄权。当下的官场小说往往给人的印象是：权力治理必须依靠权谋，权谋是合理的。小说时常流露出对"章法"（权术）的欣赏以及对官员的同情，如"老百姓都说做官好，哪知道做官的苦处"⑤，"当官是世界上最难的一件事"，"能够在官场获得成功的人，全都是精英中的精英，是极少数中的极

① 阎真：《沧浪之水》，人民文学出版社，2001，第288、330~331页。
② 《沧浪之水》，第407页。
③ 《国画》，第336页。
④ 《梅次故事》，第314、348~349页。
⑤ 《国画》，第491页。

少数……"①

2011 年热销的《二号首长》集中体现出这种伦理。《二号首长》中，省长陈运达和常务副省长彭清源是死对头，两人无论要干什么事，"一定得斗智斗勇，将三十六计用遍"。秘书唐小舟对省委书记的"江南扫黑"策略赞不绝口："整个扫黑行动就像一局棋，每一步，赵德良都考虑在前面了，而且，极其仔细，极其缜密，丝丝入扣，滴水不漏。"赵德良"有一股巨大的力量"。这"既不是权力带给他的，也不是个人人格魅力形成的，而是一种知识的积累。用市井的话说，那是善于权术，用官场的话说，那是政治智慧"。"这就是控制权力平衡的能力，就是王道。""赵德良的政治智慧，整个江南官场，无人可比。……自己跟了这个老师，真是一辈子的运气。"唐小舟甚至为他戴上了一顶讲究"权力科学"的高帽子。②

但权谋与权术往往是难以分清的，权谋也可能会损害公权力。赵德良在反贪取得初步成绩后戛然而止，因为在他看来反贪不是目的，而是手段，"反贪是一把利剑，既伤人也伤己"，如果除恶务尽，"整个江南官场，有可能风声鹤唳，所有官员，人人自危"，会导致自己孤立和遭到"群起攻之"。赵德良"引而不发"，既是给贪官及其后台余地，也是给自己余地，在政治地位稳定之后，"需要一个更为和谐的政治环境，需要一个宽松的官场生态"③。在这样的权力伦理中，反贪是合理的，不反贪也是合理的，就看是否满足权力的需要。

在这种观念的推动下，现在很多作家喜欢用"笔记"为小说命名（《侯卫东官场笔记》《秘书笔记》），强调"做官是门技术活"（《二号首长》），"顶级官场权谋小说""秘籍""揭示官场死穴"等字样赫然出现在作品封面和书名中，④ 这也充分暴露出小说生产者充当官场导师和"师爷"的心态。

（3）"只好坏起来，别无选择"：腐败必然论

实用主义伦理还包括一个"腐败必然论"的推论：人类渴望权力，权

---

① 黄晓阳：《二号首长》（1），重庆出版社，2011，第 419 页。

② 《二号首长》（1），第 455、512、335、512、319 页。

③ 黄晓阳：《二号首长》（2），重庆出版社，2011，第 254、400 页。

④ 参见闻雨《省长亲信》（百花洲文艺出版社，2010）的封面；吴问银的《着陆：深度总结混迹 40 年的官场秘籍》（甘肃人民美术出版社，2011）；浮石的《青花：揭示官场死穴，雅贿》（重庆出版社，2010）。

力改变人性；进入权力场，必然会腐败。腐败源于社会、历史，但归根结底是源于人性。

体现这一权力伦理的段落，在官场小说中比比皆是：

"罪不在己，而在社会。"（王大进的《欲望之路》）

"世界就是这样冷漠，甚至说无耻。北京这样，哪里都这样，不存在一种诗意的空间，说到底还是人性太无耻了。"①

"这个社会有股看不见的魔力，总想把人变成鬼……我没法改变环境，只好适应环境。""能说谁是真正的坏人？可有时人们只好坏起来，别无选择。"②

"官场是灰色的，你不得不让自己也成为灰色，以便融入这个圈子。""等到你真的成了灰色之后，却又受欲望的控制，很难不滑向黑色。"③

一些作家的创作谈也直接把腐败的源头推向了"原罪"和人性的恶：

"事实上，我是不承认自己写的是什么官场题材小说的。""人便永远是唯一的题材。"④"经常有人问我是怎么看待朱怀镜这个人物的。其实在我看来，朱怀镜无所谓好人或坏人，他不过是个真实的人。"⑤"他们并不是坏官员"，"说不上好人坏人，但肯定是能人"。⑥（王跃文）

"尽管曝出的腐败官员中，十个有九，都养着情人，包着小蜜，但我想这跟他们的官员这个社会身分无关，或者关联意义不是太大。说到底还是人的本性在作怪，是人的原罪在起作用，官员身份只是给了他们方便，给了他们更多的可能性。"⑦（许开祯）

与主旋律反腐小说不同，在大多数官场生态小说中，真实作者、小说主人公、隐含作者、叙述者的叙事伦理往往不是合作的，而是游移不定的，作者通过强烈的反讽，叙述者通过叙述暴力表现出的偏执的伦理选择，经常会把读者置于一种尴尬的地位，给读者带来伦理的考验，增加了阅读焦虑。

---

① 《沧浪之水》，第 196 页。
② 《国画》，第 684~685 页。
③ 《二号首长》（1），第 390、391 页。
④ 《国画》，第 688 页。
⑤ 王跃文：《〈梅次故事〉及其他》，载《领导科学》2002 年第 1 期。
⑥ 王跃文：《生活的颜色》，载《中篇小说选刊》1996 年第 4 期。
⑦ 许开祯：《女市长之非常关系》，《谁来触摸官员的心灵》（代序），作家出版社，2010，第 3 页。

### 3. 精英伦理

精英伦理以对权力进行激烈的批判和理性的反思为主要特点。这种权力观主要表现在《国画》《沧浪之水》《苍黄》《侯卫东官场笔记》《二号首长》等小说中。

拥有精英伦理的主人公大多是新时代的知识分子，对权力有着深刻的认识和强烈的监督意识，他们有的身在官场之外，如《国画》中的性格耿直、"侠肝义胆"的记者曾俚（真理?），我们都记住了他愤怒的痛斥："满世界都在玩，玩权术、玩江湖、玩政治……玩! 玩! 玩! 成功的就是玩家!"① 还有那些知识分子的人文精神追求还未消泯的官员们，如《国画》中的财贸处副处长邓才刚，由于不满权力场的现状，说出了一些"奇谈怪论"：领导干小事，秘书想大事；市里领导们都是"四子"领导，跑场子、画圈子、剪带子、批条子。他提出了针对性很强的治理腐败的十点建议，戳痛了市纪委书记和领导们，被讽刺说"可以调到香港廉政公署去"，被认为是"不成熟"，多年来始终不得重用，不能翻身，最后被调到保卫处，最后愤然辞去公职。还有一些官员虽然也有过"灰色经历"，但对权力和腐败的反思却非常深刻，甚至开始了大胆的权力制度改革。如《二号首长》中，唐小舟认识到："约束和制衡，恰恰是权力的真谛。可有些人就是不明白这一点，以为一旦握有相当权力，便可以只手遮天，为所欲为。很少有人注意到一个官场铁律，即权力和风险的比率，你所受到的制衡力越小，风险就越大。追求为所欲为的绝对权力，实际是将自己置于最危险之境。"② 这显然与权力崇拜论拉开了差距。他还反思了中国的官员选拔制度："整个中国官场，最大的一个群体，是官二代，排在第二的，大概就是秘书出身的官员了，前者得益于先秦时代臻于成熟的世袭机制，后者得益于先秦后期兴起的伯乐机制。"③ 他和同僚一起认为伯乐制度其实是人治，"举贤却是一种典型的人治产物，没有制度性保证，任何人，都不一定把真正的贤才推举上来"。在他的支持和鼓励下，市委书记吉戎菲实现了对组织部的用人制度的改革，按照国外的人力资源管理，尽可能将所有的考核项目量化，制定了一套人事管理量化考核方案，和高校教授组成课题组，希望建立一套

---

① 《国画》，第 594 页。

② 《二号首长》（2），第 333 页。

③ 《二号首长》（2），第 270 页。

公开透明、能够服众的提拔制度，这虽然会带来一种体制机制上的顺畅，但实际上极大地削弱了许多官员的人事决定权。这套方案也被中组部副部长评价为是"最先进的最科学的，最符合民主法制精神的，也是操作性最强的"①。

对官场小说的权力伦理，学者周志强有过这样的批评：官场小说在无形中激发并引诱人们以一种对政治失望的态度来看待政治，把"古今中外"的政治叙述为一种宿命，走向其反动性的政治——在这里，不是对政府的失望，而是对"任何政治"的嘲弄和拒绝，才成为官场小说市侩主义的最为突出的特点。② 这一批评是犀利的，它注意到了实用主义对读者伦理带来的严重后果，不过，作者的批评显然过火了，当代官场小说的权力伦理是复杂的，我们应该充分关注其权力伦理背后蕴藏的文化属性：官场小说的病根，不是出在当下，其未来也没有那么可悲。

## 二　权力伦理的文化属性

如果借用威廉斯的文化理论，③ 以上讨论的三种权力伦理，大致上可以归属于主导文化（the dominant）、残余文化（the residual）和新兴文化（the emergent）。

人民伦理属于主导文化，满足了执政党希望保持人民团结、社会和睦的需要。为了获得文化领导权，建立权力的合法性，执政者希望人民相信"他们掌握的权力在道德上是合理的，他们是更大集体目标或价值体系的公仆"④。但随着权力腐败现象在中国增多，反腐成了执政党生死抉择的紧迫问题。在主导意识形态的鼓励与倡导下，书写"人民利益至上"的权力伦理，成为了"主旋律"官场小说的最高使命。李高成（《抉择》）、郑春雷（《黑手》）、吴明雄（《人间正道》）、李东方（《至高利益》）、马扬（《省委书记》）等人构成了"反腐"英雄群像，他们的庄严表态也往往成为人民

① 《二号首长》（2），第 295 页。
② 周志强：《新官场小说的市侩主义》，《文学报》2009 年 11 月 19 日。
③ 〔英〕雷蒙德·威廉斯：《马克思主义与文学》，王尔勃、周莉译，河南大学出版社，2008，第 129～135 页。
④ 〔美〕丹尼斯·朗：《权力论》，陆震纶、郑明哲译，中国社会科学出版社，2001，第 118 页。

伦理最典型的表现。张平在创作谈中反复提到了"人民":"真正的作家应该代表着社会的良知。而对社会不负责的作品,对人民不负责任的作品,也必然会被社会和人民所抛弃。"① 由于契合了主导意识形态的立场,反腐小说也往往得到主导文化的认可,如《抉择》先后获得茅盾文学奖和"五个一"工程奖,张平本人也被评为"人民作家"。

不过,在此类小说中,有一点经常遭到诟病:权力腐败问题的解决,人民伦理的权力叙事,经常要依靠上级权力机关乃至中纪委甚至中央发话才能最终完成,总需要"青天"自上而下的支持,如中央工作组(《苍天在上》)、省委书记(《抉择》中的万永年、《财富与人性》中的冯书记、《至高利益》中的钟明仁等)……这种大官治小官、权力惩治权力的模式,折射出依然顽固的人治观念、重视权力政治而忽视权利政治②的意识,这或许出于主导文化的追求稳定的需要。

实用主义伦理属于残余文化,它"有效地形成于过去,但却一直活跃于文化过程中"③,其核心是传统的官本位观念和权谋文化。

所谓官本位,就是把做官看作是所有职业中最高贵的,把官职高低、权力大小看作是衡量人的社会价值的标准。在传统中国,自西周时期对官员的特权做了详细规定以来,中国社会就逐渐形成了"以官为贵""为官则富"的社会等级制度。隋朝以降,随着科举制度逐步成熟,"金榜题名"、"学而优则仕"、入朝做官,成为大多数知识分子的生活梦想和价值目标。同时,儒家思想重视伦理观念与政治观念的结合,号召读书人在修身、齐家之后,还应该"治国""平天下",积极投身政治,这也成为读书人通过仕途实现价值的重要动力。宋真宗的《劝学歌》云:"书中自有黄金屋,书中自有颜如玉,书中自有千钟粟。"这道出了读书人当官发财的价值取向。当下,虽然社会体制早已改变,但传统观念强大的惯性仍然存在,官场小说中的权力膜拜论就是其具体表现。

中国有着绵延不断的权谋政治传统,历代统治者都为权谋文化的"发

---

① 张平:《抉择·代后记》。

② 权力政治重在国家权力体系的建构和巩固,权利政治重在表现公民个人自由辩护的观念、从个案出发争取制度改进的理性运动和维权运动。参见任剑涛《政治的疏离与回归》,见潘维、廉思主编《中国社会价值观变迁 30 年》,中国社会科学出版社,2008,第 288~289 页。

③ 《马克思主义与文学》,第 130~131 页。

扬光大"做出了"卓越"的贡献，留下的权谋著作数量之多、内容之丰富，令人叹为观止：《韩非子》《孙子兵法》《鬼谷子》《战国策》《权谋书》《推背图》《资治通鉴》《反经》《厚黑学》……权谋文化是专制制度的衍生物，它依靠的不是法律和民主，而是人治与专制。帝王专制和权力治理缺乏程序正义，其无序性无法保障官员的升迁、奖惩的公开公正，注重权谋和权术是必然选择。权力治理是需要智慧，但权谋不能成为主要的政治常态，不能与道德和法理秩序相悖，否则就会使人们痴迷于夺权弄权，最终失去了道德和人性的底线，对政治丧失信任。有人这样评价权谋文化的后果：在权谋文化熏陶之下，官场腐败衍生不绝，"人治"架空"法治"、"圣意"搜盖"原则"、"机巧"取代"规则"、"人言"胜过"公理"、"面子"替代"尊严"、"潜规则"压倒"显规则"、"脾气"代表"权威"，这是十分危险的文化堕落和政治蜕化。[①] 这种评价是准确而深刻的。

王跃文曾把自己所写的官场文化概括为"官场亚文化"："我在小说里剖析的只是一种'官场亚文化'，即不曾被专家研究过的，但却是千百年来真正左右中国官场的实用理念，一种无法堂而皇之却让很多官人奉如圭臬的无聊文化……中国官场自古以来有个很不好的传统，就是心口不一。讲《论语》而用《反经》，讲王道而行霸道，讲仁厚而行黑厚。更可怕的是，有些官场人物那里，已经没有了起码的是非道德标准。他们只认同实用的游戏规则和现实的生活逻辑……"[②] 他所概括的官场亚文化，正是我们分析的官本位和权谋文化，是传统权力伦理的延续和残余。这种残余文化，有着主导文化无法用术语加以表达和确认的经验、意义和价值，可能会危及、消解、冲淡、弱化主导文化。因此，主导文化对它们是"忽略、贬抑、反对、压制甚至完全否认的"。

精英伦理属于新兴的文化，这是最具有潜力和活力的权力伦理。"新兴文化"指的是"新的意义和价值、新的实践、新的关系及关系类型"，存在于"那些要取代主导的或与主导对立的因素的社会基础"[③] 之中。对权力的治理和规范而言，这一伦理可谓意义深远，它涉及权力的教育、惩治、制

---

① 蔡恩泽：《权谋文化"热火"中国》，载《党政干部学刊》2006 年第 4 期。
② 王跃文：《梅次故事及其他》，载《领导科学》2002 年第 1 期。
③ 《马克思主义与文学》，第 132～135 页。

约和监督各个环节，对官员"不愿为"、"不敢为"和"不能为"等问题进行了制度上的思考。这一伦理未来有可能构成主导文化的必要因素，因为主导文化总是不足的，"从来没有任何一种生产方式，因此也从来没有任何一种占据体制地位的社会制度或任何一种主导文化可以囊括或穷尽所有的人类实践、所有的人类能量以及所有的人类目的"①。

## 三　当代官场小说权力叙事的反思

作家的权力伦理是否得当，直接影响了读者的阅读伦理的形成和建构。王跃文对其小说中模糊的价值判断有过这样的辩解："作家大可不必去抢政治家或思想家的饭碗。事实早就证明，自从作家想当医生以来，一直力不从心，也就无从称职了。如果就着这个比方，那么作家充其量只能提供一把把化验单，一张张透视底片，诊断的责任还是留给人民和历史吧。"② 话说的虽然很洒脱，作家确实不需要在小说中提出具体的伦理观，但是，如果作家的"化验"和"透视"所依据和信任的医理本身是有问题的，那么，他又如何保证化验单和底片的可靠性呢？

当下官场小说表现出来的权力伦理是丰富的，其趋势也是耐人寻味的。当代官场小说对主导文化的人民伦理日趋冷淡，或避开塑造正面形象，或用反讽的手法对其进行解构，对新兴文化的精英伦理也少有触及，对残余文化的实用主义伦理却是兴趣盎然。大多数当代官场小说在叙事伦理中没有建构出一种价值观的张力，而是显示出对实用主义伦理隐隐约约的认同，有意无意地膜拜权力，主张腐败必然论，为权力腐败和滥用辩护，推导出一套人性归罪的逻辑，过多地推崇权谋文化，这对于官场小说的发展、文化大繁荣乃至中国的政治文明建设都是无益的。

实际上，权力膜拜论和腐败必然论的背后都藏着一个推论：追求权力是人的本性，权力是恶的，因此"当官必贪，有权必腐"，"天下乌鸦一般黑"。这让我想起两个著名的论断。一个是英国学者阿克顿所说的："权力倾向于腐败，绝对的权力倾向于绝对的腐败。"③ 另一个是法国思想家孟德

---

① 《马克思主义与文学》，第 134 页。
② 《国画》，第 690 页。
③ 〔英〕阿克顿：《自由与权力》，侯健、范亚峰译，商务印书馆，2001，第 342 页，略有改动。

斯鸠说的："一条永恒的经验是：任何掌权者都倾向于滥用权力；他会一直如此行事，直到受到限制。"① 这两句话都指出权力有恶的因素，但如果从权力的本质上看，作为一种工具，权力是中性的，本身没有恶与不恶的问题。正如安东尼·吉登斯所说："权力是实现某种结果的能力"，"权力并非自由或解放的障碍，而恰恰是实现它们的手段"②。权力可以奴役他人，也可以解放他人，释迦牟尼、耶稣、毕达哥拉斯和伽利略只追求旨在解放别人的权力，因此罗素说他们是最有权力的人。③ 绝对的权力倾向于腐败，但相对的权力则给社会带来好处。权力是福还是祸，关键在于如何去使用它，如罗素所说：对权力的爱好，假如要它结出善果来，就必须要与权力以外的某种目的有密切关系，必须要有助于满足别人的愿望，而且带来的流弊不能大于良果。④ 权力治理的核心是如何对权力运行进行有效的制度管理，使它按照授权者的愿望规范地进行。权力腐败的本源不是人性的恶，而是由于权力制度的设计和运行存在缺陷和问题。官场小说对权力的本质和权力制度应该有更开放的思考，而不能仅仅停留在权力膜拜论和腐败合理论的层面上。

同样，官场小说细致入微、过于繁密的权谋叙事也导致读者对权谋文化产生某种认可，很容易将它当作官场的升职宝典和教科书，官场小说也难免产生"诲官"的效果。在热衷权谋叙事的小说中，读者很难因权力失去制约与监督而产生警惕，很难感受到建设现代政治文明的迫切性，也很难提高现代公民意识（如权利意识和法治意识）。在《官场现形记》的结尾，李宝嘉借梦境谈论该书的初衷是写"官员教科书"，教人如何做"好官"，"前半部是专门指摘他们做官的坏处，后半部方是教导他们做官的法子"，可惜最后由于火灾只剩下了上半部，"虽不能引之为善，却可以戒其为非"。⑤ 现在的很多官场小说，似乎也是残缺不全的，而且只剩下了后半部。鲁迅先生曾批评谴责小说"辞气浮露，笔无藏锋，甚且过甚其辞，以合时人嗜好"，"官场伎俩，本大同小异，汇为长编，即千篇一律"⑥。这大

① 〔法〕孟德斯鸠：《论法的精神》，张雁深译，商务印书馆，1997，第154页。
② 〔英〕安东尼·吉登斯：《社会的构成》，李康等译，三联书店，1998，第377页。
③ 〔英〕伯特兰·罗素：《权力论》，吴友三译，商务印书馆，1991，第194页。
④ 〔英〕伯特兰·罗素：《权力论》，吴友三译，第188~189页。
⑤ 〔清〕李宝嘉：《官场现形记》，上海古籍出版社，2005，第738页。
⑥ 鲁迅：《中国小说史略》，《鲁迅全集》第9卷，人民文学出版社，2005，第291~293页。

概也是注重权谋描写的当代官场小说的通病。

　　当下官场小说的权力伦理之所以出现上述症候，与强大的消费市场需要有关，但主要根源是当下中国的权力运行和权力治理的现实，源于人们对权力和变革的期待。在中国，官场、公权力和政治力量一向是推动、改变社会进程和改革进程的主要动力。改革开放以来，中国的权力政治虽然发生了许多积极的结构转变，如垄断性政治力量对市场空间和社会空间进行了让渡，政治运转的基本方式从动荡的阶级斗争转变为建设和谐社会，从政治中心向经济中心迁移，执政党及其国家不再是社会整合的单一核心力量，国家、市场与社会开始各自按照自己的固有轨道运行。[①] 但是，与"中国模式"在经济领域取得的进步相比，中国权力政治的改革之路还任重道远，权力的分配、治理、惩治、制约和监督都面临着很多难题，权力资源过于集中，权利政治还很不发达，体制的保守和惰性时常让人愤懑，《潜规则》《暗规则》《官规则》《暗权力》以及大量官场小说的出版和热销暗示了权力政治缺乏透明和规则匮乏的现实，主旋律反腐小说中的人民伦理在许多时候还只是艺术真实，饱受了千年人治的国民仍然为官本位和权谋文化所惑。官场小说只是这些困境在文化上的某种折射。

　　阅读和研究当代官场小说，经常让人联想到中国足球文化的现状与境遇。评论员和球迷对中国足球爱恨交加，既迷恋，也疏离。他们习惯于边看边骂，会自掏腰包买《中国足球内幕》等揭秘书籍，关注足协又有几个主席被抓进牢房，哪个金哨又变成了黑哨，有哪些俱乐部又涉嫌贿赂和踢假球。他们知道这种"笑骂足球"文化不够正常，但也知道，终结这种文化的根本不在足球本身，而在中国足球的体制和结构上的转变。

（原载《文艺研究》2012 年第 4 期）

---

① 参见任剑涛《政治的疏离与回归》，见潘维、廉思主编《中国社会价值观变迁 30 年》，中国社会科学出版社，2008，第 288～289 页。

# "现代"主体的浮现与历史记忆的改写

## ——以"幻灯片事件"、《鬼子来了》、《南京！南京！》为例

张慧瑜*

**内容提要：**《南京！南京！》改写了 20 世纪 50~70 年代和 80 年代以来关于抗战影像的双重叙述。如果说 50~70 年代主要通过共产党领导下的敌后武工队的方式来论述抗日战争，把抗战论述与国共意识形态对抗结合起来，那么 80 年代则出现了以南京大屠杀为代表的关于中国人被屠杀的影像，以呼应"落后就要挨打"的悲情动员，直到 1999 年《鬼子来了》重新把日军占领下的村民书写为一种殖民地经验（改写了近现代史关于中国作为半殖民地的想象），一种无法抵抗又带有某种主体性的愚弱而狡黠的国民。而《南京！南京！》的意义在于把"南京大屠杀"讲述为一种以日本士兵为"现代主体"的自我崩溃的过程，这种"现代主体"的视野，与作为"五四"发端处的经典隐喻鲁迅的"幻灯片事件"中的"我"，有着相似的主体境遇，这种带有反思性的现代性视野与当下中国崛起的主体寓言之间有着异常暧昧的关系。

## 一 抗战影像中叙述主体的转变

2009 年 4 月份出现了两部与"南京大屠杀"有关的影片，一部是中国电影集团投资、青年导演陆川拍摄的《南京！南京！》，第二部是德国与中国民营华谊兄弟公司合资拍摄的《拉贝日记》。两部影片风格各异，前者以黑白影像营造一种冷峻、沉重的历史现场，在呈现中国人被屠杀的同时，更彰显一名普通日本士兵在这个杀戮之城中的挣扎和崩溃；后者则更像中

---

* 张慧瑜，中国艺术研究院电影电视艺术研究所副研究员。

国版的《辛德勒名单》，被拯救的中国人向这个具有人性和人道主义情怀的德国纳粹及其领导的以西方人为主的收容所致敬。如果说后者因德国投资而选取拉贝等西方拯救者的视角来呈现这段血腥的历史，那么前者为何要在建国六十周年的时刻以日本士兵的视角来重述这段不堪的历史呢？

"南京大屠杀"是中国近现代史中的重要耻辱和伤疤，关于这段历史的叙述在冷战与后冷战的背景中呈现不同的面向。在 20 世纪 50～70 年代中国革命史的叙述中往往凸显日本士兵的残暴和国民党军队的不抵抗政策从而导致几十万无辜百姓被杀戮。这种叙述在冷战的意义上对日本法西斯军国主义和国民党"帮凶"进行批判。但是在 20 世纪 50～70 年代却几乎没有关于"南京大屠杀"的叙事性文本，因为在抗战史的叙述中，不仅要表现日本残暴与国军、伪军的媾和，而且更要呈现中国共产党领导下的人民反抗外来侵略者和反对派的历史，显然，在"南京大屠杀"中很难叙述一种人民抵抗的历史，它只能被作为近现代耻辱史的重要一幕。[1] 有趣的是，80 年代以来，在中国先期到来的后冷战背景中（相比 1989 年东欧剧变所开启的后冷战历史），"南京大屠杀"开始不断地呈现为影像事件。[2] 这些影片以呈现日军的残暴和中国人的被屠杀为情节主部，与此同时，在其他抗战影像中，开始恢复国军正面抗战的形象，如《西安事变》《佩剑将军》《血战台儿庄》《铁血昆仑关》等。这段中国人民的创伤体验被叙述为一种"落后就要挨打"的民族悲情。如果说 50～70 年代的叙述是为了完成对侵略者、国民党反动派的革命动员，那么 80 年代以来的叙述则是为了把这种近现代史的耻辱与创伤转变为一种现代化的动员。在 80 年代批判左翼叙述的背景中，革命者的形象变得暧昧。如《鬼子来了》（1999 年，导演姜文）就是

---

① 在 20 世纪 50～70 年代，关于中国近现代史及革命史的叙述呈现为双重面孔，一方面是中国遭受帝国主义、封建主义、官僚资本主义三座大山的欺压和剥削，是耻辱及受压迫的历史；另一方面又要呈现中国人民在国内外一切反对派面前奋起反抗的历史，尤其是在中国共产党的领导之下，人民作为推动历史前进的最终动力。这样两种故事密切相关，是为了论述中国革命的合法性及政治基础。

② 关于"南京大屠杀"的影像作品是新时期以来才出现的，如《南京大屠杀》（1982 年，中国新闻电影制片厂出品的黑白纪录片）；《屠城血证》（1987 年，罗冠群导演）；《南京大屠杀》（1995 年，吴子牛导演）；《黑太阳南京大屠杀》（1995 年，牟敦芾导演）、《栖霞寺1937》（2005 年，郑方南导演）；《南京梦魇》（2005 年，朗恩·乔瑟夫导演的纪录片）；《南京浩劫》（2007 年，好莱坞拍摄）；《南京！南京！》（2009 年，陆川导演）；《拉贝日记》（2009 年，中德合资拍摄）。

在革命者缺席的情况下选择以愚昧而狡黠的农民作为叙述主体的抗战故事。如果说《鬼子来了》是以中国农民为主体来叙述抗战历史，那么《南京！南京！》《拉贝日记》则再一次改写了历史记忆，分别采取具有反省精神的刽子手视角和拥有良知的外国人的视角来重述"南京大屠杀"。

中国近代以来所遭受的侵略与耻辱，很大程度上是通过中日战争来呈现的，从甲午海战（1895）、日俄战争（1905）到20世纪30年代长达14年的日本侵华战争（1931~1945）。对于中国来说，日本既是"脱亚入欧"的现代典范又是侵略者，既是榜样之地又是罪恶之源。与1840年鸦片战争不同，甲午之耻不仅再一次印证晚清政府的没落，而且使得日本成为中国现代化的样板，因为中日两国基本上都是在19世纪中叶遭受殖民战争后而进入"世界史"的①。日本明治维新的成果显然要比中国洋务运动等近代维新革命更为成功。但是1905年为争夺中国东北而发生的日俄战争，使得日本作为中国现代榜样的象征发生了动摇，这种因现代化而加入帝国主义殖民战争的路径，受到中国士人的怀疑，再加上俄国十月革命的胜利以及30年代中日战争的爆发（"南京大屠杀"是其间最为惨烈的一幕），日本这一现代化的榜样逐渐变成了帝国主义豺狼。这种中日之间的近代恩怨，不仅仅是一种国族及种族意义上的仇恨，更是现代性植入这个区域之后所带来的暴力。在中国共产党看来，抗日战争具有双重意义，一方面是摆脱帝国主义殖民剥削（结束1840年以来的半殖民地状态），另一方面也是对现代性自身所蕴涵的暴力（在欧洲内部是德国法西斯主义，在东亚是日本军国主义）的批判。也就是说，中国近代以来的"现代性"议题具有双重面向，走向现代（反封建）和超越现代（反帝国主义），这也正是中国革命所占据的"反封建""反帝"的暧昧位置。在这里，有一个特殊的文本，呈现了中国人在现代性遭遇中所处的尴尬位置，这就是被作为中国现代文学起点的"幻灯片事件"。

---

① 1853年美国以炮舰威逼日本打开国门，这次"黑船事件"类似于中国的鸦片战争，被作为日本近代史的开端，是遭遇西方列强侵略的开端，同时也是反抗西方殖民主义、走向明治维新的开始。在这里，西方殖民者扮演着殖民主义/启蒙者的双重角色，对于非西方世界来说，遭遇西方既是耻辱又是新生（当然，殖民者的到来对于美洲的诸多原住民来说只能是"灭顶之灾"）。这种启蒙主义与海外殖民的双重角色使得西方呈现为一种自我分裂的状态，正如"脱亚入欧"的日本，抵抗欧美殖民者/保卫亚洲/解放亚洲与成为欧美殖民者/侵略亚洲/殖民亚洲也是同一的。

如同百年之后的中国观众在电影院中观看日本军人屠杀中国百姓影片，"幻灯片事件"中的"我"在一个现代教室的空间中因观看了中国人被日本刽子手砍头而离开教室，弃医从文、走向拯救"国民灵魂"的启蒙之路。如果把鲁迅关于"幻灯片事件"的记述也解读为一种日本/刽子手与中国/被砍头者的关系的故事，那么与《鬼子来了》《南京！南京！》不同（暂且不讨论德国人拍摄的《拉贝日记》以及其他国外关于"南京大屠杀"的叙述），这样一个"我"既处在教室中的日本同学和幻灯片之中的日本刽子手之间，又处在被砍头的中国人和观看这种示众的中国人之间。从教室中的"我"，到《鬼子来了》中的马大三，再到《南京！南京！》中的"角川"（中国导演的自我想象），可以说在近百年的历史中，中国艺术家选取了三个主体位置来叙述中日之间的暴力与冲突。这样三个不同的叙述角度呈现了中国近代以来一直延续到今天的现代性经验，并且中间经过了复杂的对历史记忆的多重改写。

## 二 "我"的形成：教室的空间与现代性的暴力

当观众在影院中观看《南京！南京！》时，中国人被日本人砍头的场景不禁会让人们想起鲁迅关于"幻灯片事件"的记述。众所周知，"幻灯片事件"是指在日本求学的鲁迅看到了幻灯片上被砍头者和围观的看客，引发了他关于"愚弱的国民"的感慨，国内文学史一般把"幻灯片事件"作为鲁迅"弃医从文"的缘由，同时也是他进行"国民性批判"的内在动因。鲁迅主要在两篇不同的文章中叙述这件事，一是《呐喊·自序》（1923）中用来阐述"《呐喊》的由来"，二是收入《朝花夕拾》的《藤野先生》（1926）。"幻灯片事件"是鲁迅事后十几年追溯当年的情景，是否属实还没有被学术界所证实，但无论真实与否，都不影响这件事在中国现代文化史中所产生的深刻影响。在这次"视觉性遭遇"中，鲁迅并没有过多地指责刽子手的残暴，反而把批判指向了那些只有"麻木的神情"的看客们，并认为只有拯救这些"毫无意义的示众的材料和看客"才是一个现代医生/文学家的职责。从中国人被砍头到要拯救国民灵魂，鲁迅就把一种日本人的外在威胁转移为中国文化内部的自我批判（所谓"铁屋子"及"吃人的盛筵"）从而唤醒熟睡的人们。

发生"幻灯片事件"的空间是一个教霉菌的教室/影院，在这个现代性空间中，鲁迅如同甲午海战之后的许多清朝留学生一样在日本学习西方知识。鲁迅并非看到日俄战争的幻灯片就要离开，反而一开始还"常常随喜我那同学们的拍手和喝采"[①]。这种"无间地"喝彩建立在作为现代教室中的学生共同学习西医的基础之上，在这种想象背后是对西医作为一种普遍的现代性话语的认同。正如在《藤野先生》一文中有一个细节是藤野先生告诫鲁迅不要随便修改解剖图，因为"解剖图不是美术，实物是那么样的，我们没法改换它"[②]。在这种解剖图等于实物的西方医学规范中，"我们"与其说具体地指藤野先生和鲁迅，不如说更代表着认同这种西医理念的人类/现代医生，或者说不仅藤野先生把这种西方现代医学理念内在化，鲁迅也站在藤野先生的位置上接受了这位老师或"精神之父"的已然内在化的视点，也就是说在这样一份"亲密无间"的"我们"的集体代词中，就自然遮蔽了藤野先生/鲁迅被这种观念规训或者说"主动"学习的过程。但是当"幻灯片"上出现一个要枪毙的中国人以及围着看的一群中国人时，"我们"的幻想破碎了，"我"不得不逃离这间教室。

日本同学"万岁！"的欢呼声使"我""意识到"："在讲堂里的还有一个我"[③]，"我"的出现来自把"被砍头者"指认为中国人的时刻。这种国族身份的同一性，使得"我"瞬间感觉到刽子手的屠刀也是砍向自己的，使"我"意识到来自日本同学的那份想象中的凝视。这种国族身份的获得使"我"无法认同"日本同学"的"拍手和喝采"。有趣的是，走出教室的"我"并没有认同看客的位置，反而把看客和被砍头者作为需要被启蒙和唤醒的对象，"我"又重新占据和日本同学一样的现代主体/现代医生的位置上。从这个角度来说，看客（封建的自我）和被砍头者（被殖民的自我）都是"我"的他者、异质性的存在，无论是启蒙（"改造国民性"）还是救亡（把被砍头者从外人的屠刀下拯救出来）都是为了把他者变成自我，把异质变成同质，变成和"我"一样的觉醒的人。

可见，"我"之所以要离开教室，是因为"我"指认出自己也处在"被砍头者"的位置上。"我"震惊于"幻灯片"把和"我"一样的中国人对

---

① 鲁迅：《鲁迅全集》第1卷，人民文学出版社，2005，第315、317、438页。
② 鲁迅：《鲁迅全集》第1卷，人民文学出版社，2005，第315、317、438页。
③ 鲁迅：《鲁迅全集》第1卷，人民文学出版社，2005，第315、317、438页。

象化为被砍头者。如果结合教室空间，这种对象化就如同解剖课中需要解剖的尸体，"我"的出现和出走是对这种对象化的反抗，或者说，"我"看到了作为现代人却被放置在现代性知识、技术的屠刀下面。① 在这一意义上，不仅仅作为"亚洲认同"的"日本同学"、藤野先生和"我"出现了裂隙，而且在普遍的现代性的意义上，"我"从这种作为现代/西方医生的位置中暂时逃离出来是因为"我"看到作为对象化和他者化的自己。因此，"我"的离开就不仅仅是一种国族屈辱，而且是对现代性自身的逃离或躲避。在这个意义上，日本同学、"我"以及刽子手、被砍头者之间的国族身份遮蔽了这样一种现代性的内在悖反："我"是一个观看的主体，同时"我"也是被看的对象。教室成了另一间"铁屋子"（鲁迅把中国指认为"铁屋子"），一个福柯意义上囚禁的空间。

在这里，不仅仅要把"幻灯片事件"从一种普遍主义、现代性的视野中还原为一种特殊的空间及国族表述，也要把这种被具象化以日本人为现代自我、以落后的中国人为他者的区分中再返回到一种对现代性自身的内在批判。在这个意义上，教室空间所象征的一种有序、文明的状态与屠杀、伤口、血腥就密切地联系在一起，呈现了现代性的"文明"与"伤口"。也就是说，现代性是被血淋淋的杀戮和屠杀掩饰起来的空间，这种掩饰不仅仅体现在如同"铁屋子"寓言中完全"看不见"被砍头者和刽子手的位置，而且更以"幻灯片事件"的方式，即在把暴力和血污充分暴露出来的基础上，再把这种创伤置换、规训为一种文明的、科学的、教化的、合理的、现代的空间秩序。从这个角度来说，刽子手与被砍头者恰好是这个教室空间中不可或缺的角色，他们以赤裸裸的方式呈现出来，但这种呈现本身却是为了掩饰这份现代性的屠杀。

在"幻灯片事件"中，不管放映的是幻灯片还是电影，鲁迅及其日本同学所置身的空间是一个类似影院空间的教室/放映室。在教室空间中，教师/启蒙者与学生/被启蒙者的关系，是现代性的核心隐喻，学生是被这种空间秩序所规训的主体，正如"幻灯片事件"中的"我"在这个空间中，学会了解剖图的画法，也学会了改造国民性的方式，走出教室的"我"成

---

① 正如英国社会学家鲍曼在《现代性与大屠杀》（杨渝东等译，译林出版社 2002 年版）中指出的现代性与大屠杀的内在关系。

了与藤野先生一样的现代医生/教师，在这个意义上，启蒙的逻辑是一种同一化的逻辑。这里的"自我"是那个在教室中被规训的现代主体，而他者则是与被现代主体所放逐的愚昧的、落后的亚洲/中国，正如"我"要把这种劣质的看客改造为精神"强壮"的现代中国人，日本同学感受到的不是作为病夫的亚洲，而是战胜了西方或者说超过了西方的"脱亚入欧"的现代日本，从而使得与这种现代性密切相关的现代/殖民、现代/暴力（大屠杀）的关系被放逐掉。一个缺席的"西方"却又无处不在的"西方"使得同为亚洲的日本和中国共同分享这份"现代"的胜利。所以说，在这份启蒙的空间之中，关于理性、科学、客观的知识、井然有序的空间秩序并非是以排除掉暴力、血淋淋的方式而实现的，恰好是以充分暴露、呈现这种可见的"砍头"场景来完成的，只是这种可见性遮蔽在强大的"启蒙"之光中，在这个意义上，这份对于帝国主义所带来的赤裸裸的殖民与暴力是一种在场的缺席。

## 三 "我"的缺席：农民作为暧昧的中国主体

如果说"幻灯片事件"中呈现的是"我"、看客、被砍头者这样一个多重中国人的主体位置，那么看客与被砍头者的位置则分别指称着 20 世纪中国的基本命题——启蒙与救亡，它们对应着启蒙看客成为现代主体以及把被砍头者动员为革命主体的双重过程。这种启蒙与救亡或现代与革命的对立并非意味着一种二元对立，而是互相纠缠、彼此界定，革命本身就是现代性的内在产物。有趣的是，在"幻灯片事件"中，这个"我"可以同时被启蒙者和革命者所填充，也就是说，启蒙与革命分享着同一个位置。但不同的是，在革命者看来，光把愚弱的国民改造成一个文明的、现代主体是不够的（就像走向明治维新的日本那样），还要对现代性自身的暴力及殖民的逻辑保持警醒（不要像日本那样"脱亚入欧"之后开始殖民其他亚洲国家）。这种革命者动员民众反抗帝国主义的叙述也成为 20 世纪 50～70 年代讲述近现代史及革命史的基本模式，如《平原游击队》《铁道游击队》《地雷战》《小兵张嘎》《地道战》等。随着 80 年代革命叙述的瓦解和现代化叙述的显影，曾经被革命动员和赋予历史主体位置的农民又变成了前现代的主体。如果说 50～70 年代的革命叙述把被砍头者变成抵抗者的人民，那么80年代的现代性叙述则是把这种人民主体重新"还原"为被砍头者和愚昧的庸众,这与七八十年代之交为确立新时期的合法性而对左翼革命文化的批判有关。

80年代借用"五四"作为启蒙时代的镜像,把50~70年代的革命历史指认为封建专制主义的他者,在清算左翼历史的过程中,逐渐确立一种现代的或现代化的表述。中国革命史被从近代史或"20世纪历史"的叙述中去除掉,但是这种去革命的逻辑(也是去冷战的逻辑)又与共产党政权的延续在意识形态上产生了巨大的裂隙,这种裂隙使得革命历史很难获得有效讲述。这导致90年代往往采取把中国革命历史放置在一个西方人的目光中来讲述(如《红河谷》是一个英国远征军的青年传教士、《黄河绝恋》是参与二战的美国飞行员、《红色恋人》则是上海的美国医生),或者把革命故事放置在异国他乡(如《红樱桃》中的苏联)或陌生的空间(如《红色恋人》发生在30年代上海)中来讲述。这在某种程度上是为了解决左翼文化内部的叙述困境,通过把自己的故事叙述为他者眼中的故事,使得革命故事可以被讲述为一段他者眼中的异样故事而产生接受上的某种间离和陌生效果,尽管在西方之镜中所映照出来的是一个中国女人的形象或一处被自然化和审美化的地理空间。而80年代也出现了一种以空间和原民式的叙述策略来填充革命主体消失后的空位,也就是选择农民作为叙述主体。① 这种书写方式出现在80年代末期,一批被称为"新历史(主义)"的小说采用把革命历史中的英雄由为党为民的革命战士变成具有传奇色彩的性欲旺盛的血性汉子,以对50~70年代的革命历史故事进行颠覆和消解(如《红高粱》)。《鬼子来了》在某种程度上呼应着这种叙述模式,对50~70年代叙述的中日战争进行了多重改写。

《鬼子来了》改编自山东作家尤凤伟的小说《生存》,讲述了一个游击队长半夜把被俘的日本鬼子和翻译官交给村民马大三看管的故事。对于有日本兵驻防的挂甲屯村民来说,在日本人的眼皮底下不暴露几乎是一个"不可完成的任务"。这种普通人因偶然事件而卷入历史的叙述也是80年代新历史小说中惯常使用的用偶然因素来取代历史唯物主义必然规律的策略。

① 农民在现代叙述中被呈现为落后、愚昧的形象,在经典马克思主义的叙述中也被放逐在历史主体位置之外,也就是说,农民是一种未完成的现代主体。经过苏联尤其是中国革命的实践,农民/人民被赋予了革命主体的位置。

从这种敌占区的故事来看，《鬼子来了》是以 50~70 年代抗战电影为前文本的。在那些敌后展开游击战和武装斗争的抗战影片中，英勇的游击队长、智慧不屈的人民和残暴的日军是必备的三个元素。而在《鬼子来了》中，这样三个角色被重新改写。在影片开始，"我"作为革命者/游击队长半夜交给马大三两个麻袋，然后就消失了，"我"成为绝对的缺席者，这种缺席是 80 年代对 50~70 年代革命叙述的主体消解的结果。在 50~70 年代的左翼叙述中，作为革命者的"我"不仅是影片的主角，还是唤醒民众抗击日本侵略者的发动者（"人民"作为历史主体的叙述位置是被革命者内在询唤的）。而"我"的不在，那些被革命动员的"人民"就变成了挂甲屯的"农民"。对于马大三、五舅老爷、二脖子等维护家族伦理秩序的人们来说，无论是游击队长，还是村口炮楼的日本兵，都是外来的力量，或如五舅老爷的话"山上住的，水上来的，都招惹不起"（还如马大三对俘虏的话"我没有掺和过你们的事"）。这种以村镇为空间结构的叙述是 80 年代以来"黄土地"式的传统。这种空间叙述是对那种因革命者、解放者的到来而改变个人命运的左翼叙述（如《白毛女》《红色娘子军》等）的消解。正如作为 80 年代中期反右叙述的经典影片《芙蓉镇》，不变的是这些善良的村民，改变秩序的是外来的革命者/女性/造反派，一种空间秩序成为对这些外来的（革命、现代、殖民）诸多意识形态的抗拒。对于挂甲屯的村民来说，他们不是启蒙视野下的庸众，也不是革命叙述中的抵抗日本帝国主义的主体。

从这个角度来说，影片恰好处理的是一个左翼叙述的困境。在外在的革命者缺席的情况下，以马大三为代表的"人民"能否自发自觉地占据某种历史的主体位置？《鬼子来了》在把"日本人"还原为"鬼子"的过程中，也是马大三从一个前现代主体变成独自拿起斧头向日本鬼子砍去的抵抗者或革命主体的过程。马大三的觉醒与他被放置在被砍头者的位置上有关。① 在最后被砍头的时刻，马大三终于意识到那个曾经好吃好喝的养了半

---

① 这个场景不得不让人联想起鲁迅笔下的《阿Q正传》。阿Q在最后上刑场的时候突然省悟到自己要被砍头（"他突然觉到了：这岂不是去杀头么？"），因为他看到自己被看客们围观，这种被观看的位置，正好也是陷入被看的焦虑的狂人和那些戏剧的看客所围观的革命者（夏瑜）/启蒙者（吕纬甫、魏连殳）的位置。也就是说，阿Q由一个愚昧的庸众变成了狂人/觉醒者。详细论述参见笔者博士论文《视觉呈现与主体位置——比较文学视野下的文化重读》，见北京大学学位论文网。

年的日本鬼子要砍自己的脑袋，认识到这一点是通过血的教训，而不是任何游击队长的动员或启蒙。在这个时刻，马大三占据了那个曾经在 50～70 年代的抗战叙述中被作为先在革命及历史主体的位置。因此，《鬼子来了》已然与 80 年代以来那种去革命的逻辑下无法选取主体位置讲述革命故事的方式不同，也就是说，姜文以解构的方式完成了对被解构对象的认同或重建。不过，马大三的临终一瞥（也是电影中唯一的主观镜头，画面由黑白变成彩色）毕竟还是被砍头者的位置，面对日本人的屠刀，中国人依然是一个前现代的主体。

## 四　"角川"的出现：从被砍头者到现代主体

如果说"幻灯片事件"中的"我"经历了多重他者化的过程，成功地把自己从看客、被砍头者中区隔出来占据了一个启蒙者/现代主体的位置，而《鬼子来了》则呈现了一种革命者缺席下作为中国主体的农民能否成为历史主体的问题，那么《南京！南京！》改变了《鬼子来了》依然选取中国人的叙述角度，使用日本人的视角来讲述中日战争的故事。陆川选择了角川作为叙述的重心，让角川作为日本人屠杀南京人的见证人和参与者。角川并非是一个普通的农村士兵，而是一个接受了西方教育的人（上过教会学校并会说英语）。因此，角川是一个有着反省和批判精神的现代主体。在这个意义上，角川与"幻灯片事件"中的"我"相似，"我"和角川正好呈现了现代主体的双重选择（"启蒙"传教士与刽子手），但与"我"走向启蒙之路不同的是，角川则在这种现代主体的内在分裂中走向崩溃和自杀。

在查阅了"南京大屠杀"的有关史料和影像数据之后，陆川对"南京大屠杀"的反思由被屠杀的中国人转移到日本士兵身上（他们究竟是如何变成刽子手的？），使用日本兵的视角主要是为了反思日本人在这次大屠杀中的"真实"状态。陆川选择了一个日本兵和一个中国军人作为叙述角度，改变了 50～70 年代对日本士兵的妖魔化以及 80 年代出现的中国人的悲情哭诉这样两种中日战争的表述。但是影片中，中国人的抵抗远没有角川等日本士兵的自省那么有力，或者说角川是一个贯穿影片始终的角色，而中国人则被具象化为中国军人、拉贝的中国翻译、中国女助手和中国妓女这些碎片化的主体（这些具象化的人很难建立一个统一的中国主体形象，相比之下，角川作为主体位置要同一和完整的多）。

影片以角川跟随部队进城、屠城再到自杀为情节主部，详尽地呈现了一个有教养的现代主体是如何一步步走向毁灭的过程。"角川"在经历了日军慰安妇百合子、同为接受基督教的中国老师姜老师等一系列死亡之后，如同"幻灯片事件"中的那个"我"，也认识到日本的军刀是砍向自己的。在这里，让角川内疚的是这些作为同族的日本人（国族认同大于性别区隔）和作为相似教养的姜老师（现代主体又大于国族/性别的双重区隔），而不是那些在影片中看不见的被砍头的中国平民。唯一幸存的两个中国人也只是角川拯救的对象，而不是自我的他者，因为只有百合子、姜女士才能成为角川的他者。因此，一种现代主体的位置可以跨越国族、性别等界限而建立一种"惺惺相惜"的感觉。

角川体认到这种现代主体的两面性，一方面是现代的知识所规训的自己，另一方面是用手中的枪杀死了姜老师的自己，文明与屠杀是同时存在的。正如教化角川的现代性知识也伴随着殖民主义和帝国主义的血污一样，角川是一个现代性的内在分裂的主体。角川的自杀是一种对作为刽子手的自己的杀害，是一种现代内部的自我批判。角川之所以会觉醒，或者说角川之所以会被选中作为一种叙述角度，在于角川是占据那个现代主体位置的人。在陆川从作为中国人的位置上他者化为角川位置之时，也就是占据一个自我反省的现代主体位置的时刻。而《南京！南京！》的暧昧之处在于，作为中国人的陆川为什么此时可以分享这样一个日本人/现代主体的位置呢？

导演并非有意冒天下之大不韪，反而是非常诚恳地精心制作，并且这种叙述方法也获得官方的极大认可，可谓是难得的"朝野一心"。这部影片被作为中华人民共和国60周年华诞的首批献礼片之一（而不是为了纪念反法西斯战争胜利），受到电影主管部门及主流媒体的一致推荐和好评。如《人民日报》的评论文章是《电影〈南京南京〉用文化融解坚冰》，认为这部影片呈现了中国人的自我拯救，高度评价"通过市场与艺术相融合的道路，为中国电影工业提供了新的发展路向"[①]。不仅仅如此，在《南方周末》的文化版中，正面是电影局副局长的专访《不要问什么不能写，我要问你

---

① 李舫：《电影〈南京南京〉用文化融解坚冰》，《人民日报》2009年4月27日。

想写什么》，背面是导演陆川的访谈《我发现以前我不了解"人民"这个词》①，可谓相得益彰，配合完美。问题不在于陆川作为独立思考的艺术家要主动迎合官方说法（相信陆川不会认为自己拍的是主旋律，但却得到了主旋律都很难获得的褒奖），反而按照陆川的说法，把日本兵从魔鬼还原为人，是对以往日军形象的颠覆。这种以角川作为叙述的选择不仅仅挑战了日本鬼子作为法西斯魔鬼的冷战叙述，而且呈现了一种作为"大国崛起"的中国也终于有资格可以想象性地占据这样一个现代的主体位置景像。《南京！南京！》的意义在于终于可以把视角从农民/中国人民转移到作为现代主体的角川身上，这种改写使得一种革命叙述的瓦解所留下的主体的空位得到填充。一种想象中的现代主体的位置使得现代性的逻辑完成了对革命逻辑的替换。

## 五　结语

如果把"南京大屠杀"作为中国遭遇现代性的极端空间，那么《南京！南京！》的出现重新切开了日本作为中国"现代性"伤口的记忆。这种以日本士兵角川为内在视点的叙述方式与五四时期的"幻灯片事件"、90 年代末期的《鬼子来了》形成了有趣的参照。在"幻灯片事件"中，只有"我"拥有一个观看的视点（看客虽然也在观看，但是被"我"的目光所压抑），而被砍头者的身份却是被"日本同学—刽子手"所代表的"亚洲的胜利"和"我"所代表的现代启蒙叙述所遮蔽和放逐。80 年代在去革命/去冷战的历史动力下，革命主体（革命者及其领导下的人民）的瓦解使得后冷战时代的抗战书写缺少叙述的主体。于是，出现了一种没有经过革命动员的中国农民作为叙述主体的《鬼子来了》，而《南京！南京！》某种程度上又回到"幻灯片事件"中"我"的位置，在角川占据现代主体的过程中，中国人则重新成为被砍头者，不具有观看视点和主体位置（除了影片结尾处两个幸存的中国人如同麻木的看客一样观看日本人的祭城大典）。

这种叙述主体从被砍头的中国人、中国农民变成充当刽子手的日本士

---

① 袁蕾：《不要问什么不能写，我要问你想写什么——专访电影局副局长张宏森》；李宏宇：《陆川：我发现以前我不了解"人民"这个词》，《南方周末》2009 年 4 月 29 日。

兵的过程，也是一种从革命到现代的叙述逻辑终于建构完成的过程。尽管角川是一个日本人，但是中国导演可以想象性地占据这样一个位置来讲述这段中日之间的惨痛历史。在这个意义上，《南京！南京！》所询唤出来的角川式的现代主体的位置与新世纪以来中国共产党由革命党转型为执政党的自我调整与定位有关，也密切联系着大国崛起和民族复兴的现实诉求。也许当角川的视角变成了自我的视角，自我被这种现代主体他者化的时候，被砍头者并非永远都是中国人，角川所指称的一种现代主体的位置也并非只是日本的专利。

但悖论在于，无论是"幻灯片事件"还是《南京！南京！》都试图建立一种现代性的反思视野，但是这种站在现代性内部展开的反思，依然无法听到被砍头者的声音，这些他者依然沉默。陆川说根本找不到被砍头者的书写和痕迹，就连印证刽子手或现代性的血污都要来自刽子手的记述（如同胜利者的历史留下了胜利者的书写），正如中国人已经习惯了使用日本兵的随军日记来印证"南京大屠杀"的存在（当然，更渴望越来越多的日本老兵能像东史郎那样来中国谢罪，刽子手的忏悔是为了印证刽子手的存在），这也许是现代性最大的讽刺。在这种"现代性与大屠杀"的场景中，杀戮者和拯救者都是西方化的主体，被放逐和永远沉默的只能是那些被屠杀者、被砍头者。

（原载《文艺研究》2012 年第 2 期）

# 以诗维权：管窥代耕粮农的政治
# 文学及其国家想象

黄志辉*

**内容提要**：农民不仅会讲"政治白话"，也会表达"政治文言"。农民的"维权诗"便融汇了白话与文言两种风格，并在很多农民的想象中担当了一种沟通自身与国家的媒介。在代耕粮农的大量维权诗中，可以看到农民的一种"层次化政治表达"。这种表达是一种愤怒与崇拜的态度连续统，从基层至中央，愤怒与崇拜的程度分别递减、递增。另外，层次化的政治表达一方面包蕴了农民对道德、正义国家的期望、想象，另一方面鲜明地体现了农民在表达过程中的策略、智慧，力求将自身遭遇与国家秩序问题联系起来，在用诗怨刺不平的同时，力图刺激政府去处理自身的利益诉求。

**关键词**：以诗维权　代耕粮农　层次化政治表达　国家想象

随着市场经济体制改革的"阵痛"期进入高潮阶段，农民维权事件的数量也如潮水般上涨。在这种背景下，不免让从事农民维权研究的学者有更多的机会去注意农民维权的方式及细节。以往关于农民维权或抗争现象的研究，一般都将关注焦点聚集在维权的规模、行动以及维权意识等论题上，而对维权主体所携带的文本（如上访信、控诉信、社会求助书、状子等）没有给予足够的关注。也就是说，这种尤其带有文字烙印的文字人类学被忽略了。通过近几年对农民维权研究的关注，笔者发现，在农民的大量维权文本中，不论是向政府"诉苦"以解决问题的文本，还是向社会求助的文本，甚至是在以上访"谋利"为目的的文本中，都有一种文体频繁地出现——"诗"。在那些上访文本的开头、结尾，经常出现由农民自撰的一首或数首"诗"。这就给从事实证研究的学者带来一个应该解决的学术问

---

＊　作者单位：中央民族大学民族学与社会学学院民族学系。

题：农民是如何将"诗"生产出来的？"诗"中体现了何种意图？他们为何以"诗"维权？是否在农民看来，"诗"是他们与国家之间的一个沟通媒介？

本文将以珠三角一个农业移民群体——代耕粮农作为分析对象，描述该群体的形成过程以及迁移至珠三角后的权益丧失情况，并重点叙述该群体在维权过程中所书写的一系列诗文。以期从这些诗中窥得这些农民的政治文学，及其如何在底层施展对国家的想象。

## 一　农民以诗上访的文字传统

有人将老百姓的国家观念称为"政治白话"，似乎普通人都不懂"政治文言"。① 这里所谓的"政治文言"，大抵是国家主流意识形态的语言，并用阳春白雪的方式表达出来。其实，早在《论语·阳货》中就有类似的话，如："诗可以兴，可以观，可以群，可以怨"，其中"可以怨"是指可以用诗怨刺不平——但孔夫子所指的"兴、观、群、怨"是有阶层区隔的，一般限于乡村士绅、学子及其以上阶层，他们可以吟诗弄月，以诗交友，底层的老百姓难以驭玩"诗"这样的文化奢侈品。在文字没有下乡的年代，丁字不需识的农民，更不需知道诗是何物。况且，在费孝通先生所说的乡土熟人社会中，人们相互之间了解得很，用诗来达成人际沟通与社会结合，不免多此一举。乡土社会是"无讼"的社会，用不着以诗发怨——即使真受了天大的冤枉，他们去上访、鸣冤之前也是找代理人帮他们写状子。所以，既然乡绅、学子是国家与农夫之间的中介，那么他们掌握了王铭铭所谓的"通神灵、类万物"② 的文字、诗就罢了，大多底层耕夫们与诗是没有要紧联系的。也就是说，"诗"虽可作为一种沟通国家与农村社会之间的媒介，但是农民却没有掌握它。

但这都是在文字下乡之前，文字下乡后有了极大的不同。费老在《乡土中国》中清楚地表达过，文字是非乡土社会的传达媒介、符号，是适应激变的现代化的一种工具，文字下乡是从庙堂之上传递到乡土之中的过程。在共产主义政权建立前后的很长一段时期内，"庙堂之上"的观念深入地渗透到了乡村之中去——国家观念和乡土的地方知识开始结合。③ 新中国建立

---

① 项飚：《普通人的"国家"理论》，《开放时代》2010年第1期，第10页。
② 王铭铭：《文字的魔力：关于书写的人类学》，《社会学研究》2010年第2期。
③ 《费孝通文集》第五卷，群言出版社，1999，第321~331页。

前后，文字在中国乡村渗透的过程，如列维·斯特劳斯所说："扫除文盲的战斗和政府对公民的权威的扩张紧密相联。"① 之后，慢慢识文断字的农民将地方上的俗语、谚语、口头禅用三字、五言的整齐格律，结合国家的政治语言以"诗"的形式表达出来。而在新中国的社会主义改造阶段，国家通过文化教育、文艺表演、口号标语等政治动员手段，使得国家与党的政权真正实现了乡村治理。②③④ 而其中的口号标语主要以对称句、宣传诗歌为主要形式。在乡下农民看来，那些工整、对称的语句与文人的"诗"没有两样，他们接受了这种诗，也开始尝试以这种体裁写作。⑤ 总之，农民开始吟诗的现象及其内容，顺应、符合了国家灌输民族意识、国家意识和共产党所主张的意识形态和共产主义道德观念。

由此看来，"诗"也是"新共产主义传统"中的一个沿袭。在当下，"诗可以怨"也是农民经常使用的表达方式。除了笔者将要阐述的"代耕粮农"群体经常创造大量"诗"之外，近来许多研究都表明，中国农民以"诗"怨刺不平是常有的事。例如，在应星之《大河移民上访的故事》一书中，农民的话语里就经常使用谚语、习俗中的诗体。当地的草根精英就经常在其流利的控诉文本中用诗或诗一般的语言阐释其悲哀。而 Thornton⑥ 发现，很多老百姓利用藏头诗、三句半、歇后语为借喻手段，向国家表达他们的不平。董海军在湖南 L 市塘镇的调查发现，当地农民钟冬英——"她以诗歌的形式写的材料极富革命歌曲的韵律"⑦，以表达其人生不平凡的经历。南方报业的记者唐昊、陈璧生在于建嵘调查过的衡阳农村发现，一个名为周来娥的农民喜欢在倾诉的时候将"上访内容自谱诗歌，自己歌唱"，也有很多农民将他们的诉讼用诗体表达出来。他们誊抄了其中的三首：

① 列维·斯特劳斯：《忧郁的热带》，王志明译，三联书店，2000，第 386 页。

② 李斌：《政治动员与社会革命背景下的现代国家构建——基于中国经验的研究》，《浙江社会科学》2010 年第 4 期。

③ 李里峰：《土改中的诉苦：一种民众动员技术的微观分析》，《南京社会科学》2007 年第 5 期。

④ 黄正林：《社会教育与抗日根据地的政治动员——以陕甘宁边区为中心》，《中共党史研究》2006 年第 2 期。

⑤ 郑伯奇：《农民诗人王老五和他的诗》，《读书》1959 年第 17 期。

⑥ Thornton, "Framing Dissent in Contemporary China: Irony, Ambiguity and Metonymy," *The China Quarterly*, Vol. 171, 2002, pp. 661~681.

⑦ 董海军：《"作为武器的弱者身份"：农民维权抗争的底层政治》，《社会》2008 年第 4 期。

"（1）关山道遥远，减负路漫漫。何日见归期，村民苦相盼。（2）府衙门坎高，面官告状难。报告批下面，处理竟渺茫。（3）上访路艰难，官官竟相帮。冤怨向谁诉，声声乞上苍。"

笔者曾在珠三角的一个农村社区中，针对一个特殊的农民群体——"代耕粮农"，做过长达半年的田野调查。笔者同样发现，在该群体提交给政府的大量上访文本中，存在着数十首"诗"。在本文中，笔者将以这些"诗"为关注焦点，探讨这些诗的生产过程以及生产诗的根源；从"诗"中试图去发现农民行动的逻辑，并从中窥得农民上访、诉苦等实践之后的意义图式；或他们对国家如何想象，对地方如何判断，他们的诗是如何展现他们的想象、判断的。最后总结归纳：老百姓在做政治表达时不仅会用"政治白话"，还会使用"政治文言"。

## 二　从国家空间转变为"非国家空间"的代耕粮农村落

在展述代耕粮农的"诗"之前，有必要先介绍一下何为代耕粮农。简单地说，当下该群体是指从外地到某地帮助本地农民种植粮食的外来农民。在珠江三角洲地区，"代耕粮农"这一概念现实所指的群体较为复杂。20世纪70年代末80年代初，由于改革开放的缘故，大量珠三角本地农民洗脚上田，弃农务工、经商，导致农田无人耕作。而当时的耕地肩负着缴纳国家公粮的任务。在这种背景下，珠三角的基层政府与本地农民协商，到广东北部、西部的贫困山区招编农民为其耕田、纳粮，并向他们许诺"土地可永久耕作""入本地户口""享受本地人同等待遇"等条件——这就是珠三角代耕粮农产生的背景。在整个80年代，从边缘地区进入珠三角的代耕粮农超过10万人。[①] 代耕粮农变卖祖业、离乡背井，或插入当地的生产队居住、劳动，或组成一些新的聚落，甚至成立生产队，从而形成了一些珠三角的新村庄。

"新一队"，位于中山市板芙镇的白溪村与湖州村之间，就是这样一个新的代耕粮农村庄，在1980年前后成立了生产队，共有136户大家庭，1600人左右。在分田到户之前，新一队是一个实体的生产队，是当地人民

---

① 胡俊生：《广东代耕农生存状况调查》，《中国改革》（农村版）2004年第5期。

公社下的一个核算、分配单位；之后，各户分别与生产队签订了土地承包合同书，具有当地合法的农民资格。虽然大多数还没有将户口迁移至中山市，但他们已经将自己看成了中山人。总而言之，"新一队"是镶嵌在珠三角并隶属当地行政体系的一个国家空间。

然而，进入90年代之后，工业化的推进激升了土地的货币价格，当地基层与本地农民开始鲸食代耕粮农的土地。90年代中期，即第一轮土地承包期（1984～1998）未到期之前，新一队失去了所有的耕地，而未得到丝毫补偿。之后，本地人和当地政府又试图拆迁这些代耕粮农村落，遭到了剧烈反抗。

同时，当地基层政府和本地农民釜底抽薪，向代耕粮农宣布"新一队"解散，并对外宣称"以后板芙镇再没有新一生产队了"——此举彻底抽离了代耕粮农在当地居住的行政合法性，使得"新一队"在名义上从一个国家空间沦为非国家空间，几乎陷入无政府状态。与此同时，基层和本地人撕毁了诺言，禁止代耕粮农入户。所有这些原因，造成了代耕粮农在生活居住、就业、婚姻、教育等方面上的巨大问题，如禁止修建房屋、小孩要读"高价书"。为了维护他们的权益，代耕粮农在过去十年之间进行了数十次的集体上访。关于这个群体具体的维权、抗争过程，已有文章专门论述。[①]

本文并不是要对上访行为本身或上访的过程、结果做出分析，而是关注代耕粮农的上访文本。笔者认为，从这些集体策划出的上访材料中（尤其是那些诗），我们可以管窥该农民群体运作政治语言的能力，他们脑海中的国家观念是如何对"中央"进行判断的，对"地方"是如何认识的，从而展现他们思维意识中的国家图式。

## 三　以诗上访：农民崇尚的政治文学及其国家想象

### （一）上访诗——维权文本中一个组成部分

最近十几年来，新一队集体向市、省乃至中央政府递交了数十份上访材料。这些材料大多数被冠名为"控诉状""求助信""控告信""上访信"

---

① 黄志辉、麻国庆：《无法维权与成员资格——多重支配下的代耕粮农》，《中国农业大学学报》2011年第1期。

"控告状"。而所谓控告的对象一般是当地村委会，因为新一队人一致认为是这些基层"当官的"侵吞了他们的土地。所有这些维权文本，内容都是大致雷同的，可以称为维权文本书写的四部曲。描述如下：首先是回忆过去，即生产队是如何成立的，他们有什么贡献，房屋怎么来的，如何合法。其次是展述其悲惨历史，即土地是如何失去的，房屋是如何被拆的，孩子们为何没有学上。再次是指责白溪村委与基层政府，并向高级政府求助。最后再列出他们向政府的求助事项。

有趣的是，笔者发现，这些维权文本中有大量的"诗"，夹杂在开头、中间、结尾各部分。诗的内容一方面主要以诉苦为主，浓缩了其"悲惨"遭遇，另一方面是赞美中央政府，而痛骂基层政府。下面部分罗列出代耕粮农的这些"文学作品"。

1. 在一封控诉村委会主任以及书记的"控诉信"中，开头内容如下：

"我们同声齐喊：请上级党政领导，救救住在中国广东中山市板芙镇白溪村的上千'中国二等公民'①：

夺田绝粮断命根，硬把新队一口吞，不管农民生与死，白溪基层不是人。"

2. 在一封控告状的开头直接用了《十年失地惨一声》的诗体形式来表露心声：

十年失地惨一声

夺田灭队事最哀，失地农民无奈。镇村权贵紧勾结，菜地也收尽，呼党党不来！

逢上瞒下功夫精，欺农剥农高明。更有一桩歪本领，否定分田到户，反对邓小平。

3. 在一封呈交给省府某个部门的上访信中，首页内容就是：

"敬请上级领导，水深火热地住在中山板芙白溪的外来卑小农民：

---

① 原文中"中国二等公民"几个字被加大加粗——笔者注。

立党为公章可信，高官落马广传闻。'三个代表'真非假，官风革改不因循。

执政为民党方针，合法权益要力争。白溪黑暗存在久，一扫光明靠上层。

一线希望存心中，'二等公民'心放松。官官相卫旧时有，挣扎求生报党知。"

4. 新一队人也曾写信给国务院某些部门反映问题，在 2006 年末，他们还组织过三人去北京上访。在他们给中央呈交的文本中，"诗"是必不可少的内容。

"伟人故里（中山）今腐败，侵吞耕地三百亩。欺上瞒下灭（新一）村队，若有不服即暴打。官官相护（上访）无下文，千条人命置死地！"

结尾："农民被剥好凄凉，还回公道缓生计；一死但求报党知，天下还有可怜民。

……

主席总理真英明，执政为民人人称，'三个代表'管国政，党的政策民心明。

流泪写信上中央，中央领导是爹娘，请求中央来救民，惩恶保民国永昌。"

5. 在各式维权文本的叙述内容中间，亦穿插了不少的诗，如：

"书记＊＊和＊＊，'征地'发财笑蒙蒙，盖起高楼几大栋，小车出入好威风。我们顶烈日，抗台风，一身汗水肚不饱，你说'阴功'不'阴功'……

有屋无是'非法'，拆屋赶人'合法'；收地出卖'袋'平安，蛇蝎居心真抵杀。……

甜头无吃吃苦头，骗到白溪得个忧，进退无路半天吊，梦中想起泪双流。"

诸如上述的"诗"的表达，在新一队许多农民家里保留的维权文本中，大量可见。如一位代耕粮农所说："在这种东西里（上访书），加点诗才有味道，才能讲清事实喷。"也就是说，对"诗"这种文字的认同，已经融入了农民的政治行动表达中。

### （二）"诗人"及其助手们

新一队三十岁以上的人大多数都未读完初中，所以并不是每个人都能作出"诗"来。维权文本中诗的形成，源于新一队稍微"有点墨水的人"和大家讨论后写作而成的。在他们看来，新一队稍微有点墨水的人当属通文、通明兄弟俩，二人曾是山区老家的民办小学教师。另外一个执笔"诗人"，则是来自附近的代耕粮农村落的老先生，听说"墨水"不少。

通文兄弟曾有多年执教经验，对文字颇为熟稔。但是，由于到了珠三角之后再未拿起过课本，几十年的异地定居生活中使得二人对文字越来越生疏。虽说最初几年新一队上访的"状子"几乎都由二人完成，但是他俩写的状子语病较多，并且，普通话普及以后，二人未再学习，所以状子中保留了大量用粤语表达的痕迹。那些诗也被他们称作"白话诗"。由于两人本身就是新一队的成员，所以对新一队的问题熟悉一些，他们不需要太多人的帮助就能完成上访的稿子。只是在撰写哪些主要内容以及需要罗列何种证据等问题上，他们会和村民一起集体讨论。

另外的一位"诗人"也曾是80年代来到珠三角种地的代耕粮农，年逾八旬，住在十几公里以外的另一个村落。其在代耕粮农村落中发挥的功效类似于传统农业社会中的讼师。新一队方圆数十个代耕粮农聚落，每逢大型上访前夕，就会去请这个老人写个状子。新一队的两封名为《控诉信》《求助书》的上访书就是这位老人主笔的。在成文之前，会有许多新一队人先向老人讲述新一队的悲惨历史，提供素材。老人喜欢作"诗"。诗作出后，念给新一队的人听，并让听者说出一些不妥之处，最后汇总修改。有些新一队人不仅听，而且会把这些诗抄下来回去"熟悉"甚至背诵。虽然至今笔者没有发现哪位村民可以完整地念出他们的维权文中任何一首诗，但是在平时，村民与笔者聊历史、聊生活的时候，偶尔会说出一两句打油诗来。如若细究，会发现很多日常打油诗在维权文本中也经常出现。

总之，由于新一队上访时主要是以集体为单位，而非个体行为，所以他们的维权文本的形成也并非一两个人可以左右，而是需要集体的智慧。

尤其是前文陈列的那些诗，是新一队人共同讨论的智慧结晶。分析这些诗本身，我们可以发现许多有趣的事情。

### （三）诗中逻辑与农民的国家想象

这些维权诗鲜明地反映出了代耕粮农的政治哲学和其诉苦逻辑，并体现在其清晰的"层次化政治表达"上。所谓层次化政治表达，是指农民对自身或集体遭遇、基层政府、较高级政府和中央政府各个层面有不同的政治判断（每个层次的行政级别渐高）。以往的研究都将农民对政府的判断分为"中央"和"地方"，认为大多数农民对中央的信任、期望较地方要高出许多。[①] 而笔者发现，代耕粮农对不同层次的判断有更为丰富的表达。

首先是第一层，在诗中他们倾诉自身的集体遭遇，开展一种诉苦的文学。在该群体集体结晶的"诗"中，出现了许多形容自身的词汇："接耕难民""农民""可怜民""二等公民""失地农民"。在这里笔者要强调"接耕难民"一词。该词出现在一位杨姓代耕粮农所作的"诗"中。之所以用"接耕"一词，是由于很多人认为他们不是当地政府所说的"代耕农"，而是对土地有永久使用权利的"接耕农"或"招耕农"。一字之差，关乎他们对其土地、身份权益的判断。而其他诉苦概念的出现，主要是为了彰显自身的弱者处境，每一个词的选择都经过了深思熟虑。例如，一位粮农回忆："2003年写那封控告信的时候，他们在原先的诗里本来不是用'二等公民'这个说法的，而是说用'贫困农民'还是什么的，我建议用'二等公民'，他们都说用得好。"再如，黄通文认为，写这种"诗"，要考虑到他们的实际情况，还要念起来朗朗上口，字数工整，不多想想是不行的。

我问黄通文，在一段维权"诗"中，为何"二等公民"几个字要打引号？他回答说："唉。不是我们自己觉得自己是下等人，而是白溪人、板芙镇政府觉得我们是二等公民，不能和本地人一样，我们受到的是不平等的对待。"在新一队，一旦聊起他们的身份，很多人都会将"二等公民"安在自己身上，继而会再运用一系列其他符号来命名自己，例如"黑户""黑人""低等人"。将这种把自己描黑的概念应用在维权文本的诗中，在新一队人看来，是"实话实说"，算是一种写实主义手法。

---

① 胡荣：《农民上访与政治信任的流失》，《社会学研究》2007年第2期。

其次是第二层，代耕粮农对村镇一级基层政府的政治评价是极为负面的。从前述"诗"中我们已经可以看出，他们对基层政府是一种极不客气的态度。粮农们几乎完全将其处于底层的黑暗状况归咎于基层政府。例如"侵吞耕地三百亩""征地发财""张张破拆纸""欺上瞒下灭（新一）村队""若有不服即暴打""官官相护""拼死告官因积屈，民贱官贵大家知""白溪黑暗存在久"。这些"诗"或诗中的概念完全可以说明，粮农们对基层政府极不信任。

再次是对地方政府，即他们对市、省一级政府的判断是一种矛盾的态度。一方面他们认为地方上各级政府"官官相护"，科层之间相互推诿；另一方面，他们对这两级政府的判断又有"善"的一面，认为他们的问题可以由政府来解决。新一队人认为，上级政府中有"青天"，政府是"爹娘"，解决他们的问题就得靠真正的父母官，所以"一线希望存心中""一扫光明靠上层"。大多数新一队人认为，不是上级政府不解决他们的问题，而是上级政府根本还不知道他们的问题，是基层把问题瞒住了，才遮蔽了"青天"。这种思维在粮农村落中几乎是具有普遍性的一种思维。

最后一层也是最高级的一层，他们对中央的判断几乎是神化的，并充满了对国家的一种想象，在"诗"中则以"君""青天""天下""党中央"等词来体现。之所以说是"神化"了中央，是因为粮农们觉得"中央"应该无所不能，只要他们的事情进入了"中央"的视野，就会理所应当地得到妥善解决。所以，他们在市、省地方政府上访了数年无果之后，又不断地给中央写信、写诗。在没有回信的情况下，他们觉得要面见"中央"，于是在2006年年底去了北京上访。另外，他们对中央的神化与对国家的想象是结合起来的。在这里，相对于具体的地方政府来说，代耕粮农的"国家"概念是较为抽象的。他们认为的国家，应该至少具有"道德"与"正义"两个特征。所谓"道德国家"，是指国家应该同情农民，维护弱者和底层的利益，所以他们在诉苦的时候，尽量将自己建构成一个极为"苦难"的形象，以博取"中央"或"国家"的同情。所谓"正义国家"，是指国家能够依法办事，助其挽回应得利益，并处理贪赃枉法之徒，所以他们在维权文本后附录了很多证据。粮农认为，他们的遭遇汇合而成了"道德国家"与"正义国家"的焦点，必定会得到他们期望的处理结果——这一点，是国家想象的关键。如果进一步研究下去，我们还可知道一旦"中央""国家"未按他们的期望去处理事务时，会产生出一种怎样的国家观念。

总之，代耕粮农创造的诗歌在自身、基层政府、地方政府、中央等"层次化政治表达"中得到了鲜明的体现。维权诗就是代耕粮农的政治文学，它不仅是诉苦的文学，更是维权的文学。从乡镇到中央，这种文学散发出一种阶梯式的政治表达，是一个从具象到抽样、从怨恨到仰慕、从愤怒到崇拜的连续统。产生这种"层次化政治表达"连续统的原因，一方面是因为农民在日常生活中所接触到的都是基层政府，而他们又将自身利益的失衡完全归咎于基层，自然会产生怨恨与愤怒；另一方面是由中国行政体系的科层化导致的①，农民即使上访至中央，最后解决问题的单位还是地方或基层政府——中央虽有好的纲领与意图，但最后地方处理事务的逻辑与利益诉求的主体难免相悖，从而陷入到"中央大义—基层不仁"的循环判断中去了。

## 四　为何以诗维权及诗中体现的农民智慧

为何农民在其维权文本中如此沉迷于"以诗发怨"呢？虽然新一队大部分农民不懂诗，不会写诗，但很多人都认为在上访信中写几首诗很重要。原因有四。首先，他们认为，诗与学问是一体的——诗就代表学问，而上访信是给公务员、领导看的，看信的人都是有学问的人，继而推出有学问的人都喜欢"诗"。其次，他们认为"诗"可以传达他们的民情，表现力丰富，所以在维权文本中经常会说"有诗为证"，以证明他们的表达是有事实依据的。再次，他们认为诗更有感染力，可以展现他们的苦痛。最后，诗是精练的，他们认为短短几个字可以表达出丰富的内容，可以解决很多问题。因为如果上访信太长，领导们又没有时间，很容易将他们的文本当做"懒婆娘的裹脚带"，丢进垃圾桶。所以，这种政治文学在深层次表现出来的是农民的维权策略：产生诗的关键原因之一便是投官员所好。

这些"诗"展现了底层弱者的巨大想象。通过分析新一队人十几年来所积累的维权诗文本，我们可以发现以下两点。第一，他们期望在越级上

---

① 渠敬东、周飞舟、应星：《从总体支配到技术治理——基于中国 30 年改革经验的社会学分析》，《中国社会科学》2009 年第 6 期。

访的时候碰上一位"包青天"一样的大官，为他们解决问题。他们认为，不是不报，时候未到，总会出现一位包青天般的人物为他们打抱不平。第二，如前所述，他们认为只要到了"中央"面前，他们的问题就会迎刃而解。并且，他们将事件清晰地表达为金额巨大、贪赃枉法的国家大事，想象中央政府必会为此"震动"。例如，在新一队的几个人去北京上访期间，留在村里的大部分人每天都在想象、议论，他们的代表在面见了"中央领导人"之后会有什么表现，例如他们的上访代表会不会紧张，领导会不会愤怒？

如果说他们的想象是"空想"，那么这些维权"诗"则十足地体现了底层农民的表达策略和实践智慧。第一，他们在"诗"与维权文本的正文中会强调新一队是一个实体生产队，也就是说，他们所处的社会是一个国家空间，而不是当地政府认为的一个没有合法性的空间。第二，他们喜欢在"诗"中展开政治联想与文辞运作，将自身的遭遇进一步与国家稳定以及依法执政、公平民主的国家大事联系起来，认为如此便会引起政府注意。应星在研究三峡移民上访时指出："农民要使自己的具体问题纳入政府解决问题的议事日程中，就必须不断运用各种策略和技术把自己的困境建构为国家本身真正重视的社会秩序问题。"① 这一点与很多维权诗的写作初衷异曲同工。第三，他们运用主流意识形态的政治话语，迎合、夸赞党与国家，这是一种逢迎的策略。有诗为证："流泪写信上中央，中央领导是爹娘，请求中央来救民，惩恶保民国永昌"；"主席总理真英明，执政为民人人称，'三个代表'管国政，党的政策民心明"。将"执政为民""三个代表"等词融合进诗中，是老百姓的一种充分的政治运作。如果旁人（例如笔者）说可能这样写并不一定有效，他们就会不屑地嗤之一笑，认为笔者并不懂其中门道。在他们看来，任何人首先是喜欢听好话的，爱受马屁（不过确实，这些恭维的话是发自他们的真心，不一定是马屁），其次才会倾听你诉说的苦难，并激发出他们的同情心。

另外需要指出，"诗"中饱含地方色彩。例如，诗中大量的本地化词语："拆屋"（广东话叫房子为"屋"），"真抵杀"（真该杀掉），"半天吊"（进退无路、不牢靠的意思），"笑矇矇"（笑眯眯的意思），"阴功"（倒霉

---

① 应星：《"气"与中国乡村集体行动的再生产》，《开放时代》2007年第6期。

的意思）。由于写作的"诗人"并非真正的诗人，在寻求对称、精练表达的时候，有些词语他们无法用普通话或"国语"表达出来，而只能用本地词语。但实际上这种地方性的语言很有穿透力，对表达情绪、揭露不平有一针见血的功效。例如，一位代耕粮农在形容当地政府的时候，用了一句："无花粉的果——鸭屎蛋瓜皮边靓"。意思是当地政府在对外宣传的时候只说好的，不显露差的，如把类似于新一队这样的破落地方包装起来或隐瞒起来，讽刺当地政府在"粉饰"门面。不过，新一队人还是理性的，他们也知道这些词语不是"标准的"，"不能随便乱用"，"那些当大官的都是说普通话的，怕他们看不懂"。所以，笔者经常被他们强制坐下来，被要求帮他们修改"诗"以及一些上访信。

总之，代耕粮农以诗维权并非一时兴起，而是有深刻的逻辑判断：一方面是表达自身痛苦遭遇、争取切身利益的绝好工具，另一方面是迎合官员喜好的现实需要。这十足地表达了农民以文字连接官方、表达政治的欲望——诗是比文字更高级的表达，含有将文字以阳春白雪的形式表达出来的企图。另外，从上述内容中可以得知，"诗"中充满了底层农民十足的实践智慧，他们在具有层次化的政治表达过程中，力图结合"政治文言"与"政治白话"，将自身的遭遇建构成关乎国家秩序的大事，以博得政府的眼球；并试图将自身的地方性语言修改成主流的"国语"，以迎合政府的阅读需要，急迫地期望让官员了解自己与其他人一样是平等的公民而非"二等公民"。

## 五　结论

看来，农民不仅会"政治白话"，用普通的语言表达自己的诉求；而且还会"政治文言"，用诗来维权。"以诗发怨"并不是当下文学青年的专利，农民也可以和他们身边"稍微有点墨水"的人一起，造诗以刺不平。在社会学、人类学研究中，诗学性的表述也并非只是学者表达声音、阐述体验的工具，也是农民之丰富创造力的佐证。他们将政治词汇融进"诗"中，表达其朴素的国家观念和利益诉求，展现了其国家想象。

维权诗的最大特征便是"层次化的政治表达"。这种层次化政治表达与行政体系挂钩，即对"自身或其所属的集体遭遇—村镇基层—地方高级政府—中央政府"各个层次的政治情感表达，是一种由下而上的态度连续统。态度有两极，一极是愤怒与不平，在维权诗的层次化政治表达中，越往下的行政单位，农民愤怒的情绪越重；另一极是崇拜与仰慕，越往上的行政层次，其崇拜、仰慕的高度越高——到了中央，几近神化。而由于行政单位的科层化、事本化处理原则，即最终处理事务的主体单位仍是基层，导致农民的"层次化的政治表达"进入一种循环的判断中，即：不断维持对基层的低度信任与对中央的高度神化。

在诗及维权文本的表达中，既包蕴了农民对国家的想象，又体现了农民的策略、智慧。"诗"力求表达的是维权农民的艰难处境以及他们对"国家""政府"的想象。他们认为，其悲惨遭遇只是没有进入国家的视野，否则，作为道德与正义的化身——国家是不会置之不理的。基于对道德、正义国家的判断，他们展开自己的诉苦逻辑，将自身的苦难引入国家的道德关怀视野；同时在文本中罗列搜集的证据，为自己在想象的正义法庭的博弈中获得有利位置。更为关键的是，他们学会了挪用"公民"权利的口号，运用国家政治话语以及意识形态的庞大武器，去证明自身的合法性。并将自身的遭遇建构成道德国家与正义国家所不能弃之不管的国家大事，将自身的问题与国家秩序挂钩，以博得关注。他们期待以法治国的国家可以随时让法的公平降及自身；以德治国的国家可以让自身得到普遍的公平，去治治那些"没有德性"的基层官员或地方势力。此外，他们由衷地对想象中的上级、中央"领导"极尽溢美之词，并力图将"土气"的地方语言转化为国家通用的语言，以迎合想象中的"青天"的需要。

上述便是从农民的维权诗中所能管窥出的一些结论。本文最后要交代的是，代耕粮农生产的大量维权诗，在感动政府之前，首先感动了代耕粮农自己，博得了巨大的、自己对自己的同情。不过，这些首先感动了他们自己的"诗"暂时还没有感动"理性"的科层政府。大堆大堆的上访文本，淹没在过去的那些失败的上访经历中。

（原载《开放时代》2012 年第 5 期）

# 网络追文族：读写互动、共同体与"抵抗"的幻象

黎杨全\*

**内容提要：**互联网让读者与作者的在线适时互动成为可能，这似乎还原了传统社会"讲故事"的群体氛围，同时批评对创作似乎取得了前所未有的效果，但实际上它与"讲故事"的精神形同而实异，同时在根本上形成了对作者的双重绑架关系。追文族结成了狂欢的共同体，但这种狂欢与在狂欢中建构的理想自我只不过是一种幻象。追文族在阅读网文过程中基于业余者立场与玩耍心态表现出一定的创造性、生产性，但最终业余者成了专家，使用价值重新沦为了交换价值，从而无法走出"抵抗"的悖论。

**关键词：**追文族　读写互动　共同体　抵抗

互联网带来了写作的狂欢，也让作品的逐日在线更新成为可能，而网民也能适时、同步地关注作品情节的进展，他们以作品发表的网站或论坛为聚结点，与作者共切磋，与书友论长短，由此形成了活跃在网络上各种数量庞大的族群：追文族。随着网络文学商业化机制的运行，各种读书网站的书评区就成为追文族的主战场，而追文族也日渐成为一种突出的文学、文化现象。

## 一　读写互动的可能与阈限

数字媒介对现代生活的重大影响之一就是交互性。人机互动、人际间的大规模虚拟交往成为可能。对文学来说，这预示着读写机制的革命性转

---

\*　作者单位：西南大学文学院。

型。树型思维逻辑下的独白式作者日趋孤芳自赏，而游牧的、块茎的、对话的读写模式成为新技术语境下的写作潮流。这种读写互动模式催生了追文族。他们紧追某部作品的连载与更新，关注、期盼、议论、兴奋，在与作者的血肉拥抱、互相折磨中走至小说的终局。这似乎构成了一个意味深长的轮回：不仅复活了本雅明所说的传统社会"讲故事"的群体氛围，也改变了近现代小说创作与阅读的孤独、隔绝状态，具有令人鼓舞的互动品质，批评对创作似乎取得了前所未有的促进效果。

然而这种读写互动模式却需要审慎的分析，从各方面来看，它像极了脱衣舞表演（作者演，追文族边说边看），而这又在根本上揭示了网文的"意淫"本质。这可以从网络文学的诸多模式化特征得到说明。比如，网络文学少有"完结文"，多采用作者吊足胃口的连载、读者急不可待"催更"的发表模式；其最大流派是"升级流"，采用不断升级或过关的单线叙事结构；多采用欲扬先抑的情感控制手法；内容多为"装神弄鬼"（陶东风语）的虚幻故事；主角多为草根、小人物；多有所谓"金手指"的器物设定；结局多是修成正果、成功登顶的大团圆。这些模式化特征具有各自的意淫功能。"连载"与"升级"正如脱衣舞表演中衣服诱人地一件件脱落，而欲扬先抑的情感控制更是网文写作的不二法门，主角一直深陷悲惨逆境抑或一帆风顺皆不利于制造意淫爽点，只有在强烈阻滞、锻打后大获成功才能产生强力快感，脱衣舞的全部色情秘密就在于"对他人的召唤和罢免"[1]，"肌肤闪现的时断时续"，"忽隐忽现的展呈"才最令人"动欲"[2]。内容虚幻则便于人物超越现实限制而行诸种不可能之事，正如某些追文族的个性签名所言："现实有限、YY（意淫）无限。"主角为小人物的设定便于追文族的意淫代入感，因为绝大多数书友皆凡人一个，与此同时，小人物的自我奋斗难免艰辛、曲折，在反复"被虐"之后，突然而至的成功自会蓄成更大快感。用网友"weizhibrain"的话说："卑微或悲催的小人物，一步一步，通过自身不懈奋斗，对抗各类反派牛逼人物，直至逆天改命。该主题是主流受众的大爱。"[3] 然而出于自身资质限制，小人物的"逆天改命"必然困难重重，这就需要借助"金手指"（本意是游戏中的作弊器，后指网文

① 波德里亚：《象征交换与死亡》，车槿山译，译林出版社，2006，第162、164、166页。
② 罗兰·巴特：《文之悦》，屠友祥译，上海人民出版社，2009，第13、13、18页。
③ http://www.lkong.net/thread-369358-1-1.html，2011年2月22日。

中各种能够点石成金的幸运之物或超常禀赋，如神器、异能等），有了金手指，主角虽千难万险，却总能立于不败之地，由此"既增强了主角持久作战甚至逆天的能力，又为主角快速提升实力提供新渠道，充分满足读者 YY 需要"①。而主角功成名就的美好结局则完成了脱衣舞与意淫的最后一笔：道路固然曲折，但前途终究光明，虽有惊险意外但一切尽在掌控之内。借助剥落衣服的缓慢动作，欲望勃发而又规避现实危险，这正是意淫的本质，所以网络小说常被追文族称为"YY 小说"（"意淫小说"）。这导致了作者与读者的双重绑架关系：一方面，作者不断以各种意淫爽点勾引读者，而读者也多根据意淫需要提出种种写作要求压迫作者；另一方面，作者为增强故事悬念、积累更多点击与月票而放慢"表演"节奏，延缓小说终局的到来（由此也可解释为何网文越写越长，动辄数百万字）。"脱衣舞很慢：假如它的目的是暴露性器官，那它就应该尽可能地快速进行，但它很慢，因为它是话语，是符号的建构，是延宕的意义的精心制造。"② 而读者则求快，不断催更，直奔最后的结局："总的兴奋寄寓于一睹那性器官或知晓故事的终局这般冀望之中。"③

　　这种双重绑架显然异于"讲故事"中讲者与听者的关系。不同于网文的超现实意淫，故事传达的是"经验"："口口相传的经验是所有讲故事者都从中汲取灵思的源泉。"④ 经验是古老的人生智慧，那些拥有生活的时间积累、与死亡相联系的老者就成为故事的权威："死亡是讲故事的人能叙说世间万物的许可。"⑤ 由此，故事的讲者与听者是教导与聆听的关系，听者不会像追文族那样打断故事的进程，而是延续故事的传承，把故事与自身经验融合起来，让故事在时间中得以添加、增殖、附丽与丰富。而这种融合"在深层发生"，取决于"松散无虑"、"百无聊赖"的氛围："百无聊赖是孵化经验之卵的梦幻之鸟"⑥。这种自然因果律的悠闲与余裕自与追文族的期待、焦灼、催更、口水仗、紧张而劳心费力的心态有根本差异。

　　双重绑架关系显然也给小说创作带来了严重困扰。小说写作本应是作

---

① http：//www.lkong.net/thread-369358-1-1.html，2011 年 2 月 22 日。
② 波德里亚：《象征交换与死亡》，车槿山译，译林出版社，2006，第 162、164、166 页。
③ 罗兰·巴特：《文之悦》，屠友祥译，上海人民出版社，2009，第 13、13、18 页。
④ 《启迪》，张旭东、王斑译，三联书店，2008，第 96、105、102、99、81、111 页。
⑤ 《启迪》，张旭东、王斑译，三联书店，2008，第 96、105、102、99、81、111 页。
⑥ 《启迪》，张旭东、王斑译，三联书店，2008，第 96、105、102、99、81、111 页。

者孤寂地铺陈自我生命的过程，而网络小说却在追文族的"凝视"与干扰下展开。追文族中有所谓的"脑补派"与"合理党"，前者总试图猜测作者用意，后者则追究人物、情节是否合理。在小说"未完成"的状态下，各种"脑补""合理"都可能是只见局部而未察整体的以偏概全之见，势必对小说的整体设计产生不良影响，而这些"脑补"与"合理"多基于读者的意淫心理，往往扼杀作者的独异创造。《天涯》杂志主编李少君曾在新浪博客撰文称《红楼梦》等作品是"当时的网络文学"，"堪称最早的'互动小说'"。此文被转载至天涯社区，一位叫"大俗若雅"的网友如此回复（为保持原貌，未改动错别字，后同）：

> 话说某一天曹雪秦GG决定在JJ和鲜网上开坑写红楼，因其文笔优美故事感人立马人气大涨。JJ冲上半年榜，曹GG正在家偷着乐呢，却惊见负分长评N条：塑造失败的林MM形象（1）塑造失败的林MM形象（2）……塑造失败的林MM形象（N）论贾宝玉的性格缺陷……评曰：林MM好歹也是知书识礼的大家闺秀，米可能那般小肚鸡肠，尖酸刻薄，宝GG的事业又在哪里，整日和丫环混一起，算男人么？宝JJ林MM怎可能喜欢他，故奉送砖头一大堆，云云。曹GG郁闷ING，好不容易在曹粉雪团的安慰下顶个锅盖重新爬上来写文，才发现亲们已分成几大阵营：宝黛是王道!!! 金玉良缘! 金玉良缘!! ……于是，曹GG的网上红楼在众亲的追文与关注下完结如下：宝GG发愤图强勇夺状元官拜公卿光宗耀祖，林MM识大体平宜近人，钗黛同事一夫自不必提，另外那死了LG的湘云，要做尼姑的惜春，拖个油瓶的李纨，并所有有名有姓的丫环，外带万年冰块妙玉，通通嫁给贾种马，live happilly ever after……①

这段回复用极为地道的"追文"语言，活灵活现地刻画出了网络上每天都在上演的"读写互动"。作者在互动中晕头转向、无所适从，人物性格与故事结局只能按读者臆想与希望的方式进行，结果"悲催的"《红楼梦》被"伤不起"的追文族硬生生地涂改成了大团圆的"种马小说"。这种现象非常普遍。曾在天涯论坛上写网文的作者"liubeiwozu"认为"读者的指点

---

① http://www.tianya.cn/publicforum/Content/no16/1/108438.shtml，2007-1-7.

意见"是"对创作的干涉"，"甚至剥夺了作者的创作自由"。他举例说，他在自己的故事中本想用纪实的笔调描绘乡村的教育情况，但读者偏爱爱情故事，由于担心点击率降低，他不得不将更多的笔墨花在乡村爱情故事上。"liubeiwozu"颇为感慨，当初动笔时，曾想多写主人公与当时生活的阴暗面，但读者们不答应，说"不能毁了柳相公健康明朗的形象，不然的话就不看帖子了"①。当然，作者大可以对读者意见充耳不闻，执著于自己的写作理念，但在浩如烟海的赛博空间中，小说很快就会因人气下降而沉入海底，湮灭不见："如果要表达自己的东西，不顾读者，'我自己爽就行了'，结局往往是'扑街扑到死'。"② 这恐怕不是多数作者愿意看到的结果。在此情况下，作者只能唯读者马首是瞻，这对那些点击率压力极大的专职网络写手来说更是如此，写手史文龙（化名）在总结自己的成功经验时，认为最重要的一条就是必须对读者言听计从，他的故事中曾出现了一个男配角，性格让读者难以接受，在各种读者的留言斥责中，该男配角第二天就死于非命了③。可见，在读写互动模式中，作者的生命表达与独异创造难以为继，独立的写作意志很大程度上让位于对大众意淫思维的遵行；而这对追文族来说也未必就是好事："正因为屏幕上播放的全都是粉丝想看到的东西，粉丝也就失去了看到创新性文本变异的机会，从而被封闭在他们自己严格设定的价值观、本真性、文本等级和连续性之中。"④

读者不仅"脑补"，"合理"性考察，而且不断催更，甚至希望作者一日三更。在这种逼促下，作者日写数万字，不但作品质量无法保证，写手也不胜其累。纵横中文网的知名写手"无罪"在《做一个网络写手真难啊……》中感慨道："写得慢了，生病，状态不好之类的请假休息一两天，会被说偷懒，说更新少。写得快了，一天三更，连续两个月都不请假，又会被说质量不好。精细一点，就会被说拖，粗一点呢，又会被说乱搞。"⑤ 然而迫于市场压力，作者既痛苦于读者的绑架，又不得不被绑架。

"小说诞生于离群索居的个人"，小说家需要"闭门独处"。⑥ 小说是孤

---

① 曾向荣：《一位业余网络写手的"魔幻"生活》，《广州日报》2009 年 5 月 27 日。
② 张中江：《网络写手：网络写作比上班还累》，《都市女报》2010 年 12 月 21 日。
③ 俞熙娜等：《码字成富豪是个美丽泡泡》，《钱江晚报》2009 年 9 月 4 日。
④ 陶东风主编《粉丝文化读本》，北京大学出版社，2009，第 88、85、91、90～91、92 页。
⑤ http：//book. zongheng. com/postList/75456/2486702. html，2011 年 8 月 24 日。
⑥ 《启迪》，张旭东、王斑译，三联书店，2008，第 96、105、102、99、81、111 页。

独者的事业而非群体狂欢的产物。小说家要适当听取读者的意见，可绝不能媚俗，真正的小说，或许应该"令人不适"，甚或"厌烦"，"动摇了读者之历史、文化、心理的定势"，"凿松了他的趣味、价值观、记忆的坚牢"①。在根本上，"从来没有哪一首诗是为它的读者而作，从来没有哪一幅画是为观赏家而画的，也没有哪首交响乐是为听众而谱写"②。

数字媒介所带来的读写互动既与前工业社会的"讲故事"精神形同而实异，也破坏了小说的孤独性创作。如果说"讲故事"的"经验"让人生丰富而充盈，小说是孤独的现代人"以读到某人的死来暖和自己寒颤的生命"③；网文则是在作者与读者的互相挑逗与意淫之后，面对的是脱衣舞背后的虚无："一层层幕布之后，空无一物，从来都空无一物。"④ 这暗示网络文学客观上沦为现实禁忌的共谋："（脱衣舞）带几分色情，由表演情景本身引发出来，实际上却被令人安心的仪式吸收了，消除了；这种仪式像疫苗或有约束力的禁忌那样安全地消去了人们的肉欲，遏制了疾病或罪孽。"⑤

## 二 "共同体"的形成与狂欢的幻象

詹金斯强调媒介粉丝的阅读并非单独发生，而是一个"社会过程"："在这个过程中，个人的阐释经过和其他读者的不断讨论而被塑造和巩固。"⑥ 詹金斯所说的"社会过程"是就传统媒介而言，而新媒介（数字媒介）显然让粉丝讨论的社会性、集体性与传播性得到极大提升。围绕某部作品，追文族在各种读书网站、论坛、书评区、贴吧与 qq 群形成了不计其数的"共同体"，其中参与讨论的书友可用海量来形容，以起点网排名前几位的大神级写手为例，截至 2011 年 9 月 2 日，"我吃西红柿"的《吞噬星空》在起点的书评区共有 25247 位书友参与讨论，"忘语"的《凡人修仙传》共有 61002 书友，而"天蚕土豆"的《斗破苍穹》竟有 119457 位书

① 罗兰·巴特：《文之悦》，屠友祥译，上海人民出版社，2009，第 13、13、18 页。
② 《启迪》，张旭东、王斑译，三联书店，2008，第 96、105、102、99、81、111 页。
③ 《启迪》，张旭东、王斑译，三联书店，2008，第 96、105、102、99、81、111 页。
④ 波德里亚：《象征交换与死亡》，车槿山译，译林出版社，2006，第 162、164、166 页。
⑤ 罗兰·巴特：《神话修辞术》，屠友祥译，上海人民出版社，2009，第 136 页。
⑥ Henry Jenkins, *Textual poachers*: *Television Fans and Participatory Culture*, New York: Routledge, 1992, pp. 36, 33.

友！这还不包括在其他虚拟社区发帖讨论的追文族，也不包括那些只追文、只围观、只潜水的"沉默的大多数"；而书友、帖子的数量又以几何指数的速度在每日递增！由此在网络上形成了形色各异、数量庞大的追文"共同体"。

随着"追文"的进行，这些网络族群在对作品的关注与讨论中逐渐营构了浓厚的共同体意识与认同感。由于更切近于当下与现场，这种认同感在读书网站的书评区表现得更为明显。网络文学的连载、更新一般要花费几年时间，在此马拉松过程中，写手边写边发，书友边看边等边共聚一处说长道短。一部网文的完成，既包含了书友太多的焦渴、期盼、失落与兴奋，更是书友之间情感互动，共同参与、见证一项伟大"事业"的过程。某些读书网站基于商业目的，规定作品的"上架"、"上榜"、首页推荐，都必须依靠网友的点击、收藏、推荐、打赏、月票，不仅如此，又精心设置"月票榜""书评活跃度榜""书友推荐榜""书友点击榜""书友收藏榜"等荣誉榜单，由此，各部作品能否在各种荣誉之争中先拔头筹，就全在其粉丝群能否团结一心作出给力贡献，由此形成了追文族为各自所追小说争夺人气、月票而摇旗呐喊、群雄混战的局面，而这种荣誉榜单又不停地以"日""月""总"的形式计算，故意制造的紧张气氛与强力逼迫不断让作品之间的战斗白热化，让书评区之间的战斗白热化，而被彻底撩拨的追文族在共同作战的集体狂热中变得血脉贲张。试看"我吃西红柿"的书友"梦里汛梦"在月票之战前，发表帖子《今日谁与我共同浴血，他就是我兄弟！》中的激情告白："三月月票之战，将是一场艰难的无硝烟之战，一句话，红盟不能输，番茄不能输……红盟现在是紧急时刻，'今日谁与我共同浴血，他就是我兄弟'！！红盟雄起，番茄大大威武！！！"① 再看"天蚕土豆"书友"涩狼 hen 纯洁"的帖子《一刻都不能松懈，笑到最后才算是胜利！》："土豆说，要战到最后一刻！那么，我们就陪他战到最后一刻！！""《斗破》没有盟友，有的只是战斗在第一前线的广大斗迷。"为此，他希望所有人出资、投票，每个人"献上微薄的一力"，并以此"告诉土豆，他不是一个人战斗！告诉所有人，斗迷，是不容小觑的！"② 这一篇篇"檄文"，从标题到内容，都极力渲染战争一触即发的严峻态势与大战当前，唯有共

---

① http：//forum. qidian. com/ThreadDetailNew. aspx？threadid＝145790067，2011-3-25.
② http：//forum. qidian. com/ThreadDetailNew. aspx？threadid＝145944895，2011-3-29.

同浴血、舍身殉教的狂热情绪。对局外人来说，可能很难理解这种近乎邪教崇拜的热情，而对数万人一起经历等待、讨论、掐架、参与各种硝烟弥漫的荣誉之战达数年之久的追文族来说，这可能更是真情实感的流露。这种集体认同感甚至超越了文学阅读层面而达至现实情感，如《凡人修仙传》书评区一位叫"七岁开始看武侠"的书友被诊断为肝部肿瘤，这引起了万千"凡迷"的关注，在手术之前为其盖的鲜花祝福楼超过3000层，并纷纷为其出谋划策，鼓励其早日恢复健康。① 费斯克认为，"中产阶级趣味与大众趣味的区别"，"在于它缺乏乐趣和某种共同体的感觉"。而大众的参与既能带来"自我表现以及团结他人这一表现与体验所促成的快感"，也能带来"狂欢和节日的快感"。② 从上面的分析来看，追文族在书评区等虚拟"广场"的讨论，热烈的众口言说的"节日"氛围，对现实世界的暂时脱离，以及情绪的互相感染，的确具有了巴赫金所说的狂欢的"广场""节日""第二种生活"以及集体认同感（"他感到自己是永远在成长和更新的人民大众中的一员"）的某些要素。

然而仔细辨析可以发现，追文族的狂欢可能只是一种幻象，抑或在根本上与狂欢精神背道而驰，由此我们也可以进一步反观、洞悉追文族的深层特征。

狂欢是全民的，是包括统治阶级在内的"社会性的、全民的感受"③，"一切人全卷入自由而亲昵的交往"④，人与人之间是不拘形迹的、坦诚的、可以对话的交往。然而追文族却是具有强烈排他性与文化守成主义的小圈子群体，不仅难以坦诚地、亲昵地对话，反而布满"仇恨"与"杀机"。只维护自己热捧的作品，而鄙薄对方的喜好。而不间断的月票大战，进一步加剧了彼此之间的紧张关系。为了获得胜利，某些作者与狂热粉丝甚至采用"喷子""刷屏""马甲"等厚黑手段与准军事行为打击对手。"喷子"是重炮攻击手，断章取义、出口成"脏"，否定一切，或专挑对手作品的

---

① 参看《凡人凡语》中《凡人区大事记》，此电子书为20多个《凡人修仙传》书友耗时一个多月对书评区精华帖子的整理文集，下载地址：http://www.qidian.com/BookReader/1609564.aspx。

② 费斯克：《理解大众文化》，王晓珏、宋伟杰译，中央编译出版社，2001，第167、50~51页。

③ 巴赫金：《拉伯雷研究》，李兆林等译，教育出版社，1998，第107、295、19页。

④ 巴赫金：《陀思妥耶夫斯基诗学问题》，白春仁等译，三联书店，1988，第23页。

"bug"（即漏洞，由于网络文学边写边发，在情节线索上多有错漏之处）；或以对方书评区的活跃书评人或重量级盟主为目标，击溃其大将。"刷屏"又称"洗版"，负责在书评区连续发送大量重复内容，捣乱敌方阵营。"马甲"指某些疯狂粉丝"潜伏"至其他作者的书评区，采用发吹捧帖、打赏等手段博得该作者的信任，然后申请成为其书评区的副版主（作者是版主），一旦成功，管理大权在握，即开始对书评区进行清剿，对捣乱的"喷子"一律不删帖、不禁言，美其名曰"言论自由"。而此种伎俩又常常里应外合，一批"喷子"进入某书评区谩骂与刷屏，而对此乱相作为管理者的副版（卧底）则突然失语，从而让一些支持此书的盟主不堪其扰而选择离开，造成该书人气大跌①。一旦发生此类恶性事件，"喷子"的各种"洗版"，"马甲"的挑拨离间，"冷静党"的"理智分析"，"阴谋党"的煽风点火，作者的现身说法，水军的酱油围观，让书评区彻底成了一个江湖。"网文原来也绝非任人自由幻想的乌托邦，那些拥有成百上千万点击量的网文作者，围绕着他们的炒作、掐架、勾心斗角，也一点不输于现实生活中的'文坛现形记'与'职场风云录'之类。"②

狂欢的共同体是复数的、充满歧见的，"这种统一并不具有几何学、统计学的性质。它更要复杂，有无数区别"③。然而追文族内部却是高度整一与同质化的。不管从情感依附还是战斗需要出发，客观上要求追文族对外、对内政策的严酷性。对外，如前所述，对敌人的挑衅要绝地反击；对内，要求严格的铁血纪律，全面的团结，不容异声，否则群起而攻之。巨大的舆论压力，迫使那些试图对作品发表批评意见的，都预先采取某种保护策略，或者在帖子主题后面注明"不喜勿入"，或者声明"请轻点拍砖"，或者标题本身就情感预热，如"如果我说最近这些章写得极其无聊，有没有人会说我是喷子？"长此以往，共同体内部就形成了"沉默的螺旋"效应，只唱赞歌、不见批评，出现"一方越来越大声疾呼，而另一方越来越沉默下去的螺旋式过程"④。更重要的是，书友的评论还会受到潜在的商业利益

① 可参见网友"有图有真相"提供的相关资料：http：//www. lkong. net/thread－282093－1－1. html，2010－8－9。

② 施淑洪：《追追追 上网追小说》，《新民晚报》2010 年 8 月 6 日。

③ 巴赫金：《拉伯雷研究》，李兆林等译，教育出版社，1998，第 107、295、19 页。

④ Noll－Neuman, E. *The Spiral of Silence：Public Opinion－Our Social Skin*, nd. Chicago：University of Chicago Press. 1993. p. 61.

的制约。商业性的读书网站，作者、书友可以对评论帖子打赏、打钻，要想赢得书友的支持，不投其所好，不对作品大唱赞歌，就难以获得这些利益。如此一来，异质的、批评性的文字就难以在书评区立足。对此，书友"冰凉的指尖"一针见血："批评帖是费力不讨好的事，一不小心会弄一个喷子之名；另一方面，从利益上讲，批评帖有人打赏打钻吗？何苦呢？正是由于某种圈子式的态度、回复率、打钻率、加精率或置顶率等方方面面考虑，导致书评区的'赞扬家'过剩，而'批评家'太少。"①

狂欢是对日常生活的悬置，"暂时取消了人们之间的一切等级差别和隔阂"，形成了一种平等自由的交往关系。② 然而在追文族共同体的"团结"表象背后却掩盖着等级化、他者化的实质。在虚拟社区，每个追文族都有自己的人气等级，他的网名下都会有"关注者"一栏，显示他有多少粉丝数。那些经常发帖、分析水平也较高（当然，绝大多数是唱赞歌）的书友，会获得较多人气，成为追文族中的"舆论领袖"，他们与那些只是"顶"、"送鲜花"的水军（"沉默的大多数"）构成了等级化、他者化的关系。而在作为追文族主战场的读书网站，这种等级差异又渗入了商业因素。这些读书网站精心设置了粉丝的分级制度。粉丝等级按积分（粉丝值）的多少从低到高排列。积分主要靠订阅 VIP 小说章节，购买小说评价票、催更票、月票，打赏作者等方式获得，而这些行为都要花费数量不等的金钱。与此同时，每个追文族的等级都会在自己 IP 头像下方突出显示，在他发言时，他是不是 VIP，是什么等级的 VIP 皆一目了然。如此一来，那些支付较多金钱的 VIP 书友在共同体内说话就更有底气，会更有话语权，他们的发帖也更容易受到追捧与关注；而那些非 VIP 的，或看盗版的书友的发言则明显底气不足，特别是当他们试图对作品提出意见时，就会遭到 VIP 们的歧视与非难。如在知名女写手"吱吱"的《庶女攻略》书评区，一位叫"十七龟龟"的非 VIP 书友抱怨小说过长，记"流水账"，一位"高 V"（高级 VIP）马上回复说："LZ（楼主）弄点粉丝值再出来抱怨吧。"另一位"高 V"表示："您看了盗版的，能不能就不发言，只看这讨人嫌的，没看过如此讨人嫌的……"③ 显然，话语权与金钱是紧相联系、互相促进的。有了钱，就有

---

① http：//forum. qidian. com/ThreadDetailNew. aspx? threadid = 149597155，2011-6-28.
② 巴赫金：《拉伯雷研究》，李兆林等译，教育出版社，1998，第 107、295、19 页。
③ http：//forum. qdmm. com/MMThreadDetailNew. aspx? threadid = 152802374，2011-9-11.

了话语权；没有钱，即便发言的质量较高，也会因被无视或指责而被迫"沉默"。追文族内部的等级划分，最终是建立在金钱基础上。

从上面的分析可以看出，在追文的过程中，个体以共同体为背景建构了种种自我形象：在与其他共同体的"战斗"中，他摇旗呐喊，号召浴血奋战，成了振臂一呼应者云集的英雄；在共同体内部，他斥责异议与歧见，义正词严，成了群体的清道夫；他发帖、订阅、打赏，为所追作品四处奔走，扮演了"好的"粉丝形象。显然，这就是拉康所说的"理想自我"（ideal ego），理想自我是个体假想（assume）出的形象，在镜像阶段，"尚处于婴儿阶段的孩子"，"举步趔趄，仰倚母怀"，"兴奋地将镜中影像归属于己"，由此获得了自身的完满性，然而这不过是一种幻觉，与主体实际感到的自身紊乱动作"完全相反"，[①] 这注定了理想自我只是一种异化的"自居"，一种误认，这就涉及"自我理想"（ego ideal）的问题。自我理想源自个体假想的他者的凝视，它是一个自我观察的位置。换句话说，问题的关键在于，追文族的个体为了谁而假想、自居为上述种种理想自我？显然，在无意识中，他想象着共同体内部众人对他的凝视，他为共同体所做出的奋斗、奉献，构建的种种理想自我在根本上是为了得到假想的他人的赞许、要求、期待与询唤，即"欲望着他者的欲望"。恰如齐泽克所说，"只有他者为其提供了整体的意象，自我才能实现自我认同；认同与异化因而是严格地密切相关的"[②]。在此意义上，追文族的自我认同只是一种幻象，毋宁说这是他者意识的"侵凌"。侵凌性是一种甜蜜的暴力，也就是说，个体并不觉得所做出的种种追文行为是在迎合他人的愿望，相反，认为这是自我意志（我思）的结果。在共同体的全景式监视与群体意识的感染中，每个追文族个体都不由自主地拥抱这种侵凌，按照他人的欲望检讨、调整、反省自我的行为，内化为深层的无意识，并把这种非我的强制自居为本真的意愿。更重要的是，追文族共同体内部的自我误认在根本上是其后那个不可见然而却宰制一切的"资本"的"狡计"。在这里，我们可以洞悉读书网站在每部作品后面设置书评区而不是提供统一的论坛的诡秘目的。书评区是追文族共聚一处谈天说地的"居所"，不同于百家争鸣的论坛，它要求统

---

① 《拉康选集》，褚孝泉译，三联书店，2001，第 90~91 页。

② 齐泽克：《意识形态的崇高客体》，季广茂译，中央编译出版社，2002，第 33 页。

一思想而杜绝异议，由此网站成功地建构了追文族的归属感与共同体意识，其间再辅之种种撩拨策略，不断刺激与激发其狂热情绪与自恋形象。换句话说，在追文族互相强化的自我凝视与他者凝视背后，正是那个终极的、缺场的"大他者"——"资本"在引导、规范与调整着这种凝视。

## 三 "价值"的辩证法："抵抗"及其悖论

如前所述，追文族的意淫性阅读与共同体狂热意识的建构都受到读书网站商业策略的强力制约，从而构成了比较典型的文化工业现象。正是侧重于"交换价值"让网文陷入了商品拜物教与同质化的怪圈，并客观上让追文族沉迷于虚幻世界而被意识形态所规训。这也正是法兰克福学派对大众文化严厉抨击的根由。与法兰克福学派的精英意识不同，德赛图、詹金斯、费斯克等人强调大众阅读与消费的复杂性与矛盾性，意欲"揭示那些早已被'规训'之网俘获的群体或个人，他们分散的、策略性的以及权宜性的创造力所采取的秘密形式"①。在费斯克等人看来，大众接受的复杂性源自文化商品"使用价值"的特殊性与消费者在使用时的"玩耍"态度。费斯克提出了"两种经济"理论，认为文化商品在"两种经济"即财经与文化经济中流通。在财经经济体制中，文化商品的确具有"清晰可辨的交换价值"，此时大众也的确是被动的；然而对大众来说更关键的是"文化经济"，此时流通的不是"财富"而是"意义、快感和社会身份"。后者的特殊性在于："意义更难拥有（因此不让别人拥有），它们更难控制"，换句话说，"文化商品并不具有明确限定的使用价值"②，如何使用、怎样使用，都取决于消费者自身。与此同时，消费者的"业余者"立场、无功利的"玩耍"心态，为他"为我所用"地解读文化商品、生产出自己的意义与快感提供了最大可能。由此，文化商品的"使用价值"构成了对"交换价值"的反对。

从追文族对商业写作的"使用"来看，它的确包含着对抗商业利益与意识形态规训的踪迹与差异感。

---

① 《大众文化研究》，陆扬、王毅选编，上海三联书店，2001，第83页。
② 《文化研究读本》，罗钢、刘象愚主编，中国社会科学出版社，2000，第229～230页。

　　这种抵抗行为首先表现在追文族阅读盗版这一行为上。追文族虽然迷恋网络文学，却并不愿意轻易付费阅读，而是利用搜索引擎在各种盗版网站或论坛上免费阅读，这显然与读书网站的商业利益相违背，为此，读书网站往往采用技术手段杜绝盗版，如对文字进行加密，禁止复制、粘贴等，但追文族也有德赛都所说的"花招"与"诡计"，他们聚集在百度贴吧或各种论坛里，采取"人肉打字机"或上传实体书的照片等方式进行阅读。一些书友申请成为读书网站的 VIP 用户后，随着小说的连载更新而同步打字（此谓"人肉打字机"），然后迅速把文字贴到贴吧以供其他读者免费阅读，他们甚至组成"人肉打字机"团队，如蚁群风暴一样迅疾地把作者刚更新的文字一扫而光。除了打字，书友也买实体书，将内容拍照上传，保证其他读者能够在第一时间免费看到新作①。可以看出，追文族充分利用了数字媒介的技术优势，并发挥庞大人群的力量，群策群力，在商业资本的控制空间中左冲右突，最终成功突围。

　　数字媒介不仅给追文族阅读盗版提供了便利，也让他们阅读后能够聚在一起发帖子讨论。与传统媒介语境中的大众讨论相比，这是一种根本性的变化。以前大众是分散性阅读，现在可以聚集在虚拟广场上集体讨论；以前只能是口头闲聊，现在则是以文字的形式，发表大量讨论性的帖子。如果按照费斯克、詹金斯等人的观点来看，这就是所谓的大众的"生产性"，带来了一种高度参与性的文化，"这种文化将媒介消费的经验转化为新文本、乃至新文化和新社群的生产"②。而从这些讨论帖子的具体内容来看，可以发现这些书友的确能够根据"权且利用"的原则，对文本采取种种"盗猎"与"挪用"式解读。如前述"天蚕土豆"的《斗破苍穹》，讲的是子虚乌有的所谓"斗气"世界，虽然点击率破亿，实乃一部典型的"小白文"，但读者却能作出独到理解。书友"王红军 sdau"颇为深情地写到："我迷上了它，不仅是小说的情节和文采，更主要是主人公萧炎的那种不屈不挠、从不言弃的精神，他为了理想而奋斗，担起男子汉的责任，总之，他深深地影响了我的学习和生活，他就是我的偶像，即使他只是一个

---

① http://www.why.com.cn/epublish/node3689/node17038/node17043/userobject7ai130878.html，2008-4-24。

② 詹金斯：《大众文化：粉丝、盗猎者、游牧民》，杨玲译，《湖北大学学报》2008 年第 4 期，第 68 页。

虚构的人物。感谢斗破！一直支持你……"① 又如"辰东"的知名小说《神墓》，一位叫"99o"的书友表示自己曾获得巨大精神激励。他回忆在高中复读那年，"心情烦躁，前面几个月根本无法安心读书"。当时放在他枕边的是《史记》，然而真正让他"在一次次失败中站起来的"，给他"信心和力量"，让他"敢于抗争"的是《神墓》："为未知的人生而拼搏，为浩浩荡荡、大气与天抗争，为达最终的目的，为达到理想奋斗不息。"②书友的这种解读令人惊讶，表明他们的确并非全然是文本或其生产者恩赐之下的文化瘾君子，而是处于控制自身阅读的关系之中，能够生产出参照系之外的意义。这并非个别现象，在《凡人修仙传》《星辰变》《武动乾坤》《仙逆》等知名网络小说的书评区都会发现类似解读。而追文族之所以能够对网文作出有利于自身利益的解读，显然又与费斯克所说的商业秩序蕴含的自我颠覆成分有关。费斯克举例说，商城提供了许多休闲服务，其初衷只是基于商业目的的促销策略，但由此产生了一个巨大的悖论："权力为达到其目的，只得将自己的薄弱环节投献给攻击者。"从而给消费者留下了盗猎的机会，如青少年将商城用作碰面、幽会的空间，老人在极冷极热的天气里消费着商城的暖气或冷气，由此商场这一场所，"转变成由弱势者控制的数不胜数的空间"③。网络文学同样如此，为了最大限度地吸引读者，如前所述，主流网络文学的主人公往往设置为小人物，以便于普通读者的代入感，同时多采用升级打怪模式，这就为前述某些书友把这种网络文学读作励志式作品提供了可能。

网络文学走向商业化，其"交换价值"构成了对社会与文化关系的破坏，但追文族基于玩耍心态与无功利的读解，在对网络文学"使用"过程中表现出的"生产性"，一定程度上构成了对文学商业化与意识形态规训的反抗，"使用价值"反对了"交换价值"。然而对这种抵抗性不能夸大。詹金斯承认："我们说粉丝宣扬的是自己的意义，而非制作人的意义，但这并不意味着粉丝所生产的意义总是对抗性的。"④ 从实际情况来看，追文族的

① http：//tieba. baidu. com/f？ kz = 993879505，2011-2-6.
② http：//forum. qidian. com/ThreadDetailNew. aspx？ threadid = 145801387，2011-3-26.
③ 费斯克：《理解大众文化》，王晓珏、宋伟杰译，中央编译出版社，2001，第167、50 ~ 51页。
④ Henry Jenkins, *Textual poachers*：*Television Fans and Participatory Culture*，New York：Routledge, 1992, pp. 36, 33.

"生产"更多地表现了沉浸性，而不是抵抗性。更重要的是，追文族的"生产"有蜕变为"消费"、"使用价值"有重新沦为"交换价值"的可能。"'使用价值'与'交换价值'永远不可能互相分离。""粉丝对文本的'挪用'或对消费的'抵抗'总是能重新变成'交换价值'的新的例证。"①

从追文族阅读盗版这一行为来看，尽管许多书友是聚集在一些不完全以营利为目标的论坛、贴吧看盗版，但大多数书友是通过搜索引擎在各种专门的盗版网站上阅读。这些盗版网站常常首先通过付费，打开收费读书网站的作品页面，然后雇佣若干"打手"，每人负责一部分，把这些读书网站当天的更新文字全部打出来。这边读书网站的作品刚一更新，那边的盗版网站就已同步上传，盗版速度之快，方式之有效，常常令原创读书网站叫苦不迭、防不胜防。值得注意的是，盗版网站雇佣的这些"打手"往往就是那些在论坛、贴吧里给众书友免费上传文字的读者——换句话说，无功利的"业余者"转换成了赚钱的"专职者"。与此同时，在这些盗版网站上，尽管追文族的"使用"是免费的，但他并没有真正摆脱"交换价值"，因为盗版网站并不会无缘无故提供免费午餐，它们正是以盗版网文为诱饵而在网站页面上投放大量广告，只要你一章章地点击盗版网文，这些广告就会源源不断地蹦出来，你就得一遍遍观看这些广告。换句话说，追文族刚刚绕过收费读书网站的利益宰制，转眼又被盗版网站作为受众人群卖给了广告商，成了它牟取资本利润的工具——差异只在于消费者"造福"于不同的"主子"，为不同的资产者创造着资本价值。更重要的是，盗版网站尽管损害了原创读书网站的商业利益，但由于这些盗版站点星罗棋布，客观上拓展了网络商业写作的接触人群，扩大了其影响力。许多初始不了解网络文学的读者往往在盗版网站上抱着试试看的态度阅读网文，一旦沉浸进去之后，就陷入"万劫不复"的深渊，欲罢不能，由此，他（她）就会不满足于看这些或多或少需要延迟的盗版，而希望在第一现场与作者"大大"亲密接触，与众书友说长道短，获得持久稳定的归属感，由此，他们就常常从盗版网站跟到了原创读书网站，从此不再是游荡在边缘的孤魂野鬼，而成为熙熙攘攘的铁杆粉丝军团的一员。

从追文族的讨论性帖子来看，如果某个书友表现出较高的分析水平，

① 陶东风主编《粉丝文化读本》，北京大学出版社，2009，第88、85、91、90~91、92页。

他会受到其他追文族的追捧，套用布迪厄的话说，他积聚了一定的文化资本，由此逐渐成为追文族共同体中的舆论领袖。在浩如烟海的网络文学中，普通书友常常难以甄别哪些是"爽文"，哪些是"毒文""雷文"，在此情况下，这些舆论领袖就起着重要的推荐、导读作用，既能让一部默默无闻的网文浮出水面，也能引导多数读者的阅读方向。此时，这些高水平的书友可能会被读书网站聘为编辑，或成为半职业性的书评人，原因在于，"除了粉丝自己，谁还能是这些资料（即粉丝价值观和本真性）的最佳生产者呢？"① 换句话说，这些人往往深谙书友的阅读趣味，知道怎样写出"爽文"，怎样制造意淫爽点。由此，不管是新人写手还是大神级作家，都愿意花钱、"散财"请他们写评论。新人希望给予写作指导，大神则希望给作品打打广告、造造舆论。在各种读书网站上，"重金求评""书评悬赏"的征文帖子比比皆是，奖赏则是网站设置的虚拟货币（需花钱购买）。由此，书友业余性的"玩耍"成了职业性的"工作"，"使用价值"蜕变为"交换价值"。更重要的是，当书友成为重要的书评人后，他有可能进一步演变为专门赚钱的网文写手。《重庆商报》曾刊文分析了追文族的"三级跳"："初级，单纯追捧心仪小说"；"中级，给作者支招或挑刺"；"高级，资深粉丝自立门户"。这既概括了目前追文族的等级化现状，也形象地刻画出追文族主体建构的纵向演变历程，由"初级"的潜水的"水军"、"沉默的大多数"，到"中级"的活跃的书评人，最后华丽转身为"高级"的专家（专业写手）②，加入了熙熙攘攘的商业写作队伍。

"批评家们总是强调那些由接受领域之外的人生产的文本（在时空中）的局部接受，却从未认真对待过受众生产他们自己的文本，并因此而成为谋划者、测绘者和所有者的能力……在每一个周期内，游牧的盗猎者都能变成财产的拥有者、作者、地图制造者和谋划者，建立起吸引其他盗猎活动的资本。"③ 换句话说，"工作"和"玩耍"，"客体化的劳动"和"创造性的劳动"之间的界限，是"不稳定"的④。追文族写评论或仿作，按照费

---

① 陶东风主编《粉丝文化读本》，北京大学出版社，2009，第88、85、91、90～91、92页。
② 何岸、邓文婷：《"追文族"捧红网络小说 当"砖家"介入创作找乐》，《重庆商报》2010年9月7日。
③ 陶东风主编《粉丝文化读本》，北京大学出版社，2009，第88、85、91、90～91、92页。
④ 陶东风主编《粉丝文化读本》，北京大学出版社，2009，第88、85、91、90～91、92页。

斯克等人的说法，都是“自娱自乐”的“玩耍”，是“业余爱好者”的行为，体现了大众的主动性、创造性，构成了对“交换价值”的反抗，但显然，“业余爱好者”有可能走向专家，对文化工业的抵抗可能最终参与、壮大了文化工业。这正如本雅明笔下的“休闲逛街者”，他们在街上闲逛，拾取“碎片”，似乎是为了抗拒商业社会的虚无，却又左顾右盼，希望找到一个“主顾”①。在这里我们似乎进一步推进了费斯克等人的辩证运动。法兰克福学派忽视了大众阅读的复杂性，这不够辩证；而费斯克等人则看到了“消费者”向“生产者”的移动，这是辩证的。然而这并非一个终止的过程，生产者又可能重新被消费。这正是“价值”的辩证法。在此意义上，追文族的“抵抗”走向了悖论，追文族的生产性，不仅为读书网站培养了新的码字工人，培养了相应的书评人，也通过盗版提供了扩大读者人群的流通机制，批评、创作与传播结合成牢不可破的商业写作机制，为文化工业输送着源源不断的后备军。

（原载《文艺研究》2012 年第 5 期）

---

① 本雅明：《发达资本主义时代的抒情诗人》，王才勇译，江苏人民出版社，2005，第 181 页。

# 黑色作为一种文学理想*

## ——就文学如何表现创伤性记忆与刘复生商榷

朱 军**

**内容提要**：历史创伤无可回避，它始终在暗处，并且充当了共和国"后三十年"文学演进的源动力。它既是思想的资源，更是形式创新的支撑。为重新获得思想的活力，当代文学需要以黑色作为理想，在恶与痛的经验中发掘一种超越的力量。

**关键词**：纯文学 历史创伤 形式 不及物 文学理想

伴随着新时期伊始的"新启蒙"思潮，1980年代的中国文学、历史学、经济学、法学、政治学各个领域掀起了有关主体自由话题的讨论。"纯文学"是这一思想解放大潮的延伸，它吁求人的自由和解放，并且试图建立个人主义旗帜下的社会伦理和价值标准。不过，当下的"纯文学"正在逐步丧失与历史展开对话的能力，沦为一种本能的机械悸动。刘复生教授发表于《探索与争鸣》2012年第8期的《思想贫血之后的艺术干枯——对当代小说写作现状的一种批判》（以下简称"刘文"），返归"纯文学"研究的本源，通过对一种基于历史创伤形成的"观念模式"的批判，指出"艺术干枯"背后的症结是"思想贫血"。基于此，文章呼吁作家和评论者摆脱"犬儒状态"，以"新鲜的思想"完成文学的自救。笔者基本认同这一思想取向和批判立场。不过，刘文中的立论依据和逻辑推演尚有可待商榷之处。笔者有两个方面的质疑：历史的创伤记忆是否禁锢了作家思想的能力？当下"纯文学"的平面化是历史的罪过还是别有苦衷？

---

　*　教育部人文社会科学重点研究基地重大项目"对话时代的中国文学研究"（11JJD750021）。
　**　作者单位：华东师范大学中文系。

## 一　创伤记忆是否禁锢了当代作家的思想能力

刘文首先将当下纯文学的衰败归结为思想的贫弱。他认为，对历史的固执迷恋与创伤性体验，不仅造成了作家对当下现实的隔膜，更造成了他们思想上的普遍平庸状态。"当代文学无思想"，可谓一语直击中国当代文学的要害，中外不少学者都对中国当代作家的思想能力和思想状况表示了极大的担忧。近几年颇为风行的"垃圾论"中，一些学者不仅担心"思想能力"，而且还直指中国当代文学的"语言问题"、"形式问题"和"世界观问题"。但是，刘文将思想问题的症结诊断为历史创伤的迷恋与执著，这一诊断报告还是欠妥的。既不符合历史事实，也遮蔽了对于历史动机的深入追问。

我们先从心理学角度回溯一下人类的创伤体验，以便进一步了解中国作家在历史创伤表达中的执著和犹疑。"创伤"指代一种由灾难性事件导致的、造成持续和深远影响的心理伤害。在现代，"创伤"一词是指既需要表现又拒绝被表现的一种偶发情境。弗洛伊德写道，具有创伤性的事件，是未完成的事件，对个人来说，它似乎是一种"尚未被处理的紧急任务"①。在此基础上，当我们阅读弗洛伊德的《摩西与一神教》，反而发现，创伤与其说是一种潜意识的症候，不如说是一种历史症候，这一症候天然地指向创伤和历史的复杂矛盾关系。

正是因为创伤体验既是一种潜意识症候，也是一种历史症候，所以"右派作家"和"知青作家"走不出与人生经历相连的历史创伤记忆。"这些记忆自然更容易带出那种 1980 年代的情绪，一种被历史亏欠了的人生情结。"② 但是这一症候并不如刘文所认为的，对创伤的执著代表了对自我的阉割。原因有二：

其一，新时期以来客观环境的限制，使得对革命乃至"文革"创伤的描绘仍然是"带着镣铐跳舞"。1980 年代的文学仍然具有"革命"的本质，人

---

① Freud, Siamund, *Introductory Lectures on Psycho - Analysis*: *The Standard Edition of the Complete Psychological Works of Sigmund Freud*, *Vol. 16.* London: Hogarth Press, 1963: 275.

② 刘复生：《思想贫血之后的艺术干枯——对当代小说写作现状的一种批判》，《探索与争鸣》2012 年第 8 期。

道主义话语也是革命的、阶级的人道主义话语。"人"并不是"个人"而是"人民"的"人"。反思也不是对革命本身的反思，而是对"冒充革命"的"反革命"的反思。在此，革命伦理和革命政治并没有褪色。新世纪以来，现行的宣传体系和作家体制虽然摆脱了极"左"的意识形态，但是对于极"左""革命"内涵的暴露和批判依然属于重要的禁忌。这注定了当下的文学创作往往流于"创伤复现"而非更深一步地介入"创伤表现"。即便是先锋文学，在对于革命题材的处理时也难以先锋，读者往往读到的是"不敢言"、"不能言"和"不便言"，从形式到内容上都不可避免带有某种"漂浮性"。

其二，作家创伤叙事的孱弱并非仅仅缘于外在的阉割，更多地是出于一种内在精神的认同。至今许多"反思""伤痕"作家，包括"右派作家"，特别是其中的中年作家，都具有坚定的"革命认同"。如从维熙所说，其所以选择文学写作的方式来"千方百计医治我们国家的伤痕"，是出于其"革命良心"。张贤亮则以"社会主义的改革者"这样的"革命身份"自居。即使对革命创伤有所表现，也往往将突破限定在"感性反思"的安全边际内。亦如张承志《北方的河》和梁晓声《这是一片神奇的土地》所呈现的，"连青春的错误都是充满魅力"的。即使这里"满盖荒原"，但当事人却有选择地把生存状态的阴暗面加以诗意化，虽然直觉告诉他们身处苦难的深渊，但是他们同样执著地断定这是"世界上最美好的地方"。这种强烈的认同更加强化了一种价值评断的禁忌。尽管主人公会将现实置于理性的天平，冥冥地在与人类所有的文明展开比较，但不愿，更不忍心否定自己的生存状态。于是，所谓的"知青作家""右派作家"面对复杂的历史，只能以一种规避与张扬交织的文学形态，一面高扬着拒绝的头颅，一面却在舐舐自己浓郁的伤感。这是这一代作家的精神和思想的局限之处，对之，我们必须认清这种反思的不彻底性。

上述两大病因注定了当代作家"话语突围"时表现出很大的局限，或曰对历史创伤的"挖掘"远远不够。对现代性批判的不完全，塑造出有缺陷的当代文学人格。刘复生教授所强调的当下年轻作家"换汤不换药"，正是这种思想和人格残缺的延续。虽然形式与叙述方式上有了创新，但是往往是把当下生活当作旧历史的延续来写。在刘看来，无论是革命，还是自由，抑或是悲剧控诉和喜剧反讽，都无一例外沾染了旧时代的遗毒，带有了旧体制的原罪。不过，通过如上的分析可见，刘文恰好颠倒了因果关系。

正是因为文学中"创伤反应"的不彻底、不深入、不给力，才导致文学思想日益枯竭，文学创作沦为精神的孤岛。

对于文学来说，文学如不能"以创伤作为方法"，无异于另一种思想的自杀。当代文学单纯地流于逃避或者强力地抛离历史创伤，以"对当代生活还是有所涉及"① 作为评判当下文学价值的标准，正暗合了权力的上意，更是向市场主动投怀送抱。摒弃"历史感"和"人文精神"的厚重感，生命只能流连于"来来往往"。事实上，当代文学如果放弃创伤，实质意味着放弃了进入历史的权力，这注定会被历史"他者化"。在对体制展开大规模的反思前，那些关于创伤和苦难的"证词"恰恰是各界都能接受的、温和的表达方式。即使方方、池莉、卫慧等人的小说宣称能以生活、身体、自恋消解历史创伤和"民族—国家"的大叙事，但在消费主义社会，随着传统的书写技术融入一种世界性的消费体系，"欲望书写"将作为一种流行体系和大众时尚无孔不入地控制日常生活。"上海宝贝"以与德国男人的恋情作为全球化的祭品，她的目标既不是人的身体也不是社会现实，而是物象的变化和流转。"器官书写"复述的是传统官僚社会和现代消费主义结合的压迫性的"元语言"。"生活秀""性开放"的表面化叙事，暗含着对欲望的一种引导性的消费控制、一种更深度的难以挣脱的压抑力量。这种身体暴力有着与幻觉一样的让人沉迷的面孔，但其明显的反历史性特质，也因此包藏着恐怖。

以上分析了政制、精神、物欲三股力量对文学反思历史创伤的狙击，但是这并不能完全说明当下的创伤叙事何以不能令人满意。也许我们仍要回到创伤叙事的本源来找寻答案。新时期创伤叙事与新启蒙相伴而生。阿多诺和霍克海默在《启蒙辩证法》中认为，启蒙运动中最有趣的现象不是那些启蒙的辩护士，而是那些"黑暗的历史记录者"②。无论是尼采、萨德、曼德维尔还是狄德罗，他们面对形式主义理性中的道德空虚都无所畏惧，他们肩负思想的十字架，宁可忍受"进步社会"向他们泼洒的全部怨毒。环顾中国当代文学，在阎连科等人的作品中，这种残缺的身体中折射出的乌托邦光芒，不仅是一部"后革命"的神奇悼文，更引导我们探知精神地

---

① 刘复生：《思想贫血之后的艺术干枯——对当代小说写作现状的一种批判》，《探索与争鸣》2012 年第 8 期。

② Theodor W. Adorno, Max Horkheimer. trans. John Cumming. *Dialectic of Enlightenment*, London：Verso，1979：117～118.

狱的黑洞。也许，当代文学不能抵达雨果的《九三年》所表现的那种"绝对正确的人道主义"与"绝对正确的革命"，但却更贴切地折射出弗洛伊德认定的潜意识症候所揭示的创伤、思想与历史之间的复杂关系。虽然对于读者和论者而言，还不足够产生震撼，但已经足够复杂。从阎连科的《坚硬如水》《日光流年》《受活》，到刘庆邦《遍地月光》、范小青《赤脚医生万泉河》、苏童《河岸》、韩东《知青变形记》，"文革"的精神创伤始终是一个惘惘的威胁，处于需要被表现但又拒绝被表现的两难中。对于今天的中国人来说，创伤、革命、乌托邦不是一部"完成"的历史，而是一个"尚未被处理的紧急任务"。对这种"未完成性"的失语，是当下文学的巨大缺陷，但也是当代文学最值得人们期待之所在。

至此，我想借用米兰·昆德拉的金言表明我对创伤、历史与文学之间关系的理解：在黄昏的余晖下，万物皆显温柔；即便是残酷的绞刑架，也将被怀旧的光芒所照亮。

## 二 创伤叙事何以"不及物"

如上所述，对人类历史上重大创伤的表现往往是一个扑朔迷离的问题，很难抵达一种总体性、一致性的再现。一方面，所有的创伤性事件都具有不被遗忘的张力；另一方面，这也使得任何特定形式的关于创伤的记忆重组起来看上去都不那么彻底。刘文反复强调历史创伤不再具有历史能动性，正是对这一再现的复杂性缺乏体认的结果。

刘复生教授把当下的绝大部分小说，尤其是长篇小说都看作"鬼打墙"式的写作。刘认为这是因为当下作家在"旧有的思想框架或失效的意识形态内打转"，尽管"人物、情节花样翻新，编织技术柳暗花明，却不过是在重复1980年代以来的那些陈辞滥调"。但是接下来，他所归结的"陈辞滥调"却是"人性""自由""反专制""个体权利"等。这不禁让人摸不着头脑，刘复生教授口中所谓的"陈辞滥调"是启蒙运动以来的基本价值观，是历史业已证明的人类共同的遗产，从来不缺乏历史能动性。应该追问的是，在中国当下的文学创作中，何以其历史能动性和解放性被遮盖？而不是单单将这些基本价值观作为"旧的思想框架"一竿子打倒。

其实我们从刘文的逻辑颠倒，反而能看出当下文学批判精神不济的真实原因。当下的文学创作恰恰是因为陷入了"现实主义的诡计",成为被意识形态宰制的对象。如罗兰·巴特《写作的零度》所言,现实主义写作策略"充满了书写制作术中最绚丽多姿的记号"。一方面,作家声称这是一种如实的反映;另一方面,现实主义却成为一套高超的修饰剪辑篡改和涂抹的技巧。现实主义所构建的符号世界透明、纯洁,文本结构因此成为了世界本身的结构,甚至可以说符号即是秩序本身。1980年代的"新启蒙"正是现实主义中朴素的民主倾向与时代精神的化合。但是,任何一种控制和垄断的力量都不会对新型的符号袖手旁观,愈有活力的符号体系愈暗藏危险,因为它会迅速地为国家机器和经济大亨所结合的权贵资本接管。这也是当下"人性""自由""反专制""个体权利"这些符号朴素的民主倾向枯竭的根本原因。

当代文学需要重建文学与现实的关系。这种重建的核心在于"创伤性自我"向"可能性自我"的转化。从"寻根文学"到"先锋文学",背后正是蕴含了这种转化。"寻根文学"试图寻找地方性和独特性,而"先锋文学"则要求退出历史、退出地方,还原出某种自然状态。后者因此而具有了"纯文学"的倾向,更加转向"形式"。同时这种形式是一种"形式意识形态",它表明文学与历史的深刻对话,恰恰要以深刻的文学形式为中介。1980年代,现实主义走到了表现力的极限,在自身的困境与西方现代派的内外夹击下,唯有选择形式突破才能获得继续存在的理由。放眼现代中国文学史,这一时期文学的演进确实需要经历一个专注于语言和形式上探索的阶段。从这个意义上说,先锋派的挑战的确是一场革命。它并不如刘文中所言,中国1980年代的马原、格非、孙甘露等先锋小说家,如同《尤利西斯》那样,终究将被历史与读者淘汰。因为他们不属于现实主义,甚至在内在精神气质上也与现实主义和时代经验相去甚远。① 恰恰相反,在形式创新这个"隐蔽的战线",先锋作家通过语言的炼金术,展现出的正是一种所谓的"去政治化的政治性"。

由此,我们回到创伤与文学的形式实验之间的关系问题。先锋小说何以把自己表达为"不及物写作"?罗兰·巴特以主动和被动语态之外的第三种语态"中间语态"来解释"不及物写作"。这种不及物的写作将人们的注

---

① 刘复生:《思想贫血之后的艺术干枯——对当代小说写作现状的一种批判》,《探索与争鸣》2012年第8期。

意力从话语和它所指涉的对象上移开，将注意力集中到说话人和话语之间的关系上，从而把指涉的问题悬挂起来。"现代文学试图通过各种实验为写作的行为人创造一种新的写作地位。这种力的意义或目标在于用话语事例来取代现实事例（或指涉事例），而后者历来是，现在仍然是统治文学概念的一个神秘'不在场'。"① 具体到对历史创伤的文学复现，利奥塔强调，正因为一种"不在场"和"不确定"始终存在，所以我们根本无法用可接受的语言来形容它。而海登·怀特和贝雷尔·兰进一步将创伤理论移植到创伤文学的研究中，认为"不及物写作"是表达这种创伤性历史事件最合适的写作方式。对希特勒主义、大屠杀、集中营、核爆炸等人类的历史创伤的描述，无法在传统写作模式中得到充分的表现，现代科学也对此丧失了解释能力。只有不及物的写作才能提供任何版本的现实主义所不能提供的大屠杀真实性及其多种可能性。

一种"中间性"的写作，诉说着"没有天国"的心灵潜语，同时提供了去政治化后的中国文学重新政治化的可能性。先锋派描写的众多死亡主题中，那些绝望之死、疯狂之死、神秘之死，既是人生悲剧的描摹，更是作家所体验的生存的荒谬感。如北村所言，这并不是电灯不亮或者豆腐太贵这些现实问题，这些苦难源于精神深处真正的匮乏。《施洗的河》之后，我们开始连带追问整个神学的体系，神不再成为依靠，同时不同的可能性出现了。譬如余华、格非等人，重新确立了批判的姿态，展现出重新进入历史和现实的叙事欲望；而朱文、韩东则放逐自己，坚持在边缘处徘徊，孤独地远行；至于"新写实"则强调适应社会，迅速把自己同化于新的规则，期待重新被征用并进入现实。先锋文学切断了我们与源初的"语言"的种种联系，借用海德格尔的名句"语言是存在的家园"，这是从语言上切断了回家的道路。这正是先锋文学最大的贡献。在失语中，在拒绝中，在形式的狂欢中，先锋文学才可以开启进入历史的新的可能性。正如海登·怀特所指，"与其说是对现实主义计划的拒绝和对历史的否认，还不如说是对一种新形式的历史真实性的期待"②。

---

① Roland Barthes, "To Write: An Intransitive Verb?" in Philip Rice et al. eds., *Modern Literary Theory: A Reader.* London, NewYork: Arnold, 1996: 49.

② Hayden White, Metahistory: The Historical Imaginationin Nineteenth – CenturyEurope（Baltimore and London: The JohnsHopkins UP, 1973: 52.

以此来看，刘文批评当代作家"已经没有了讲故事的能力甚至欲望"，顾彬批评以莫言为代表的当代作家"会讲好多好故事"，并且"这是以十九世纪的方法来讲故事，现在在德国基本上没有什么小说家还会讲什么真正的故事"，两者是一个硬币的两面。双方都没有理解，当代的先锋叙事已经在本土性和世界性化合的基础上，打开了汉语文学新的可能性。这提醒我们回归先锋式的"不及物写作"的真意，"中间状态"不是"一种完全无内容的，超历史的，纯形式的文学"①，它既是对旗帜鲜明立场或主体性的拒绝，也是对诸如主动和被动、过去和现在、人和非人、形式与内容、乡土与世界等二元对立命题的拒绝。虽然当代文学在形式创新的早期受到了"拉美文学爆炸"的影响，但在阎连科《受活》、贾平凹《秦腔》、刘震云《一句顶一万句》与《故乡天下黄花》等作品中，先锋精神恰恰以最乡土的方式重新复活。同样，莫言、余华等人的作品既传达了民族文化和本土经验，也具备了西方世界一些通用的技巧。"讲故事"与"说历史"乃至"玩技巧"不是非此即彼的选择。先锋作家强调传统色调的叙事，同样提供了一个用西方人文主义传统处理中国现代历史的范例。

历史创伤无可回避，它始终在暗处，像幽灵一样缠绕着我们，并且充当了"后三十年"文学演进的源动力。它既是思想的资源，更是形式创新的支撑。先锋文学的不及物特质提供了一种"无能的力量"，它通过叙事革命让历史重新具有了能动性，也让技术、技艺、形式和叙述问题成为当代文学的核心命题。对于当代文学而言，任何深刻的思想和内容，都无法脱离新的形式创造，一切都得从形式化寻求本质。

## 三 "纯文学"的当代使命

对创伤的再现、抚摸和解决正是当代文学天然的使命。它往往是以一种强迫召回的方式，以变形、扭曲、伪装的形式出现，这注定会给评论家评价创伤叙事带来难度。但是，毋庸置疑的是，这将触发作家更加关注人物的内心世界，通过对语言与形式自身意义的探索，发现一种别于"前三

---

① 刘复生：《思想贫血之后的艺术干枯——对当代小说写作现状的一种批判》，《探索与争鸣》2012 年第 8 期。

十年"的"纯粹"的文学，一种更像真正的文学——纯文学。

纯文学虽然是"小众文学"，它标举着美学上的个人主义，但正如残雪的声明，纯文学是涉及灵魂的大问题。它是基本的东西，像天空，像粮食，也像海洋一样的东西，为着人性的完善默默地努力。① 正是纯文学，让个人、人性、自我、自由、爱、无意识等文学范畴都获得了话语形式。蔡翔因此强调，"这个概念还隐含了文学独立性、自由的思想和言说、个人存在及其选择，对于统一性的拒绝和反抗等等意义"②。从这个意义上说，"纯文学"不仅要站在主流意识形态的对面保持独立的姿态，同时必须强调作为作家群体的"少数"和作为大众的"多数"之间的距离感。这种距离感一直固执的存在，并非如刘文中所说，在当下因为作家与生活、现实不再保持一种健康、良性的对话关系，距离才被拉开。当然，在大众传媒时代，纯文学的地盘是被大大压缩了。但没有理由认为，"纯文学"与大众文化不需要界限，甚至认为负担人类灵魂重担的"纯文学"已经丧失了全部意义。

刘文认为，不少普通读者的思想水平和视野已与作家相差无几，甚至可以毫不夸张地说，大量的民众早已在见识上超过了某些职业作家。这一现象的本质是"少数"向"多数"转化的问题。李陀早在1980年代便发文指出，"任何变革和进步总是从少数人开始的"，但是李陀的另外一句话却没有引人重视，那就是"但最后群众总是要跟上来"。异端的意义就在这里，形式的意义也在这里，只有通过"少数"，通过另类的"棒喝"，才能在灵魂深处激发本雅明所谓的"惊颤"的感觉，让"多数"通达刘文所苦苦追求的"新鲜的思想"。

至今，历史的创伤依然给我们留下最深的感动。它通过寻根、先锋等"精英"行为，让"形式"成为一种伟大的"僭越"。当下"纯文学"之所以正在丧失历史的能动性，恰恰在于这种纯粹的精神正在融入到一个腐化的巨大市场之中。现代主义所夸耀和释放的能量开启了一场心智的革命，它与历史创伤有着血肉联系，它通过并在痛苦/恶的经验中发现一种超越。"纯文学"如今呈现出一种末世光景，问题并不在于作家走不出历史的阴霾，而在于"少数"向"多数"的退化。一是恶的平庸化。前文已然提及，

---

① 残雪：《究竟什么是纯文学》，《大家》2002年第4期。
② 蔡翔：《何谓文学本身》，《当代作家评论》2003年第4期。

创伤反思在政制、精神、经济、物欲的规制下，并不能抵达恶的深处，只能在肤浅的嚣张挑衅中感受自己，被绝望捕获。二是悲剧的日常化。四周充斥着"失败文明的象征物""落日时分的中国人"。理想不再、"生活无罪"的论调，其实意味着对罪的无知，放弃文学对罪的控诉，也意味着悲剧不再具有拯救的力量，最终也放弃了行动的权利。

阿多诺《美学理论》中有一节的标题是"黑色作为一种理想"。他说，今日的激进艺术如同黑暗仪式，其背景颜色都是黑色的。当代艺术中的许多东西之所以离题，是因为它无视这一事实，而是继续像孩子一样地喜爱明亮的色彩。[①] 当我们注视中国的"纯文学"，心痛的不是历史中没有恶与痛的过往，而是从晚清以来，我们的文学还处于人类的童年期，一贯抱着乐观主义的心态，喜欢明亮的色彩，排斥像人格健全的成年人那样直面沉思、贫乏与黑暗。"黑色的理想"是最深刻的艺术冲动之一。布莱希特写道：

> 这到底是什么时代/谈论树木几乎成了罪过/因为它要求对大量的罪行保持沉默？

"鲜活的思想"需要从根处汲取，从恶与痛、罪与罚的坚守中获得。这提示我们，"纯文学"只有在这种坚守中才能汲取养料，才能重新获得它的荣光，履行它的当代使命。

（原载《探索与争鸣》2012 年第 12 期）

---

① 阿多诺：《美学理论》，王柯平译，四川人民出版社，1998，第 70 页。

文化研究工作坊

# 细读詹明信<sup>*</sup>《后现代主义，或晚期资本主义的文化逻辑》

曾 军<sup>**</sup>

## 导 言

2012 年 12 月，詹明信再次来中国讲学，为我们带来了《奇异性美学》《重读〈资本论〉》等思想惊喜。也正是此前的一段时间，上海大学秋季学期的课堂上，我组织文艺学 2012 级硕士研究生同学们一起研读了詹明信的重要文章《后现代主义，或晚期资本主义的文化逻辑》。

我找来了发表于 1984 年《新左派评论》期刊上的这篇文章（以下简称"期刊版"），并配以 1991 年杜克大学出版社的同名专著版（以下简称"专著版"），以及相对应的陈清侨基于期刊版的中译本（发表于张旭东编辑的《晚期资本主义的文化逻辑》，三联书店 1997 年出版，以下简称"陈清侨版"）和吴美真基于专著版的中译本（台北：时报文化出版企业公司，1998年出版，以下简称"吴美真版"）。作为一种理论细读训练，全班 8 名同学，每人认领一节，让同学们采取对照式方法，一字一句地研读文献，辨析版本间的异同，讨论翻译中的问题。经过两个月左右的研读，到 2012 年 12 月底，我们文艺学学科的全体教师一起听取了同学们的研读报告。报告中同学们发现了大量期刊版到专著版中发生的增删修改问题，其中有不少具有共性特征：如从期刊版到专著版，小标题全部去掉了；许多表达情感的形容词、副词也做了相对客观、中性的处理；增加一些段落等。在中译本比较中，同学们也发现，有许多专业术语、人名与大陆通行的译法不一致，

---

  * 国内学界或翻译为"杰姆逊"，本组文章提到的"杰姆逊"与"詹明信"系同一人。
  ** 曾军，上海大学文学院教授。

陈清侨偏意译，吴美真偏直译等。

在同学们精心准备的基础上，我们决定鼓励同学们将这些研读中的发现进一步写成研究性的学术论文。2013 年 1 月上旬，第二次师生集体讨论正式举行。老师们对初稿一一点评，分析其中存在的问题，并提出个性化的改进方案。如针对李晨同学发现的陈清侨的译本中对"millenarianism"这个词的处理有误的问题，老师们建议，正好可以借此讨论詹明信马克思主义思想与基督教神学的关系问题，看这个词究竟具有宗教内涵还是只是一个文学隐喻。周盛伶同学发现陈清侨将"populism"译为"民本主义"，这与通行的"民粹主义"不符，也不足以解释后现代主义、伯明翰文化研究学派等在 80 年代之后的学术取向。王晨同学发现专著版中，詹明信增加了一段对意大利评论家雷莫·赛色朗尼 1989 年针对意大利版《后现代主义，或晚期资本主义的文化逻辑》的评论，这种"对批评的批评性回应"，显示出不同国别、不同知识背景和思想背景的理论家之间的对话（后来，王晨又找到了雷莫对詹明信专著版中回应的再回应文章），由此构成了一段有趣的理论争鸣史。谢非同学将目光聚焦于中译本理论术语和专有名词的理解上，这其实已触及一个相当重要的问题——译者限于自身的知识结构所限，有许多已成通行惯例的表述和翻译并没有得到准确体现。车义伟、余琴同学将两个英文版和两个中译本间的问题有意识地进行了系统的分类（到第三次集体讨论时，老师们建议，为了突出每篇文章的重点，让她们各有侧重）。殷晓璐同学发现她所研读的部分，詹明信专门增加了一段讨论"赛博朋克"现象，这个既包含科幻又有些时髦的大众文化现象显示詹明信对流行文化的高度重视。朱春艳同学为了更好理解本文的不同版本，还找来了詹明信的其他专著，参照着阅读，并在《时间的种子》中发现詹明信对自己的后现代主义态度发生的重要变化。同学们的研读是非常有成效的，他们不仅发现詹明信自己学术思想的变迁问题，而且还涉及理论的旅行、对话以及翻译中的文化政治问题。经过第二次集体讨论，老师们分别为每位同学确定了进一步的思考重点和写作方向。

整整一个寒假，同学们不断地与各位老师在邮件中讨论，查找更多的资料，研读更多的文献。我也正好借寒假在杜克大学的机会，专门就"后现代主义""后现代性"以及这些版本间的相关问题，对詹明信作了访谈。

所有的进展都相当顺利。当我 3 月初从杜克大学回国，同学们也早已准备好了第三稿（有的甚至是第四稿）论文。虽然他们还只是一年级的硕士研究生新生，但是经过这次集体性的学术训练，他们的研读能力、思考能力和分析能力都获得了巨大的飞跃，好几篇文章都已经写到了八九千字的篇幅，讨论的问题也已相当广泛和深入了。3月下旬，我们再次进行了全体师生共同参加的集体讨论，并提出按学术期刊发表水平的标准以及专题笔谈的格式规范，再次进行修改。部分同学的论文需要大幅压缩，部分同学的论文需要再度聚焦，部分同学的论文需要进一步深化，等等。4月3日，我们进行最后一次集中修改，在标题、注释、版本、关键术语等诸多细节方面再次统稿，部分论文再次压缩篇幅。曹雪芹声称自己的《红楼梦》是"批阅十载，增删五次"，而同学们的论文在半年时间里前后修改也达八九次之多。虽然直到目前，还有许多论文仍显稚嫩，但他们迈出的学术研究第一步，应该也算相当扎实了。

与此同时，更令人非常高兴的是，我们的想法也得到了陶东风老师的认可。他主编的《文化研究年度报告》中的"文化研究工作坊"这个栏目，正是以展现文化研究的探索路径和实践过程为目的，而我们这大半年时间的共同努力正好符合这一宗旨。

参与本次活动的老师除了我们文艺学全体老师孙晓忠、李孝弟、曹谦、苗田、邓金明、曾军之外，还有上海大学文化研究系的常务副主任郭春林教授。在此一并致谢。

# 后现代性，或资本主义的文化逻辑

## ——詹明信访谈录

Fredric Jameson　　曾军

傅俊宁整理　　吕亚南译

## 后现代主义和后现代性

曾军（以下简称"曾"）：詹明信教授，很高兴能够向您请教一些有关后现代主义和后现代性的话题。对于中国学者而言，您 1985 年在北京大学的授课被认为是后现代主义理论正式登陆中国的开始，以至于直到现在，中国学界有关后现代主义的各种理解都离不开您的将"后现代主义视为晚期资本主义的文化逻辑"这一论述框架。也就在去年，即 2012 年底，您再次访问中国，重提了这个话题。我想，我们的访谈就围绕"后现代主义和后现代性"这个问题展开吧。我首先想问的是，您的第一篇有关后现代主义的文章是哪一篇？是不是发表在 1983 年《反美学》杂志中的《后现代主义和消费社会》？如果是这样的话，今年正好是您讨论"后现代主义"的第三十个年头。

詹明信（以下简称"詹"）：是的。在这篇文章发表之前，我还曾接受过两个采访。1983 年时我对这篇文章作了一个概述。[①] 我认为最重要的关于"后现代主义"的文章是发表在 1984 年《新左派评论》上的那篇（指《后现代主义，或晚期资本主义的文化逻辑》一文——译者注）。有人曾给我一篇关于我的后现代主义理论的评论文章，因为他听过我对后现代主义的某些谈论，他概述了这些想法，然后发给《新左派评论》，编辑询问我是否要做出回应。

---

[①]　詹明信指的是《后现代主义与消费社会》一文，他首先是 1982 年在惠特尼博物馆作的同名演讲；后发表于 *The Anti-Aesthetic: Essays on Postmodern Culture*. Edited by Hal Foster. Seattle, WA: The Bay Press, 1983。

我说，听着，我还没有发表我自己的看法，让我自己写成文章，如果他愿意，他可以来参与讨论。我于是被"强迫"写出了那篇文章。人们告诉我这里有些差异，但我没有读，所以我不知道，这些对我来说并不重要。

曾：确实是这样，您的《后现代主义，或晚期资本主义的文化逻辑》更有影响，如果我们以"后现代主义"作为关键词来展开，可以清晰地将您的研究脉络清理出来。去年下半年，我带着我们的研究生一起研读了您这篇文献的两个英文版和两个中译版。它们分别是您发表在 1984 年《新左派评论》中的期刊版和 1990 年杜克大学出版社出版的同名专著版、由陈清侨翻译的 1984 年期刊版和由吴美真翻译的杜克大学出版社专著版。我们发现，您的两个英文版中有一些变化，如期刊版中的小标题到了专著版中被取消了；您还增加了几个段落；您还对一些表述做了修改，删掉了一些明显具有情感倾向性的形容词、副词之类。是哪些因素导致您对 1984 年的版本做出修改的？是否意味着到 1990 年的时候，您对后现代主义的态度出现了某种"情感的消逝"的特点？

詹：它们之间确有不同吗？也许你应该用专著版。正如你现在看到的，如果是今天出版的话我会改标题，我要用"后现代性，资本主义的文化逻辑"，但是太迟了。至于小标题，出版社总这样处理的，我不对此负责。

我没有改变我的思想，只是拓宽了我的想法。全球化和金融资本的出现在基础结构中发生了。我并没有去改变这些分析，而是将它们纳入一个更大的框架之中去了。

曾：但确实您对后现代主义的态度在发生某种变化。您在另一本著作《时间的种子》（1994 年出版，但内容是您 1991 年 4 月的演讲）中明确表示："后现代还被它所包含的各种可能的风格从构成上加以限定，因此，从外部看，它自己的包容能力在总体上具有任何一种特殊风格的特征；也就是说，它抵制美学或风格的整体化。"因此，您自我检讨，当时"过高地估计了实际存在的后现代'风格'的多样性，似乎忘记了结构主义的基本教训"[①]。在我

---

① 在詹明信看来，后现代的悖论恰恰在于，试图通过风格的多样性来抵制美学或风格的整体化；而风格的多样性本身又因其具有的包容性具有了某种相似性，并有可能重新陷入"结构主义"的陷阱。因此，后现代风格的悖论之一正是"多样性/整体化"的并存。而詹明信之所以反思自己的"高估"正是对这一悖论的警醒。也就是说，如果后现代风格的多样性不被"高估"为具有某种"共性"，那就有可能抵消其"整体化"的可能。也正因为如此，后来，詹明信开始淡化"后现代主义"这一风格化的概念的使用，而有意识地更多选择用"后现代性"来称谓。

看来，您似乎只是在风格的意义上保留了"后现代主义"，而更多的场合，您想用"后现代性"来讨论问题。

詹：如你所注意到的，我在"后现代主义"和"后现代性"的使用上是有区别的。"后现代主义"是指一种风格，而"后现代性"则是指一个特定的文化时期。当然，你也可以用别的词来称呼它，如"晚期资本主义""媒体资本主义""柔性资本主义"等。用"后现代性"这个词的优势在于，它包含了文化，而其他的术语则仅仅强调了某一个特定的方面，用其他的词来形容这个时期。我现在的看法是将全球化包含在内，各个因素相互协调：金融资本、柔性生产、后现代文化和全球化。它们是一个根本性变化的所有方面。在将历史"历史化"的过程中，我们从来不可能完全确定某件事情。我个人是将"后现代性"假定为从1980年代的里根、撒切尔和新自由主义开始的。他们试图在描述文化时期的同时，将经济因素包含在内。在此之前，大多数后现代主义者都坚称知识和科学的优先性，并没有将"后现代性"整合到对资本主义的分析中去。左派思想也有一个阻力影响着研究的改变，因为列宁告诉我们资本主义只有两个阶段，而我们要讨论的是三个时期。我不介意人们采用其他的术语，只要能够涵盖文化和经济变化的那些东西就行了，但是我个人保留"后现代性"这个术语。

## 后现代风格的生产

曾：在您的《后现代主义，或晚期资本主义的文化逻辑》杜克大学专著版中，您特意增加了一段回应一位意大利学者雷莫·赛色朗尼早年对您的评论。不知您后来是否看到他又再度回应了您在专著版中对他的批评的文章？他在1994年的一篇文章中认为："我认为，詹明信的努力是聪明和迷人的，但我不敢确信。我坚信我们不能靠风格不同来制造文化和历史差异，尤其是我们在处理自20世纪50、60年代以来已经发生了巨大变化的历史时期来说。后现代主义文学的一个主要特征就是倾向于篡改、整合、戏仿各种各样的风格。"

詹：这位意大利学者讨论到了风格问题。是的，我认为这只是形式上的变化。你可以读读阿多诺，正如我今天在课堂上所讲的那样，历史真的只是在形式变化中才能被发觉。我在这里做了些努力和尝试，但我不愿意将它命名为风格改变。但我肯定同意，这并非仅仅是一个风格史的问题，它应该包括比风格更多的东西。可惜我没有读过这个意大利学者的书。

曾：在您讨论后现代主义的文章中，我发现一个有趣的现象，您同时关注到了几乎所有的大众艺术和精英艺术类型。有意思的是，当您讨论现代主义的时候，您大多选择的是精英艺术和先锋艺术；而您分析后现代主义时，您的例子多是大众艺术。正如您在《后现代主义，或晚期资本主义的文化逻辑》的专著版中，特意增加了一段来讨论"赛博朋克"现象。

詹：我想，这一点可能与艺术体系和媒介有关。在我看来，在现代时期有一个明确的艺术秩序。最著名的描述就是等级制，将艺术类型区分为高、中、低。高级艺术就是高级现代主义，低级艺术就是大众文化，中间似乎成为无人地带。在我看来，在后现代性中，所有这些关系都发生了重大变化，不再有一个精英的、高级的现代主义文学。各种形式的大众文化也变得更加复杂，并且有许多都被吸收进高级文学之中去。乔伊斯开启了这一进程，但我认为现在已经更彻底了。大众文化在很多方面也变得更为复杂了。现代也同时成为大众文化的一部分。以毕加索为例，一方面，人们可以到博物馆去参观，另一方面，人人都知道毕加索，它已经成为大众文化的一部分。我讨论它的方式是生产，是工业生产，就跟衣服、家具一样，即便是建筑，离开现代主义阶段的创新也是不可能的。这些创新已混同于大众；那些令人震惊、感到冒犯的因素也已同化进市场，因此一切都不同了。正如我所说的，精英文学已被商品化了。

这种现象在各个艺术门类中都有所体现。我认为高雅文学对历史走向的揭示不像以前那样有力了，所以我对科幻小说的出现更有兴趣；其他人也许会关注音乐中出现了类似嘻哈文化的因素；在美术领域，人们也许更喜欢去博物馆欣赏世界名画；而在流行艺术中，你也许会想到电视传媒和新媒体艺术，诸如此类。我不认为有一个总体性的高级艺术存在，也不再愿意将吉布森的科幻小说视为大众文化。但是我们要去关注正在发生变化的这些领域。

曾：现代主义与后现代主义在艺术上的最大区别，在我看来可能就是后者受到文化工业的影响越来越深，文化生产的逻辑直接主宰了后现代主义艺术家的艺术思维。如果说，现代主义艺术还可以被称为"创造"（creative）的话，那么，后现代主义艺术则只能被视为"生产"（productive）了。

我在您的著作中也发现了类似的用法。

詹：是的，我认为"创造"的根本问题是原创性。当现代主义不再能够提供新颖独特的解决方案的时候，它已经被耗尽了。因此，后现代性也可能被理解了，正如一位德国哲学家所说的，"所有这些事情都被堆积起来，现在不再有任何创新的可能"。但是我认为"生产"是一个更妥帖的术语，因为它意味着一个具有创造性的方案，提供了去完成另一件不同事情的可能性；而有时创造性方案却阻碍了新东西的生产，所以尽管具有原创性，它却不具有生产性。这就像意大利小说家曼佐尼，他的小说是如此庞大，以致无人可以再生产出任何新的东西。形式被曼佐尼用掉了/占用了，于是你只能是一个模仿者。但对于乔伊斯来说，当然会有许多模仿者，但它允许人们继续生产出新的东西来。

## 现代性修辞与乌托邦想象

曾：从您这些年的各种著作中，我们可以明显感觉您的研究有一个宏大的总体性思考在里面。无论是从后现代主义到后现代性的强调，还是中间穿插进现代性问题的争鸣等。在 2002 年，您再次访问中国，并发表了"现代性的幽灵"的演讲，这也是您那本《单一的现代性》的导论。这也引发了中国学者的热烈争论。有些人很担忧，为什么您会从"后现代性/后现代主义"转向对"现代性"的再度关注。而且中国学者的反应也不是孤立的，有一位叫玛丽娅·伊莱扎·色瓦斯奇的巴西学者也批评您的这一观点，并认为是"理论的丑闻"。您是如何看待这一争议的？

詹：是的，后现代主义、后现代性、现代主义经常是反现代的，而后现代主义不是真正反后现代的。

首先，他们没有理解我这一系列作品在对应的历史时期上来说是倒着写的。第一本是关于科幻小说和乌托邦的，第二本是关于后现代性和当代资本主义的。接下来是关于现代时期——我这学期正在教——一个更早的时期。然后，我还写了一本评论现实主义的书，最后我还会写一本关于寓言的书。可能最后还有一本，是什么我还不知道。所以我的整个批评写作对象是倒着来。这是为什么我会"重新回到"现代的原因。

当然我需要补充，"现代"这个口号自己在政治中也重新回来了。它也是政治性的热门话题，即新保守主义者说他们是现代的，而社会主义者则是守旧保守的。

曾：在您最近的演讲《奇异性美学》中，您提出的观点非常有意思。一方面，您认为后现代主义作为一种风格已经过时了，但是它的经济基础并没有发生变化，因此，如果后现代主义作为一种文化、经济和政治现象，它仍然存在，也正如您所说的，后现代性和全球化是合二为一的；但另一方面，您认为现代化意义上的现代性已经终结，它已经沦为意识形态的虚伪工具。在我看来，您的这番言论所针对的，正是 21 世纪以来的现代性回潮现象。如果确实这样，那么，您是如何重启"现代性"问题的讨论的？"现代性"是否仍如哈贝马斯所说的，是一项未竟的工程？

詹：在我看来，"现代"这个词有一个全面的复兴，在现代性终结之后的时期里，现代性修辞仍有顽强的生命力。所以我也试图去冲击它，试图告诫大家，"现代"是一个具有复杂意义的词语，它现在无处不在。你可以去了解一下每个国家，我对中国不是很熟，但我知道，"现代"和"成为现代"之类的观念四处可见，甚至奥巴马也告诉我们美国要变得更现代。我们有旧的高速公路，各种陈旧的东西，它们必须被现代化。这就是一种政治修辞。它需要受到更多怀疑目光的注视，这就是我现在所要做的事情。另外，我也试图去描述真正的现代主义究竟是什么，它不会再回来。我认为这是一个相当重要的当代问题，而不是一个历史问题，尽管我也在历史方面下了点工夫。

曾：我想，对现代性和后现代性问题的讨论，背后还有一个重要的思想背景，就是 90 年代以来的社会政治思想发生了很大的变化。后现代主义与西方左派乌托邦之间的关系也是您思考的重要问题之一。您如何看待 90 年代之后西方左派所发生的变化？西方左派在多大程度上能够影响文化和社会的转型？

詹：乌托邦一词在冷战期间以及冷战之后的东欧，都意味着不好的东西。也即是说，共产主义者是乌托邦主义者，他们是那些想要改造社会、使社会完全标准化一致化的人。你可以去读读托马斯·莫尔的书，在最初的乌托邦想象中，人人衣着相似，做同样的事。这里有一种强制的一致性。

因此在我看来，当时（冷战时期）资本主义社会里有一种普遍的观点，即没有任何一个社会是完美的，当你试图改变使其完美的时候，你看看会发生些什么？

斯大林主义是一种乌托邦，看看他所造成的那些痛苦。乌托邦是一种糟糕的冲动。但同时在某些特定的地方，人们也开始重新思考乌托邦。恩斯特·布洛赫就是这样一个人。

曾：那么，乌托邦现在是否已经仅仅成了一个负面词汇？

詹：也不能完全这么说。特别是在冷战之后，左派能够重新挪用这个概念。撒切尔夫人是这样论述资本主义的：我们别无选择，我们只能实行资本主义。因此，乌托邦意味着去探寻另一种道路。在左派的青年运动中，它与科幻小说一起，洞察未来，探索观念的多种可能性以及这个世界中可能的社会形态。因此，我认为，左派所提出的乌托邦口号的意义已经发生改变，再次变得积极，成为号召人们试图去想象一个与现在社会不同的东西的召唤。

因此，我的确认为，对老一代人来说乌托邦是不好的，对后来一代人说来乌托邦是一个规划/方案。

## 詹明信的中国情结

曾：正如中国学者一直关注您的学术思想一样，您的研究也一直对中国情有独钟，从对诗歌《中国》的分析和将鲁迅小说命名为"民族寓言"，直到最近对徐冰"天书"的精彩分析。您似乎从一开始就没有将中国置于后现代主义论述框架之外，也就是说，在您看来，中国的当代艺术也是整个世界现代主义和后现代主义艺术思潮中的一部分。

詹：我对他的描述并不充分，因为他明显是一个复杂的人物，做了很多有趣的事情。但是对我来说似乎他是在阐明两种灵感间的区别，一个是现代主义的灵感，另一个是后现代主义的创新。我不知道你是怎么看待这个问题的？

曾：也许徐冰确实想创造新的中国汉字和新的书法风格。虽然他创造的单个字都是字典中所没有的，是既无语音，也无语义的纯粹类文字的符号，但它有效地激发起了观众对中国文字和书法的认知和想象。也许正是在这种"既无语音，也无意义"，按索绪尔的说法，既无"能指"，也无"所指"的类语言的符号，包含了他对中国语言文字和书法艺术性的独特思考。我个人很难将他与后现代"戏仿"等同起来，我觉得徐冰创作"天书"很认真，而非游戏。从这一点说，他的艺术气质倾向于现代主义和先锋派，而非后现代主义。

现在我们可以再换个话题，您对您著作的中文版怎么看？如前面所提到的，您的《后现代主义，或晚期资本主义的文化逻辑》有两个中文译本，彼此之间差异很大，而且在中国大陆较为流行的陈清侨的译本中，有不少译法并不符合中国大陆的学术话语习惯。

詹：80年代我在中国教学的时候，我所讲的东西就被我的学生唐小兵翻译过了。还有一本特里·伊格尔顿讲文学理论的书，那时也被翻译成了中文。这是一本非常有用的书，当时人人都在读它。是我的一个研究生在翻译，后来我发现中国其他地方也有人在译这本书。所以我发出感叹：哦，我的上帝，我是不是应该告诉他还有另外一个人也在做同样的事情？将所有这些理论术语译成中文是极富创造性的。在某种程度上说，有两种译本，每种译本都能够对这些理论文本产生不同的反应。这也提醒我，毕竟你们的马克思主义就是毛泽东的一种诗意的发明。毛泽东以及他的人民共同创造了这些马克思主义的中国式表述方式。因此，在中国，翻译就是一个诗意和创造性的行为，远甚于英语和法语的对译。

所以，如果有两种我的《后现代主义，或晚期资本主义的文化逻辑》的版本，那是没有关系的。我的意思是说，我没法判断哪一个版本更好，但有些人会，他们能够读懂英文版，并做出判断。我想说的是，我们很幸运有一个新的翻译，因为旧的翻译并不准确，但正是旧的翻译将阿多诺介绍到了英语世界。

曾：根据最新的报道，您的《后现代主义，或晚期资本主义的文化逻辑》一书可能要在中国重印了。但目前这两个中文译者均非中国大陆学者，陈清侨来自中国香港，吴美真来自中国台湾。而您对后现代主义的思考也已有了长足的发展，不知您是否会修订这本书，或者增加一个前言之类？

詹：这两个译者我都不认识，我自己无法判断，但我有朋友读过这些译本，并告诉了我。我曾经试图把我的合同放进来，（把我的书——编者注）翻译成其他语言，应该首先征得我的同意。我曾经经历过一次糟糕的翻译。他们告诉我，西班牙的译本是非常可怕的，晦涩难懂的。但是我无能为力，在这种情况下最好就是有一个新的翻译。因此，你就是那个受人支配的东西。我的著作中现在有一本正在翻译成俄语，我第一个法文译本也是去年才有的，在此之前，我没有任何文章被译为法语。这不仅仅是译得准确与否的事情，它还意味着知识界是否需要并且使用这本书。还记得好些年前，我的第一篇理论文章是关于阿多诺的，我想我是英语世界里第一个写阿多诺的。然后我寄给了德国 60 年代一个非常有影响力的期刊的编辑。他回复我说，你看，这些研究阿多诺的东西对我们来说是毫无意义的，一方面它们还得被译成德文，另一方面我们已经有了很多德文的关于阿多诺的文章。但我明白，这是因为这篇文章对他们来说没有任何用处。因此，事实上这些翻译的价值就在于它们是否有用，这和国际形势有关。当然，这也与马克思主义有关。与欧洲相比，你们跟马克思的关系是很不一样的。因此，你可能会以某种不同的方式看待我的观点，你可能也不喜欢它。他们（指法国方面——译者注）曾认为我的观点很令人震惊——直到最近才出现新的马克思主义热。我想这有点类似在中国发生的状况，但性质不同。你们已经经历了共产主义革命，而他们没有。因此，我相信，国家情况是非常重要的，每个国家都不一样。在一个国情里发生的状况，并不意味着在另一国情里会完全一样，或者完全适用。所以我不知道如何回答这个问题，只能由它去了。

我对特里·伊格尔顿两个译本这件事的唯一异议是：还有其他很多值得翻译的东西。让他们去翻译特里·伊格尔顿的东西，但也要去译不同的著作。台湾也是一个不同的情况。

我想，我当然不会再对这本书做更多的事情了。我要再给它写一个新的导论吗？它有些内容已经包含在那篇《奇异性美学》的文章中了。其实这篇文章应该被收纳到新译本中作为尾章。

曾：您著作的中文译本是您学术思想传播到中国的重要媒介，您来华讲课、演讲以及指导中国学生也是一种加深与中国交往、了解的重要渠道。您 1985 年第一次来中国时有何印象？

詹：你知道我在 1985 年到过中国，这几乎是 30 年前的事情了。学生的素质并不均衡，我以为不得不给他们讲解卡夫卡，但其实有些人已经读过了，还有一些对结构主义略有所知，还有一些则还闻所未闻。我想，这就跟当时是训练外交官的国际关系系邀请我有关，比较文学的学生跟着一起听讲座，但不少学生们还听不懂英语，而国际关系系的学生听得懂。于是，有个学生用英语记录了我的讲座，然后再用汉语讲给那些比较文学的学生们。这就是唐小兵译的那本小书《后现代主义与文化理论》。

曾：唐小兵是您的第一个中国学生吗？

詹：应该是另一个年轻的诗人李黎，他是第一个。正是他向我介绍了那些朦胧派诗人，其中一个在新西兰自杀了。北岛是朦胧派诗人的中心人物。所以李黎知道所有这些人并且介绍给我。他是我的第一个中国学生，但是还没有完成学业。

曾：这些年来您多次访问中国，直到去年，您对中国学术界这些年的发展有何看法？

詹：我觉得，中国跟欧洲有着相同的问题，这就是不同的系科太过于专业。你们这里有英语系、中文系等，我们这里的系不是这样。在英国和法国也是这样。我曾经和一个英国学者说，真正的诸如结构主义等这样一些理论，都是从我们法语系扩散开去的。他是一个非常了不起的研究法国的英国学者，他说我们永远做不到那样，我们完全仅限于法国文学。我想在中国恐怕也是这样的吧，不同的系科之间彼此分离。

我很高兴有这么多人知道我，不只是我的东西。相比过去而言，人们在理论上更加开放包容。当然，我们彼此并不一样，但是我们间已经有了一个很好的访问，我很高兴接受这次访谈。

# 现代主义者，后现代主义者
# 还是马克思主义者

车义伟

2002 年，弗雷德里克·詹明信（Fredric Jameson，1934—　）再次来华，就现代性问题发表学术讲演。与 1985 年在北京大学宣讲后现代理论时引起的学界追捧风潮不同，这次名为"现代性的幽灵"的讲演却在国内学界引起不小争议①。这些争议背后涉及如何看待詹明信的基本学术立场的问题。詹明信到底是一个后现代主义者还是现代主义者？他到底是认同后现代还是批判后现代？要回答这些问题，我们有必要重读詹明信《后现代主义，或晚期资本主义的文化逻辑》这篇关于后现代主义的经典文献。

我们知道，到 1981 年《政治无意识》出版，詹明信的关注点还停留在现代主义文学。在这之前，他一直致力于在北美学术界确立起马克思主义的批评传统。1982 年秋季在惠特尼博物馆的演讲《后现代主义与消费社会》，标志着詹明信的研究转向了后现代文化。但是，他只在其中描述了两个后现代主义的重要特征，即拼凑（pastiche）和精神分裂（schizophrenia）。1984 年的《后现代主义，或晚期资本主义的文化逻辑》在此文的基础上对后现代的文化特征进行了扩展论述，明确指出了"现代主义的过去和作为晚期资本主义文化逻辑的表现的新形式的后现代的到来"②。佩里·安德森

---

① 关于这些争议，详见王逢振《我的观点》（《社会科学报》2002 年 3 月 13 日）、王一川《是后现代激活了现代》（《社会科学报》2002 年 11 月 7 日）、陆扬《现代性和文化霸权》（《社会科学报》2002 年 11 月 7 日）、曾军《中国学者为何"背叛师门"?》（《社会科学报》2002 年 11 月 7 日）以及张旭东《不应苛求杰姆逊》（《社会科学报》2002 年 12 月 26 日）诸文。詹明信讲演的文稿后经张旭东翻译，以《现代性的神话》为题全文发表在《上海文学》2002 年第 10 期上。

② Perry Anderson, Foreword, Fredric Jameson, *The Cultural Turn: Selected Writings on the Postmodern 1983–1998*, London & New York: Verso, 1988, p. xii.

（Perry Anderson）认为，这一思想"一直贯穿于詹明信后来的著作中，构成了他之后的所有著作的基石"①。因此，《后现代主义，或晚期资本主义的文化逻辑》起到了一个承前启后的关键作用。值得注意的是，这篇文章原载于《新左派评论》，后收入杜克大学出版社出版的同名专著中。两个版本分别发表于 20 世纪 80 和 90 年代，文本有细微的变化，从中可以窥见詹明信后现代思想的发展，有助于理解詹明信的理论态度和基本理论立场。本文认为，不管是从现代主义研究转向对后现代的研究，还是后现代思想本身的变化，詹明信的思想内核都是马克思主义。可以说，詹明信既不是一个现代主义者，也不是一个后现代主义者，究其本质他是一个马克思主义者。以下将从对《后现代主义，或晚期资本主义的文化逻辑》两个英文版本的比较中，阐述这一观点。

两个版本的变化可以分为两类，从中可以看出詹明信后现代思想的深化和拓展。具体来说，在深度上，表现为詹明信对后现代的批判更加深入和坚定；在广度上，表现为詹明信研究的视野随现实的变动而不断拓展。

首先是第一类变化。这类变化体现了詹明信对后现代的批判更加深入、坚定。比如，《新左派评论》版本第 57 页有一句 "…the underside of culture is blood，torture，death，and horror"②，杜克大学出版社版本将其中的"horror"改为"terror"。前者多指由视觉获知的惧怕，而后者表示由经验而感知的极为强烈的恐惧，并且强调个人安全受到严重威胁时所产生的巨大恐惧和惊骇。这里詹明信是说，后现代文化源于美国，随着全球化的趋势扩散到世界各地。而由于美国的霸权主义，这种文化的背后是一个"弱肉强食的恐怖世界"。《新左派评论》的版本写于 80 年代，美国当时处于里根时期。而到了 90 年代，社会语境发生了变化。苏联解体，资本主义加快了全球化进程，"历史终结论"显示了资本主义的不可一世。1985 年詹明信第一次来华访问，曾在北大进行讲演时说："我不是个美国主义者……我可以说是个文化批评家。"③ 作为一个马克思主义者，詹明信是以批判的眼光看待

① Perry Anderson，Foreword，Fredric Jameson，*The Cultural Turn：Selected Writings on the Postmodern* 1983–1998，London & New York：Verso，1988，p. xii.
② Fredric Jameson，"Postmodernism，or the Cultural Logic of Late Capitalism，" *New Left Review*，1984，No. 146.
③ 〔美〕弗雷德里克·杰姆逊：《后现代主义与文化理论——弗·杰姆逊教授讲演录》，唐小兵译，陕西师范大学出版社，1987，第 1 页。

资本主义的，他追求的是一个没有霸权、自由民主的乌托邦社会。资本主义的全球扩张，将世界变成了一个由同一性原则支配的世界。这时詹明信看到了阿多诺"否定的辩证法"的意义所在，在 1990 年出版了他的《晚期马克思主义：阿多诺或辩证法的持久性》一书，强调"一定要保持头脑的清醒，一定要警惕资本全球化的蒙蔽"①。在这样的背景下，杜克大学出版社的版本将"horror"改为"terror"，或许可以窥见当时的世界局势对詹明信的影响，使他对源于美国的后现代文化的批判更加深入。再比如，《新左派评论》版本第 69 页，詹明信在分析一部有后现代特征的小说时，在杜克大学出版社的版本中增加了一些内容。詹明信认为，这部小说的主题难以定义，而且其中的历史也是难以把握的，读者无法体验到真实的历史境况。增加的内容是一个反面例证，说的是，有人将这部小说解释成一个有很强的政治意味的文本，说它是对美国虚假民主的批判。接着，詹明信再提出自己的反对意见，就使得论述更充分、更深刻地批判了后现代文化对历史和深度模式的背弃。

再看第二类变化。这类变化体现了詹明信研究的视野随现实的变动而不断拓展。比如，《新左派评论》版本第 62 页中的"Crocker Bank Center"，在杜克大学出版社的版本中变成了"Wells Fargo Court"。这里，建筑物的名字出现了改动，一个是克罗克银行，另一个是富国银行。富国银行是美国最好的银行之一，从 1852 年起成为美国西部信贷服务的标志性企业。1986年，美国富国银行收购了克罗克银行。这应该就是改动的原因，可以看出詹明信对金融业的关注。90 年代以后随着跨国资本主义的发展，资本的跨国流动也越来越全球化。金融和货币问题成为研究当代资本主义不可忽视的一个方面。1994 年，詹明信的《时间的种子》"一个重要的论点是文化和金融资本的内在关系"②。1998 年的《文化转向》中，詹明信从杰奥瓦尼·阿锐基（Giovanni Arrighi）的《漫长的二十世纪》谈起，又探讨了金融资本的问题，可以看出詹明信在 90 年代对金融的关注。再比如，《新左派评论》版本第 66 页提到了电影 American Graffiti（1973），杜克大学出版社的版本则对这部电影的相关信息进行了补充说明："The inaugural film of this new aes-

---

① 梁苗：《重温阿多诺的"否定的辩证法"——詹姆逊〈晚期马克思主义〉的文本学解读》，《河南师范大学学报》2012 年第 1 期。
② 王逢振：《詹姆逊及其学术思想的发展》，《华中师范大学学报》1997 年第 6 期。

thetic discourse, George Lucas's American Graffiti (1973)…"① 这体现了詹明信对以电影为代表的视觉文化的日益关注。如果说建筑与商业的联系成为后现代主义者对现代主义运动攻击的一个靶子，那么电影与商业的联系更加密切，可以说是一个更加后现代的东西。90 年代初，詹明信连续发表了两部论述电影的著作，即《可见的签名》和《地缘政治美学》。詹明信做出的尝试是，"通过分散地收集来自世界电影的影片，去测绘总体性，或者换一种说法，去测绘多国资本主义的全球系统"②，从而"以寓言的方式表现出文化和生产方式的关系"③。总之，这类变化体现了詹明信研究视野随着社会的发展而不断拓展，关注新的变化和新生事物。正如他自己所说："我一如既往的工作就是吸收和消化这些新事物。我希望我不会有一天对这些问题失掉了兴趣。"④

通过第一类变化，可以看出詹明信对后现代主义是一个批判的态度，而且这种批判内在地包含了对资本主义的批判。作为晚期资本主义文化逻辑的表现的后现代主义，随着全球化的趋势扩散到世界各地，这是资本主义文化的传播和渗透。通过第二类变化，可知詹明信一直在扩展自己的研究视野，但是其理论的思想内核始终没有改变，那就是用马克思主义理论来分析后现代文化，揭示文化与资本主义经济的关系。虽然后现代对深度模式的背离掩盖了很多社会矛盾，但是"资本越是无处不在、无孔不入，越成为人类社会生存的笼罩性条件，人们就越需要理论思维和批判思维，以便能批判地分析和反思自身所处的异化的历史境况，保持对未来更合理的社会制度的想象和探索"⑤。只要资本主义还存在，马克思主义的价值就不会消失。

从早期在北美学术界建立马克思主义批评传统的努力，到从现代转入后现代之后对后现代主义的持续关注，詹明信都没有改变他的马克思主义

---

① Fredric Jameson, *Postmodernism, or the Cultural Logic of Late Capitalism*, Durham: Duke University Press, 1991, p.19.

② 〔英〕肖恩·霍默：《弗雷德里克·詹姆森》，孙斌等译，上海人民出版社，2004，第196页。

③ 王逢振：《詹姆逊近年来的学术思想》，《文学评论》1997 年第 6 期。

④ 〔美〕詹明信：《晚期资本主义的文化逻辑》，陈清侨等译，生活·读书·新知三联书店，1997，第 23 页。

⑤ 董亦佳：《杰姆逊：从现代走向后现代》，《东岳论丛》2005 年第 2 期。

立场。诚如有论者所言，"杰姆逊（即詹明信——编者注）从一个实际上文学的和现代主义的传统中走出来，他借助马克思主义完成了从现代主义者到后现代主义批评家的过渡"[①]。詹明信不是现代主义者，也不是后现代主义者，而是一个坚定的马克思主义者。贯穿他的理论体系的是对马克思主义和乌托邦社会的坚定信仰。后现代只是詹明信理论旅行的一个阶段性路标。作为一个有社会责任感和社会理想的理论家，他会跟随时代的步伐越走越远，不会在后现代这里永久停留。

## 研究经过与心得体会

刚刚知道要做这个课题的时候，我感觉困难重重，因为对詹明信的思想轨迹并不是很了解，而要通过版本对比去发现并阐述他的思想变化更是难上加难。在经过了认真细致的版本对比后，我把两个版本不一样的地方进行了分类归纳，发现并不是所有改动都有意义，比如一些代词、冠词的改变。经过筛选以后，我只保留了比较明显的、可能有意义的改动。之后的工作就是查阅有关詹明信思想发展脉络的资料，在这个过程中，老师给予我很大的帮助，推荐给我一些相关的文献，才使我对詹明信的思想发展过程有了更多了解。在此基础上，我对之前找出来的那些改动之处又进行了更加深入的思考，再次排除掉一些，并且进行了新的分类。

在整个写作过程中，老师们组织我们进行了一次又一次的讨论，提出了很多宝贵的修改意见。这些意见都开阔了我们的思路，也使我们的文章比最开始的时候有了深度，也更学术化。老师们思考问题的角度和对待学术的态度给了我很多启发，让我获益匪浅，知道了怎样才是真正的做学问。同时，在不断讨论和修改的过程中，我也发现了自己很多不足之处。比如，对学术界一些热点问题了解太少，对一些理论知识理解不透彻，论文的写作水平还需要提高。在此非常感谢老师们的悉心指导。

---

① 张旭东：《詹明信理论与中国现实》，《文艺报》2012 年 11 月 21 日。

# 倒置的千禧年？

## ——理解詹明信思想的宗教之维

李 晨

詹明信的《后现代主义，或晚期资本主义的文化逻辑》一文，第一句就让人感到异常的突兀："The last few years have been marked by an inverted millennarianism（此文在 1990 年收入同名专著版时，将此词语修正为 millenarianism，去掉了一个字母 n，所以在下文中也写为 millenarianism——引者注），in which premonitions of the future, catastrophic or redemptive, have been replaced by senses of the end of this or that（the end of ideology, art, or social class; the 'crisis' of Leninism, social democracy, or the welfare state, etc. , etc. ）: taken together, all of these perhaps constitute what is increasingly called postmodernism. "何为 "The last few years"？什么是 "millenarianism"，而且还是一个 "inverted millenarianism"？它与 "senses of the end of …" 有何关系？而这一切又是如何集合而成所谓的 "postmodernism" 的？这句话不仅是詹明信第一次对 "后现代主义" 进行阐释，更重要的是，倾注进了他本人对 "世纪之交（末）"、"千禧年" 与 "终结论"、"后现代主义" 等的复杂情感。也许因为译者的文学背景使然，陈清侨的翻译非常明显地进行了文学化的处理，将这句话的翻译从一句话扩展成了一整段，如他将 "in which premonitions of the future, catastrophic or redemptive, have been replaced by senses of …" 这部分，译为 "缺乏……大祸临头的末日情怀……无法产生未来感……却沉迷于……"，颇有散文的韵味。可奇怪的是，在这段如此被文学化渲染后的中文表达中，却有一个词语被简单地带过了，这个词就是 millenarianism。

millenarianism 在各种翻译中被译作千年福说、太平盛世等，它在中文里并没有相应意思的固定词语，但我在对这个词的来源的探寻中发现了它所具有的特殊语境："千禧年的观念指的是在新天新地出现之前，上帝将在世界建立一个为时一千年的地上王国。这种说法的圣经依据主要来自新约启示录的第20章第2至6节。"① 因此，直译此句的开头便是：最近几年的标志是一个被翻转颠倒的千年福说。而陈清侨的翻译版呈现给读者们的是，"世纪将尽，而历史的发展却似倒行逆施，近几年来，我们目睹一个世代的千秋大业逐步向历史的尽头迈进"。

millenarianism 这个词语被简单地翻译为"历史的发展""一个世代的千秋大业"，失去了它原有的宗教神学意义。那么，詹明信思想中是否有基督教神学的因素？这个"倒置的千禧年"，究竟是对世纪之末宗教神学特征的概括，还是只是一个文学隐喻？

要准确理解这个问题，首先得回到原文表述中进行理解。詹明信专门为"倒置的千禧年"写了一段长长的定语从句，所谓"有关未来、灾难或救赎的预言"正是对"千禧年"基督教神学教义的高度概括，但是这些东西都被各种各样的"终结意识"所取代。因此，所谓"倒置的千禧年"的真正内涵，就是詹明信这里所列举的诸如"意识形态的终结""艺术的终结""社会阶级的终结""列宁主义、社会民主主义、福利国家的'危机'"等这一系列的"终结意识"。也正是这些各种各样的终结意识，才最终集合而成了所谓的"后现代主义"。因此不难发现，詹明信在开篇这第一句话中，进行了一系列的概念置换：从最初的纯粹客观的时间概念（最近几年、世纪之交［末］）到具有基督教神学意味的"千禧年"，再赋予其社会文化思潮的终结意识，最后再将之定义为某种主导性的风格倾向——"后现代主义"。

其次，千禧年主义是西方思想文化中的重要问题，虽然来源于基督教神学，但在世纪之交，"世纪末情结"加上20世纪基督教文化的最新发展，千禧年的神学意味已大大淡化，其意义也大大泛化。在后现代主义语境中的"西方不但是一个多元化的时代，同时也是一个后基督教的时代"②，在后现代主义的反权威反确定性的多元价值取向中，"许多新兴宗教中都有教主崇拜，韩国'统一教会'教主文鲜明就称自己是'弥赛亚'，'神住在我

---

① ［加］许志伟：《基督教神学思想导论》，中国社会科学出版社，2001，第328页。
② 城郭：《后现代主义与基督教信仰》，《信仰》网刊2004年6月第16期，http://www.godoor.com/xinyang/article/xinyang16-10.htm。

里面，我就是神成为肉身'。还实行一种'性约救赎论'，以一种荒诞的'血统转换'仪式诱使人们入教"。"新兴宗教中的教主都称自己有某种神力，在组织中都具有绝对的权威，诱导人们追求的多为一些现实利益。"① "弥赛亚"意指受上帝指派来拯救世人的救主，但在西方社会日益世俗化和多元化的影响下，它丧失了原本的神圣的意味，而由弥赛亚带来的一个一千年的幸福生活即千禧年的最初的基督神学意义，也在世俗的滥用下逐渐地被人们漠视和遗忘了。

再次，"千禧年"在詹明信笔下也非突出的是其宗教神学意味，而主要是一种思想的讽喻。要理解这一点，必须与詹明信本人的思想方法联系起来。在《政治无意识》中，詹明信为自己建构起了马克思主义的阐释学方法。在讨论本雅明的思想时，詹明信将之命名为"讽喻的思想"，即在本雅明的思想中，存在着一种将不同层面的问题进行平行对照的讽喻性关系的现象，这些不同层面的问题同时存在的模式与但丁所阐释的诗的四个意义维度颇为相似。詹明信认为但丁的这种四个意义维度，是当时中世纪文艺创作的普遍典型模式：在阐释作品的时候，从原义的维度上升到道德、讽喻以及神秘的维度，也就是说，在中世纪的社会语境下，文学艺术作品最后不得不受到基督教神学的意义阐释的影响。而对于到了 20 世纪，这种基督神学阐释模式的神学意味开始渐渐淡化、基督的宗教意味也变得泛化这一点，詹明信是将这种四维度的阐释体系放在 20 世纪的现实境况中讨论的："要使这一种图式适合 20 世纪的现实并不难，只要我们仅仅把原义（的）读作心理（的），而让第二个即道德维度原封不动；只要我们用艺术宗教的最普遍意义上的宗教，来替代占主宰地位的原型模式，把耶稣基督降生看作语言意义的降生；最后，只要我们用政治取代神学，从而把但丁的末世学说变成一种现世的末世学说，我们就可以做到。在后种学说里，人类不是在永恒里而是在历史本身当中获得拯救。"② 由此，詹明信正是将中世纪基督教阐释体系与现实社会历史联系到了一起，这同样也是他建构后现代主义理论的阐释体系来源。而上述这段从宗教神学（"千禧年主义"）到社会思潮（"终结意识"）再到艺术风格（"后现代主义"），正是基于这种讽喻

---

① 张高翔：《后现代性与宗教走向》，《思想战线》2004 年第 1 期。
② 〔美〕弗雷德里克·詹姆逊：《语言的牢笼——马克思主义与形式：20 世纪文学辩证理论》，李自修译，百花洲文艺出版社，1997，第 49 页。

的阐释体系而形成的。

即便如此，还有一个重要的问题：作为马克思主义者的詹明信，其思想中是否具有基督教神学的因素？他又是在何种意义上将两者联系起来的？在其马克思主义阐释学中，詹明信认为在某些方面马克思主义与基督教义之间有着隐秘的联系。他认为："马克思主义与基督教义所共有的基本上是一种历史境况：因为马克思主义现在投射出了对于普遍性的那种要求，以及确立普遍文化的那种企图，而这也是基督教在罗马帝国衰落的岁月和中世纪鼎盛时期的特征。因此，它的理智工具和基督教用以教化毫不相干的不同文化背景的人们的那些技巧（其中有形象的分析），毫不足奇会有某种结构上的类似。中世纪的诠释学确实发挥了两种基本功能：教义的功能（用来满足信徒本身的智力和哲学的需求）和教会的功能（旨在吸收那些依然处于教门之外者的文化或宗教）。"詹明信将马克思主义和基督教义放在一个层面上比较，认为马克思主义与基督教义在实现普遍文化的内在目标导向性方面有着相似的地方，虽然两者的实现形式不尽相同：前者是在实践中总结的关于人类社会发展的、无产阶级争取自身解放和整个人类解放的科学理论，指导和揭示的是人类社会现实关系及其发展道路；后者则是一个关于精神意志上的想象体，它通过教徒对教义的内在认同和倡导来达到一个普世的传播感染效应。马克思主义和基督教义都要求达到一个对其文化的普遍接受的内在目的，无论是无产阶级还是上帝的概念表现形式，它们都体现出一种"共同的历史使命"[1]。因此，虽然詹明信的著作中也不乏来自基督教神学思想的启迪，但是更多的是在学术方法论层面上的借鉴，而非教义上的信仰。[2] 如果说詹明信思想体系中有一个词可以与"千禧年"相类比的话，那么就是"乌托邦"。所谓"倒置的千禧年"，严格来说只是对各种乌托邦走向反面而形成的"终结意识"的一种隐喻性表达。

从对詹明信的《后现代主义，或晚期资本主义文化逻辑》中英文本的对比，我们逐渐发现了理论传播中的不同社会文化给我们的接受带来的影响，也正因为如此，原文中的拥有典型文化色彩的词语或许是我们不能忽

[1] 〔美〕弗雷德里克·詹姆逊：《语言的牢笼——马克思主义与形式：20 世纪文学辩证论》，李自修译，第 98~99 页。
[2] 参见姚建斌《试论弗·詹姆逊马克思主义阐释学与基督教经典阐释体系的联系》，《外国文学》2002 年第 4 期。

略的关键。而译文作为作者思想的曲折转述，如何能够更好地发挥自己作为介绍理论的工具作用，更是需要得到重视。"翻译并不是简单的文字交换过程，它涉及最少两个文化系统的交涉"，在大陆中文版中，译者略去了词语的本义，因为有时候"译者可能决定为了迁就译文读者而将所有外来的'准则'或'惯例'清洗掉"，但"扫清障碍"的同时也将文本的"异国性质"去掉了，在翻译过来的文本中，我们感受到的更多是中文的文风气息，一篇用中国笔调写就的西方理论文章。可以看到，理论并不是空泛的语句，在理论所建构的框架下有着其社会境况的独特文化背景，而"翻译的其中一个社会功能，是要引入外来的元素，在不同方面丰富译入语文化。这就如雨果所说'增添内容，拓宽视野'，也是人们常说的'文化交流'的意思"[1]。所以，对于读者来说，文本的阅读不仅仅是理论的学习，同时也是文化的学习，而且"随着社会文明的不断发展，随着不同文化之间的交际往来的日益频繁和日渐完善，不同文化之间的相互了解和理解、认可与接纳会不断深化和加强，乃至会吸收对方文化中的点滴或部分文化要素，甚至在语言的运用中也会吸纳对方语言中的有价值的语言成分"[2]。在这样一个一体化、全球化的时代，在人们的日常生活与学习工作中，文化的吸收与学习成为了一个不可避免的交流前提，所以，如果译者能在翻译介绍理论的同时，在尽可能的情况下最大限度地保留原著的行文风格和语言表达，并加上必要的一些注释，使读者在了解社会文化的同时，也能更好地、更容易地接受作者的理论思想，这样，理论的传播将会更有力、更有效。

## 个人写作心得体会

我很有幸能在老师们的指导下，参与研读詹明信的《后现代主义，或晚期资本主义的文化逻辑》的中英文版本。在这次中英版本的对照研读中，我主要对序言部分进行了细致的清理。通过对英文原文的阅读，我发现 millenarianism 一词在中译本里无法找到能够与其相对应的词，这个发现引起了我进行深入挖掘的兴趣。经查阅资料，我意识到这个词语背后有着特定的

---

[1] 王宏志：《重释"信、达、雅"——20世纪中国翻译研究》，清华大学出版社，2007，第37页。

[2] 闫文培：《全球化语境下的中西文化及语言对比》，科学出版社，2007，第383页。

宗教背景，而 millenarianism 这样一个基督教意义上的词语如何会出现在詹明信对后现代主义理论的阐述中呢？带着这样的问题，我开始寻找基督教神学与后现代主义的种种联系，希望探讨这个特殊词语所折射出的基督教神学意味在后现代语境中的状态与变化，它又是如何以及以什么样的角色或功能出现在詹明信笔下的，等等。接着，在研读慢慢推进展开的同时，我感觉到了詹明信理论思想建构的庞大和繁杂性，一个小小的词句便能轻易地将我引到他后现代主义理论阐释体系之中，让我慨叹詹明信能够以他独特的眼光融合马克思主义与基督教教义之间的共性。这次研习，让我既觉遗憾，也感高兴。遗憾的是，几千字的文章无法将詹明信独到的思想阐述详尽；高兴的是，这次研读使我收益颇丰，让我们收获了一个对研究理论更直观尤其更能反映问题的学习方法。

# 意大利后现代主义？ 詹明信与
# 赛色朗尼之间的对话

王 晨

弗雷德里克·詹明信（Fredric Jameson，1934—　）在 1984 年撰写的《后现代主义，或晚期资本主义的文化逻辑》中，认为后现代主义是晚期资本主义的文化表征，以"表面、缺乏内涵、无深度"的特征和现代主义的深度模式彻底决裂。这篇文章最初发表在英国期刊《新左派评论》上，该期刊以激进的政治色彩、立足国际主义视野而闻名。文章一刊出便引起学界广泛讨论，詹明信也因此而闻名。1989 年，意大利著名报纸《宣言》（Il Manifesto）刊发了意大利评论家雷莫·赛色朗尼（Remo Ceserani，1933—　）一篇题为《安迪·沃霍尔的那些鞋》（Quelle scarpe di Andy Warhol）的评论，引起了詹明信本人的极大兴趣，他在 1990 年由杜克大学出版社出版的同名著作中，特意增加了一段对赛色朗尼的观点进行的回应：

> 在一篇有关本文的意大利文版的有趣评论里，雷莫·赛色朗尼（Remo Ceserani）将这种脚的拜物主义扩大成一个四重意象，也在梵谷－海德格尔之鞋的裂开的"现代主义"表现性之外，加上华克·伊凡斯（Walker Evans）和詹姆斯·艾吉（James Agee）的"写实主义"式悲怆性；（真奇怪，悲怆性还需要一支队伍！）在安迪·沃荷那儿看来像去年时尚的任意组合的东西，在马格利特的作品里却呈现了人类肢体的肉体事实，后者现在比印上这个意象的皮革更虚幻。在超现实主义者当中，马格利特是非常独特的一位，他成功地度过现代时期到其承继者之间整个广大的转变，变成某种后现代的表征：令人不安的、拉岗式的取消意符（foreclusion），没有表达。的确，倘使被推到眼前的只有一个永恒的现在，而眼睛以同等入迷注视着一只旧鞋，或是人类

脚趾固执逐增的有机奥秘，那么理想的精神分裂是很容易取悦人的。因此，赛色朗尼配得上有一个属于他自己的立方体符号学。①

詹明信在论述现代主义与后现代主义的差异时，首先选取了两种鞋：梵高的鞋和沃霍尔的鞋，前者是现代主义的代表，后者是后现代主义的代表。赛色朗尼在第一次评论中又引入了两种鞋：摄影师华克·伊凡斯的鞋和超现实主义者雷尼·马格利特（Rene Magritte）的鞋。这样就从两种鞋的一对一式对比扩大成一个"四重意象"，使我们看到从现代到后现代并不是单线条的从此到彼，使讨论更加丰满。杜克大学出版社版配了一张极具伊凡斯个人风格的摄影作品，尘土飞扬的地面上摆着一双黑色的工作鞋，照片以黑白色调呈现，简洁素朴。（左图）马格利特的画也被加入进来，刻画了和鞋融为一体的两只活生生的大脚。（右图）

雷尼是20世纪比利时的超现实主义画家，常用一种梦境般的方式呈现日常物象。赛色朗尼通过引入更多的鞋，试图提出这样的疑问：如果整个现代主义的风格都是梵高式的，那么马格利特超现实主义画风是什么呢？如果整个后现代主义的风格都是安迪·沃霍尔式的，那么伊凡斯的写实主义又是什么呢？詹明信做出的回应是区分两种写实主义，"魔幻写实主义"和"旧时代的写实主义"。②

---

① 〔美〕詹明信：《后现代主义或晚期资本主义的文化逻辑》，吴美真译，时报文化出版企业公司，1998，第30页。

② 〔美〕詹明信：《后现代主义或晚期资本主义的文化逻辑》，吴美真译，时报文化出版企业公司，1998，第29页。

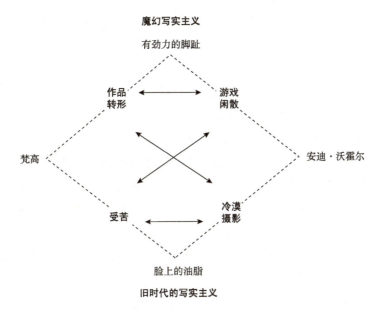

旧时代的写实主义，也就是现代主义时期的写实主义，倾向于用一种苦情的方式来直接反映农民的辛劳，表达悲悯的情感，而后现代时期的写实主义则呈现出魔幻色彩，艺术家更愿意给作品主题披上游戏、轻松或者冷漠的外衣。詹明信觉得赛色朗尼选取这两个人很有眼光，但他认为这只是新旧艺术家采取的写实的方式不同。因此赛色朗尼在看到詹明信的回应之后，虽然称赞他为其构筑的"立方体符号学"的努力是"极为聪明和迷人的"，却并未被说服。1994 年，赛色朗尼在细致考察了意大利历史传统和文化现实之后，又写了一篇名为 Modernity and Postmodernity：A Cultural Change Seen from the Italian Perspective 的文章，发表于 Italica。

这里要讨论的是，一种风格类型是否能够成为一个时代的文化逻辑。詹明信是肯定的，而赛色朗尼质疑这种观点，他坚定地相信"我们不能依靠风格的不同来说明文化和历史的不同，特别当我们处理的是五六十年代发展至今的一个时期的变化，特别是当后现代主义文学的主要特征之一是倾向于操纵、组合和戏仿其他风格时"①。

早在英国工业革命如火如荼地展开之前的几个世纪，资本主义萌芽就在意大利的佛罗伦萨首先出现。到资本主义晚期，从建筑到室内设计，从

---

① Remo Ceserani，"Modernity and Postmodernity：A Cultural Change Seen from the Italian Perspective，" Italy：Italica，1994，No. 3.

工业设计到时尚，从电视节目到最离谱的生活方式，意大利适时地调整好了情绪，融入后现代的主流大潮中。20 世纪 60 年代，发轫于建筑领域的后现代主义设计迅速扩及意大利，产生了意大利激进设计（Radical Design）潮流，它反对现代主义的理性、功能，故自称"反设计"（Anti-Design）①。艺术界的激进之风并未影响主流知识圈，文学批评上极为顽固地拒绝认可新趋势。赛色朗尼这样说道，"五六十年代我们经历了一场巨大的历史变革，迈入后现代社会的新纪元。我们的身体和情感被迫一分为二，大部分人都能感到一种心灵上的失落。我们进入到一个新的历史时期，被称之为后现代。'后现代'顾名思义，是'现代'之后的一段时期，但无疑它的出现对现代以及现代以前都是颠覆。在历史变革时，总有人顺应时代趋势，也有人固步自封，浪漫主义时期出现现代主义萌芽时也有同样情况"②。

他认为这种抵制源于意大利文学悠久的古典主义传统，将文学等同于修辞学，包括 20 世纪初的表现主义，都对风格给予很大的关注。作家苦心孤诣经营语言和风格，突转、变形、混乱的文学语言也是为了能创造出个人的表现风格。在他们的书写中，表现主义的元素完全遵从着现代主义文学传统，更倾向于乔伊斯而非博尔赫斯。对风格的执著追求迫使后现代主义无处容身，因为后现代主义文学的标志就是缺乏风格，对风格的杂烩和戏仿。大多数意大利作家拒绝把后现代文学视作是文学，也极少运用后现代主义的典型主题，就是因为他们担心会在使用中失去自己的风格。尽管意大利也不乏后现代主义作家，或者至少是在创作中运用了后现代主义元素。翁贝托·埃可（Umberto Eco）的《玫瑰的名字》（*The Name of Rose*，1980）就是典型的后现代主义小说，还有安东尼奥·塔布基（Antonio Tabucchi）等。相较于小说，后现代文风更普遍地运用于意大利诗歌中，一批自称为是"93 组"的年轻人被认为是激进的后现代派，精于语言混合，用批判和讽刺的方式呈现周遭世界的变动和主观情绪的变化。还有一些漫画以后现代惯用的讽刺手法反映意大利政治、学校制度和知识环境。但无论这些诗歌和讽刺作品多么成功，意大利文学界对后现代的态度仍然是怀疑

---

① 杨浩：《后现代主义语境下的意大利激进设计》，《电影评介》2011 年第 12 期。
② Remo Ceserani, "Modernity and Postmodernity: A Cultural Change Seen from the Italian Perspective," Italy: Italica, 1994, No. 3.

和不信任的:我们不会破坏,我们只能试着理解、表现,如果有能力的话,用戏仿和讽刺的方式。①

詹明信和赛色朗尼的对话正体现了萨义德所说的"理论的旅行"。由于没有任何理论能够涵盖、阻隔或预言它在其中可能有所裨益的一切情境,因此萨义德说我们需要建立起一种批判意识,"批判意识是一种空间的意义,对于诸情境间差异的认识,也是对于任何体系或理论都穷尽不了它源于斯、用于斯的诸情境的一种认识。而最重要的还在于,批判意识也是对于那种对理论的一种抵抗,对经由那些与之冲突的具体经验,或者释义所引发的对它的各种反应的认识"②。乔纳森·卡勒曾经说过理论是对常识的批驳,其本质就是推陈出新,然而理论在传播的过程中因其有效性容易被编码化和体制化,因此需要时刻保持清醒的批判意识,这既是对理论的抵抗,也是对理论的扩展。如果把理论比作清泉,那么批判意识就是使理论永不枯竭永葆活力的泉眼。所以赛色朗尼的评论正是立足于詹明信所探讨的此时此地——晚期资本主义社会,他的回应与其说是对詹明信的反驳,不如说是对后现代主义文化理论的补充与发展,为千篇一律的"后现代语境"的狂欢注入新鲜血液。

与意大利相比,中国在后现代文化的发展上更为落后,但在面对后现代文化的复杂语境上则有其相似之处。20世纪80年代中期,詹明信访问北大,应邀作了为期半年的"后现代主义与文化理论"专题讲座,由此开启了后现代主义在中国的传播历程。到了90年代,随着中国市场经济的逐步建立、势不可挡的全球化以及人文领域宏大叙事的瓦解,后现代主义开始成为学界热词,中国学者试图运用后现代的立场及方法来阐释艺术活动和社会状况,大量后学论著被翻译引进,本土研究也接踵而至。但是与西方不同,中国后现代主义的发展更为复杂,因此对詹明信后现代主义文化理论的接受也有必要持一种历史化和语境化的态度,进而保持一种批判意识,正如萨义德所说的:"批评家的工作就是提出抵抗,使它向着历史现实、向着人类需要和利益开放,彰显这些从释义领域之外或刚刚超出这领域的日

---

① Remo Ceserani, "Modernity and Postmodernity: A Cultural Change Seen from the Italian Perspective," Italy: Italica, 1994, No. 3.

② 〔巴基斯坦〕爱德华·萨义德:《世界·文本·批评家》,李自修译,生活·读书·新知三联书店,2009,第422~423页。

常现实中汲取来的具体事例。"① 这也是赛色朗尼给我们的最大启示，对于理论的接受必须立足此时此地的现实，如果一味地照搬，必然会丧失理论原有的批判面貌。

## 心得体会

在这次"细读詹明信"讨论中，我分到了第一部分：表现法的解构。我在仔细对比了两个英文版本之后，发现杜克大学出版社版本比《新左派评论》版本多了一段话，陈清侨的译本是根据《新左派评论》翻译而来的，自然也少了这段话。这是一个令人欣喜的发现，作者在作品再版的过程中添入一些内容，或许可以说明作者思想轨迹的变化。但是很遗憾，我始终未能找到赛色朗尼的那篇评论文章。就在我一筹莫展之际，曾老师发给我另外一篇赛色朗尼的评论文章，即 Modernity and Postmodernity：A Cultural Change Seen from the Italian Perspective，这是赛色朗尼对詹明信的杜克大学出版社版中回应的再回应文章。我通过仔细研读发现，这篇是赛色朗尼对后现代理论应用于意大利语境下的质疑，这种怀疑的态度对于当下中国理论界研究有着极为重要的借鉴意义。

在论文的写作过程中，"细读詹明信"的发起人曾军老师，我的导师邓金明老师，以及文艺学其他几位老师，孙晓忠老师、李孝弟老师、曹谦老师和苗田老师对我的论文都提出了很多建议，给予了很大帮助，他们循循善诱的教导和不拘一格的思路给予了我无尽的启迪，他们一丝不苟的工作态度和严谨扎实的学术作风是我学习的榜样，非常感谢他们。

---

① 〔巴基斯坦〕爱德华·萨义德：《世界·文本·批评家》，李自修译，生活·读书·新知三联书店，2009，第424页。

# 从两个中译本看港、台、大陆中文学术风格之区别

## ——以三个关键词为核心的考察

谢 非

　　詹明信的《晚期资本主义的文化逻辑》共有两个中文译本。牛津大学出版社的香港陈清侨的译本出版于1997年，同年12月由三联书店引进大陆（以下简称"三联版"——编者注）。1998年台湾时报文化出了第二个译本，由吴美真翻译（以下简称"吴美真版"——编者注），该译本大陆未引进。现在大陆通行的《晚期资本主义的文化逻辑》只有陈清侨一个译本。本文以陈清侨译本为主，侧重比较两个版本第二章"后现代与过去的"中的核心词汇和专业术语的翻译区别，并挖掘其背后的文化因素。

　　陈清侨的这个译本是根据詹明信1984年在《新左派评论》上发表的版本翻译的。本文参照使用的词典是《牛津高阶英汉双解词典》和《朗文当代英语大辞典》。

## （一）学术语的翻译差异

### 1. 已有通行译法者

　　（1）三联版第452页，"我们只要看今天的'微型政治分析'的兴起，便可见一斑"。这里的"微型政治分析"① 的译法很不准确。原文是micro-politics，这个词约定俗成的译法是"微观政治"，而不是"微型政治"。"微观政治"是政治学研究中的一个专业术语，通常是将活生生的政治生活过程再现出来并形成其内在的逻辑。

---

① 〔美〕詹明信：《晚期资本主义的文化逻辑》，张旭东编，陈清侨译，香港三联书店/牛津大学出版社，1997。本文之后的汉译引文皆出自此版本。

（2）三联版第 455 页有个词"境况主义者"。"境况主义者"的译法不太准确，英文版里它对应的英文原词是"situationist"，这个词的准确译法应是"情境主义者"或"境遇主义者"。"situationist"指的是 situationist international（情境主义国际）。情境主义国际是 1957 年在意大利的国际会议上成立的一个流派，代表人物是 Guy Debord。situationist 这个词在国内出版物上有几种不同译法：情境主义，境遇主义，情景主义等，但译为"境况主义"的很少，译法混乱可能是由于该词开始引入中国时译法尚未统一的缘故。目前，大多数人使用"情境主义"和"境遇主义"这两种译法。

（3）三联版第 456 页"口语历史"对应的英文原词是 oral history，这个词的准确译法应该是"口述历史"。口述历史是一种搜集历史的途径，该类历史资料源自人的记忆，即历史学家、学者、记者、学生等访问亲历历史的见证人，对该见证人进行文字笔录、有声录音、影像录影等。因此这里应译成"口述历史"才符合中文读者的思维和表达习惯。

**2. 尚无通行译法者**

（1）pastiche 这个词的词典义是模仿和拼凑的艺术作品、混成的作品、混成的艺术风格、集锦等。parody，词典上解释是拙劣的模仿、荒谬的替代物、滑稽的模仿诗文。pastiche，在大陆的辞典和出版物上有以下译法："拼凑"（《后现代主义百科全书》[①]《西方现代文化艺术辞典》[②]），"模仿作品"（《现代西方文学批评术语辞典》[③]），"拼凑文"（《文体学辞典》[④]）。parody 这个词在《文学术语词典》[⑤] 中被翻译成"戏谑模仿"，多用于诗歌等文学创作活动中。《西洋文学术语手册》[⑥] 中将 parody 译为"嘲仿"，并这样解释它，"一种游戏文体，借模仿另一作者之文笔风格或作品，惟妙惟肖，却又插科打诨，以臻达戏谑目的，就是文学上的嘲仿，有时又称'戏拟'"，

① 〔美〕维克多·泰勒（Victor E. Taylor）、〔美〕尔斯·温奎斯特（Charles E. Winquist）编《后现代主义百科全书》，章燕、李自修等译，吉林人民出版社，2007，第 340 页。
② 范岳、沈国经主编《西方现代文化艺术辞典》，辽宁教育出版社，1996，第 445 页。
③ 〔英〕罗杰·福勒（Fowler, F.）编《现代西方文学批评术语辞典》，周永明等译，春风文艺出版社，1988，第 156 页。
④ 王守元、张德禄主编《文体学辞典》，山东教育出版社，1996，第 187 页。
⑤ 〔美〕艾布拉姆斯编《文学术语词典》，朱金鹏等译，北京大学出版社，1990，第 53 页。
⑥ 张错：《西洋文学术语手册》，上海译文出版社，2012，第 253 页。

大陆出版物还有的将之译为"仿拟"。再结合上下文，发现 pastiche 这个词强调"混成"，而 parody 这个词强调模仿的"拙劣""荒谬"，前者的语气色彩是中性的，而后者则带有一点贬义色彩。三联版中将这两个词分别译作"拼凑"和"摹仿"。

对于这两个词，台湾时报文化的吴美真译本译作"恣仿"和"戏仿"，"戏仿"比较好地体现出了荒谬和滑稽的意味。且吴美真版的译法较好地体现出两个词的共性，即这两个词都具有"模仿"的意思，只是具体的模仿效果各有不同。

（2）三联版第 450 页最后一句"一方面是勋伯格那极具创意的无音阶曲律"，这句中的"无音阶曲律"到底是什么？据了解，勋伯格的音乐风格中只有"全音阶"（现代乐派作曲理论之一，指完全以全音关系排列的音阶）和"无调性"（现代主义音乐的创作手法之一），并没有"无音阶"。所以"无音阶"一词本身并不准确。此译本"无音阶"一词相对应的原文词是"planification"，这个词是美式英语，意思是计划化、规划化（词根是plan）。吴美真版译作"平面化"，显然是将 planification 的词根看作 plane（平面的、平面），但"平面化"用以形容勋伯格的音乐风格似乎也不是很准确。

（3）三联版第 455 页有一句："据柏拉图说，所谓'摹拟体'（simulacrum）乃是指一件与原作样貌完全相同的仿制品，而其特点在于此物体并未曾仿照任何原制品仿效而成的。"而据查证，柏拉图的作品里并没有直接出现过 simulacrum 或 simulacre 这个词。柏拉图论述过的相关的概念只有《理想国》里将可见世界分为实体和影像（image）的 iamge，以及《智者篇》里论述的与 phantastic（幻象）相关的概念。詹明信此处之所以将柏拉图和 simulacrum 联系在一起，可能是由德勒兹而来。德勒兹在1969 年出版的《意义之逻辑》（*Logique du Sens*）里有一篇《柏拉图和拟像》（Platon et le Simulacre）。此篇由于中译本缺少，且 simulacre 一词并无固定译法，其中有译作"幌相"的。simulacre 一词在后现代语境里的普及来自鲍德里亚在 1981 年出版的 *Simulacra and Simulation*，simulacrum 是当代视觉文化研究的一个重要概念，但目前这一概念在国内的翻译十分混乱，如译为拟像、仿像、幻象、影像、类像、虚像、拟仿物，并没有固定的称法。相比之下，从语义简明和普及度较高的角度考虑，"拟像"和

"仿像"是比较好的选择。① 三联版此处译作"摹拟体"，可能无法与大陆对于 simulacrum 的相关译法衔接，也较难体现其与后现代语境的关联。

**3. 明显理解有误者**

（1）三联版第 452 页有这样一段："而所谓典范，最后也只能沦为一种中立、呆板、僵化、物化的'媒介语'。"这里的这个被译作"媒介语"的词的英文原文是 media speech。media 这个词兼有媒体和介质的意思，但从上下文来看，吴美真版的"媒体语言"似乎更加妥当。"媒介语"表示出这种语言的性质，即它作为中间媒介而存在；而"媒体语言"则体现出了这种语言的使用范围和传播领域。结合上下文来看，这里的意思更多指后现代时代的由于社会生活体貌方面的变化而分裂出的新的语言模式。因此译作"媒体语言"较好。

（2）三联版第 454 页有一个关键词是"历史循环主义"，这个词的原文对应词是 historicism。在大陆的相关专业词典上，如《后现代主义百科全书》《现代经济学辞典》②《现代西方文学批评术语辞典》③ 里，historicism 这个词都统一地被译为"历史主义"。历史循环主义认为人类社会的发展过程周而复始地经历同样阶段，是一种简单重复的过程。而从上下文意思看，虽是指文化创作者对于过去的风格元素的重新使用，但并非简单机械的重复。因此译成"历史循环主义"不太恰当，译成"历史主义"似乎更好。

本文着力分析的词语乃学术语，学术语对学术规范意义重大。从翻译理论的角度看，"学术语是'元语言'，对其语义规范的范围应该有更明确的界定，这无疑有助于对理论概念的划界，也是学术标准化的体现。学术语和一般词语一样，也受文化和社会的双重影响，所以变量的因素也不容忽视，经过翻译的学术语尤其如此"。④ 由此可见，在进行理论译介时学术语的准确翻译是十分重要的，而译好学术语也具有一定难度，不仅需要译

---

① 参见高字民《从影像到拟像——图像时代视觉审美范式研究》，陕西师范大学博士学位论文，2009，第 10 页。

② 〔英〕戴维·皮尔斯主编《现代经济学辞典》，毕吉耀、谷爱俊译，北京航空航天大学出版社，1992，第 238 页。

③ 〔英〕罗杰·福勒（Fowler, F.）编《现代西方文学批评术语辞典》，周永明等译，春风文艺出版社，1988，第 137 页。

④ 孙艺风：《视角，阐释，文化——文学翻译与翻译理论》，清华大学出版社，2004，第 40 页。

者有较高的外语水平，更需要译者对译入语地区的文化、社会状况和相关学术理论的变迁有一定了解。

三联版的译者陈清侨，是香港岭南大学文化研究系教授。香港这个地方在中文学术发展上具有特殊之处。香港在 1997 年回归以前被英国殖民者统治长达百年，英文曾长期是唯一的法定语文。由于香港的通行语言是粤语和英文，中文教育在香港并未得到普及，中文并非主流，其存在更像一门外语，只是香港中学生的一门选修课程。自 1968 年香港"中文运动"以来，香港学生提出"尊重母语""中国人用中文"，中文终于同英文一起被正式规定为香港法定语文。1970 年代末内地实行改革开放，使得香港的一些大公司、大银行及大专院校陆续设立普通话班，但是，香港地区的学术氛围还是以英文为主，中文的学术氛围不算完善。① 陈清侨翻译的学术语，与大陆地区通行的学术语的翻译之间有隔阂的原因在于，译者对于这些学术语在汉语界的起源和意义变迁，以及有关概念的理论走向的了解不是很深入。

相对于香港，台湾吴美真的译本虽然在文采和译文的通达顺畅上不及三联版，但对于一些专业术语的译法却更为准确，这与台湾地区的中文学术氛围更加严谨完善有关。历史上的台湾虽然和香港一样有着被殖民的过去，但中文教育明显恢复得更好。1945 年，抗战胜利，台湾结束了 51 年的日据时期，针对日本殖民者强制灌输日语学习造成的汉语严重衰退，国民党政府在 1945 年提出"国语运动"。后蒋介石政府退居台湾，并强行带去一批汉语界的学术精英，使得中文教育和研究在台湾发展蓬勃。近年来由于台湾使用繁体字，且重视国语教育，台湾的中文教育甚至有超过大陆的势头。② 所以香港三联版和台湾吴美真版的差别在于，陈清侨的英文能力或许更好，但吴美真在中文学术上的文化积累却比陈清侨要深厚。

## 二　大陆译本的必要性

詹明信的一港一台两个中译本出版于 20 世纪末，而内地至今没有本土

---

① 闵海霖：《双重转型中的香港中文教育研究》，华东师范大学硕士学位论文，2006。
② 范朋颖：《中国传统文化在台湾的传播与文化认同——以台湾两次光复时期为例》，华中师范大学硕士学位论文，2012。

译者翻译的中译本。可见在后现代理论的引进和接受上，港台学术的确比大陆学术要走得更早，与国际大形势结合得更加紧密。这可能与港台地区更加接近后现代理论的土壤——"后工业"时代有关。

大陆没有属于自己的本土化的译本，大陆学界对于詹明信理论的引进和接受似乎陷于依赖港台地区作为中介的被动局面中，这一点对于詹明信理论在中国的传播或许是一个障碍。原语文本与译入语读者之间的中介是译者，译者由于其自觉和不自觉的意识形态原因，对翻译进行了有意或无意的干预，这是所有的译本都会面临的问题。相对于自己本土的译者，来自不同的文化环境和意识形态的其他地区的译者无疑掺进了更多的意识形态隔阂。对于《晚期资本主义的文化逻辑》的大陆读者和研究者来说，只有港台译本可供选择，无疑是把自己对于詹明信理论及思想的本土化的阐释权又多推让出去了一点。

大陆学术界想要获得阐释詹明信理论的本土话语权，是否应该从拥有一个自己的本土化的译本开始？相较于香港三联译本在专有名词上的适应不良，台湾吴美真译本在翻译风格上与大陆读者之间的距离感，都不是最适合大陆地区的本土化译本，大陆地区是否应该着手翻译一个更符合自己读者实际状况的译本呢？

## 三　小结

这一篇论文，始于曾老师 2012 年底布置给我们的"作业"。只是这作业很特别，根植于詹明信的文本，因地制宜去发现和解决问题。在论文最终完成前，连自己也不知道究竟能发现些什么。

我所分到的第二章是詹明信这篇文章的展开阶段，大量的专有名词和概念开始出现，因此我首先的思路是，比较这些学术语英语原文和港版陈清侨中文译法之间的"不同"。在这个过程中，我又参考了台版吴美真的中译本一同进行比较。结果有些出乎意料，港、台版翻译的区别居然比我想象的更大。在老师的建议下，我的研究方向由此转向了研究"译介与文化"的问题。而由港、台版翻译差别折射出的港、台地区中文学术现状之间差别的深层原因，也逐渐浮出水面。在比较了港、台地区中文学术面貌的区别后，我也开始反思大陆地区中文学术的现状。翻译问题在学术中不仅仅是一个语言问题，更涉及对外来理论的本土解释权和话语权的问题。中国大陆拥有 13 亿人口，却没有一个根植于本土文化的译本，不能不说是一个缺憾。

在这篇论文的写作中，要感谢文艺学的各位老师提出了宝贵的修改意见，老师们的悉心引导使得论文的写作能够一直朝着有意义的方向前进。

# "晚期"资本主义："极境"还是"晚近"

殷晓璐

詹明信在《后现代主义，或晚期资本主义的文化逻辑》中，以独特的马克思主义视角将后现代主义与晚期资本主义的经济体系相联系，并将时空意识与后现代主义联系在一起。从现代主义到后现代主义，当今世界已经从时间化走向空间化，空间从时间中解放出来。在《后现代主义，或晚期资本主义的文化逻辑》的第四部分中，詹明信认为，时空意识的转变不仅造成了客观外部空间的改变，也改变了人的主观心理世界，并带来了一种新的审美体验，即"歇斯底里式崇高"。这是一种高科技的狂欢，是当代超空间带给人们的由欣狂喜悦感及其他强烈情绪组成的精神分裂式的欣快感觉。

《后现代主义，或晚期资本主义的文化逻辑》共有两个英文版本，分别为 1984 年英国《新左派评论》的期刊版（以下简称"新左版"——编者注）和 1991 年美国杜克大学出版社的专著版（以下简称"杜克版"——编者注）。比较观之，我们发现在文本的第四部分中，两个版本的内容有明显的增加与删节。通过对不同版本间增删差异的分析，我们不仅可以看到詹明信的思想变化，更可以窥探到整个社会历史境况的变迁。

一

在新左版中，文本第四部分有一个小标题"The Apotheosis of Capitalism"，中文版将其译为"资本主义的极境"，极境应指发展顶峰之义，杜克版则将这个标题删去。虽然这个标题的删除并非出自詹明信对它的否定，但这个标题中提供的思想，却能成为我们破解詹明信思想变迁的一把钥匙。第四部分沿用了曼德尔关于资本主义分期的理论，将资本主义的发展划分为三个阶段，即市场资本主义、垄断资本主义和晚期资本主义，"资本主义的极境"应指晚期资本主义阶段，即资本主义发展的最新阶段。

在杜克版出版的前一年，詹明信还出版了《晚期马克思主义：阿多诺与辩证法的持久性》一书。在这本书中，他首次提出了"晚期马克思主义"这个概念，简而言之，就是产生和发展于晚期资本主义社会中的马克思主义。20 世纪末，随着苏联解体与第三世界革命的失败，世界范围内的社会主义运动进入了最黑暗的低潮。而资本主义社会在经过了经济危机和社会危机的冲击后，却进入了一个相对稳定的发展状态，并开始了全球化的扩张。这迫使许多西方左翼人士不得不调整自己的理论姿态，重新评估当代资本主义。此时詹明信也介入了哈贝马斯与利奥塔关于现代性与后现代性问题的争论中，并使以悲观主义著称的阿多诺又一次进入了人们的视野。

在《晚期马克思主义：阿多诺与辩证法的持久性》中，詹明信修正了在《马克思主义与形式》中对阿多诺的指责，认为阿多诺的老式辩证话语虽在 70 年代是不合时宜的，但他却是今天这个时代的分析家，阿多诺的马克思主义对于晚期资本主义有独特的适用性。阿多诺在《否定辩证法》中将同一性视为交换关系，詹明信认为这正有力概括了马克思主义的唯物观，即生产方式决定上层建筑，晚期资本主义的一切文化现象根本上都是由商品经济机制决定的，阿多诺的同一性逻辑判断或许正是适用于今天这个时代的。詹明信同时还指出，"马克思主义像其他文化现象一样，根据它的社会经济语境而变化。被第三世界国家所需要的马克思主义将于那个证明以及正在倒退的社会主义有不同的重点，更不用说跨国资本主义的发达国家"。随着资本主义发展阶段的变化，马克思主义者也在相应地调整理论姿态以应对新资本主义，然而只要资本主义的根本矛盾依然存在，马克思主义就不会过时，晚期马克思主义的提出正是为了应对新的资本主义阶段。这个概念是从德语中引入而来，在德语中指持久存在的，即资本主义社会并不会马上灭亡，而是作为一个持续的过程存在，但正如詹明信所说，"这个词语并不意味着富有更多戏剧性，仍然是晚期胜于无期"[①]，所以詹明信在 90 年代初提出的"晚期马克思主义"正是适用于晚期资本主义的解放议

---

① 〔美〕弗雷德里克·杰姆逊：《晚期马克思主义：阿多诺与辩证法的持久性》，李永红译，南京大学出版社，2008，第 12 页。

程。在杜克版中被删去的标题"资本主义的极境"指的是晚期资本主义阶段，而詹明信在 90 年代初提出的"晚期马克思主义"正是适用于"资本主义极境"的解放议程，此时看来这里的"极境"或"巅峰"之义则有些不合时宜了。

"晚期资本主义"最早由厄尔奈斯特·曼德尔提出，他将资本主义的发展划分为三个阶段，即"自由竞争的英国式资本主义、两次世界大战之前和期间的那种帝国主义的古典时期以及目前晚期资本主义"。他认为晚期资本主义这个概念绝不是指资本主义的本质发生了变化，它是垄断资本主义的进一步发展，是资本主义内部出现的不同于此前两个阶段的社会结构调整。列宁曾指出，垄断资本主义是资本主义发展中的一个特殊阶段，是过渡的垂死的资本主义，并将垄断资本主义划分为一般垄断资本主义和国家垄断资本主义两个阶段。而晚期资本主义实质上正是垄断资本主义的进一步发展，即是由国家垄断资本主义转向了国际垄断资本主义。但是关于"晚期资本主义"这个术语的命名，詹明信和曼德尔却并不满意，曼德尔曾说，"我们必须表示十分遗憾，因为我们未能对这一历史时期提出一个比'晚期资本主义'更恰当的术语——我们对这一术语之所以感到不满意，是因为它是按年份而言的，不是综合而成的"，"但真正重要的不是个命名问题，而是对我们时代所发生的历史发展做出解释"①，这个术语只是为了阐释，马克思关于资本主义基本运动规律的论述在当代资本主义的具体历史中仍然是起作用的。由此可知，"晚期资本主义"并不是指资本主义即将灭亡或是发展到了最高阶段，"晚期"是指资本主义发展的最新阶段，正如詹明信所说，"它不过是资本主义的第三阶段而已，是资本主义制度的重构，如果愿意的话，也可以说是进入可与以前的历史相比拟的一个新的发展循环"②，这一最近阶段与此前两个发展阶段都是对资本主义制度的重构，它们是一种并列的历史地位。"晚期资本主义"英文为 late capitalism，late 则类似于 lately 之义，指最近的最新的；"资本主义的极境"英文则为 the apotheosis of capitalism，apotheosis 指神化或发展的巅峰，这暗指了发展的最高阶段甚至垂死之义。可见 apotheosis 这个词与"晚期资本主义"的概念是不相

---

① 〔比〕厄尔奈斯特·曼德尔：《晚期资本主义》，马清文译，黑龙江人民出版社，1983，第 16 页，第 4 页。

② 〔美〕弗雷德里克·杰姆逊：《全球化与赛博朋克》，陈永国译，《文艺报》2004 年第 7 期。

吻合的，也许是为了表述更清晰，杜克版删去了该标题。

虽然这个标题的删去并非出自詹明信对它的否定，但通过这个标题，我们可以看到从 80 年代到 90 年代，詹明信作为一名新马克思主义者力图实现对马克思主义的当代重构，并在这一过程中完成了从极境资本主义到晚期资本主义的修正。

二

从 80 年代到 90 年代，除了上文所述的詹明信的思想变化之外，通过版本的比较，我们还可以清晰地发现詹明信在时代语境下的另一种思想变化。在杜克版中，文本第四部分文末处还增加了一段：

Such narratives, which first tried to find expression through the generic structure of the spy novel, have only recently crystallized in a new type of science fiction, called cyberpunk, which is fully as much as expression of transnational corporate realities as it is of global paranoia itself: William Gibson's representational innovations, indeed, mark his work as an exceptional literary realization within a predominantly visual or aural postmodern production. [1]

译为中文大意为："最初间谍类型小说记叙了此类故事，近来，在一种新型的科幻小说——赛博朋克——里，此类故事又得到了新的表现。赛博朋克小说既充分表现了资本跨国合作的事实，又充分表现出资本自身对全球化的执著信念：威廉姆·吉布斯靠构想他那些代表性的发明创造，比如某种先进的能上天入地的后现代产品，令自己的文学作品成为杰出的真实世界的写照。"

这里所提到的"赛博朋克"，实际是詹明信在第四部分中提到的新式流行小说的一种范例。在晚期资本主义阶段，科技已作为一种速写的再现手段，使人们深陷于一种全新的世界网络中，我们必须透过这层阴谋的世界

---

[1] Fredric Jameson, *Postmodernism, or the Cultural Logic of Late Capitalism*, Duke University Press, 1991, p. 38.

网络，才能把握当今世界系统的整体性，赛博朋克正是这种文化生产过程的具体表现。

cyberpunk 一词是 cybernetics 与 punk 的结合词，指人可以自由航行在计算机网络的虚拟空间中，不受高科技智能的控制。赛博朋克小说于 80 年代中后期在美国兴盛，小说多侧重于对高科技智能进行奇迹般的描绘，并揭露数字化时代人类困窘的生存状态。詹明信在《全球化与赛博朋克》一文中指出，赛博朋克是后现代文化的表达方式之一，这个时代的特点是控制论和电脑的无处不在。他认为，赛博朋克"既是一张地图，同时又是一个症候：它不仅仅投射出全球未来的图景，这个图景往往只是现在各种倾向的扩大。它还通过自身的形式表达了那个现在的结构；因此，我将这样一种丰富的文学证据作为全球化和后现代双重语境下的一个重要的研究客体"。① 作为一种新兴科学技术在文学范围内的回应，赛博朋克还衍生出了电影、电视、音乐等多种艺术形式。

在杜克版中，詹明信加了赛博朋克这个概念，一方面与全球化趋势下美国的社会发展境况息息相关。从 80 年代到 90 年代，人类在短短十年间经历了从信息技术到信息传播技术的转变，实现了从现代控制到互动式的后现代控制的跨越式转型。信息技术的迅速发展所带来的是全球化浪潮和文化传媒化趋势，超文本小说、电子小说等新的文学表达方式充斥着我们的生活，人类进入了一个以信息技术为主导的数字化时代，合并了文字、声音和图像的数字媒介开始承担认识论的功能。而赛博朋克实际上正是数字化时代的文学表达，它所构想的是人的数字化生存状态，"赛博朋克"概念的加入不仅作为一种新的时代的症候，也预示了未来的社会甚至经济倾向。

另一方面，詹明信对"赛博朋克"文化现象的关注，也是他 90 年代理论转向的鲜明体现。1991 年《后现代主义，或晚期资本主义的文化逻辑》出版之时，詹明信还分别于 1990 年和 1992 年出版了《可见的签名》与《地缘政治美学》，这两本书都考察了电影在后现代社会中文化批判的作用。此后他还于 1998 年出版了《文化转向》，这本书收录了詹明信从 1983 年到 1998 年所写的八篇论文，时间跨度长达 15 年，书的内容也从文学到绘画再

---

① 〔美〕弗雷德里克·杰姆逊：《全球化与赛博朋克》，陈永国译，《文艺报》2004 年第 7 期。

到影视，甚至广告视频都有所涉及。由此可见，90 年代以来詹明信的文学视角已经开始扩大到了电影、广告等新型文化媒介上，这也标志着詹明信理论历程的新转向，即进入了媒介文化或图像文化的研究阶段。

詹明信曾在《后现代性中形象的转变》中指出，后现代社会已经进入了一个形象社会时期，形象本身就是商品具体化的形式，"传统形式让位与各种综合的媒体实验，电视的普及使整个人类生活视像化，形象取代语言成为文化转型的典型标志"，同时，这种文化生产"不再局限于它早期的、传统的或实验性的形式，而且在整个日常生活中被消费，在购物，在职业工作，在各种休闲的电视节目形式里，在为市场生产和对这些产品的消费中，甚至在每天生活中最隐秘的皱褶和角落里被消费，通过这些途径，文化逐渐与市场社会相联"①。可见晚期资本主义世界已经进入了一个超越文字的全新境界，这种革命性的转变改变了人们传统的思维方式，"赛博朋克"的引入，正是他在 90 年代将目光转向数字媒介文化的体现，是他在时代语境下做出的理论调整。

总而言之，通过对《后现代主义，或晚期资本主义的文化逻辑》两个不同英文版本的研读，并分析把握其中的差异，我们可以发现从 80 年代到 90 年代，詹明信作为一名新马克思主义者对晚期资本主义概念的修正，并完成了数字化时代的理论转向。

## 个人写作心得体会

很感谢老师们组织了这次对《后现代主义，或晚期资本主义的文化逻辑》中英文版本对照的研读，让我受益颇丰。在这次研读中，我与其他同学对文本进行了分工阅读，我主要负责文本第四部分即"歇斯底里式崇高"的研读。在对两个英文版本的对照阅读中，我发现第四部分文本内容有明显的增加与删减，我试图找出不同版本增删背后的原因。最终我发现，从期刊版到专著版文本内容的增删，不仅是詹明信的理论在时代语境下的相应调整，也是解读詹明信思想变迁的一把钥匙。

---

① 〔美〕弗雷德里克·詹姆逊：《文化转向》，胡亚敏等译，中国社会科学出版社，2000，第15 页。

　　首先，我将目光集中在杜克版删去的标题"资本主义的极境"上，虽然标题的删去并非出自詹明信对其的否定，但"资本主义的极境"这个标题消失的背后又意味着怎样的文化内涵？极境资本主义是否就真的等同于晚期资本主义？带着这些疑问，我阅读了詹明信的其他相关著作。我发现在90年代初詹明信还提出了"晚期马克思主义"这个概念，此即是应对于极境资本主义的新马克思主义，是其相应的解放议程，此时极境资本主义的提法则有些不合时宜了。同时，晚期资本主义这个概念也引起了我浓厚的兴趣，实际上晚期并不等同于极境，晚期资本主义指的是资本主义发展的最近阶段而非最高阶段，"资本主义的极境"这个标题的消失似乎更是詹明信对晚期资本主义概念的修正。除此之外，詹明信的思想在时代语境下还有了另一种调整，在杜克版中詹明信增加了赛博朋克的文化现象，在90年代初的其他著作中，他也曾提到了电影、电视、广告等新型文化媒介。赛博朋克的加入并非偶然，而是作为一种新时代的症候出现，这意味着在数字化时代下詹明信文化理论的相应调整。

# 激情的消逝：詹明信后现代主义批评态度的变化

朱春艳

从 1984 年的《新左派评论》期刊版到 1991 年的杜克大学出版社专著版，仅仅不到 7 年时间，詹明信对"后现代主义"的态度已悄然发生变化。1991 年，他在加州大学韦勒克图书馆作了一系列的演讲，并于同年 4 月将它们结集出版，命名为《时间的种子》。在这本文集的前言中，他检讨性地承认："我已经开始认为，'后现代'一词应该为这种思想保留下来。……作为一种意识形态的后现代主义，最好理解为我们整个社会及其文化或生活方式中更深刻的结构变化的一种征象。"① 詹明信的这一理解，明显超出了 1984 年期刊版将后现代主义限定为美学和艺术风格的范围，而上升到意识形态的层面。而即使是作为风格的后现代主义，詹明信也认识到，因为无限多元论的影响，个人风格本身已不再可能，因此，这种风格只能成为"将整整一个时期归纳为某种一般化的时代风格"。但是后现代主义本身却是"反风格"的，其结果是"抵制美学或风格的整体化"成为后现代主义的风格特征。正因为如此，詹明信不无遗憾地声称："我过高地估计了实际存在的后现代'风格'的多样性，似乎忘记了结构主义的基本教训。"

那么，接下来的问题是，詹明信这种态度的变化，是否可以在《后现代主义，或晚期资本主义的文化逻辑》一文从期刊版到专著版的修改中找到某种线索呢？

詹明信在序言中说，"踏入后现代时期，在众多的美感生产形式中，作

---

① 〔美〕弗雷德里克·詹姆逊：《时间的种子》，王逢振译，江苏教育出版社，2006，第 1 页，第 4 页。

品风格变化最显著、最剧烈，而所引起的理论探讨最能一针见血道破问题症结的要算建筑艺术了"①。文中对鸿运大饭店的分析也成为詹明信后现代主义分析的经典个案。下面我们就以此为例，通过细读文本的方式，来分析詹明信在1984到1990年间对后现代主义批评态度的变化。

在期刊版中有这样一句话："None of these is anything like the old hotel marquee…were wont to stage your passage from city street to the older interior."② 意思就是"这里没有传统饭店宽大的门篷，没有……的通道带领你从喧嚣的都市大街进入古香古色的饭店内堂"。③ "older"作为old的比较级修饰"interior"，加强了语气，意在把都市大街的喧闹与古香古色的饭店内堂形成鲜明对比。这是现代主义建筑十分显著的一个特点：建筑物与周遭环境的粗暴断裂，截然两分。显然，詹明信在1984年的期刊版中，试图将后现代主义与现代主义放在一起思考，并明确指出了后现代主义与现代主义的不同。但是到了专著版中，詹明信去掉了"older"，其对interior的强调随之消失，语言趋于理性，显现出詹明信在态度上的某种变化。再举一个例子，詹明信在描述鸿运大饭店的第二段的最后部分："But this disjunction from the surrounding city is very different from that of the great monuments of the International Style：there, the act of disjunction was violent, visible, and had a very real symbolic significance."期刊版里面修饰"different"的"very"和修饰"monuments"的"great"，在专著版中都被删掉了，相应地语气减弱了，后现代主义与现代主义间对比的力度也变小了。詹明信意图将我们的视线从关注后现代主义与现代主义的不同，转移到只关注后现代主义的表征。上面这句话主要意思是波文设计的鸿运大饭店跟四周的环境截然分开，但这种与周围环境的分裂做法又与"国际风格"不同，"国际风格"影响下的宏伟建筑与周围环境的分裂是粗暴的、鲜明的，而且带有真实的象征意义。"国际风格"，又称"国际主义风格"，起源于现代主义建筑设计。早在1927年，美国建筑师飞利浦·约翰逊（Philip Johnson）在德国斯图加特市

---

① 〔美〕弗雷德里克·詹明信：《后现代主义，或晚期资本主义的文化逻辑》，陈清侨译，三联书店，2003，第422页。

② Fredric Jameson, "Postmodernism, or the Cultural Logic of Late Capitalism," *New Left Review*1-146（*Jul-Aug* 1984），p.81.

③ 〔美〕弗雷德里克·詹明信：《后现代主义，或晚期资本主义的文化逻辑》，陈清侨译，三联书店，2003，第491页。

近郊举办的威森霍夫现代住宅建筑展上发现了这一风格，他认为这种单纯、理性、冷漠、机械式的风格将会成为一种国际流行的建筑风格，因此称之为国际主义风格。詹明信在这里所讲的"国际风格"，是指"欧洲现代主义迁到美国之后，与当地的国情结合，变成的一种单纯的商业风格"。① 国际风格继承和发展了现代主义，两者的表现形式并没有太大的区别。这里，詹明信"犯"了一个他日后才意识到的错误，即把后现代主义当成一种整体化的风格，一种与巴洛克或哥特式风格相类似的时代风格，并与类似现代主义的"国际风格"相比较。但事实上，后现代主义包括各种各样的风格，其中还掺杂着一些现代主义风格，因而它并不能与现代主义风格相提并论。也正是因为如此，在专著版中，詹明信删掉了大量用来修饰后现代主义和现代主义之间差异的形容词，其用意就是回到后现代主义文化本身中思考自身背后的文化逻辑，而非将后现代主义与现代主义作为两种风格比较，在比较中思考后现代主义的文化逻辑。

在詹明信眼里，建筑之所以在众多的文化形式中占据着核心位置，是由其艺术性与商品性紧密相连的特殊性所决定的。正如他在该文的序言中所提出的："事实上，建筑艺术和经济建制两者间的关系，并毋须透过任何中间媒介来维持——经济直接为艺术提供了稳固的物质基础（佣金、地价等）。"② 他认为，正因为建筑完全地依赖于资金，所以建筑空间是表现后现代主义最直接、最鲜明的形式。建筑空间结构从现代主义向后现代主义风格的演变，预示着一个新的资本主义社会阶段的到来，一种新的社会秩序的到来。虽然詹明信在第六部分很明确地表示要极力避免让批判性的分析沦为道德性的评价，企图能够真正辩证地看待问题，但是在1984年期刊版中，詹明信仍情不自禁地流露出了对后现代主义深深的忧虑，以一种道德性的态度看待后现代主义。到了1990年代，詹明信看待后现代主义的态度相对客观、冷静和平和了，既不谴责，也不欢呼，而是相对客观地将其放置于晚期资本主义的文化框架里予以分析。如分析后现代主义特征，讲到人的身体与周围环境的断裂时，詹明信说："And I have already suggested that this alarming disjunction point between the body and its built envi-

---

① 李智瑛：《西方现代设计史》，人民美术出版社，2010，第98、99页。
② 〔美〕弗雷德里克·詹明信：《后现代主义，或晚期资本主义的文化逻辑》，陈清侨译，三联书店，2003，第430页。

*ronment.*"① 期刊版中的"And I have already suggested"（我以前已经提出过）直接换成了"It may now be suggested that"（现在可以提出）。"may"是"能、可能"的意思，多用于正式文体，含尊敬之意，它既可表现在又可表将来的可能性。詹明信在专著版里改用"may"，减轻了自己行文的主观化色彩，变成了以一种商量的语气和读者对话。还有在反对拉殊的批评方法时，詹明信讲道，"Nor is the point some culture-and-personality diagnosis of our society and its art, as in culture critiques of the type of…"期刊版中"culture critiques"中的"culture"，到专著版中换成了"psychologizing and moralizing"（心理学和道德意义上的）。他在专著版中明确地指出，自己反对的是拉殊用心理学和伦理学来诊断社会和文艺的方法，而不是期刊版中笼统的文化批评方法。正如詹明信所言，"我以为倘若因为要批评我们的社会制度而把自己局限在心理的范畴里去挖文化的疮疤，则未免太过宽大了"②。

通过两个版本的比较，我们不难发现，詹明信在期刊版中对后现代主义的理解偏向于把后现代主义理解为一种风格，注重后现代主义与现代主义的对比。而在之后的专著版中，詹明信更倾向于在后期资本主义社会环境和困扰中思考后现代主义问题，略微调整了自己分析后现代主义的视角。在《时间的种子》引言中，詹明信反思道："我在建筑作品本身当中寻找那种限制（如果能找到它，如像它在某些历史时期那样，这种形式上的限制将采取一种特殊的时代风格的形式）。但事实上，结构上的限制要在环境或困扰中发现，个人建筑师以及他们的独特的设计都必须以这种或那种方式对环境或困境做出反应。"③ 这也证明了詹明信对后现代主义问题的思考更加全面，更为辩证，标志其思想走向成熟。

## 小　结

在这次有关《后现代主义，或晚期资本主义的文化逻辑》的研读过程

---

① Fredric Jameson , "Postmodernism, or The Cultural Logic of Late Capitalism," *New Left Review I-* 146 (*Jul-Aug* 1984), pp. 81, 83.
② 〔美〕弗雷德里克·詹明信：《后现代主义，或晚期资本主义的文化逻辑》，陈清侨译，三联书店，2003，第470页。
③ 〔美〕弗雷德里克·詹姆逊：《时间的种子》，王逢振译，江苏教育出版社，2006，第4页。

中，我主要负责的是第五部分"后现代主义与都市"。研读两个英文版本时，我发现詹明信对"后现代主义"的态度发生了某种变化，期刊版重在强调后现代主义与现代主义的比较，把后现代主义限定为美学和艺术风格的范围，而专著版则明显地将后现代主义看作一种意识形态。接下来，围绕这一论点，我对期刊版和专著版进行了一字一句的对照，发现期刊版中许多带有强烈感情色彩的形容词、副词在 1991 年的专著版中得到相对客观的处理，使得语言趋于理性，这无疑成为詹明信后现代批评态度变化最明显的证据。同时，我翻阅了和《后现代主义，或晚期资本主义的文化逻辑》专著版同年出版的《时间的种子》。在翻阅过程中，我发觉这个时候詹明信对于后现代主义的批判态度是冷静的、平和的。这也力证了詹明信后现代主义批评态度，从 1984 年的期刊版到 1991 年的专著版已然发生了变化。

在这次研读过程中，我学到了许多，不仅是对詹明信后现代思想有更加深入的理解，还有怎样写好一篇论文。谢谢老师们给我的指导和帮助。

# 语词之后：写作的政治性

余 琴

"批评距离之撤销（The Abolish of Critical Distance）"是《后现代主义，或晚期资本主义的文化逻辑》的最后部分，承载了詹明信的文化乌托邦设想。[①] 詹明信通过文化批评距离撤销的现状，提出"认知绘图"这一思想和现实的中间物，企图通过文化重新自主来抵抗被空洞的时间所掌控的晚期资本主义。在对 1984 年期刊版到 1991 年著作版的增删修改的比较中，我们可以体会到作者前后思想及情感的变动：1984 年对社会发展状况的预测和评价具有前瞻性；而到 1991 年系统完成著作时，他已经注意到金融资本在资本主义社会中地位日益显要，信息技术作为媒介塑造着人们思想生产和接受的方式，艺术和文化逐渐丧失批评能力等社会现状。詹明信将自身的经验与知识结合，在肯定前期思想的基础上做出了微调，而这一微调的过程则为我们展示了他写作的政治性特征。

在阅读过程中，我们首先会遇到一个令人疑惑之处：1984 年的期刊版中有"the ensemble of the city's structure as a whole"[②] 一句，陈清侨将"city's structure"翻译为"都市形式"，而"形式"一般是相对于"form"而言，那么这与詹明信的思想是否相左？翻译是否会让读者对研究结果产生误解？非常有意思的是，1991 年专著版中，詹明信也在这个地方略做了一点"手脚"。他选择的是改动另一个词，即用 society 替代原文中的 city，于是，专著版的译文便为"社会结构"。我们看到两者的差异亦即从资本主

---

① 王逢振曾在《道德、政治欲望和〈政治无意识〉里的乌托邦主义》一文中表示："詹姆逊的作品虽然远未提供一个未来理想社会的蓝图，但他的乌托邦主义却与乌托邦有某种共同的东西，这就是对社会进行批评，并建构一个可供选择的社会，一个消除了异化结构并在人们中创造真正和谐的社会。"参见《外国文学评论》1999 年第 3 期。

② Fredric Jameson, "Postmodernism, or the Cultural Logic of Late Capitalism," *New Left Review*, No. 146, 1984.

义的"都市"拓展到了跨国性的、全球性的世界系统空间——"社会"了。同时我们可以联系另一个句子"as Marx did for the newly unified space of the national markets ..."①，在 1991 年专著版的正文中，它更改为"as Marx did for the world market as the horizon of national economies ..."②，即"世界经济作为国家经济的地平线"，这表明国家经济外围的延展性已经扩大为世界市场。这是詹明信在时隔 7 年后对马克思的再理解，可见作者此时已经意识到了全球化的巨大力量及其作为一种不可避免的趋势。雷蒙·威廉斯曾对"city"的含义演变作过梳理：13 世纪时它还是"理想定居地"，18 世纪时则已然和金融与商业活动的扩张相关，而 19 世纪时，随着工业社会人们生活的快速变化，这个词的含义则逐渐趋于摆脱"行政体系"的束缚而转向抽象用法。③ 因此，就有人提出对城市的关注点应该放在各大城市不同的形象和象征的特性上④。

回到文本，我们可以发现詹明信对城市的思考有着林奇"疏离的都市"的痕迹，但更主要的原因是如果要在晚期资本主义的文化逻辑内寻求自我的定位，传统的"都市"概念已经显得不合时宜了，詹明信需要跨过城市这条线，为"认知绘图"的实践寻找当下更一般的统一空间。另外，"社会"一词，在托尼·本内特等人看来，是与 20 世纪的全球化进程相联系的，作为一种全球现象，它被描述为无边界的、人类关系的最高形式。⑤ 可见，对于词语的选择，詹明信也是考虑到 society 足以将 city 取而代之，并且能更形象地描述后现代语境中"人们所属机制和关系被塑造的状态"⑥。

可以说整个 80 年代西方资本主义均呈现出了一种向外扩张的姿态。这是因为随着 70 年代全球经济滞胀，以英美为主的资本主义国家新的经济精

---

① Fredric Jameson, "Postmodernism, or the Cultural Logic of Late Capitalism," *New Left Review*, No. 146, 1984.

② Fredric Jameson, *Postmodernism, or the Cultural Logic of Late Capitalism*, Durham: Duke University Press, 1991, p. 50.

③ 〔英〕雷蒙·威廉斯：《关键词：文化与社会的词汇》，刘建基译，三联书店，2005，第 44~45 页。

④ Tony Bennett, *New Keywords: A Revised Vocabulary of Culture and Society*, UK: Blackwell Publishing, 2005, p. 32.

⑤ Tony Bennett, *New Keywords: A Revised Vocabulary of Culture and Society*, UK: Blackwell Publishing, 2005, p. 329.

⑥ 〔英〕雷蒙·威廉斯：《关键词：文化与社会的词汇》，刘建基译，三联书店，2005，第 446 页。

英阶层产生，资本主义国家利用金融，通过信息技术和媒体以及其他国家内部改革的需要，将自己的利益藏匿于自由、平等和富有的伪装下强加给落后国家，甚至从我国改革开放以来香港资本大量涌入，并作为桥梁将国内产品、技术外销，都可窥见金融资本的跨国界、全球性的一斑。80年代的美国社会历史则更清晰地展示了变化的状态：1980年，里根当选总统，正当美国经济停滞不前之际，他主张减税、缩小政府规模、减少对商业的管制，以刺激美国的经济。美国经济在经历1981年到1982年的衰退后，于1983年开始了戏剧性的复苏。这一点我们也可以在大卫·哈维《新自由主义简史》第17页图1.1看出——1981、1982年美国失业率和通货膨胀率达到了70年代以来的顶峰，而1983年开始急剧下降。

如果说，从"city"到"society"、从"structure"到"form"还仅仅是论文修改、语词翻译中的个案的话，那么在"批评距离之撤销"中的大量修改，便进一步证明了詹明信从1984年到1991年对于"后现代主义"立场和态度所发生的变化。

如1991年版"But in that case it is only consequent to reject moralizing condemnations of the postmodern …"① 一句，相比较于1984年的"also logical"，"only consequent"更强调要从真正的辩证法而非道德上对"后现代"进行评价的"必然性"，因为后现代社会的发展趋势及其动力的存在"整体早已被既存的社会体制所吸纳"②，我们无法从本质上直击其弊端。事实上大家都知道，没有哪一种社会状态是不道德的，应该看到的是哪一种力量在操控社会的发展变化。新自由主义为市场的契约提供了一个"伦理本质"观念，像大卫·哈维就认为，"市场交换'本质上具有伦理性，能够指导一切人类行为，代替所有先前的伦理信念'"③。

再比如，1984年版"but offers a most inadequate theoretical basis …"④ 一句（像"同化"或"吸纳"这些流于简单的专门用语，始终未能提供一个

① Fredric Jameson, *Postmodernism, or the Cultural Logic of Late Capitalism*, Durham: Duke University Press, 1991, p.46.
② 〔美〕弗雷德里克·詹姆逊：《晚期资本主义文化逻辑》，陈清侨译，三联书店，1997，第429页。
③ 〔美〕大卫·哈维：《新自由主义简史》，王钦译，上海译文出版社，2010，第3~4页。
④ Fredric Jameson, "Postmodernism, or the Cultural Logic of Late Capitalism," *New Left Review*, No.146, 1984.

够分量的理论基础①），在 1991 版则改为 "but would now seem to offer a most inadequate theoretical basis ..."② （在现在看起来似乎并不能提供一个充分的理论依据），这样的变化似乎正体现了詹明信的 "真正的辩证法" 评论。詹明信在《语言的牢笼》中将辩证的双方定义为，"构成真正的辩证对立的两面中有一面是否定的，是不存在的"③，那不存在的就是一种形而上的概念而非关于社会实践的。因此，如果一味简单地依赖于专门术语，只会使理论停滞不前，使概念作为普世理论时摒除时间和变化，这将导致某种滥用，而不去思考 "同化" 或 "吸纳" 这些专用名词产生之前发生了什么，社会状况是如何变化，又是如何令大众心甘情愿接受，令其丧失批评距离的建立和批评能力的社会的。另一方面，詹明信的确更进一步清楚地意识到，金融在后现代社会中对其他经济领域、政治领域以及日常生活的同化和吸纳。从历史发展的现状来说，詹明信认为，信息技术、影像技术的发展使人们身处一个 "虚假时刻" 的社会，我们的空间感知被禁锢在了电脑、电视所提供的信息中，而失去了文化自主性，所谓失去的自主性并不是指其消失，它恰恰是通过扩大自身范围而将我们包围其中，令我们无从感觉，或者我们可以形容为 "不识庐山真面目，只缘身在此山中"。因此只有当经验积累（不论是社会的还是个人的）到一定的程度，社会才会产生质变，走上一条新的运行轨迹，而这个临界点就是后现代以全球化作为方法，以经济作为衡量标准和目标的社会。再比如，詹明信在 1984 年版本中多用将来时态对资本主义社会发展前景做预测，而到了 1991 年版时，则在多处行文中改用了肯定的语气，如 "This（perhaps startling，1984 版）proposition is ..."，"It is（will be，1984 版）appropriate to discuss these two（related，1984 版）issues ..." 等句。

　　既然资本主义的模式是一种将自身指认为永恒的 "结构"，那么詹明信要如何才能打破这种共时的状态，而以历时的角度去阐述呢？通过两个版本的差异，我们就会发现他又回到了语言的层次，因为他早就认识到了 "意识、个性、主体等都是由更大的语言结构或象征结构决定的，后来才出

---

① 〔美〕弗雷德里克·詹姆逊：《晚期资本主义文化逻辑》，陈清侨译，三联书店，1997，第505 页。

② Fredric Jameson, *Postmodernism, or the Cultural Logic of Late Capitalism*, Durham：Duke University Press, 1991, p. 49.

③ 〔美〕弗雷德里克·詹姆逊：《语言的牢笼：马克思主义与形式（上）》，钱佼汝、李自修译，百花洲文艺出版社，2010，第 107 页。

现的现象"①。又或者从拉康的"象征阶段"，詹明信看到了相比于语言层面，意识就是次要的了。所以不论是对 structure 的使用，还是对语气词的替换，抑或是行文逻辑的变动，都无不带上了索绪尔的幽灵，具有一种象征意义。

我想詹明信在某种程度上是同意结构主义的，那就是即使他们在一个文本内部探索，却承认而不探究外部有一个无形之中的标准，他们正是以此为准则来衡量自己对内部的批评。詹明信对那个遥远的社会主义满含期待，因此尽管他不去描述那个最终的所指，却通过书写、通过语言，对历史的进程进行追踪。这种变动的、非永恒的特性，也可以说是写作的政治性，以历时的角度评价资本主义共时的体系，即詹明信对资本主义永恒神话的破坏。

## 感　想

我对《后现代主义，或晚期资本主义的文化逻辑》的理解是在课堂讨论后，由浅入深地展开的，对文本的理解也是从囫囵吞枣到对理论的逐渐清晰，尤其是亲历了 2012 年 12 月詹明信在华东师大开设的"《资本论》新解"的讲座，我更体会到詹明信对晚期资本主义逻辑的批评态度的一贯性，而这也是促使我从其两个版本微调的语词出发，探讨其思想前后差异的契机。当然，一开始很难找准切入点，除了联系 70 年代到 90 年代美国的历史外（这里主要是参照了大卫·哈维的专著），理论资源还是比较少的，好在孙晓忠老师推荐詹明信《语言的牢笼：马克思主义与形式（上）》一书，帮助我找到了合适的阐述方向。"认知绘图"是詹明信在第六部分提出来的一个建构性概念，但是如何阐释它是对资本主义的对抗，我在将其与翻译的变化联系时遇到了瓶颈。我查阅了林奇的《城市意象》，也不断地与诸位老师探讨，最终形成了一个比较合理的阐述。而到了最后的文字梳理与删减这一步，又多亏曾军老师和李孝弟老师的指导才使文章最后成形。文本最终呈现为，通过分析语词的变化，揭示詹明信对资本主义的"结构"的批判与其政治目的的建立，而这同时也激起了我之后对西方左翼思想与后现代关系的兴趣。

---

① 〔美〕弗雷德里克·詹姆逊：《语言的牢笼：马克思主义与形式（上）》，钱佼汝、李自修译，百花洲文艺出版社，2010，第 117 页。

# 美感的民粹主义与后现代主义建筑

周盛伶

一

20 世纪末期，詹明信以马克思主义理论的视角介入了关于后现代主义的论争。他的《后现代主义，或晚期资本主义的文化逻辑》于 1984 年发表于著名的左派刊物《新左派评论》，1991 年又由杜克大学出版社出版有小幅修订的版本。这篇文章在 1997 年经陈清侨先生翻译，进入中国学界的视野。在此文中，詹明信对资本主义进行了分期研究，并将后现代文化视为晚期资本主义的文化主导形式，而在后现代文化的美感形式中又深具民粹主义的特点。

在文章中，詹明信将民粹主义视为后现代美感形式的一个主要特色："However, we may ultimately wish to evaluate this populist rhetoric, it has at least the merit of drawing ourattention to one fundamental feature of all the postmodernisms." "populist rhetoric" 即 "aesthetic populism"，乃是后现代主义文化的一种 fundamental feature（基本特色）。在陈清侨先生的译本中，"aesthetic populism" 译作 "美感上的民本主义"，而 "populism" 一词的准确翻译应该是 "民粹主义"。在中文语境当中，"民本" 一词的含义和 "民粹" 有较大的差别。"民粹主义" 有政治学和文化上的两种含义，作为政治学术语的 "民粹主义" 出现于 19 世纪的俄国，最初意指一种平民论者所拥护的政治或者经济信条，其特色是抬高民众而反对精英主义，强调民众代表了最先进的思想观念和行为方式，能够作为改革的先锋力量——可以看做是一种意识形态或者政治语言。"文化民粹主义" 的概括参考了政治学意义上的民粹主义，也尊崇和抬高民众的能力，强调民众的文化先锋意义。[①] "民

---

① 杨东篱：《伯明翰学派与文化民粹主义》，《山东社会科学》2009 年第 3 期。

本主义"则起源于中国古代的政治理念，包含着"民贵君轻，君为民而立"、以民为本、注重民生等理念，二者之间并没有相通或者相包容的关系。

而结合本文上下文语境来看：

（1）"……在另一方面，他们认为现代（主义）运动却以预言启示的形式刻意宣扬精英主义及权威主义；对此，后现代艺术大师范图里的批评和谴责确是傲气万千，毫不留情的。"① 可以看出后现代艺术家对精英主义的反叛。

（2）"总之，我们今天的群众不但易于接受，并且乐于把玩……在这个新的经验模式里，人来人往，既聚合又离散，结果形成一种崭新的实践，缔造出在历史上极具原创性的'超级人群'。"明确突出了"群众"（抑或"人群""大众"）在后现代文化中的重要意义。

此处指的无疑是"民粹主义"。为何译者在此译作"民本主义"而非"民粹主义"一词，显然是带有自身对后现代文化的某些个人性的理解和判断。因为在后面关于"鸿运大饭店"的论述中，译者使用了"民粹主义"一词："我曾经说过，相对于现代派精英主义（乌托邦式）的肃穆风格来说，后现代主义的作品（尤其是建筑艺术）是较接近民生，更倾向于民粹主义的。"

在这里，译者同时用"较接近民生，更倾向于民粹主义"来归纳后现代主义作品的风格，这并不是作者的无心之失，而是有意地经过斟酌而翻译和改动。两个英文版本中这句话对应的原文如下：

I have mentioned the populist aspect of the rhetorical defense of postmodernism against the elite (and Utopian) austerities of the greatarchitectural modernisms.

此处并未发现与"接近民生"相对应的语词，而"populist aspect of the rhetorical defense of postmodernism"在之前已经被翻译为"民本主义"，因此陈清侨先生所理解的"aesthetic populism"包括两方面的内容——"接近民生，倾向于民粹主义"，二者统用"民本主义"来概括。无可否认的是后现

---

① 〔美〕詹明信：《晚期资本主义的文化逻辑》，陈清侨等译，三联书店，1997，第 423、429、491、490 页。

代文化艺术的诸多载体，如建筑、商业广告、电影等，确实与一般民众的生活经验密切联系，相对于精英主义浓厚的表现主义现代艺术而言更加"亲民"。但詹明信的本意强调的是，后现代文化逻辑对现代主义艺术中精英主义和权威主义有意识的反对，以及作为对话对象的极其庞大的文化受众。

二

这种反对首先是对精英主义的消解和批判。后现代艺术家们毫不留情地嘲笑现代主义艺术品，文丘里（Robert Venturi）在《向拉斯维加斯学习》中称："在用清晰表述取代装饰后，现代建筑已成为一只鸭子。""monumental duck"，陈清侨先生译为"庞然怪物"。从《向拉斯维加斯学习》原文看，文丘里指责的是，"现代建筑推行的是表现主义，集中于对建筑要素自身的表现，将自身局限于空间、结构、规划等纯粹的建筑单元的手法是枯燥的表现主义，空洞而令人生厌——而且最终也是不负责任的"[1]。这样的建筑物"跟它的周遭环境彻底割离"，显示出精英主义和权威主义。"duck"一词源于美国建筑史上的一个事件，1930 年纽约长岛（Long Island）出现了一座鸭子形的建筑物，而其功能则是作为贩卖鸭子的商店。因而，"the Big Duck has influenced the world of architecture；any building that is shaped like its product is called a 'duck'"[2]。这种因其功能而得外形的建筑物便被称为"duck"，其结构、构造、体量都成了装饰。陈清侨译作"庞然怪物"，虽强调了现代主义建筑物在周遭环境和规划格局上的突兀、格格不入，却没有显示出现代主义建筑过分注重功能而忽视形式美感的特点，而这才是最让后现代的建筑大师最为诟病的。

反抗的另一种形式则是抹消了"高等文化"和"大众文化或者商业文化"两种截然不同的美感经验范畴之间的界限，带来了一种全新的文化文本。在《后现代主义与消费社会》一文中，詹明信谈到，从前的或者经典的现代主义是一种反抗的艺术，现代主义总的来说跟上流社会的习俗格格

---

① 〔美〕罗伯特·文丘里等：《向拉斯维加斯学习》，徐怡芳等译，中国水利水电出版社，2006，第 114 页

② Cynthia Blair, "1988：Suffolk County Adopts the Big Duck," *Newsday*, Feb. 21, 2007.

不入。"但是，这令人震骇的形式特征在后现代文化上更加明显和超越，并且被今天的群众所接受乐于把玩，后现代的文化整体早已被既存的社会体制所吸纳，跟当前西方世界的正统文化融成一体了。"① 现代主义建筑并未消失，只不过它被赋予的种种野心被后现代的文化逻辑所风化销蚀，失却了本来的意义。而后现代艺术，则更加彻底地投入了商业社会的怀抱。

另外，后现代文化所要对话的对象也是形成其文化逻辑的原因和表现。詹明信在考察华荷的《钻石灰尘鞋》时认为，"华荷仿佛看好了我们就是这样的观赏者——走在博物馆或者画廊里面，偶尔拐一个弯，便发现自己站在一幅画了不知何物的图画面前，顿时感到惘然不知所措"。② 这个对象的最大特征，即随机性和偶然性，"他"漫无目的地在走廊中游荡，偶然地看到一幅任意的作品，并且在面对作品的时候，并没有心理准备，这幅作品将他和历史与经验隔离，拒绝了任何思考的可能性——事实上也并没有什么需要思考的，因为"华荷的鞋子已经不再跟观画者诉说些什么了"。《钻石灰尘鞋》和高峰表现主义（high modernism）艺术作品那种"极端，反叛，骇人听闻"的极具深度的特性不同，缺乏深度，无可诉说，我们也无法对它进行阐释，无法用我们的经验来缔造滋养出这种作品的生活境况。这样一种随机的无力思考的对话对象只可能产生于一种超级人群（hyper-crowd）。这样的人群是历史上从未出现过的群体形式，形成了一种崭新的集体实践，而这种实践的集体性，也是美感民粹主义的现实根源之一。

## 三

总而言之，后现代主义建筑不再像现代主义高峰期的经典那样，"试图在都市既有的、俗艳的商业符号系统里插入一种异于潮流的独特而高格的，崭新的乌托邦语言"和大众格格不入的"低交流性"③，"相反，它们要好好地把握既存于现实的'正常'语言本身"。后现代艺术尤其是建筑，不再展现深度或者抱有乌托邦的寄托，而是迎合着"敢于标新立异的，多元的，

① 〔美〕詹明信：《晚期资本主义的文化逻辑》，陈清侨等译，三联书店，1997，第429页。
② 〔美〕詹明信：《晚期资本主义的文化逻辑》，陈清侨等译，三联书店，1997，第438页。
③ 〔美〕斯蒂芬·贝斯特、道格拉斯·科尔纳：《后现代转向》，陈刚等译，南京大学出版社，2002，第198、189页。

折衷主义，民粹主义和高消费主义的跨国的，全球的资本的需要"。很容易看出，后现代主义艺术和消费主义紧密关联，而消费主义又深刻地影响着当今的普罗大众，亦即"超级人群"。伯明翰学派以文化民粹主义著称的费斯克（John Fiske）认为，大众文化是由大众创造的，而不是由文化工业从外部施加。① 从而大众文化，或者我们这个时代的具有代表性的文化，其构成、精神和趣味都与大众的审美性格紧密相连，或者迎合大众的需求，或者其形式为大众所主导。日常生活已然审美化，更重要的是个体的感觉；不同于现代主义高峰时期所特有的整一和均质，晚期资本主义喋喋不休地重复个性与差异的神话。而这种个性化和差异化实现的方法，就是詹明信所言的"拼凑法"——将各个时代的建筑风格毫无保留地吸收并且重现，所有时期的建筑风格同时呈现在世人面前，历史进一步被抹除，"我们目前的城市，实际上是不同历史风格的偶然的后现代拼凑"②。风格之下空洞无物，生活中的碎片既然成为后现代化文化的基本材料，那么其美感形式中也同时充满了琐碎和卑微。

有赖于科技社会的迅猛发展、文化工业的空前扩张，资本的势力在今天已经伸延到许许多多前此未曾受到商品化的领域里去。在詹明信所引据的曼德尔（Ernest Mandel）的历史分期法中，晚期资本主义社会是一个比从前的任何存在形式更"纯粹"的资本主义社会，既然如此，文化领域受到商业资本的浸染也无法避免。我们在"民粹主义"这一颇具政治色彩的词语上面，也能窥出现代大众文化所包含的强烈的意识形态因素。詹明信提到，在50年代末期到60年代初期，我们的文化发生了某种彻底的——剧变，这种剧变可视为社会经济的变迁在上层建筑上的投射。而后现代文化形式特点表现出的这种社会系统的内在逻辑，它的美感上的民粹主义，对消费主义的欢呼，对大众口味的迎合，狂欢式的姿态，无疑如马克思所言，"资本家按照自己的形象创造了这个世界"。无怪乎作者认为对这种文化的任何观点都必然表明对这个社会的政治立场——或者像詹明信那样在审美趣味上倾向于现代主义，或者像费斯克般为大众的选择而欢呼。

---

① 姜华：《大众文化理论的后现代转向》，人民出版社，2006，第122页。
② 〔美〕斯蒂芬·贝斯特、道格拉斯·科尔纳：《后现代转向》，陈刚等译，南京大学出版社，2002，第196页。

# 小　结

通过对陈清侨所译《后现代主义，或晚期资本主义的文化逻辑》一书的细读，我发现译本中对"populism"一词翻译的前后不同。陈氏将其翻译成"民本主义"，而循究原文探其本义应该翻译为"民粹主义"。从这个单词延伸出去，可以看到詹明信认为作为晚期资本主义文化主导形式的后现代文化深具民粹主义的特点，这个观点贯穿着整个论述的始终，并且带着批判性的眼光进行审视和分析。就审美趣味而言，詹明信倾向于现代主义的艺术风格。正是这种批判性使得他的理论具有长久的生命力和现实意义。

对文本的细读工作有时候显得繁琐，但却是理解并发掘文章内涵的非常有效的途径，这次细读活动尤其使我感受到这一点。作者思想的脉络和其发展的轨迹，用以证明和支撑论点的理论背景和现实事件——如"duck"建筑事件，细致研读，都加深了我们对文本的理解，并且能够以不同的视角和经验切入，发现文本解读的多种可能性。实际上，我和其他一起参与这次细读活动的同学，便是从不同的方向，借助不同的理论资源，形成我们各自的见解。

在论文写作的过程中，限于我学识和经验的不足，文章有许多粗糙和疏漏之处。我的导师曹谦老师，以及曾军老师、苗田老师、李孝弟老师、孙晓忠老师、邓金明老师都提出了中肯有益的意见，对我启发良多，使文章有了现今的模样。在此对他们表示衷心的感谢。

# 中国大陆热点评述
# 和研究综述

# 置身事内：历史认知的使命与文化时评的位置

## ——2012 年文化热点评述

符　鹏[*]

　　任何一个有责任感的学者，无论从事哪个领域的研究，都越来越意识到现实关怀对于学术进展的重要性。可是，如何关怀现实本身便是一个问题。如果不首先对此追问，这样的诉求难免会凌虚蹈空，流于感慨，而不会真的与自身研究发生关联。那么，什么是现实？我们每个人都生活在一个相对狭小的世界，所能接触和感知的现实经验非常有限。在很大程度上，我们是通过越来越发达的传媒工具来把握现实的。经由这种方式，我们才能够与更加遥远的陌生世界建立共时关系，想象性地感知那里悲喜交集的生命故事。然而，我们也逐渐明白，传媒为我们构造的世界图景，乃是对无数信息进行筛选甚至重组的结果。事实上，越来越多的传媒信息，并没有真的增进我们把握现实的能力，反而使我们越发陷入碎片化的经验中不能自拔。换言之，如本雅明所说，这是一个经验贬值的时代，我们所能把握的经验不是更丰富而是更贫乏。那么，在这种意义上，我们应该如何构想自身与当代中国的关联，并由此建立自我认识的方式？

　　阿甘本提醒我们，并非所有生活在当代的人们，都是当代人，都具有当代性。在他看来，"当代性是一个人与其时代的一种独特关系，它既依附于时代，同时又与其保持距离。更确切地说，它是一种通过分离和时代错误来依附于时代的关系。那些与时代太过于一致的人，那些在每一个方面都完美地附着于时代的人，不是当代人；这恰恰是因为他们无法目睹时代；

---

　　* 作者单位：首都师范大学文化研究院。

他们无法坚守自身对时代的凝视"①。从这种理解来看，过分沉溺于碎片化的个人经验，其实无法建立其对时代的整体认识。因此，简单依赖于有限的经验来反省时代状况，注定是徒劳无功的思想实践。至关重要的是我们整理自身经验的能力，没有这一点，我们便始终无法抵达"对时代的凝视"，也不能建立现实关怀与学术诉求之间的真正联系。

在我看来，就整理经验而言，当下最为急迫的是整理文化方面的经验。按照威廉斯的说法，文化关乎我们每个人的生活方式。当代社会主义实践的变迁，在根本上意味着普通人生活方式的更替，或者说是文化经验的转变。今天，我们一方面感觉到文化生活的极大丰富，另一方面也意识到文化经验的急剧贬值。那么，如何甄别、判定和反省这种文化状况，便是整理个人和时代经验的当务之急。在这种意义上，文化时评无疑扮演着极为重要的认知角色。不过，这样说并不是要过分夸大它的时代意义，而是要强调其在整理文化经验中的基础性位置。试想，一百年后的学者会如何面对我们的这段历史？他们会通过什么方式来寻找理解的线索？显而易见的是，他们同样会通过查阅我们这个时代留下的资料来建构其历史认识。从这个角度来说，今天的文化时评，即便不能直接帮助后来的学者直接抵达"对（我们）时代的凝视"，但它对文化经验的整理和保存，也具有重要的历史认知意义。

正是基于以上理解，本文对 2012 年文化热点的评述，既不会面面俱到，也不会单纯看重其即时热度，而是力图从它与时代总体经验的关系中来判断其历史认知的位置，从而希冀这种文化经验的初步整理工作，能对当代人以及后来人对此的理解和把握有所助益。

2012 年是当代中国政治发展的重要一年。自 11 月 8 日开始，为期一周的中国共产党第十八次全国代表大会，成为这一年最重要的政治事件。关于文化问题，胡锦涛在十八大报告中明确指出扎实推进社会主义文化强国建设的任务。这项任务包括四个方面：加强社会主义核心价值体系建设；全面提高公民道德素质；丰富人民精神文化生活；增强文化整体实力和竞争力。这些方面的政治规划对文化发展的影响，要等待后来的时间显现和

---

① Giorgio Agamben, *Nudities*, translated by David Kishik and Stefan Pedatella, California: Stanford University Press, 2011, p. 11.

事实检验。然而，如果以后设的眼光来看，这个关键性的政治时刻，恰与这一年此前时间里文化经验的纷乱混杂、冲突多变形成鲜明对照。由此，一方面可以看出这种政治规划的现实根据，另一方面也能够想见其可能展开的未来方向及其实践困境。

## 一　歧路与正途：从"手抄讲话"风波到"莫言获奖"事件

2012 年最大的文化事件，无疑是莫言在 10 月份荣获诺贝尔文学奖。当瑞典皇家学院宣布获奖消息的那一刻，中国人百年的诺贝尔奖情结无疑得到了极大的纾解和振奋。然而，随之而来的是对莫言的文学成就、道德意识和政治态度的纷争。更有论者将此联系到此前喧闹一时的"手抄讲话"风波，因为莫言的参与，似乎诺贝尔奖的荣誉也因此被蒙上阴影。由此，通过这种奇特的方式，我们看到从"手抄讲话"风波到"莫言获奖"事件之间的隐秘关联。这种关联，可以说是当代中国文学与政治关系的巨大寓言。

**1. "手抄讲话"：不只是政治正确的分歧**

2012 年是毛泽东的《在延安文艺座谈会上的讲话》（以下简称《讲话》）发表 70 周年。从中央到地方，各种例行的纪念活动有很多。唯独作家出版社别出心裁，约请百位文学家抄写《讲话》的部分内容，汇成一部"手抄讲话"出版，美其名曰《毛泽东同志〈在延安文艺座谈会上的讲话〉百位文学艺术家手抄珍藏纪念册》。此事一经网络传播，引起舆论一片哗然。不少网友，尤其是公共知识分子纷纷站出，指责这些参与"手抄讲话"的作家奴颜婢膝，无所反抗，并戏称抄写者名录为"作家丢人榜"。更有甚者还拿他们"手抄讲话"所得一千元报酬说事，痛骂他们甘心为区区薄利被体制收买。

诸如此类的苛责言论一出，便有一些参与抄写的作家按捺不住，立即在网上发文自清。周国平在博客上坦言，自己抄写讲话，不过是一时糊涂，并自辩抄写是为了纪念自己在"文革"中的一段"心路历程"。① 而叶兆言在微博上更表现出痛定思痛的姿态："确实有些丢人……吃苍蝇的感觉很不

---

① 参见周国平博客，http://blog.sina.com.cn/s/blog_471d6f680102e2uk.html。

好，对于'讲话'，自小没什么好感。我为自己的不当回事深深懊悔，有些事不能不当回事。在抄写时，写到无产阶级资产阶级为人民大众，既觉得好笑，又觉得庆幸，今天似乎已没有这些词了。我以为它已经不能再伤害我们，但是事实显然不是，这个纸老虎仍然狠狠地刺痛了我。"① 不过，这些惊慌失措的"过激"辩词，并没有换来网友的同情和理解，反而是追根究底的进一步责问。而除此之外的其他参与者，并没有对此做出任何回应和解释。

事实上，并不是所有受邀的作家都接受了这种安排，有些认为自己在"文革"中受到不公待遇的作家，婉言拒绝了邀请。而对于接受者来说，主办方也事先申明了此举的用意。周国平和叶兆言显然并非不明白这一点。尽管他们的自清之词包含了自我反省的意味，但是这种反省在很大程度上不过是维护自我形象的需要，故而仅仅停留在历史问题的表层，未能深入辨析自我心态前后变化的精神机理与历史根由。在这种意义上，他们自我回护的主要目的，不过是为了与网友和公共知识分子站在"政治正确"的舆论战线上。这样来说，问题的根本似乎关涉到对毛泽东《讲话》的态度。大体而言，改革开放以来，随着文学写作的转向，知识界越来越趋向于批评《讲话》作为意识形态规划对于文学的政治干预，违背了创作的自身规律。今天，这样说法几乎成了"政治正确"的金科玉律，只要谁对此有所质疑，便是为体制辩护。事实上，此类教条化的立场表述，在很大程度上限制了他们反省的历史深度，最终往往导致化约式的处理方式，并不能对我们深入把握历史变动的复杂过程有所助益。

限于篇幅，这里不能详论《讲话》在中国近代以来文化变革中的关键性位置，只是稍微提及这个文本所处理的核心问题——文学语言。稍有常识者都明白，语言问题是"五四"以来作家创作的核心问题。"五四"文学革命的贡献仅止于推翻了文言文的统治性地位，并没有真正实现文学的大众化。1930年代革命文学兴盛之后，如何实现文学的"大众化"和"化大众"一直是知识分子思想实践的关键层面，但他们始终没有能够在理论层面解决这一问题。在这种历史脉络中，毛泽东《讲话》的出现，第一次从理论上对这一问题做出了纲领性解释。正是通过《讲话》，知识分子的语言

---

① 参见叶兆言微博，转自 http://blog.sina.com.cn/s/blog_4fe0dfec01014hz7.html。

霸权得以完结，文化实践的下移以及社会观念的总体性解放才能由此展开。可以说，这一文本在近代以来文化转折中发挥了不容忽视的关键性作用。当然，如洪子诚所言，《讲话》在很大程度上形塑了后来当代文学发展的"一体化"过程。正是由此，"大众化"成为主导性政治意识形态的化身，几乎完全取消了另一种"知识分子化"写作存在的可能，因而在某种程度上限制了当代文学创作的内在活力空间。

显然，上述简明辨析，正是该事件的指责者和自清者不屑甄别的历史面向的复杂性。不过，更令人错愕的是，他们几乎都错看了这次"手抄讲话"风波的性质。如果我们稍微注意下这次事件的运作，就不难意识到它在本质上是一场商业行为，而非单纯的政治事件。根据《南方周末》的报道统计，参与抄写的作家，大都并非普通身份，其中党员七十九人，作协系统八十七人。按照组织者的说法："他们都是领头人物。"[①] 换言之，这不过是体制内的一次常规活动，而非体制本身对其外作家的政治诱导行为。所以，简单局限于体制批判，显然无法揭示出这种微观差异。事实上，如果它有什么特殊之处，那只能是作家出版社的商业目的。在这个市场经济渗透一切的时代，作家出版社介入这次政治性的纪念活动，首先考虑的并不是意识形态话语的再生产，而是如何通过这次"手抄讲话"的炒作，从中获取商业利益。有的批评者已经敏锐地注意到，在这些年图书市场竞争日趋激烈的环境中，作家出版社也是不甘落伍的"弄潮儿"。从前些年的图书订货会上已经可以看出，他们早已成为市场的"标杆"。[②] 通过这次"手抄讲话"活动，出版社收获了颇为可观的商业利润，图书定价为 260 元，殊为不菲。而这种商业目的之所以能够达成，恰恰是因为《讲话》作为曾经的权威文本，在不断去政治化的历史进程中已经被抽空内涵，成为不同利益集团随意赋形的话语形骸。

**2. "莫言获奖"：从舆论欢呼到思想纷争**

在莫言获得诺贝尔文学奖之前，每年奖项揭晓时分，各大媒体都在乐此不疲地列数一百年来中国人与这一奖项的纠结情缘。细数起来，这都是

---

① 朱晓佳：《"考虑到他们都是领头人物"——"在延安文艺座谈会上的讲话"手抄本前后》，《南方周末》2013 年 6 月 1 日。
② 参见何吉贤的说法。详论见杨早、萨支山主编《话题 2012》，三联书店，2013，第 53~54 页。

些我们耳熟能详的历史掌故：鲁迅为何拒绝诺贝尔奖提名，沈从文作为候选人怎样惜败布罗茨基，老舍何以被推为获奖人而最后奖项却颁给川端康成，北岛如何屡屡作为候选人却最终未能获奖，诸如此类，不一而足。显而易见的是，这些叙述包含着中国人终究未能获得诺贝尔文学奖的无尽遗憾。由此形成的"诺奖焦虑症"恰恰反映出"五四"以来新文学，尤其是当代文学写作的不自信。所以，当前些年德国学者顾彬说出"中国当代文学是'二锅头'，现代文学是'五粮液'"的著名言论时，许多当代作家和学者的自尊心都被深深刺痛。

不难想到，当代文学由来已久的弱者心态，在莫言获奖后一扫而空。不少当代文学家和学者纷纷借助传媒平台发表自己对于莫言获奖的喜悦和赞叹，并多角度全方位申明此事对于当代文学发展的重大意义，仿佛经过这次国际文学奖项的认证，当代文学便可以自信地独立于世界文学之林。不过，莫言获奖绝不是一个单纯的文学事件，相伴而生的是地方政府、出版社和传媒公司大规模的商业营销活动。从保护莫言故居、重建莫言文化馆，到种植万亩高粱打造红高粱文化品牌，高密市政府充分发挥了"文化搭台，经济唱戏"的发展理念。更为夸张的是，山东省政府甚至将本省旅游宣传口号由"一山一水一圣人"改为"一山一水一圣人一文豪"。如此大规模的商业宣传，致使莫言老家院子被迷信"文曲星"的游人拔光树苗、萝卜，成为寸草不长的泥巴地。至于出版社抢夺莫言著作版权，连夜加印抢市场，传媒公司争相寻求著作影视改编权，加紧相关剧作进度，更是争先恐后。

然而，即使在这样的商业纷扰中，也不乏逆流而动的执拗之音。在莫言获奖后，他的著作突然从京城某著名人文书店下架，委实让沉浸于文化狂欢的人们为之一惊。按照该书店老板的说法，这样的举动是为了表明自己的立场。显然，此时莫言获奖俨然成为一个具有政治意味的事件。此后不久，随着舆论欢呼的逐步消散，知识界对于莫言获奖的质疑声音也此起彼伏。起初是追问诺贝尔文学奖的政治色彩，获奖难道就能代表文学成就最高吗？然后是认为获奖本身包含着官方政治运作的成分，质疑莫言的文学成就是否真的配得上诺贝尔文学奖。

对于莫言的文学成就，德国学者顾彬此前曾批评其钟情于荒诞离奇的故事，没有爱和思想。即使在其获奖后不久，顾彬也没有改变评判的立场。

可是，随后碍于一片褒扬的舆论压力，他便开始改口：自己说的不一定都是对的，此前的判断是因为没有来得及思考。① 不过，质疑的声音并没有因此停止。批评家李建军撰写长文批评莫言"文芜而事假"，"无思想无深度"，更是引发不少评论者回应和争鸣。② 此外，还有沪上学者王晓渔、朱大可等人，也在媒体批评莫言文学成就不高。③

即便如此，这样的质疑之声都没有成为莫言遭遇苛责的核心方面。真正将莫言引入舆论风口，带进政治与道德旋涡的是快要被人遗忘的"手抄讲话"风波。事实上，在这次风波中，莫言作为参与者并没有任何辩解言论。可以想见，若不是因为获奖后的盛名，这样的旧事大概不会被人作为"劣迹"揭出。不仅于此，随之被人翻出的还有此前的电话事件、法兰克福退场风波，以及被认为是"追捧重庆"的打油诗等。在此其中，尤为引人关注的是许纪霖的批评。他在《我为什么批评莫言?》的博文中，一方面对莫言颇有争议的文学成就保持宽容，另一方面就"手抄讲话"和打油诗两事，批评其道德人格的软弱。随后，他再发博文，又借用村上春树"鸡蛋与高墙"的比喻，指责莫言"双重人格"。④ 这些批评言辞，很快招来汉学家马悦然怒不可遏的辩护，尤其是他从莫言的打油诗中解读出讽刺之意，而非吹捧之情。不过遗憾的是，马悦然回护心切，其间的措辞和解读也多有不当之处。⑤ 相对而言，桑博随后的辨析则更有说服力。他批评许纪霖以一种政治立场反对另一种政治立场，并上升到"人格分裂"的高度，难免有大题小做、政治谄媚之嫌。在他看来，不管是打油诗还是"手抄讲话"，都谈不上是"政治恶行"，反而批评者离开文学讨论政治的做法，没有什么

---

① 相关观点参见唐小林《顾彬对莫言何以前倨后恭》，《深圳特区报》2012 年 11 月 5 日。
② 李建军：《直议莫言欲诺奖》，《文学报》2013 年 1 月 20 日。
③ 王晓渔：《没有批评者要求莫言做烈士》，王晓渔博客，http：//blog.163.com/wangxy1978@126/blog/static/11872229320121111145913595/；朱大可：《莫言在"诺贝尔圣徒"和"乡愿作家"间挣扎》，凤凰网文化频道，http：//culture.ifeng.com/huodong/special/moyannobel/content-1/detail_2012_12/11/20046991_0.shtml。
④ 许纪霖：《我为什么批评莫言?》，许纪霖博客，http：//blog.sina.com.cn/s/blog_71bcc28e010133jb.html；《鸡蛋与高墙：莫言的双重人格》，许纪霖博客，http：//blog.sina.com.cn/s/blog_71bcc28e01014aym.html。
⑤ 马悦然：《许纪霖教授欠莫言一个公开道歉》，汉学家马悦然博客，http：//blog.sina.com.cn/s/blog_679c4c6e0101ggyf.html。

可取之处。①

在我看来，由莫言获奖所引发的上述批评声音，在很大程度上显示出思想界不同立场的根本分歧。这种分歧并不只是评判文学的态度，理解作家人格的视野，更是把握文学在当代思想中位置的根本差异。某种意义上，莫言获奖事件正可视为观察当代中国思想变动的一面镜子。尽管他作为文学家并没有直接介入这些思想纷争，甚至也没有直接回应上述文学、政治和道德指责，但也多次通过新闻媒体强调自己的写作动机和做事原则。在得知获奖后的媒体见面会上，他特别强调"自己获奖是文学的胜利，而不是政治的胜利"，"作家的写作不是为了哪一个党派服务的，也不是为了哪一个团体服务的"。而对于"手抄讲话"风波，他也一再申明自己并不后悔，抄写讲话与自己的创作没有矛盾。不仅如此，自己的创作也一直在突破《讲话》。更为可贵的是，他同时能够以历史化的方式看待《讲话》的理论贡献与现实局限。② 但遗憾的是，在喧喧扰扰的欢呼和纷争中，没有人愿意仔细听听他的解释。

## 二 公民还是公敌？：舆论旋涡中的"韩寒现象"

如今，无论赞成还是反对，没有人能否认韩寒在当代中国公共话语空间中的巨大影响力。他早已不是当年那个反对教育体制的 80 后少年作家，而是一夜之间成为不断对公共事务发言的"意见领袖""公共知识分子"，被媒体封为"公民韩寒"。不过，悖谬的是，"公民韩寒"却是由骂而起，因骂成名。在他眼中，一切体制化社会表征都是批判的对象。与此相对，他在 2011 年岁末抛出的"韩三篇"，首开单独立论之风，直击社会敏感话题，一时间引发思想文化界的持久纷争。然而，好景不长，正当韩寒再次被推向舆论尖峰时，一场突如其来的"人造韩寒"打假运动，很快使之陷入难以脱身的"代笔"泥潭，俨然成为欺世盗名的"人民公敌"。

### 1. 风生水起："韩三篇"引发思想界波澜

所谓"韩三篇"，是指韩寒在 2011 年 12 月 23、24、26 日分别发表的三

① 桑博：《如何批评莫言——与许纪霖先生商榷》，观察者网，http：//www.guancha.cn/Sang-Bo/2012_12_10_117494.shtml。
② 刘欢：《莫言称抄写〈延安文艺讲话〉与创作没有矛盾》，中国新闻网，2012 年 10 月 12 日，http：//news.163.com/12/1012/20/8DL24JLU00014JB6.html。

篇博文《谈革命》《说民主》《要自由》。"革命"、"民主"和"自由"都是现代政治文化的核心概念。韩寒一反往常点评时事、讥讽论敌的戏谑风格，想要触碰这些人类生活的宏大观念。除了风格的变化外，他的批评矛头也不再局限于现行体制，而且指向世俗大众。一方面，他力图说明这三个概念在不同语境、不同阶层那里形成的理解差异和沟通障碍；另一方面，他反复强调大众在生活中自私冷漠、重利轻义、目无法纪。在他眼中，大众素质如此低下，所谓的革命最终不过是掠夺和残杀，民主必然沦为利益政治。所以，只有通过讨价还价的平和抗争方式，才有可能换来自由民主的权利。

在当前社会矛盾日益激化的状态下，"稳定压倒一切"乃是当前最大的政治。可以想见，这样的言论一出，无疑挑动了人们最敏感的神经，不少公众和媒体人都为之击掌称赞。而在知识界，"韩三篇"更是一石激起千层浪，引发了不少思想的激辩和人事的纷争，折射出不同立场学者的内部差异。以往大力吹捧韩寒批判体制、崇尚自由民主的自由派学者，看到他突然反戈一击开始质疑这些理念的普适性价值，纷纷指责"韩三篇"学理不通，误解迭出。而一向不屑韩寒言论的左派学者看到他突然开始批评自由民主，也油然升起亲切之感，但韩文苛责民众的反民粹主义倾向，却也令其心生不快。不过，两个阵营内部的温和派倒是对他这种体制与民众同时批判的姿态，表示出欢迎态度。

此外，以往对韩寒批评体制的声音置若罔闻的官方媒体，这次也对他的行动大力褒扬。《人民日报》公开发文褒扬韩寒，《环球时报》更是连发三文称赞"韩三篇"，并摘录其中的句子，例如："暴力革命我们都不愿意发生，天鹅绒革命不可能在近期的中国发生，完美民主不可能在中国实现，所以我们只能一点点追求"，"党的组织庞大到一定程度，它就是人民本身，人民就是体制本身"（《说民主》）。① 这些引用的现实目的显而易见。该报总编胡锡进甚至夸奖"韩三篇""成熟"，"超越左与右"。不难想到，"韩三篇"被如此征用，越发让原本就对韩寒起疑的支持者，开始担心他已经堕落成"五毛"。

当然，还有不少学者并没有就事论事地与"韩三篇"辩论，而借其酒

---

① 《评韩寒谈革命、说民主：30 年的人生总结》，《环球时报》2011 年 12 月 26 日。

杯浇自己心中的民主自由块垒。学术网站"爱思想"事后特别整理了"韩三篇"引发的讨论文章。[①] 从中可以看出，不管是赞成者，还是反对者，都不乏不提韩寒论调，只谈个人见解的做法。显然，他们不相信常识层面的申明有什么价值，而是坚持相信学理层面的辨析胜于一切。然而，这些学理层面的知识恰恰是韩寒所鄙弃的，他一向只在常识层面论说和批评。基于此，可以说，双方看似在论辩，其实并未真交锋。

如果回到双方真正交锋的部分，不难发现，"韩三篇"中的"素质论"和反对革命观正是褒贬双方关注的焦点。如前所述，韩寒在文中花了许多笔墨来批评国人的素质低下。在他眼中，只有提高了国民素质，所谓的自由民主和革命才有可能实施："如果你硬要问我在中国，什么时候是个革命的好时机，我只能说，当街上的人开车交会时都能关掉远光灯了，就能放心革命了。但这样的国家，也不需要任何的革命了，国民素质和教育水平到了那个份上，一切便都是自然而然的事情了。"对此，赞成者的观点不出"乌合之众"的论调。而反对者则强调，素质低下问题，乃是个人在社会氛围与权力结构中异化的后果，专制体制无法锻造民主素质，而韩寒所列诸种素质与政治毫无关系。[②]

不过，在我看来，"素质论"的问题并不止于此。首先，这种"素质论"乃是社会阶层区隔的产物，它包含着显而易见的精英主义姿态。这种判断方式包含着教条主义和本质主义的眼光，而这恰恰成为个体道德提升和完善的认识论障碍。其次，在社会氛围和权力结构背后，还包含着更深刻的政治经济学原因。不同阶层之间关系的资本化，决定了剥削在经济生活中的正当性，而"素质论"恰恰为这种生产关系的存在赋予道德合理性。最后，"素质"与自由民主和革命并不存在道德上的因果关系，而是相互作用和转化的关系。"素质论"既不是人们改变现实的直接动力，也不会成为社会更新的道德后果。因为，这种表述的对象只是个人，而非人与人之间的伦理关系。

**2. 飞流直下：当"人造韩寒"撞上媒体墙**

正当风生水起的"韩三篇"争议愈演愈烈之时，知名博主麦田在博

---

① 参见"爱思想"网站的《韩三篇》讨论专题，http://www.aisixiang.com/zhuanti/122.html。

② 此处概述参见断桥《破壁人——"韩三篇"风波》，《话题2012》，第88页。

客上发表的一篇《人造韩寒：一场关于"公民"的闹剧》，瞬间扭转了舆论的风向。这篇博文质疑韩寒今天的多数文章，乃是其父韩仁均、出版人路金波及其营销团队代笔的功劳。此言一出，立刻引起轩然大波。众多知名文化人都投入到新的"代笔门"中继续口诛笔伐，论战不休。如此事关声誉之事，很快得到韩寒的回应。他在博客发文《小破文章一篇》，誓言每一个字都是自己亲手写下，甚至重金悬赏能够证明自己代笔之人。之后在两人一来一往的论辩中，方舟子逐渐参与其中，撰文质疑韩寒代笔。正当三人交战正酣之时，麦田突然发文公开向韩寒道歉并删除质疑文章，论战从此主要集中在方舟子和韩寒之间。尽管不久之后，韩寒发表博文《孤方请自赏》宣布退出论争，但方舟子并不善罢甘休，以一篇《"天才"韩寒的文史水平》宣布"方韩大战"正式开始。此后他连发十四篇质疑文章，同时彭晓芸、张放等的质疑也来势汹汹。此种被动局面使得韩寒不得不再次应战，并最终诉诸法律手段，向上海普陀区法院起诉方舟子等人名誉侵权。此后，"方韩大战"虽然并未戛然而止，但也声息渐弱，无果而终。

如前文所述，"公民韩寒"由骂而起，因骂成名，并作为挑战者处处占据主动。而这次因为"韩三篇"已遭人质疑其思想动机，随后突如其来的"方韩大战"更将矛头指向其成名背后的道德人格。经此论战，"公民韩寒"作为公共知识分子的形象飞流直下，一落千丈，转瞬成为"公敌"韩寒。而此前雄辩滔滔的"韩三篇"也因此显得面目可疑，越发令质疑者失望。不过，与以往不同的是，"方韩大战"并不是一次简单的网络事件，而是吊诡地成为文化人区分彼此的标尺。一段时间内，人们见面问话的方式都成了"你是支持韩寒还是方舟子"，而由此判断引发的朋友反目之事更不在少数。在此意义上，"人造韩寒"事件可以说已经升格为 2012 年轰动一时的文化事件。

方舟子在学术界打假，一向以材料为据，用事实说话，而且长于逻辑推理分析，所以口碑颇佳。在这次"方韩大战"中，他同样以事实和材料作为分析依据。然而，在挺韩派眼中，方舟子不过在炮制一套阴谋论：韩寒是个文学白痴，他的好作品都是经人代笔，小说系其父韩仁均所为，而博客乃是路金波等人代劳。对于方舟子这些质疑的合理性，评论者断桥已经有精彩的分析评判：材料多为捏造和歪曲，逻辑推导低级可笑。① 事实上，只要稍微仔细注意下方舟子的论证，就很容易看出，他所使用的材料并不充分，往往是通过推理分析来强化其说服力，而且最终多以强人所难的质问口气让对方来证明：某些文章是他所写，而非造假。不管对方文章是真是伪，这样的打假逻辑显然已经到了令人觉得可笑的地步。

然而，韩寒遭遇的这些质疑绝非平地风波，而是其成名逻辑的必然后果。他之所以能够一骂成名，主要依赖于网络媒体的商业化塑造。麦田在《人造韩寒》中曾经表述过自己质疑韩寒的基本动因："一是因为'韩三篇'以商业炒作为目的，侮辱了哈维尔，此事激起本人愤怒……三是因为知识界抓不住重点（韩寒之伪），看得本人着急。只好赶鸭子上架，自己动手。"事实上，通过这种媒体手段塑造"公民韩寒"的形象，乃是韩寒的出版合作者路金波的有意策划："我希望饶雪漫走商业化的路线，韩寒就去竖牌坊做知识分子。"② 这种成名逻辑最初并不为外人所知，但凡是媒体人都很容易明白这一点。《纽约客》曾经明确点出韩寒的这种特殊性："他是唯一一位批评政府但还能拉到商业赞助的人。"③ 所以，在韩寒敢于直言的独立公共知识分子形象背后，恰恰是他与商业媒体亲密合作并自愿接受其包装和塑造。然而，令他料想不到的是，在这次"方韩大战"中，"人造韩寒"撞上了媒体墙。换言之，此时将他拖下神坛的正是昔日成就其名声的商业媒体。在这种意义上，经过这两次事件，韩寒身上的神话迷思已渐被更多的人拨开。可以想见，他已经无法再像以往那样缔造大众舆论的神话。

更进一步来说，"人造韩寒"运动作为一个事件，从某种角度也折射出当代知识界内部的左右分歧。"方韩大战"中倒韩一派的声势之所以如此浩大，在根本上倒不是因为事实究竟如何的问题，而是与韩寒这种表里不一的公知形象密切相关。尤其是具有左派倾向的学者，更是对其作为既得利益者的虚假姿态颇为反感。而此前因为"韩三篇"对自由民主的批评，韩寒被不少自由派学者视为向权力体制献媚，从而不再对他抱有以往的期待。

---

① 断桥：《韩寒代笔探讨：强质疑、弱质疑、和忽悠》，断桥财经网博客，http：//blog. caijing. com. cn/expert_ article -151602 - 32376. shtml。
② 戴维：《路金波：是他"炮制"了韩寒》，《都市快报》2011 年 10 月 5 日。
③ 欧逸文（EVAN OSNOS）；《"寒"朝：一个青春文化偶像能与权势拧到什么程度？》，网络译者志愿团队译，《纽约客》2011 年 7 月 4 日。

尽管两派学者并没有在这次事件中真正直接交锋，但是他们这种内在的分歧却显而易见。

## 三 媒体内外：荧屏"宫斗"不休，屌丝"逆袭"无力

2011 年，电视媒体出现了多部以后宫斗争为题材的电视剧，例如《宫》《步步惊心》等，这种"宫斗剧"从后半年出现的《甄嬛传》为高潮。进入 2012 年，这部电视剧被许多地方电视台争相播放，并达到极高的收视率。基于此，"宫斗"热潮引起文化界的广泛争论，并受到主流媒体的关注和批评。与荧屏"宫斗"相对照的是阶层日益固化的社会现实，"屌丝"作为一个网络热词在 2012 年受到广泛关注，甚至这一年被称为"屌丝年"。由此衍生的"逆袭"概念成为"屌丝"改变现实之无力感的生动表达。媒体内外形成的这种对照，成为 2012 年最为悖谬的文化生活景观。

**1. 斗争哲学的诞生：生命不息，"宫斗"不止**

通常人们都愿意把 2004 年香港无线电视出品的《金枝欲孽》视为"宫斗剧"的先祖。2011 年多部"宫斗剧"竞相在各大电视台播出，由此酝酿出前所未有的"宫斗"热。可是，出人意料的是，刚一进入 2012 年，国家广电总局便下发通知，自 1 月 1 日起，各卫视黄金档不得播出宫斗剧、穿越剧等四类剧集，并且在 10 月之前不再接受批准以上题材剧集的立项申请。这种规定，无疑给"宫斗剧"的热播泼上冷水。然而，这并不能压制人们对《甄嬛传》的热爱，各地电视台继续悄悄播放《甄嬛传》。最终，这部"宫斗剧"被推上收视率的巅峰。有媒体认为，《甄嬛传》可以与当年万人空巷看《上海滩》相媲美。据统计，上海本地收视率最高破9%（全国最高达到1.87%），这创下有史以来东方卫视电视剧的最高纪录。与此同此，该剧中甄嬛说话的方式也被冠以"甄嬛体"在网络媒体上广泛传播。"宫斗剧"何以能够异军突起，一路飘红，并演化成一种人人热议的流行文化现象，这让不少对此剧不屑一顾的文化人大为不解。要解释这种现象，必须首先追问人们追捧这部电视剧的原因。

稍微看过一点"宫斗剧"的人都知道，在这些剧中，后宫是一个嫔妃相互争宠吃醋、彼此倾轧陷害的肮脏之地，充斥着对权力、地位和恩宠的恶性崇拜和向往。这些宫斗叙事的主角都是女人，她们心思细密，阴险毒

辣，围绕各种宫闱秘事争强斗狠，不是给皇帝设圈套，便是残杀竞争对手肚子里的孩子。而观众自然会被这样曲折跌宕的悲欢离合故事所深深吸引，同时又能从各种宫心计中获得隐秘的智力快感，唤起对人情事理的种种感触体悟。显而易见，"宫斗剧"所宣扬的乃是一种斗争哲学。这不免让人联想到毛泽东的斗争哲学："与天斗，其乐无穷；与地斗，其乐无穷；与人斗，其乐无穷。"不过，这两者之间的差别显而易见，"宫斗剧"宣扬的斗争哲学乃是一种实利化的生存哲学，并不包含后者所预设的政治意涵。大体可以说，"宫斗剧"正是通过这种实利化的生存哲学来重新解构或发挥创造历史故事。这种方式，显然不能为严肃的历史学者和文化批评家所接受。

事实上，官方媒体很快就对"宫斗剧"的这种倾向做出反应。《光明日报》早在年初就刊载学者观点，批评这类剧作历史观存在问题，呼吁在市场经济条件下要处理好正确对待过去的问题。[①] 此后，《人民日报》刊发《荧屏宫斗何时休》一文，专门抨击这类电视剧缺乏历史感，肢解史事，胡编乱造。由于缺乏历史文化根基，它们提供的不过是扭曲的思想价值观。[②] 尽管官方媒体点出的这些历史观问题不容回避，但令人遗憾的是，此种批评方式浅尝辄止，避重就轻，并不进一步追问：何以这种历史观会在当下生活中拥有如此广泛的群众基础？

有的研究者已经指出，"宫斗剧"作为一种流行文化现象，乃是当下人们尤其是年轻人体验和把握现实的隐喻方式。[③] 他们在权力与资本交织的现实中，已经深深体味职场/官场的厚黑法则。尤其是白领女性越发能够从"宫斗剧"读出意味深长的身世之感，甚至在某种意义上获得替代性的精神慰藉。如果考虑到历史与现实在这类剧作中的连接方式，就很容易对那些劝诫青年不能把《甄嬛传》作为职场宝典的道德说教感到厌烦。如果我们不去直面"宫斗剧"盛行的现实生活基础，这些说教很容易成为凌虚蹈空的道德姿态。[④] 而那些掩耳盗铃式的辩护姿态，就更令人匪夷所思，不知所云。[⑤]

"宫斗剧"的热潮不过两三年时间，随着广电总局文件的下发，它以回

---

① 李怡：《"宫斗剧"泛滥，"宫斗"斗的是什么？》，《光明日报》2012年1月10日。
② 王广飞：《荧屏宫斗何时休》，《人民日报》2012年5月28日。
③ 张慧瑜：《"宫斗热"与个体化时代的生存竞争》，《文化纵横》2012年第4期。
④ 徐春发：《〈甄嬛传〉不能做青年"职场宝典"》，《文汇报》2012年5月14日。
⑤ 陈方：《那些纠结在荧屏和现实中的心性》，《中国青年报》2012年5月9日。

光返照的方式逐渐淡出人们的视野。然而，不管是官方媒体还是政府部门，显然都并没有将之作为当下人们生活态度的折射来做进一步的反省，而是在政策禁止和思想批评后万事大吉，因而也错过了把握人心世态的文化契机。

**2. 底层创伤的浮现："屌丝"的身份想象与认同困境**

时至今日，"屌丝"仍然是一个让很多人羞于启齿的新造词。谁也没有想到，这个包含着性暗示的脏话居然能够在一夜之间蹿红网络。据统计，2011 年底，"屌丝"一词在 Google 的搜索结果达到 4110 万，而新浪微博搜索也超过 220 万条。进入 2012 年，这个名词在网络持续发酵，并受到《新周刊》、搜狐网、腾讯网等网络媒体的专题讨论，因此成为许多学者和媒体人热议的网络文化现象。2012 年 11 月 3 日，"屌丝"一词更是登上了《人民日报》十八大特刊，并再次引发热议。这在某种意义上表明，"屌丝"作为青年生活状态的一种写照，正受到官方的注意和承认。

细究起来，这个词的发明，源自李毅球迷的恶搞说法。曾有这样的传言，前国脚李毅公开表示："自己的护球像亨利"，而亨利素有"亨利大帝"之美誉，由此便被戏谑出"李毅大帝"的讲法，而百度的李毅贴吧因此被简称为"帝吧"，简写为"D8"。后来，在"D8"的网络讨论中，主题从足球逐渐转向生活情感的倾诉，并借此发泄对贫富悬殊、权贵阶层等社会问题的不满。因为发帖内容过于意淫，而且脏话连篇，便由此被百度雷霆三巨头吧鄙视为"屌丝"。不过，就像历史上许多污名化称呼一样，这个词却被百度帝吧网友津津乐道，聊以自嘲。"屌丝"一词这种奇特的诞生经历，在网络文化中并不鲜见，但它因此掀起的文化波澜却前所未有。

在"屌丝"一词流行之前，指称青年人低微身份的名词是广为人知的"蚁族"。这个词是由廉思团队在 2009 年出版的《蚁族》一书中发明的概念，用以指称"大学生低收入群体聚集群"。要理解从"蚁族"到"屌丝"的身份指称变化，就首先要问：谁是"屌丝"？一位网友曾做过这样的总结："用马克思的阶级分析来划分的话，屌丝应该包括二代农民工、城市小手工业者、青年产业工人、不满现状的企业雇员、流氓无产者、困厄的三本狗、专科狗等。总的来说属于社会的中下层。"显然，较之"蚁族"，"屌丝"的身份更为低下，他们大多没有可能通过高考进入大学，即使勉强进入，毕业后也大多只能从事底层工作。更有意思的是，"蚁族"是他人给予的身份命名，包含着同情的意味，却没有自我否定的指向。而"屌丝"的说法则是自我命名，包含着戏谑式的人格贬损，具有强烈的精神颓靡气息。如果说"蚁族"还对自我奋斗的神话怀有不屈不挠的追求，那么，"屌丝"简直自视甚低，不再期待通过自我奋斗改变现状。这种精神的撤退和败落之所以出现，与"屌丝"一词所包含的社会阶层意涵密切相关。这个词是作为"高、帅、富"的对立面被构造出来的，因而他们常常被人与"矮、矬、穷"联系起来。在这组对比中，"富"和"穷"的对照最为根本，这种结构性关系构成了社会阶层固化的现状。所谓的"高、帅"不过是"富"的想象性后果，而"矮、矬"成为"穷"的自我精神投射。正是这种强烈的对照效果，强化了"屌丝"的自我精神挫败感。

然而，"屌丝"的这种自我挫败感并没有转化为对社会的愤怒和抗争，而是以"屌丝文"的自我放纵形态呈现出来。这种网络文体流行于各种论坛、贴吧和小组，内容往往恶俗不堪，情色泛滥，主要讲述"矮丑穷"（屌丝）不敢接近"白富美"（女神），而被资质普通但自视甚高的"木耳"当"备胎"，最后又被"高帅富"羞辱的悲惨历程。在这种幻想式的自我满足中，"屌丝"弥补了现实生活中难以企及的情感体验。但这种极端扭曲的虚幻实现，不过是一种廉价的消费主义，并不包含任何真情实感，因而并不能获得情感认同的可能，反而让他们堕入无可救药的意淫中不能自拔，更加难以应对真实的情感世界。

即便如此，"屌丝"也并没有完全陷入绝望的境地，而是幻化出"逆袭"的方式向着凝固的现实寻求自我救赎的可能。那么，这种方式真的能够给他们召唤出另一种新的生活想象吗？要回答这个问题，必须考量他们精神生活中是否存在这种可能的空间。正如有的研究者指出的，"屌丝"精神态度的实质乃是一种"精神失败法"。他们热衷于炮制"失败叙事"以获得自我快感，因而常常被人看成阿Q的再生。但深究起来就会发现，他们的态度并不完全同于"精神胜利法"。可以说，"精神胜利法"至少表明失败者心有不甘，他将自我想象为取得成功的强者，以摆脱失败的挫折感；

而"精神失败法"则是以拒绝较量、直接承认失败的方式冷落甚至奚落强者。① 在这种精神围困中，他们不可能通过幻想的"逆袭"获得新的生活可能。更为可悲的是，当无数名人都拿"屌丝"说事，并自称"屌丝"的时候，这种身份命名已经悄然被改写为自我奋斗神话的另一种版本。在这种意义上，"真屌丝"的"逆袭"因此陷入无物之阵，并被"伪屌丝"引向面目可疑的"正能量"。

## 四　从舌尖到耳根：日常生活中的文化怀旧与商业变奏

2012 年，真正深入到老百姓生活世界的文化热点，无疑是风靡一时的纪录片《舌尖上的中国》和娱乐节目《中国好声音》。作为一部制作精良的七集纪录片，《舌尖上的中国》的低调出场，并没有妨碍它突破性的收视率，以及由此引发的对于饮食文化和故土情怀的热烈讨论。而与之相对，《中国好声音》作为浙江卫视引进的大型励志专业音乐评论类节目，在近两个月的热播过程中，引发了许多观众的追捧，甚至不少以往对娱乐节目无感的观众，都锁定观看这种令人耳目一新的"盲听盲选"比赛模式。一时间，街头巷尾都在议论这种类型节目的引进机制、制播模式以及收视反馈等话题。

**1. "其实它讲的不是美食"：舌尖上的文化余味**

没有人想到，一部关于吃的纪录片居然能够如此火爆。此前人们对于中国纪录片的好印象，还停留在《大国崛起》这样的政治性话题上。而《舌尖上的中国》的出现，改变了这种类型纪录片所塑造的观众接受心态。从收视率来看，这个纪录片的全国收视率均值甚至超过了同时热播的《甄嬛传》。而数万人在豆瓣网参与的评价分数则高达 9.6 分，同时在新浪微博出现的讨论记录更有数百万之多，并由此引发"舌尖上的母校"之类的相关讨论。更为可观的是，《舌尖上的中国》的热播，无形中为不少被人遗忘的美食做了广告，促使不少零食销售网站出现了前所未有的销量暴增甚至断货的情况。

---

① 曹一帆：《幻觉时代的底层创伤与自我救赎——"屌丝"现象的文化阐释》，人文与社会网，http://wen.org.cn/modules/article/view.article.php/3718/。

《舌尖上的中国》从《自然的馈赠》《主食的故事》《转化的灵感》《时间的味道》《厨房的秘密》《五味的调和》《我们的田野》七个方面的故事设计，展开中国美食文化的叙事。这种叙事不以菜系划分，而是通过地域上的大范围选择性跳跃，将镜头具体对向食物的培植、选择和制作过程。在这种意义上，这部纪录片所展示的就不仅仅是美食本身，而是指向了不同特色的地域文化。对此，该片编导陈晓卿曾有这样的说法："我们实际上是用'吃'来传递各个地域的不同文化，我们拍了食物的差异性，也拍了它们的共通之处。……从饮食的角度，能看出中国是个大一统的国家。"①确如其言，饮食文化中包含着中国人的生活方式和伦理意识。基于这种理解，不少评论者赞扬这部纪录片，通过美食轻易超越了地域、阶层和贫富造成的歧见，赢得了观众的难得共鸣。②甚至有网友总结："你可以不是'白富美'，也可以不是'高富帅'，但肯定能做一个普普通通的吃货。"诸如此类的味觉想象，似乎让人以为，通过美食，地域、阶层与贫富之间的矛盾因此获得了大和解。

不过，在我看来，这种味觉体验的意涵并没有他们想象的那样美妙。只要关注一下《舌尖上的中国》对于食物获取和制作过程的表现，就不难注意到：很多美食以稀为贵，对于很多贫苦的人们来说，采摘这些食物很多时候只是他们艰难维生的手段，而真正的品尝者并不参与这样的过程。即使对于制作和品尝而言，高档饭店的大厨精致烹饪与普通家庭厨房的简单制作，也存在着难以跨越的阶层区隔。所以，不同的观众投射在《舌尖上的中国》中的味觉体验并不相同，在很大程度上，他们只能把握与自己的经济地位和文化身份相关的部分。烹饪精细的高档美食，对于普通观众而言，只是一饱眼福而已。所谓的美食家心态，也只有生活优裕的上流阶层才有条件培养，才会通过这部片子勾画并追寻所谓的美食地图。

当然，这样批评上述味觉体验中大和解的虚假性，并不是完全要否认其中包含的文化怀旧意味。《舌尖上的中国》对不同地域美食地图的勾画，的确会引发不同地域人们对于故土的怀念。不过，即便是这种文化怀旧也不可一概以美食记忆而论。吉登斯曾经概括过现代性的一个重要特征——

---

① 转引自卢圆媛《〈舌尖上的中国〉为什么这样红?》，《重庆商报》2012 年 5 月 30 日。
② 这种理解的典型表述参见《当舌尖中国碰上食品安全，记录与现实谁更真实?》，《齐鲁晚报》2012 年 5 月 29 日。

时空的脱域机制。简言之，就是人脱离原来的地方性血缘伦理世界，进入到无根的现代性陌生世界之中。在中国语境中，背井离乡的打工者正是这种现代性过程的产物。可以想见，面对《舌尖上的中国》，他们所怀念的不仅是童年时代的美食记忆，还有背井离乡的伤感情绪。

以上批评性观察的目的，并不是为了夸大《舌尖上的中国》所可能包含的差异政治意味。的确，这部纪录片所获得的时代共鸣具备当代生活经验的共同底色。这便是很多评论者都会提到的饮食文化的当代危机。同样是在2012年，一系列食品安全问题相继爆发，各种意想不到的食品添加剂被曝光，诸多令人心寒的掺假丑闻被揭发。人们不再问"想吃什么"，而是问"不能吃什么"。在这种危机状态中出现的《舌尖上的中国》，自然与食品现状形成鲜明对照，故而激起人们以传统的美食记忆来排遣对现实的不满的热情。所以，文化学者胡野秋对这部纪录片有这样的评价："其实它讲的不是美食，而是深入美食背后，讲文化传承，探讨当今社会中人类该如何善待食物、如何与大自然和谐相处。"①

在上述意义上，可以说，《舌尖上的中国》之所以能够获得如此广泛的群众基础，除了本身的精良制作外，也离不开纪录片之外的现实生活境遇。正是这种境遇，让人们对它投注了太多的生存经验和文化记忆。

**2. 声之善恶："好声音"的政治经济学**

《中国好声音》作为一种新颖的音乐节目类型，引自荷兰的 *The Voice of Holland* 节目模式。这是一档在荷兰获得巨大成功，并已经在世界多个国家取得轰动效应的节目。在中国的情况也不例外，该节目从第一期播出开始，收视率就不断攀升，最后达到4.2%，大约相当于此前播出的《舌尖上的中国》的两倍。除此之外，这档节目的网络点击率、关注度和广告收益都达到了令人惊异的地步，创造了"限娱令"之后的综艺类节目奇迹。正是因为这些成功，《中国好声音》得到了广电总局官员在会上的点名表扬，并受到该部门的专门表彰。

毫无疑问，《中国好声音》是当代文化产业运作的成功案例。这档节目的成功运作，离不开灿星制作引进路径的创新，他们主导了版权购买、投资和运作的整个过程。而灿星制作的成功，离不开背后的华人文化产业投

---

① 转引自《舌尖上的中国：一个民族的情感共鸣》，《中国青年报》2012年5月23日。

资基金。该投资基金在运作这个项目时，非常关注市场的需求，不仅严谨评估《荷兰之声》《英国之声》在本土市场的表现情况，而且积极收集该节目在中国网络上的播放情况以及网友评价。这些方面，成为他们正确制定运作决策和实施方案的重要参照。① 此外，还有评论者具体分析了这档节目运作成功的关键性要素：节目形式新颖；观众口味定位精准；制播分离，激发市场活力；视频网站深度参与，有效推广。② 当然，这其中的核心要素自然是"盲听盲选"的节目形式。这种形式的重要性在于，它为观众创造了一种形式上平等的竞争空间，大大改变了以往此类节目中假唱乱捧的混乱状态。

不过，令人遗憾的是，这种"盲听盲选"的形式最终变成《中国好声音》的最大噱头。随着该节目的不断播放，各种意想不到的丑闻不停打断人们对"声音"本身的关注。起初是人们对选手编造个人身份和经历骗取观众眼泪的反感，继而是"媒体评审团"与导师之间的分歧，引发导师们为学员或是抗议或是哀求，最后还有不断爆料的各种花边丑闻。最终，呼声震天的"盲听盲选"变得气若游丝，味如鸡肋。

上述对于《中国好声音》优缺点的评述，基本符合当前文化产业研究的常规思路。但在我看来，仅有这种运作形式的观察是不够的，还需要追求其内在的价值诉求。"盲听盲选"所追求的乃是专业化，只有声音的质量才有说服力。浙江卫视明确将这档节目定位为大型励志专业音乐评论节目，而不是选秀节目。所以，它不同于《超级女声》之类的选秀节目所追求的花哨效果和作秀姿态。一方面，《中国好声音》的学员大都是具备音乐专业素养的歌手，他们在舞台上进行的是真正有实力的较量；另一方面，四位导师都是明星级的实力派音乐人，他们对各位学员进行的都是专业化的指导。这种专业化的诉求，无疑重塑了人们对于音乐类节目的敬意。

但问题在于，节目的专业程度越高，对歌唱的要求越纯粹，反而越发让人感觉到声音背后的价值空缺。如文化批评家周志强所指出的，《中国好声音》所塑造的不过是"唯美主义的耳朵"，并不包含政治意涵。③ 换言之，"好声音"成为一种纯粹的技巧化表演，甚至在有时候堕落为无谓的炫技。

① 韩冰：《"好声音"如何变成好生意》，《中国文化报》2012年9月21日。
② 苗梦佳、鲁晨：《"中国好声音"是怎么修炼的?》，中广互联网站，2012年9月11日。
③ 周志强：《声音的政治：从阿达利到中国好声音》，《中国图书评论》2012年第12期。

与之相对，从歌曲的选择到歌唱的感情，都越来越成为与普通生活毫不相干的形式规范。对于观众而言，他们无法从这种歌唱形式中获得感知和体悟自我生活的方式，更不可能通过"唯美主义的耳朵"塑造个人情感的伦理价值。在这种意义上，声音越专业，越真实，也就越脱离现实生活的真实状态。事实上，这一点也正是当前文化产业运作中的根本问题所在。离开必要的价值创造的诉求，再好的文化产业创意最终不过是经济数字指标，而不可能产生真正的文化影响因子。如此来看，广电总局对于《中国好声音》作为成功文化产业案例的表扬，实在是只有经济效益的短视，而缺乏真正的文化眼光。

## 五 "美丑对照原则"在崛起：城市文化景观的拆与建

2012 年初，有媒体爆料称原本计划恢复原貌的梁思成林徽因故居，已经被基本拆除殆尽。此后又相继出现梁启超、康有为、鲁迅等名人故居面临被拆的危险，这些事件再次引发人们对于文化遗产保护与重建的争议和忧思。与此形成对照的是，各地不惜重金争相推动的"古城重建"热，肆意投资扩建各种大而不当的复古建筑。在这种拆旧与仿古的悖谬之外，更令人错愕的是不少城市投入巨资兴建华而不实、怪异离谱的各种地标性城市建筑和街道雕塑，引发不少专家学者和普通民众的批评和不满。

### 1. "维修性拆除"：腹背受敌的文化遗产

早在 2009 年，"梁林"故居就已经成为有关方面规划建设的眼中钉。尽管当时并没有被拆除，但经过三年的保护与拆迁的拉锯战，它最终没有逃过变成一堆瓦砾的命运。而这次拆除行动之所以引发舆论的特别关注，是因为有关方面在做自我辩护时发明了一个令人匪夷所思的说法——"维修性拆除"。这个奇特的名字从来没有得到真正解释，也没有人明白它的意指何在。正是这个不知所云的名词，引发了不少人对于文化保护背后问题的重新省思。

有媒体曾经追踪"梁林"故居被拆事件的始末，分析了当前文物保护制度中存在的缺陷：相关部门迟迟未能批复该故居作为不可移动文物的申请，导致开发商乘机下手，以便少担责任。[①] 这里的疑问是，为何相关部门

---

① 谢晓萍：《"梁林"故居保卫战：文物申请难题导致拆迁漏洞》，《每日经济新闻》2012 年 2 月 1 日。

迟迟未能批复？这很容易让人想到不负责任的渎职问题。然而，在我看来，这还不是问题的根本，更为重要的是，不同部门之间权力关系的犬牙交错。文物保护部门在政府权力结构中并不处于显要的位置，当一个保护行动被推动实施之时，与此相关的各辖区政府以及相应的城建、国土、工商等部门，往往出于各自部门利益的考虑，迟迟不愿采取配合行动，而是处处制造阻力，拉锯拖延。最终的结果是，文物被拆迁，利益被分割。在这种意义上，文物保护工作便不能简单依赖于文物局这样的弱势单位，而应该从政府角度统筹出一个高于各部门的协调性机构，专门处理因保护与拆迁问题引发的利益纷争。

当然，当下文物保护的危机并不只是职能部门之间的协作问题，还包括更为基本的法律法规建设。此类拆迁事件之所以频频发生，与文物保护法规的缺乏密切相关。例如：究竟哪些文物可以被认定为名人故居，如何确定其认定的标准。与之相应，还需要制定配套的监管和惩罚性措施。对于开发商而言，只要拆迁的代价远远低于拆迁文物需要承担的后果，那么他们总是千方百计想要达到目的。只有加强土地开发的管理工作，有效控制土地使用方式，加大破坏文物的惩罚力度，才可能找到恰当的文物保护方案。

吊诡的是，正当文物保护成为舆论热点之时，北京市文物局宣布：将投入巨资重建六处北京城标志性历史建筑，且每年要增加 10 亿元用于文物与历史文化名城保护。显然，重建被放在保护之前，仿造被置于拯救之上。事实上，北京的这种规划方式并不是个案，全国不少于 30 个城市都在采取更为极端的行动：开封准备投资千亿重塑汴梁城；昆明斥资 220 亿打造古滇王国，聊城筹集巨资改造古城，等等。从表面上看，这样的措施以积极的态度参与文化遗产保护，是对上述拆迁行动的及时反应，但往往在实际上不过是"文化搭台，经济唱戏"的旧把戏。首先，这样的举措往往是文化经济刺激的后果。这些年历史文化名城保护受到中央政府的重视，并带来巨大的旅游收入，这让那些因为盲目规划而拆迁文化遗产的城市心生嫉妒，试图通过重建古城的行动，获得相应的经济效益。其次，这种重建计划往往缺乏必要的风险评估。重建古城往往会带来必要的居民拆迁、文化遗产转移，以及相应的城区格局规划。如果不对这些方面进行必要的风险评估，重建行动可能会对居民生活和文化遗产保护产生意想不到的负面影响。最后，从已有的古城重建的投资规划来看，财政预算远远超过了各市政府的经济承受能力，这样必然影响到城市生活的品质，威胁到生态环境保护，最后往往变成"政府立项，百姓买单"。

不少评论者都已经指出，在城市规划中，必须将文化遗产的保护放在第一位，至于是否需要重建古城，以及如何实施重建，必须慎之又慎，不然最后很可能事与愿违，贻害无穷。在我看来，这其中的关键问题是，如何考量文化产业激发文化活力，而不伤及文化自身价值的合理阈限。离开这些考量，文化产业便只有产业，没有文化。

**2. 我丑故我在：城市建筑背后的政治生态**

这些年，不少地方政府为了打造城市名片，重塑文化特色，投入巨资规划地标建筑。抚顺市沈抚新城矗立起全球独一无二的巨大铁环，美其名曰"生命之环"。这个没有实用功能的铁环耗资上亿，直径 157 米，50 层楼高，耗费 1.2 万只 LED 灯、3000 吨钢材。而湖州市更是引资 15 亿修建白金7 星级喜来登酒店，占地 75 亩，总建筑面积 9.5 万平方米。这个酒店的独特造型被网友戏称为"马桶盖"。此外，更为人熟知的建筑风格是，大裤衩（央视大楼）、大秋裤（苏州东方之门）、比基尼（杭州奥体博览城），等等。

与这些"特立独行"的地标建筑相映成趣的是层出不穷的丑陋街区雕塑。襄阳市耗资百万，无中生有地设立郭靖、黄蓉"射雕情侣"雕像；郑州市街区广场出现"小猪在给妈妈捶背"的卡通猪雕塑，被众多网友斥为"耍流氓"；乌鲁木齐 18 米高的"飞天"雕塑，让许多人惊呼"丑得吓人"，仅存十余天便被悄然拆除。诸如此类"无厘头"的丑陋雕塑，实在大煞风景，令人严重怀疑设计者和规划者的审美水准。

如此批评很容易让人起疑：那些地标建筑经过国外设计师的精心设计，怎么可能没有审美价值？的确，这些建筑本身可能独具设计师的匠心，但问题在于它们往往因此过分轻视建筑的实用功能。中国建筑标准设计研究院执行总工程师张瑞龙曾指出："我们以往做设计时，首先考虑到建筑的功能，其次才是造型。十年内，这种设计思路被颠覆，建筑外形虽很独特，但造成了很大的浪费。"他特别批评国家大剧院的设计不符合北京的环境条件，而且设备耗电量巨大，维护成本极高，远远超出最初预想。[①] 由于地方

---

① 黄帅：《雷人建筑是丑陋还是经典》，《长江日报》2012 年 11 月 14 日。

政府在招标设计方案时，只追求建筑形式的标新立异，而根本不考虑环保和实用价值，因而最终出现的往往是华而不实的无用摆设。

不过，更为重要的是，城市建筑背后的政治生态问题。首先，从中央和地方的关系来看，城市规划的主导权已经不再由中央直接掌控，而是在很大程度上下放到地方政府。由此，中央不可能再对城市规划做出总体上的理念统筹和功能协调，这种整体性视野的丧失，导致地方政府的规划决策完全局限于地方利益，不再注重不同城市之间的功能配置和理念整合。因此，从表面上看，上述城市地标建筑和街区雕塑在表现形式上各具特色，独树一帜，但在理念上却是毫无差别。可以说，这种城市文化特色，不过是"千篇一律的多元"。其次，基于国家经济发展速度的要求，中央政府加大了地方财政的征收力度，促成地方政府公司化的过程。这在很大程度上强化了在城市发展理念上以经济效益为主导的选择。由此，城市规划的方案往往并不是以居民生活环境的改善为目标，而是以创造经济效益的效果为转移。上述城市建筑问题显然是资本通过地方政府的这种理念强势介入的后果。再次，上述问题也与中央考核地方官员政绩的指标设计有关。如何引进外资支持，如何美化城市环境，如何打造文化产业园区等，这些GDP考核指标在很大程度上决定了地方政府将上述方面作为"政绩工程"来打造，而不是作为"民生工程"来实现。不仅如此，地方官员任期短暂、调动频繁的制度设计，也进一步加剧了他们在城市规划方面的经济短视。最后，上述问题还与地方政府的决策机制密切相关。上述城市文化景观的规划和设计，往往是资本与政治媾和的后果，缺少必要的民众意见参与、专家指导评估和程序运作监督。如上所言，最后导致的往往同样是"政府立项，百姓买单"的恶果。

综上所述，不顾后果的文化遗产拆迁、好大喜功的古城重建规划和一叶障目的城市景观设计，成为困扰当前城市文化发展中的三大痼疾。而权力、市场和文化构成这些痼疾的三种核心要素。如何协调三者之间的关系，使文化摆脱在权力和市场中腹背受敌的窘境，乃是今后城市文化建设的关键所在。

2012年已在纷纷扰扰的文化氛围中悄然逝去，那些激荡一时的热点话题也正在逐渐被人们遗忘。在历史的时间洪流中，它们不过是渺若烟云的一瞬。作为整理个人和时代经验的基础工作，上述文化热点评述只是我在自己所处的时间节点上的即时观察。本雅明说过，每一个不能被现在关注而加以辨识的过去的形象，都可能无可挽回地消失掉。所幸上述记录和整理只是一种个人视角。但它们作为文化事件的短暂的时间延异，总是表达着一种通向未来道路的可能方向。至于这些事件作为历史片段的意义，并不会由它们自动创造出来，而有待于未来时间的召唤。只有在那些特定的危机时刻，它们才有可能被重新唤醒被放入历史叙事的时间链条，昭示出新的美好生活的想象。

# 文化研究年度重要著述评论

翁立萌*

文化研究自 20 世纪中叶诞生于英国，并于 20 世纪 80 年代以降迎来大繁荣。目前，文化研究是国际学术界最有活力、最富于创造性的学术思潮之一。

毋庸置疑，在当下中国的人文社科研究领域中，文化研究已然成为了一门显学。早期文化研究关注异化、意识形态、文化霸权，现在文化研究正逐步渗入人文学科，而这种渗透保持着无限扩大的趋势。文化研究理论资源的丰富性，以及其本身所具有的跨学科性、反学科性，使得文化研究和其他学科之间保持着一种边界模糊的学科互涉状态，所以在人文社会学科的各个领域中，我们都能看到文化研究的痕迹。

盘点 2012 年文化研究界中外学者的相关著述，我们发现一些书系逐渐树立了在该领域的品牌地位。文化研究除一如既往地保持其所具有的理论性、批判性、跨学科性等特点之外，还对文化与权力、文化与传媒之间的复杂而微妙的关系进行了进一步的探讨，同时还探究了进入消费时代的城市文化、文化空间建构等问题，从中我们发现新世纪以来的"文化"获得了一种"可读"的身份，成为了一种被参观的文化。

基于此，笔者将从"文化研究的两大品牌""文化研究的理论与研究视角""文化与权力""视觉与传媒文化""城市文化""青年亚文化"等六大板块，对 2012 年度文化研究类主要著述进行回顾。

## 一　文化研究的两大品牌："热风"书系和《文化研究》系列

文化研究在中文世界兴起至今已有二十多年的历史，而中文世界的文化研究在未来还有更长的路要走，立足差异、"没有绝对"、保持差异，乃

---

* 翁立萌：首都师范大学文学院研究生。

为中文世界文化研究之不竭动力所在。王晓明等学者在相继出版《身份建构与物质生活》《"城"长的烦恼》《巨变时代的思想与文化》等著作之后，2012 年继续出版"热风"书系，依然坚持用学术方式来关注当代中国，关注当下。《从首尔到墨尔本——太平洋西岸文化研究的历史与未来》（王晓明、朱善杰主编，上海书店出版社，2012 年 3 月第 1 版）是中国大陆第一本介绍太平洋西岸各地文化研究的历史、现状和未来趋势的文论选集。文化研究在亚洲迅速发展的同时，也面临着理论贫乏的困境，因此审视"亚洲"内部的差异尤为重要，正如编者所言，亚洲文化研究之关键在于打破"亚洲"成见（《中文世界的文化研究》，王晓明主编，上海书店出版社，2012 年 3 月第 1 版）。将关注点由亚洲转移到中文世界文化研究的内部差异，向世界文化研究学术界展示了中文世界的文化研究已经形成了堪称丰富的特性，显然这种丰富会伴随着中文世界文化研究的不断探索而越加扩展。就当下而言，世界多格局的形成并没有改变美国文化全球性蔓延的趋势，"美国"已然成为了一个符号，一种欲望，一种生活方式，在人们心中传递着虚假的信念。《生活在后美国时代——社会思想论坛》（孙晓忠编，上海书店出版社，2012 年 3 月第 1 版）的目的，便是为了在美国化的今天，寻求和创造一个新的理想世界和生活法则。它告诉我们：当世界进入后美国化的时代，危机与机遇并存，世界的政治经济格局也在发生位移，前途未卜，而这种变动正是现在我们所处的时代的唯一优势。

此外，《热风学术》推出了第 6 辑杂志（王晓明、蔡翔编，上海人民出版社，2012 年 6 月）。杂志依然保持着其创刊之初的治学理念，在保有知识分子的独立精神的同时，也践行着当代中国知识分子的社会责任感。本刊探讨了在后殖民主义和后民族主义语境下的性别及城市贫困等问题。"文本内外"由对劳动、美与自然等美学问题的再探讨开始，引入了对小说《冷火》的解析，也由此展开了对劳动价值观、劳动概念以及工人阶级的探讨。《视角与方法：现当代文学与文化研究》（上海大学现当代文学学科著，复旦大学出版社，2012 年 3 月第 1 版）一书立足"中国经验"，探讨了中国现当代文学的生产机制、创作环境、时代主题等方面，涉及当代文学生产中的《兄弟》、课程改革中的"文学教育"、当下农村初中生的文学环境、说书人改造、60 年代的文化政治或者政治的文化冲突、上海工人文学创作、大讲革命故事、后革命时代的教育策略、《朝阳沟》的"乡土摩登"等有意思的话题。

陶东风、周宪主编的《文化研究》是中国大陆唯一直接冠名"文化研究"的丛刊，2012 年 5 月出版的《文化研究》第 12 辑（社会科学文献出版社出版）主要由明星研究、影视与大众文化价值观研究两个专题组成。自 20 世纪 90 年代以来，中国的娱乐工业、大众消费文化飞速发展，娱乐业、艺人明星也迎来了自己的黄金时代。掩映在这个"黄金时代"之下的明星文化以及与之相关的粉丝文化，已然成为当代中国一道亮丽的风景线和亟待研究的重要文化现象。《文化研究》第 12 辑对阮玲玉、郭敬明、韩寒、龚琳娜等不同时期、不同类型的明星进行了深入细致的个案分析，也探讨了电影明星与中国想象、凡星研究的意义等问题。大众文化在潜移默化中影响着人们的世界观、价值观和日常生活经验，在塑造国民价值观方面发挥着巨大作用。从某种意义上说，当代中国大众文化已经逐渐取代精英文化和官方文化，成为大众世界观和生活方式的主要塑造者，大众文化价值观的研究意义便在于此。"大众文化的价值观"专题则对大众文化中的民族主义、国产言情剧的价值观、人物传记电视剧创作的价值观、动画电影长片的价值观等问题进行了深入的研究。

《文化研究年度报告（2011）》（陶东风主编，社会科学文献出版社，2012 年 11 月）是《文化研究》的姊妹书刊。该丛书自 2011 年开始出版，2012 年版是第二辑。该书推崇有独特新锐声音、见解、观点、智慧的原创性文化研究成果，旨在充分展示国内文化研究学派的特点，促进国内外文化研究的交流，内含"年度论文""文化研究工作坊""信息与资料"三个栏目。"年度论文"共九篇，涵盖了今日中国文学的格局、文化记忆、"文化研究"的困境、文化研究与民族志、网络文学、穿越文化、"新时期"电影与农民身体的政治等主题；"文化研究工作坊"收录了《检讨书：公共空间里的私人忏悔（1949～1976）》《文化研究视阈下的北京鲁迅博物馆》两篇论文及写作过程回顾；"信息与资料"堪称该书的一大亮点，该书不仅有 2011 年度文化热点评述和 2011 年度重要著述评论，还收录了刘小新、王毅等专家撰写的中国内地、香港地区、台湾地区以及美国、欧洲、澳大利亚的文化研究大事记。通读全书，全球的文化研究概况一目了然。

## 二 文化研究的理论与研究视角

任何理论研究都有其重点关注的关键问题，文化研究同样如此。凯特·麦高恩在《批评与文化理论中的关键问题》（〔英〕凯特·麦高恩著，赵秀福译，北京大学出版社，2012年3月第1版）中，并未简单地罗列文化批评和文化理论中的著名学者和运动，而是从英国发生的诸如电子内裤自虐的男子、"7·7"事件这样的具体文化事件入手，对学习文化的现实价值和意义进行了思考。显然这种著述模式和英国的经验主义传统不无关系，就事论事，绝不空谈。麦高恩在书中探讨了诸多我们今天所面临的具有文化意义与价值的问题。全书所划分的六个章节环环相扣，使作者所探讨的问题在书中形成了一个共鸣场。书中，麦高恩首先探讨了"文本"或"文本性"、表意过程在文化批评中地位的文化实践等问题。之后作者着重探讨了二者构成表意效果的方式，在讨论其所涉及的美学理论的同时还引出了文化批评政治学的问题。进而，作者着重探讨了"他者"问题以及自我与他者之构成性关系。由此，作者带领我们进入关于"真实"的探讨之中，对于"真实"在意义领域中的探讨进行了反思与检讨。

观察社会，参与公共事件讨论，麦高恩在向我们宣告：文化批评并非纸上谈兵，而是参与文化建设。当然麦高恩在对批评者示威的同时，也在点醒同行的学者，符号性解读并不是文化批评的最终目的，"没有绝对"才是每一个文化批评者的学术动力。从英国公共事件到他者文化，麦高恩按照由点到面的学术逻辑论证了文化批评的功能与价值——提供了一种参与文化建设、关注文化中生产意义的独特方式，而这也是本书的论点。麦高恩认为，不能仅仅将文化视为一种"作品"，他指出："作品这一概念所带来的问题是，它把研究的对象看做是某种自足的、固定的、坚实的东西，一旦达到终点就完结、终止；还看做是封闭的东西，只能在作品自身被认定建立的术语内加以理解。"（参见该书第13页）

诚然，符号批评实乃文化批评之核心，但与此同时，文化研究在对研究对象进行符号性解读的同时，仍需从实践的层面上关注意义产生的后果，文化研究应该参与到文化建设、关注文化生产意义的独特方式中，从而使关于意义的批判始终保持充沛活力。

正如麦高恩在书中所言，文化研究关于意义的批判之活力在于并不存在绝对性的结论，每次阅读会呈现出无限的可能性，所以麦高恩在书中告诫我们，关于文化批评，我们从未掌握终极分析方法，而"关键问题"亦然如此。正因此我们对于文化价值的通常意义需要保持一种虚怀若谷的态度，而文化批评实践在进行中所需付出的努力与收获的快乐同样无法被低估。

美国学者阿尔君·阿帕杜莱的《消散的现代性：全球化的文化维度》（刘冉译，上海三联书店，2012年8月第1版）在学术界被公认为是关于全球化与文化研究的经典之作，阿帕杜莱在书中尝试以人类学对文化维度的强调来解读全球化这个学术界的热点问题，从而为学术界关于全球化的争论带来一个重要转向。

在《消散的现代性：全球化的文化维度》一书中，阿帕杜莱指出全球化并非是不可逆转的世界潮流，而是日渐呈现出一种碎片化、分离化的状态，是建立在人类的想象之中的。阿帕杜莱指出这种关于全球化的想象具有现实的社会力量，在为生活于其中的人们提供身份认同的同时，也在塑造着民族国家。阿帕杜莱以欧美国家为例，指出欧美国家采取的普世性的一些诸如教育、迁移等举动，其初衷是为了塑造新兴民族国家，从而实现扼制原生民族性的目的。但是阿帕杜莱指出这些行为最终起到了相反的作用，试图建立秩序的结果是带来秩序的混乱和丧失，于是地方性、原生民族性被重新激活，而伴随全球化产生的新移民矛盾也愈演愈烈，全球陷入了紧张的氛围之中。

在阿帕杜莱看来，现代性的消散，让近代社会以来形成的爱国主义陷入了一种困境之中——一方面，伴随着全球化出现的跨国家认同正在形成，使得爱国主义本身失去了一种绝对意义；另一方面，作为全球化的一个压力反弹的后果，地方性和原生民族性又被重新激活，于是爱国主义不得不被重新反思。

阿帕杜莱不赞同托马斯·弗德里曼"平坦世界"的理论，他指出全球化并非是简单地将世界平坦化，相反，全球化更多地呈现出一种交叉重叠的复杂状态。基于此，阿帕杜莱提出了全球化流行的五个维度，分别是种族景观、媒体景观、技术景观、金融景观和意识形态景观，并以此作为研究框架对全球化展开探讨。

文学与文化相互依存，无法割裂。一方面，广义的文化中包含文学；另一方面，文学中也反映出文化的发展。西方学术界的解构主义、女性主义批评、后殖民主义批评等理论思想传入中国后，对中国本土知识分子关于思想、文学与文化的思考方式产生了巨大冲击，推动了中国社会的再启蒙。尤其是 2005 年之后兴起的对文学底层叙述的关注、对庶民经验的文学表达的探讨和研究，凸显了中国公民社会的觉醒。《庶民视角下的文学批评与文化研究》（陈义华、卢云著，暨南大学出版集团，2012 年 6 月第 1 版）将两个研究课题的阶段性成果——暨南大学陈义华主持的教育部人文社科基金项目"庶民学派文学批评理论与实践"和中国地质大学卢云主持的中央高校基本科研业务转向资金项目"斯皮瓦克后殖民女性主义研究"——集结成册。其中关于文学经典的再阐释、庶民视角下的后殖民文学、性别文学解读，以及对民族话语、文化身份的探讨等展现了当代中国叙事学理论所发生的革新性探索。

上海大学现当代文学学科从研究视角和研究方法的角度探讨了现当代文学与文化研究之间的关系。《视角与方法：现当代文学与文化研究》（上海大学现当代文学学科著，复旦大学出版社，2012 年 3 月第 1 版）一书以"文化研究"为视角，立足于中国社会深厚历史所累积的"中国经验"，探讨了中国现当代文学的生产机制、创作环境、时代主题等方方面面，努力去开拓中国现当代文学的新领域。

除此之外，牛学智主编的《当代批评的众神肖像》（文化艺术出版社，2012 年 6 月第 1 版）则试图全景式地展现当代学者关于文化批评与文化研究的研究视角。书中牛学智将"文学批评"自身作为研究的对象，其在书中所要探讨的文学批评被研究，特指的是新世纪之交的文学批评研究。纵观当前的文学批评被研究，牛学智指出大致可以分为三类，分别是笼统的"价值论"、将批评视为本体来看待批评话语及其演变、批评史的书写。也正是基于此，牛学智在《当代批评的众神肖像》一书中将批评家的个案研究放置于文学史中，以"史"为支撑，而书中所选的批评家，在牛学智看来乃是某种文学现象、某个文学创作潮流的沉淀者。此外，值得注意的是，牛学智在《当代批评的众神肖像》中是以概念和话语方式为切入点展开论述，进而使其所探讨的批评家个案研究处于一种并列存在的形态。在书中，牛学智按照年龄长幼对所选批评家进行排列，这实乃是作者有意为之。在牛学智看来，每一个批评家的理论都折射出了其对一个时段普遍性批评问题的凝聚，因而这样的安排能更清晰地展现"共同体"及"共同体文学批评"问题。

另外，王进撰写的《新历史主义文化诗学：格林布拉特批评理论研究》（暨南大学出版社，2012 年 11 月第 1 版）则重点解读格林布拉特的理论观点，并以此作为突破点对新历史主义文化诗学进行重新梳理和解读。张帆和刘小新合编的《文学理论与文化研究》（江苏大学出版社，2012 年 11 月第 1 版）汇聚了多位学者的理论研究，全书共分为六辑，以重读毛泽东的《在延安文艺座谈会上的讲话》开篇，回溯了 20 世纪中国文学理论发展历程，由此展开了底层话语、关系主义、意识形态与形式、文化研究、文化建设等五个层面的探讨。

由世界知识出版社出版的"文化研究读解系列"中的《读解文化研究》（英文版）（世界知识出版社，2012 年 11 月第 1 版）由马海良和新西兰学者劳伦斯·西蒙斯合编。全书精选了国外学者的 20 篇学术论文，分别以城市化、编码、拟象、电子人、文化工业、大众传播、文化政策等十个主题进行分类，着意体现当代文化研究的跨学科性。书中所选论文多是围绕具体个案分析，因而具有十分可贵的实践价值。值得说明的是，此次世界知识出版社编辑出版的"文化研究读解系列"丛书，分别以文化研究、电视、流行音乐、新媒体和电影为专题编辑成册，这在中国学术界尚属首次，并且每个单册都有一名中国学者参与注释，从而有助于国内读者更好地理解文章内容，因而具有很高的阅读价值。

## 三　文化与权力

文化与权力的关系一直是文化研究所关注的问题，而且我们现在也似乎越来越习惯解读文化现象背后的权力关系。但与此同时，另一个问题似乎一直以来未被重视，即：权力的概念到底从何而来？文化权力的理论是否起源于马克思主义理论？权力又为何能在文化研究界产生如此大的文化共鸣？

显然，这些问题同样困扰着马克·吉布森，在《文化与权力——文化研究史》（〔澳〕马克·吉布森著，王加为译，北京大学出版社，2012 年 1

月第 1 版）一书中，他从历史的角度重新审视了文化研究领域中的权力概念。作者具体探讨了 20 世纪 50 年代到 21 世纪，权力概念的理论土壤和促成因素，以及"权力"对文化研究领域的影响。文化权力并非是新生事物，但是在整个文化发展历程中，权力概念却持续影响着文化研究的发展，所以亟需对权力概念进行考察。在书中，吉布森从文化研究的早期形式进行溯源，驳斥了认为文化研究建立在权力概念之上的观点。对于权力概念的由来，吉布森从权力概念与国家构成的关系入手，在权力所处的广泛的文化背景之中，对权力概念进行历史性的考察。吉布森自始至终都围绕一个论点，即权力是一种非普遍化的存在，存在于具体环境之中。吉布森注意到权力概念广泛流行的背后所隐藏的"危险"——文化研究对权力的过分关注，所以将文化研究与权力概念相剥离或许更有助于对权力概念的理解。

同样涉及权力问题的文化研究著述还有《葛兰西文化领导权思想研究》（潘西华著，社会科学文献出版社，2012 年 9 月第 1 版）和《话语权的文化学研究》（陈开举编著，中山大学出版社，2012 年 10 月第 1 版）。

葛兰西是文化研究发展史上一位关键性人物，文化研究在经历"葛兰西转向"之后步入了一个新的发展阶段，所以对葛兰西思想的研究一直热度不减。去年出版的《葛兰西与文化研究》（和磊著，中国社会科学出版社，2011 年 4 月第一版）可谓是向我们展示了一部文化研究的葛兰西接受史，凸显了文化研究巨大的理论整合能力。相对而言，潘西华在《葛兰西文化领导权思想研究》一书中对"文化领导权"进行了多维探讨，从哲学、政治学、文学等多维度重新审视了文化领导权，揭示了文化领导权在多学科间的渗透。潘西华的创新之处在于以文化领导权与无产阶级政权合法性的关系作为切入点，从哲学、政治学、文学等多维度重新审视了文化领导权。

陈开举所编著的《话语权的文化学研究》则是聚焦于"话语权"的研究。"话语权"乃是指人们通过对话语的使用来实现自身各种权益的权力，是一个重要的文化学概念。伴随着社会发展和科学技术的进步，人们获得了更大范围的实现话语权的途径。

## 四　视觉与传媒文化

视觉文化研究是美国近年来新兴的研究课题，学术界一般认为，视觉文化研究是 20 世纪 70 年代所兴起的文化研究的一个分支，是在 80 年代的跨学科背景下发展出来的独立学科。但是视觉文化研究真正在大学中流行则是始于 90 年代。20 世纪 90 年代，美国的一些大众媒体和大众文化年轻学者出于对大众文化和通俗文化的浓厚兴趣，开辟了一个新的研究领域，即大众文化或通俗、流行文化研究。显然，视觉文化研究对于我们理解当下社会或时代开辟了一个崭新的视角。

从 90 年代开始，伴随着消费时代的来临，场所本身已经成为一种展览。场所在城市化过程中被赋予了多元的文化价值，而这种文化价值也成为场所的一种"可读的"身份，并借此在"可参观"的新文化经济中占有一席之地。也正是在此文化背景下，迪克斯在《被展示的文化——当代"可参观性"的生产》（〔英〕贝拉·迪克斯著，北京大学出版社，2012 年 1 月第 1 版）一书中的论点是：可参观性取决于对文化的展示，但文化可有各种特定的含义。作者在书中所探讨的是文化如何用可参观的形式制造出来，以及这种形式所蕴含的深意。在被展示的过程中，文化有效地成为了某种被操纵、仿造甚至模拟的东西。于是，世界具有了多重身份，对世界的体验也具有可购买性。

当城市开发出都市空间，工厂成为了文化遗产，乡村被划归为不同主题……文化被不断地复制进场所的同时，也模糊了"文化"和"自然"之间的界限。于是文化在这种去区别化的过程中从封闭单一的场所转移出来，在城市中构成了新的文化中心，即可参观的消费主义空间。但是作者也洞察到文化的可参观性潮流背后空间不平等性、他者文化，以及文化的可读性突出了什么，又掩盖了什么。

在阅读的过程中，我们会不断发问：是谁在建构文化？以怎样的名义来建构？建构出的文化究竟展示了什么？如果说文化的背后是权力的运作，那么文化又在维护着谁？……我们伴随发问陷入思考，这便是迪克斯的功力。

作者在书中用了大量的篇幅来论述空间如何成为一种可参观的文化，

空间的边界是如何淡化、消逝。伴随虚拟空间的产生，人们陷入了一种更加真实的"互动仿真"，"数字化"毫无争议地将会在未来生活中变得习以为常。文化借由虚拟的空间得以展示，文化在网络空间实现了近乎完美的复制。那么文化的真实性何在？诚如迪克斯在书中所言："复制的只是现实的外表和感觉，而不是其本质或对控制的反抗。"（参见该书第 203 页）虚拟空间的产生，使得人们对空间的复制从"物质建构到数字构建、从第二自然到第三自然"（参见该书第 204 页），但是这种突破也仅限于技术层面。

何谓现实？何谓再现？迪克斯在书中用一句"只要关了电脑，人们肯定会看到差别"（参见该书第 204 页）便给出了答案，一开一关，两个世界。再现无法取代现实，所以虚拟空间无法抹杀人追求真实、感受真实的天性。

如果迪克斯是以城市街道中的可参观的文化对都市文化进行反思，那么布兰斯顿则以电影作为研究对象，《电影与文化的现代性》（〔英〕吉尔·布兰斯顿著，闻钧、韩金鹏译，北京大学出版社，2012 年 6 月第 1 版）对电影研究的复杂历史和中心议题进行了梳理，并结合社会与政治背景进行探讨，重新发掘出电影在更宽泛的文化现代性的形成过程中的作用。布兰斯顿在对电影的"文本性"进行分析的同时，也肯定了电影的"再现"价值。诚如布兰斯顿所言，电影在消费主义时代给观众以"真实"的快感，但是这种快感的背后是无法抹去的现代性所带来的持续的社会与文化的不平等。

同样对电影研究抱有浓厚兴趣的还有美国学者弗雷德里克·詹姆逊。詹姆逊于 20 世纪 90 年代开始重点关注影视文化研究，其中《可见的签名》（〔美〕弗雷德里克·詹姆逊著，王逢振、余莉、陈静译，南京大学出版社，2012 年 10 月第 1 版）是这方面的代表性研究著述。

在书中，詹姆逊开篇便指出，"视觉本质上是色情的，就是说，它的结果是迷人的、缺乏思考的幻想"（参见该书第 1 页）。在詹姆逊看来，电影本身投射出了一个观众想象的世界，由此作者展开了关于银幕上的想象世界和投射出的历史世界的关系的思考，从而对电影和视觉文化进行了深入的理论层面上的探讨。詹姆逊认为，"一切关于权力和欲望的斗争都要在这里发生，在控制凝视和视觉客体的无限丰富性之间发生"（参见该书第 1 页）。基于此，詹姆逊提出了本书的命题，即考虑视觉性的唯一方式是要理解视觉性本身形成的历史过程。

在《可见的签名》一书中，詹姆逊通过对《闪灵》《炎热的下午》等电影文本进行文本细读，指出影片中所蕴藏的隐喻，以及其中的意识形态的含义，进而阐释"集体性"的主题及其缺席的形式是怎样在影片中得以呈现。

在阅读詹姆逊的这本《可见的签名》时，我们时常能从中看到詹姆逊所流露出的关于后现代主义的种种观点。在詹姆逊看来，后现代主义乃是在晚期资本主义形成的一种文化逻辑，正如其在《后现代主义与消费社会》（胡亚敏译，中国社会科学出版社，2000 年第 1 版）中所指出的，后现代主义的首要特征体现为一种深度感的消失，现实被扁平化，即"现实转化成影响"（参见该书第 20 页）。

在《可见的签名》中，詹姆逊指出"怀旧电影"便是后现代主义拼贴手法的一种呈现形式，而"怀旧电影"本身并非指向历史，而是为了通过电影技术手段的运用实现一种"图像的胜利"，从而利用这种电影奇观化来消费大众。

之后，詹姆逊选取了于 20 世纪 70 年代产生轰动影响的美国影片《教父》《炎热的下午》《闪灵》等影片进行电影文本细读。在詹姆逊看来，《教父》很好地投射出了围绕"集体性"而展开的意识形态，这种战后黑手党题材的电影乃是对战后美国资本主义经济的一种隐喻。而在《炎热的下午》中，詹姆逊则看到了影片中女职员对劫匪的暧昧态度，并指出这种情节设置实际上折射出了战后美国消费主义背景下的社会公众对于反社会人物的态度，《炎热的下午》的政治性也便由此展现。在对《闪灵》进行的分析中，詹姆逊则完全是从影片形式入手进行分析，指出影片前四分之一篇幅的平静叙述与后面突如其来的恐怖场景所带来的震惊、近乎分裂的效果，实际上是晚期资本主义美国社会生活的一种折射和写照。

无独有偶，近年来国内学者在视觉文化研究方面也颇有建树。吴靖在《文化现代性的视觉表达：观看、凝视与对视》（北京大学出版社，2012 年 4 月第 1 版）一书中对现当代中国传媒文化中的各种视觉文化进行了批判性的分析。其中涉及纪实摄影、电视真人秀、电视剧以及新媒体技术等诸多方面内容，在探讨了这种被"观看"的视觉文化与公共领域的关系以外，还探讨了视觉文化与中国现代意识生成之间的关系。作者融合了传播学、历史学、社会学、性别研究、政治经济学等多学科理论，探讨了视觉文化与中国现代意识生成之间的关系，而从摄影、电影、电视剧、博览会等看似毫无关联且琐碎的视觉文化现象与实践之中，作者梳理出现代性文化的表征与逻辑，其中关于《良友》、奥运会等做出的经典个案分析，为近代以来中国文化变迁以及当代中国通俗文化研究提供了一个崭新的研究思路。

国内学者张英进和李东同样针对影视文化展开研究。在张英进的《多元中国：电影与文化论集》（南京大学出版社，2012年8月第1版）之前，张英进已经出版了《审视中国》和《影像中国》，在《多元中国：电影与文化论集》一书中，张英进同样以一种跨学科的研究视角对电影文化进行了全方位的审视，探讨了电影与文学、戏剧、都市文化等诸多方面的相互渗透，从而对中国电影中的"中国意象"的种种呈现方式进行了探究。张英进从历史根源、发展以及变迁等方面指出，中国电影中的"中国意象"实际上是一个空间概念，因而其边界也是多孔的，内涵的多元性使得其性质也可以被不断塑造。

李东在《影视文化的性别批评》（中国戏剧出版社，2012年9月第1版）一书中的基本立场是，将影视文本视为一种叙事性的文本，因而影视叙事本身也便成为一种文化建构。在书中，李东加入了性别批评的研究视角，则是为了能更好地厘清影视文化与性别关系之间的内在联系，从而揭示出影视作品中的性别立场，以及隐含于其中的性别意识所建构的性别文化。

李军通过对传媒文化史的梳理，探讨了媒介技术革命对人类社会话语的表达方式产生了怎样深刻的变革。李军在《传媒文化史：一部大众话语表达的变奏曲》（北京大学出版社，2012年7月第1版）一书中展示了语言传播、文字传播、印刷传播、大众传播和网络传播的发展轨迹、文化路标和历史意蕴，也正是在媒介发展背景中作者凸显了大众是怎样在媒介技术的变革史中实现话语表达，获得话语权，以实现"大众的传播"。这两本书，前者立足视觉文化，后者则强调大众的主观能动性，恰好可以进行互补阅读。

由宋云峰和新西兰学者尼克·佩里合著的《读解电视》（英文版）（世界知识出版社，2012年11月第1版）同样是"文化研究读解系列"读物。书中所筛选的论文都是从文化研究的角度对电视媒介进行的探讨，分别从企业、电视文本、受众、管理机构以及技术手段等层面，对电视这一大众媒介进行了多方位的研究。

正如国内学者周宪所言，视觉文化标志着一种以影像为中心的感性文化形态的转变与形成，而且意味着人类思维模式发生转换。不得不承认，视觉影像的出现对文字和文字时代产生了深刻冲击，破坏了文字时代的思维模式，但也正因此，视觉文化也成为社会进步和文化进步过程中的一股不容忽视的力量。

## 五　城市文化

回顾全球城市研究，自 20 世纪末开始的非西方世界的城市研究便逐渐走向自觉。受到西方世界学者城市文化经典研究范式的影响，很多发展中国家的学者多是运用后殖民主义和女性主义作为理论支撑来进行城市文化研究。近几年，中国城市研究已经逐渐脱离学界边缘地带而日益成为显学，目前无论是在专业学术刊物抑或是大众媒体上，都能看到关于中国城市研究的文章。

陈映芳于 2012 年出版的《城市中国的逻辑》（生活·读书·新知三联书店，2012 年 5 月第 1 版）一书，让我们看到了能够和国际城市研究相匹敌和对话的高水平中文城市研究成果。全书以社会学理论作为支撑，直指当下我国城市开发中的症结和焦点性问题，书中丰富的研究维度、贴切真实的学术关切、冷峻而批判性的问题意识以及学术远见，在国内学界独树一帜。全书采用文集的形式，围绕城市研究的几个核心议题来挑选文章，共分为六个部分，总计十七章，所选文章都是作者十余年间城市研究的精华。

本书的可贵之处也正在于，作者试图呼唤一种对于事物的正常性、异常性的感受力和批判力。在书中，作者通过案例揭示了社会分析手段在处理现实社会问题时的能力和潜力。以第七章附录《群体利益的表达如何可能》为例，她通过一个城市社区抗争的案例揭示了城市"下层精英"所采纳的动员技巧和策略。

正如学者丁雁南所言："陈映芳为中国城市所做的，是把学者的冷静和时代参与者的热情结合到一起，条分缕析地接近中国城市此刻的状态。这种与周遭世界的关系所反映的其实是学人学者所追求的重要品质之一——

头脑清醒（Sober – mindedness）。《城市中国的逻辑》的学术贡献既在于对中国城市制度及其运作的结构性分析，也在于著者亲力亲为地展示了面对中国城市化变迁保持警醒的可能性。它是给任何对中国城市发展仍然存有敏感和好奇心，试图从城市来理解当代中国的海内外读者、学者和城市管理者的一份礼物。"① 关于城市文化的定义，学术界有两种界定思路，其一是从文化定义的角度，指出城市文化是人类生活于都市社会组织中，所具有的知识、信仰、艺术、道德、法律、风俗以及一切都市社会所获得的任何能力和习惯。另一种界定则立足于城市特征，认为市民在长期生活过程中共同创造的具有城市特点的文化模式。

但无论怎样界定，我们可以肯定的是城市文化是消费文化所催生的产物，而以大众消费和符号消费为特征的消费文化已经成为了中国局部发达地区城市发展的主要语境之一。季松、段进所编著的《空间研究：消费文化视野下城市发展新图景》（东南大学出版社，2012 年 6 月第 1 版）正是立足于此，将消费文化理论引入，在书中建立了"消费文化 – 消费空间 – 空间消费 – 中国城市"的研究体系。全书首先探讨了城市空间消费的发展态势，指出城市空间以及城市本身日益成为了消费品，被纳入了"消费"的图景。

伴随全球化的推进，近几十年来世界上的主要城市都先后经历了转型。学界学者普遍认为目前在世界中处于领先地位的世界城市都有着相似的发展方向。但是两位英国学者彼得·纽曼和安迪·索恩利却发现了相似背后的差异。《规划世界城市（全球化与城市政治）》（〔英〕彼得·纽曼、安迪·索恩利著，刘晔、杜晓馨、汪洋俊译，上海人民出版社 2012 年 1 月第 1 版）一书指出，全球化背景下发展的世界城市，其发展方向是多元性的发展。纽曼和索恩利在书中通过对北美、欧洲的一些世界级城市规划的分析，试图论证一个观点，即：世界城市的管理者为了"寻求证明城市的实力和远景"，习惯于展示城市，以实现对城市的推广与营销，旨在实现其全球性的指挥和控制功能。本书似乎又为我们提供了另一种视角，来看待迪克斯在《被展示的文化》一书对城市的"可参观性"的探讨。

---

① 选自丁雁南为陈映芳《城市中国的逻辑》一书所撰写的书评《对中国城市的一份警醒和敏感／破析中国城市的伊尼格玛（Enigma）》，特此致谢。

和以上学者所不同的是，英国学者彼得·比林汉姆在《透过电视了解城市：电视剧里的城市特性》（〔英〕彼得·比林汉姆著，宋莉华、王田译，上海人民出版社，2012年6月第1版）一书中，以几部热播的英国电视剧为切入点对城市特性、都市文化进行了批判性解读。比林汉姆通过对《警察》《坚持》《同志亦凡人》等五部电视剧进行个案分析，指出电视剧中所建构的想象性关系，在这种想象性的关系之中建立了一个虚构的乌托邦城市。也正是通过本书作者所作出的案例分析，让我们进一步了解英美城市对于全球流行文化的巨大影响。

## 六　青年亚文化

斯图亚特·霍尔曾指出青年文化最能反映社会变化的本质特征，所以亚文化群体对主流文化、主导权力所进行的抵抗仍然是文化研究的热点之一。从20世纪的嬉皮士、朋克，发展到21世纪的涂鸦、恶搞、网络亚文化等，亚文化发展出形形色色的风格，在对主流文化形成冲击的过程中，也让我们发现了亚文化所具有的复杂性，以及对其解读的困难。

伴随着新传媒时代和文化符号消费时代的来临，亚文化群体所依附的现实社会基础发生了改变，亚文化群体的身份以及其所进行的"仪式抵抗"，在新的时代背景之下呈现出碎片化、混杂性、短暂性的趋向。基于此，安迪·班尼特和基思·哈恩–哈里斯编著的《亚文化之后：对于当代青年文化的批判研究》（〔英〕安迪·班尼特、基思·哈恩–哈里斯编，中国青年政治学院青年文化译介小组译，孟登迎校，中国青年出版社，2012年3月第1版）一书，首先对青年亚文化的理论资源和发展历史进行了重新评价与反思，之后对当代青年亚文化空间，如酒吧、夜总会、互联网等，以及当代亚文化群体的各种文化实践，如社交、文身、上网等进行了个案分析，探讨了位于当代社会语境下青年亚文化研究新的研究方向和思路。

在理论研究方面，班尼特和哈里斯在对亚文化理论进行溯源的同时，也指出了伯明翰学派在亚文化理论方面的缺陷，而二人的理论贡献在于对后亚文化理论的发展。

当我们开始步入符号消费时代之后，亚文化呈现出一种碎片化趋向，风格杂糅是其主要特征。当代的青年亚文化是否真如波尔希默斯所认为的是一个"风格大超市"（参见该书第 15 页），又或是其会衍生出什么新的文化特征呢？这些都包含在班尼特和哈里斯所关注的问题之中。

和《亚文化之后：对于当代青年文化的批判研究》一书形成相互补充的是，苏州大学出版社于 2012 年出版的一系列关于亚文化群体以及文化实践的个案研究专著，内容涉及拍客（陈一：《拍客：炫目与自恋》）、迷族（陈霖：《迷族：被神召唤的尘粒》）、黑客（顾亦周：《黑客：比特世界的幽灵》）、御宅（易前良、王凌菲：《御宅：二次元世界的迷狂》）、恶搞（曾一果《恶搞：反叛与颠覆》）、COSPLAY（马中红、邱天娇：《COSPLAY：戏剧化的青春》）、网游（鲍鲲：《网游：狂欢与蛊惑》）等。亚文化群体正是在这些各异的风格中实践其价值理念，彰显抵抗与颠覆。正如凯瑟所言，"风格"于亚文化群体而言是一个动词，是一种实现和追求的方式。

杨玲的《转型时代的娱乐狂欢：超女粉丝与大众文化消费》（中国社会科学出版社，2012 年 10 月第 1 版）被收入厦门大学人文学院青年学术文库中。作者选取了活跃于 2005 年至 2009 年期间的超女粉丝作为研究对象，通过对玉米、芝麻和凉粉等几个主要的超女粉丝团体进行分析，探讨了粉丝群体是如何在这种偶像崇拜中追寻一种身份认同。

如果说苏州大学出版社出版的关于青年亚文化的系列读物是选取具体文化现象进行解读，那么胡疆锋的《伯明翰学派：青年亚文化理论研究》（中国社会科学出版社，2012 年 12 月第 1 版）则系统地对青年亚文化理论进行了梳理。作者从伯明翰学派亚文化理论的生成语境谈起，由此引申到对亚文化群体的风格解读，并说明亚文化群体最后终究难逃意识形态和商业两种模式的收编。值得说明的，书中关于亚文化风格的美学意味的探讨，可谓全书的一大亮点。正如作者在书中所言，"自伯明翰学派开始进行亚文化研究以来，其研究的重心应该说不是美学，也不是文学，而是政治和意识形态"，这当然和伯明翰学派生成的历史语境有不可分割的关系，但是这并不意味着伯明翰学派忽视亚文化的美学价值，而胡疆锋在该书中便揭示出伯明翰学派对于亚文化的美学意味的探讨，可谓是对过往学者对于伯明翰学派理论研究的一大补充。

此外，冯青松的《北京青年文化现象透视》（九州出版社，2012 年 1 月第 1 版）一书则将关注范围集中于北京市的青年文化现象。作者以北京市青年宫作为北京青年文化研究的关注对象，将其关于青年交友、网络热词等当今青年热点文化现象的研究成果集结成册，同时对进一步开展北京青年文化建设提出了一些极具参考价值的工作经验与启示。有必要指出的是，虽然书中所关注的内容丰富，但是似乎并未紧扣"北京"青年文化，比如书中所提及的网络热词并非为北京所特有，故典型性不强。

纵观 2012 年的文化研究著述，我们不禁深刻地体会到文化研究强大的生命力。自 20 世纪 60 年代开始，文化研究就被西方学术界正统的学术批评者断定为华而不实的"学术时髦"，但是这种负面的评论并没有阻碍文化研究的发展脚步，如今文化研究不仅在西方学术界，而且在中国学术界也成为日渐备受关注的显学。文化研究颠覆了传统的学科限制，跨学科式的研究方法填补了传统人文学科的研究方法，开创了学术研究的新视角。

文化研究一直在探讨文化与权力的关系，于是在探讨人类与文化相互建构的过程中，也不断在探讨人类生活环境的各类文本与意识形态、阶级、种族、性别等的复杂关系，研究过程中也势必涉及社会学、政治学、历史学、哲学、传播学等诸多学科的研究方法，因而文化研究的出现，为学者观察人类文化和现实生活提供了一种独特的研究视角。

最后需要指出的是，限于我们的视野所及，以及个人能力的有限，对于 2012 年文化研究新书的观察、评述难以做到全面而公允，一些未能纳入其中的文化研究书籍同样为我们补充和开拓了文化研究的新视野。

# 文化研究大事年表*

*杨宇静*\*\*

## 1 月

2011 年年底 2012 年年初，首都师范大学文化研究院成立，英文译名为 Institute for Cultural Studies，Capital Normal University，简称"ICS"。文化研究院设立在首都师范大学，归口北京市教育委员会，是首都师范大学与民进北京市委共同建设的研究咨询平台。文化研究院出版公开出版刊物《文化研究》和内部刊物《文化决策参考》《北京文化通讯》。

1 月 10 日，国内第一个基于新闻与传播学的青年文化研究中心——苏州大学新媒介与青年文化研究中心成立，马中红教授担任研究中心主任，陈霖教授担任副主任。中心官方网站 http：//mycs. suda. edu. cn ；官方微博 http：//e. weibo. com/mcscs 。

## 2 月

2 月 25 日，"东亚区域文学是否可能"座谈会在上海大学举行。此会由韩国《创作与批评》编辑委员会和上海大学中国当代文化研究中心共同举办，白乐晴、白永瑞、陈思和、王晓明等 40 余人出席。

2 月 29 日，首场"文化研究月会"在上海大学举行，主题为"张承志的红卫兵理想与新时期文学起源"。此会每月举行一次，由上海大学文化研

---

* 大事年表得到了上海大学王晓明教授、杜晓艳老师，北京语言大学黄卓越教授、苏州大学马中红教授的大力支持，特此致谢。
** 杨宇静，首都师范大学文学院研究生。

究系和中国当代文化研究中心举办。

## 3月

3月1日，上海大学中国当代文化研究中心"热风书系"的5种书由上海书店出版社出版。这5种书是《大众传媒与上海认同》（吕新雨等著）、《形式的独奏——以上海"二期课改"为个案的课程改革研究》（罗小茗著）、《从首尔到墨尔本——太平洋西岸文化研究的历史与未来》（王晓明、朱善杰编）、《生活在后美国时代——社会思想论坛》（孙晓忠编）和《中文世界的文化研究》（王晓明编）。

3月30日，上海大学第二场"文化研究月会"举行，主题为"我们时代的道德状况——从佛山'小悦悦事件'谈起"。

## 4月

4月13日，人大—百度中国社会舆情研究中心成立仪式暨2012年中国社会舆情报告发布会在中国人民大学举行。此次发布的《中国社会舆情年度报告（2012）》呈现了2011年中国社会发展的现状及热点问题，为中国未来的社会发展提供来自民意的参照。

4月26日，中国艺术研究院文化发展战略研究中心在中国艺术研究院举行"中国文化发展战略与增强国家文化软实力"学术研讨会。研讨会上，专家学者围绕国家文化软实力的核心内容展开多项议题讨论。

4月29日，上海大学第三场"文化研究月会"举行，主题为"社会主义喜剧与'内在自然'的改造"。

## 5月

5月1日，《文化研究》第12辑出版。本书有两个专题：明星文化研究和大众文化的价值观研究。另外还有四篇有关文化研究的论文。在"明星文化"专题中，对阮玲玉、郭敬明、韩寒、龚琳娜等不同时期、不同类型的明星进行了深入细致的个案分析，也探讨了电影明星与中国想象、凡星研究的意义等问题；而"大众文化的价值观"专题则对大众文化中的民族主义、国产言情剧的价值观、人物传记电视剧创作的价值观、动画电影长片的价值观等问题进行了研究。

5月6日，苏州大学新媒介与青年文化研究中心揭牌仪式暨"新媒介与青年亚文化"丛书首发仪式在苏州大学红楼会议中心举行。由马中红教授主编的"新媒介与青年亚文化"丛书入选"十二五"国家重点图书出版规划增补项目。同日，研究中心主办了"新媒介·新青年·新文化高峰论坛"，陶东风教授、蒋原伦教授、吴培华教授、陆玉林教授、陈卫星教授、吕新雨教授等出席并发表演讲。

5月8日，美国南卡罗来纳大学语言、文学与文化系主任，经典文学和比较文学专业教授米勒先生（Paul Allen Miller）在北京语言大学参加由世界宗教研究中心、首都国际文化研究基地主办的"国际文化讲坛"（第15期）。讲坛上，米勒教授作了题为"柏拉图《理想国》中的诗歌与正义"的演讲。

5月9日，韩国中央大学文化研究系姜来熙（Kang Nae - hui）教授在上海大学文学院演讲，题目是"韩国的87年体制、新自由主义与文化地形的变动"。

5月14日，南京大学高研院及海外教育学院与美国埃默里大学（Emory University）、美国亚特兰大孔子学院（Confucius Institute in Atlanta）在南京大学高研院联合举办了为期一天的"第三届南京—埃默里论坛"，中美双方共25位学者参加了此次论坛，论坛的主题是"视觉中的文化政治"。

5月17日，"移动与社会"思想座谈会在上海大学举行，孙歌等20余位学者出席，此会由上海大学中国当代文化研究中心举办。

5月18～21日，"中国社会科学论坛"暨"美学与艺术：传统与当代"国际学术研讨会在徐州汉园宾馆召开。这次学术研讨会由中国社会科学院文学研究所与江苏师范大学主办，中国社会科学院文学研究所文学理论研究室、《外国美学》集刊编委会、江苏师范大学文学院、江苏师范大学汉文化研究院承办。会议根据国际美学的发展趋势，结合中国古代艺术的历史与现代境遇，在"美学与艺术、传统与当代"视野下，确定了三个议题：（1）当代语境中对美学与艺术传统的新审视；（2）面向当代世界的中国美学与艺术；（3）美学对促进艺术与文化繁荣和发展的意义。

5月26日，为期两天的上海大学中文系"中国语言文学与文化热点问题"研究生学术论坛开幕。本次论坛由上海大学研究生部出资、文学院中文系主办，旨在促进上海大学中文系研究生之间的学术交流，彰显文学院的学术建设成就，推进研究生对学术热点问题的关注。

5 月 28 日，上海大学第四场"文化研究月会"举行，主题为"媒体的'相对自主'：读《监控危机》"。

5 月 29 日，《2011 中国电影产业研究报告》发布会在京举行。该报告共约 56 万字，是中国电影家协会产业研究中心主持调研、撰写的第五本电影产业年度研究报告。报告由三大部分组成，分别是年度总报告、专项研究报告和市场调查报告。

5 月 31 日，北京语言大学举行文艺学博士的答辩与开题，选题均与文化研究有关。王行坤的论文《从生命美学到生命政治：对生物权力的谱系学考察》和意大利青年学者尚文的论文《满族身份的"想象"：从文化史角度的考订》通过答辩。博士生开题的有苗壮的《边疆书写：清帝国时期北部边疆的表征建构》、李闻思的《邪典乌托邦：仪式、迷狂与邪典电影社会学》、杨风岸的《"前文化研究"系谱中的 I. A. 理查兹》、晏斌的《"识字"史与西藏的变迁》。

# 6 月

6 月 1 日，上海人民出版社出版《热风学术》第六辑，由王晓明、蔡翔编。该书取法鲁迅"热风"的立场和态度，以"学术"方式关注当代中国。它聚焦于当代中国自 20 世纪 80 年代晚期至今的支配性文化及其生产机制、19 世纪中期到 20 世纪 70 年代中国历史所提供的资源和条件，正是这二者的相互作用，构成了当代中国社会文化再生产的关键环节。

6 月 2 日，由浙江大学传媒与国际文化学院、浙江省电影家协会、浙江传媒学院和《当代电影》杂志社共同主办的"国家形象的影像建构与传播"国际高峰论坛在浙江大学举行。这次论坛由六个不同单元组成，包括"电影媒介与国家形象塑造""域外电影中的中国形象""全球语境下的中国主流电影与中国形象""中外电影国家形象塑造与传播比较研究""影视传播与民族想象共同体""世界电影节中国获奖电影中的中国形象"。

6 月 9 日上午，南京大学与布朗大学合作项目——"性别与人文研究中心"成立典礼暨"中国性别研究"国际会议开幕式在南京大学高研院报告厅举行。参加本次"中国性别研究"国际会议的有来自中国大陆、香港和美国多所国际知名大学的30多位杰出学者和专家。

6月19日,首都师范大学文化研究院陶东风教授应复旦大学社会科学高等研究院邀请,担任"中国深度研究高级讲坛"主讲嘉宾,发表了题为"寻找核心价值体系与大众文化的契合点"的主题演讲。演讲分四个方面:(1)核心价值体系与"文化领导权";(2)核心价值体系应作为"常识哲学"融入大众文化;(3)迎合大众还是征服大众;(4)大众文化批评的定位与尺度。

6月20日,台湾中央大学英文系何春蕤教授和哲学系甯应斌教授,在上海大学分别作了题为"情感娇贵化:变化中的台湾性布局"与"动物保护的家庭政治:道德进步主义到竞逐现代性"的讲演。

6月27日,上海大学第五场"文化研究月会"举行,主题为"改革开放叙事及其被质疑"。

6月28日,中国电影艺术研究中心(中国电影资料馆)召开"动画电影:文化、美学与产业"研讨会。与会专家学者围绕动画电影开展了多侧面、多角度的研讨。在从动画大国向动画强国迈进的过程中,本次研讨会的理论成果和实践经验对我国动画电影转型升级提供了诸多启示。

6月29~30日,中国高等院校影视学会成立30年庆典活动与第七届"中国影视高层论坛"开幕。论坛针对"中国影视的国际传播"议题展开为期三天的研讨活动。会议从文化认同与伦理确证、教育革新与人才培养等几个方面展开了关于中国影视国际传播的讨论。

6月30日至7月2日,由南开大学文学院、日本早稻田大学中文系以及首都师范大学文化研究院共同主办的"亚洲经验与文化研究的多元范式国际学术会议"在南开大学东方艺术大楼永明馆举行,来自中国、日本、澳大利亚等地的众多知名学者出席会议并参与研讨。本次会议举办了七场主题研讨会,议题涉及文化产业、创意经济、文化考古等诸多领域。

# 7月

2012年7月,《中国新媒体发展报告(2012)》在京出版。中国社会科学院中国特色社会主义理论体系研究中心主任尹韵公研究员任主编，上海大学中国艺术产业研究院院长吴信训教授任副主编，上海大学文化繁荣与新媒体发展研究基地协助编撰。报告显示，中国微博用户近2.5亿，已成为微博用户世界第一大国。

7月14~16日，"第八届中国文化论坛：电视剧与当代文化"在威海路755号（陕西北路口）文新大厦43楼罗马厅举办。本次会议由中国文化论坛、上海大学当代文化研究中心、华东师范大学对外汉语学院主办，由文汇网、当代文化研究网承办。本次会议聚焦最近十年间的电视剧及其广义的生产机制。

7月29日，上海大学第六场"文化研究月会"举办，主题为"韩国文化研究二十年的轨迹和焦点"。

# 8 月

8月7日，美国威斯康星大学传播艺术系潘忠党教授应邀出任苏州大学新媒介与青年文化研究中心特聘研究员。同日，研究中心与九城都市建筑设计有限公司合作举办"都市空间与开放社会"学术研讨会，潘忠党教授就都市文化空间研究发表演讲。

8月10日，美国杜克大学期刊 *Cultiral Plitics* 2012年8期刊出北京语言大学黄卓越教授的英文论文 The Competition of Two Discouses: The Making of a New Ideology in China。

8月18日，第一场"我们的城市"论坛在上海民生现代美术馆举行，主题为"只剩游乐园的城市"。此论坛由当代文化研究网、《城市中国》杂志和上海交通大学城市社会研究中心联合举办。

8月28日，"意大利亚非学院向上海大学赠送葛兰西著作的赠送仪式暨'葛兰西与中国大陆的文化研究'座谈会"在上海大学举行，卡萨奇、袁进、吕新雨、王晓明等20余位学者出席。此会由上海大学中国当代文化研究中心和意大利亚非学院上海分院联合举办。

# 9 月

9月6日，由中华人民共和国文化部和美国国家人文基金会共同主办、中国艺术研究院和江苏省文化厅共同承办的"跨文化双边对话：第三届中美文化论坛"在北京举行。来自中美两国的 50 余名专家、学者和艺术家以中美两国由于历史、地域、民族等原因所形成的文化差异为切入点，以"文化的语境：地域，人类，历史"为主要议题展开交流与探讨。

9 月 22~23 日，北京语言大学举办第五届 BLCU 国际文化研究讲坛，该年讲坛的题目是"媒介与性别研究：历史与批评"（Media and Gender Studies：History and Criticism），英国女性主义媒介研究的代表性人物，原伯明翰当代文化研究中心成员杰基·斯坦西（Jackie Stacey）、艾瑞克·卡特（Erica Carter）作了主题演讲。国际文化研究著名学者、西悉尼大学教授洪恩美（Ien Ang），原国际比较文学研究学会会长、巴黎三大教授让·柏西耶（Jean Bessiere）在第二天作了专题报告。

9 月 26 日，上海大学第七场"文化研究月会"举行，主题为"通过'勾连'获取注册：中国草根 NGO 与官方政治话语的形式吻合"。

## 10 月

2012 年 10 月，中国艺术研究院马克思主义文艺理论研究所当代文艺批评中心举办第十七期青年文艺论坛。以往各期论坛的题目分别是："当代文艺批评的现状与前沿问题""'底层叙事'与新型批评的可能性""新世纪中国电影的'繁荣'与忧思""流行音乐：我们的体验与反思""日常生活美学：理论、经验与反思""我们的时代及其文学表现——与著名作家座谈""艺术史：观念与方法""《金陵十三钗》：从小说到电影""春晚 30年：我们的记忆与反思""消费文化时代的四大古典名著""武侠：小说与电影中的传奇世界""多重视野下的《甄嬛传》""中国'新诗'的现状与前景""当代文学的代际更迭与当下学术格局的反思""红色题材影视剧的传承与新变""《白鹿原》：如何讲述中国故事""诺贝尔文学奖与当代中国文学"。

10 月 12 日，南京大学人文社会科学高级研究院青年学者"文化交涉与文明互动：汉文化圈视域下的东亚古典学"学术沙龙在南京大学仙林校区逸夫楼 C - 203 教室举行。

10 月 12~19 日，"变动中的世界，变动中的想象——2012 亚洲思想界上海论坛"邀请来自韩国、日本本土和冲绳、马来西亚、印度的 6 位杰出思想者在第九届上海双年展的平台上发表演讲，并与来自亚洲各地的 40 余名知识分子展开对话。论坛展示了亚洲内部复杂的历史与现实，以及亚洲知识界为了理解和介入各自的历史与现实所做的巨大努力。

10 月 22 日，意大利那不勒斯东方大学贾蕾蒂（Sandra Marina Carletti）教授在上海大学作题为"20 世纪中国文学中的重写传统"的讲演。

10 月 27 日，上海大学第八场"文化研究月会"举行，主题为"地毯世界：拉萨的差异政治与一个商品等级的建构"。

10 月 27 ~ 28 日，以"电影：文化力和影响力"为主题的 2012 中国（北京）电影学术年会在北京大学召开。本次年会由中国电影博物馆、北京大学艺术学院联合主办。本次年会共设四场高峰研讨、三场圆桌研讨、三场学术沙龙，共十场论坛。与会嘉宾分别就"电影：文化力与影响力""叫座、叫好、叫响——中国电影如何'走出去'""转型期中国电影文化传播""中外电影中的文化表达方式""中国电影文化内核的探寻与表达""电影的叙事探索与文化建构""跨文化合作：中外电影交流现状与未来走向""电影如何'文''娱'兼备""电影产业影响力的构成与提升途径""新电影业态的美学特征及发展"十个议题进行了研讨和交流。

# 11 月

11 月 5 日，苏州大学新媒介与青年文化研究中心与《南方周末》"发现新青年"活动团队就当下新青年定位、发现新青年活动本身、新青年文化现象等话题进行了交流，并参加了当晚《南方周末》在苏州大学举办的"发现新青年"校园宣讲和展示。

11 月 10 ~ 11 日，由北京师范大学文艺学研究中心和文学院共同主办的"百年文学理论学术路径的反思"学术研讨会在北京举办。80 余名学者共同回顾了中国百年来文学理论学术路径的发展变迁，反思具体成败得失，总结宝贵历史经验，为百年文学理论研究沉淀一份理性思考，为中国未来的文学理论的发展提供一些新的思路。

11 月 16 日，中国社会科学院贺照田副研究员在上海大学作题为"在两个'新时期'的背后"的讲演。

11月26日，陕西师范大学文学院陈越教授在上海大学作题为"阵地战的艺术：再读葛兰西"的演讲。

11月，上海大学文化研究系闵冬潮教授与丹麦哥本哈根大学的同道合作，获得"欧盟第七研发框架计划"所属的"玛丽·居里行动计划"人才国际引进奖学金项目（Marie Curie International Incoming Fellowships – FP7 – PEOPLE – 2011 – IIF）。项目名称为"Cross – cultural Encounters – the Travels of Gender Theory and Practice to China and the Nordic Countries（911616）"。

# 12 月

12月1日，上海大学中国当代文化研究中心"热风书系"的《全球左翼之崛起》（鲍温图拉·德·苏撒·桑托斯著，彭学农等译）由上海书店出版社出版。

12月1日，第二场"我们的城市"论坛在上海民生现代美术馆举行，主题为"民以食为'机'"。

12月1~2日，由北京师范大学文学院筹备中的北京师范大学民国文化与文学研究中心及西川论坛学术沙龙共同主办的"民国历史文化与文学"学术研讨会在北京师范大学励耘报告厅举行，70余位学人共聚一堂，就近年来出现的"民国文学"研究问题展开了讨论。会间，还举行了"民国文化与文学研究文丛"首发仪式。

12月12日，当代批评理论大师杰姆逊在北京大学"大讲堂"作了题为"奇异性美学：全球化时代的资本主义文化逻辑"的演讲，指出全球化构成了后现代性的经济基础，而后现代性则是全球化的上层建筑，即便隔了近三十年，后现代性这一概念也依旧没有过时。

12月12~13日，北京大学中文系、北京大学批评理论中心、《人民论坛》杂志社在北京大学举办了"杰姆逊与中国当代批评理论"学术研讨会。会议以对美国马克思主义理论家、后现代主义文化理论家弗雷德里克·杰姆逊的理论思想的研讨为契机，就中国当代马克思主义文艺理论研究、中国当代文化理论研究的现状与问题等一系列议题展开了讨论。

12月18日，《光明日报》公布了"2012年十大文化新闻"。它们是：《在延安文艺座谈会上的讲话》发表70周年，"为人民"仍振聋发聩；国有经营性文化单位转企改制全面完成；莫言获 2012 年度诺贝尔文学奖；中国文化走出去成果显著；故宫换掌门，出台新举措；中华书局百年华诞；北京人艺成立 60 周年；世界文化遗产预备名单重设；"舌尖"引热议，《中国好声音》和《舌尖上的中国》走红；元上都遗址入选《世界遗产名录》。

12 月 19 日，北京大学教授戴锦华在上海大学作题为"叩访六十年代"的讲演。

12 月 20 日，"世界文化格局与中国文化机遇"国际研讨会暨中国文化国际传播研究院（AICCC）第三届年会在北京举行。国内外与会专家提出，当今世界多元化格局使中国文化迎来机遇，对世界文化格局及其态势的研判，对进一步了解中国所处的时空位置和面临的机遇挑战具有重要意义。

# 文化研究大事记

# 中国台湾

杨　玲[*]

　　21 世纪以来，台湾的文化研究主要是由三个机构在推动：文化研究学会（Cultural Studies Association，简称 CSA）、"台社"左翼学术共同体以及筹划 9 年最终在 2012 年正式成立的"台湾联合大学系统文化研究国际中心"（简称"文化研究国际中心"）。这三个机构在宗旨、活动和人员方面多有交叉和重叠。如陈光兴、何春蕤、刘纪蕙等蜚声国际的文化研究者，都同时是这三个机构的重要推手。在他们的带动下，台湾文化研究形成了打破学科疆域、知识生产与社会运动密切结合、本土资源与国际联络并重的特色。

　　文化研究学会成立于 1998 年 11 月，目的是吁请学界正视文化研究存在的合理性，争取"在夹缝中生存的空间"[①]。第一届理事长为陈光兴，秘书长为唐维敏，理事为冯建三、廖咸浩、陈儒修、何春蕤、张小虹、赵彦宁、赵刚、邱贵芬、刘纪蕙、刘亮雅、郭力昕、李振亚、郑文良、林文淇等 15 人，监事为张汉良、夏铸九、宋文里、毕恒达、周慧玲等 5 人。现任（第八届）理事长为殷宝宁，秘书长为张碧君。从 1999 年起，文化研究学会基本上每年都举办一次年会。目前，年会时间固定在每年 1 月上旬。该年会现已发展为台湾文化研究的"学门现况会议"。除了举办年会这种正式的学术会议，文化研究学会还与其他学术团体、工会组织、NGO 组织和媒体机构一起，不定期地举办文化批判论坛，针对社会热点问题向更大范围的公众发声。

　　在刊物出版方面，文化研究学会拥有《文化研究》（*Router：A Journal of*

---

　作者单位：厦门大学中文系。

[①]　陈光兴：《文化研究在台湾到底意味着什么？》，载陈光兴主编《文化研究在台湾》，巨流图书有限公司，2000，第 15 页。

*Cultural Studies*）和《文化研究双月报》两种刊物。《文化研究》是台湾"国科会"认定的核心期刊。该刊创办于 2005 年，目前为半年刊。正如刊物的英文名"router"（路由器）有"联结与交流"的含义，该刊的目标也是成为"华文世界在当代理论思潮、思想史、社会与文化史、艺术研究、科技研究、媒介研究、电影研究、视觉文化、通俗文化、都市文化、性别研究、族群研究、台湾研究、亚洲研究以及其他相关领域之集结与交流的新刊物"①。《文化研究》的创刊主编为朱元鸿，现任主编为刘纪蕙。编委会由王志弘、王智明、朱元鸿、汪宏伦、李丁赞、李卓颖、林文玲、林淑芬、柯裕棻、郭力昕、陈正国、黄金麟、黄建宏、杨芳燕等人组成。这些编委分别具有社会学、传播学、人类学、政治思想、史学、艺术美学和文学等不同学科背景。《文化研究双月报》原名为《文化研究月报》，2013 年起更名为《文化研究双月报》，逢单月出版。这虽然是一个线上出版的电子刊物，但也有同行评审程序。目前月报的撰稿人多为博士生和硕士生。

"台社"泛指围绕《台湾社会研究季刊》（简称《台社》）发展出来的左翼知识分子阵营。《台社》创刊于 1988 年，是一份从台湾本土问题出发，旨在将学术研究与社会改造结合起来的激进刊物。该刊曾多次获得"国科会"优良学术刊物奖励，在华文世界中颇具影响力。作为台湾首个批判性学术刊物，《台社》关注民主化、分配政治、全球化、移民/工、阶级、性别、国族等一系列重大的社会现实问题。《台社》的首任总编为杭之，社长为傅大为。现任总编为宁应斌，社长为王增勇。编委会由丸川哲史、王瑾、王增勇、白永瑞、汪晖、邢幼田、柯思仁、徐进钰、孙歌、许宝强、夏晓鹃、夏铸九、冯建三、宁应斌、赵刚、瞿宛文、Chris Berry、Gail Hershatter 等人组成。另外还有丁乃非、丘延亮、何春蕤、陈光兴等数十人组成的中外顾问团。②

2007 年，《台社》与世新大学合作成立了台湾社会研究国际中心（简称台社中心），宗旨是出版《台社》和台社丛刊，筹划、组织国际学术交流研讨会和公共论坛。第一任中心主任为世新大学社会发展研究所的黄德北教授，现任中心主任为社发所所长夏晓鹃教授。赖鼎铭、成露茜、罗晓南、

① 《文化研究发刊征稿启事》，http：//www.srcs.nctu.edu.tw/chst/router/notice.html。
② 《〈台湾社会研究季刊〉宗旨》，http：//www.taishe.shu.edu.tw/。

黄德北、夏晓鹃、瞿宛文、冯建三和陈光兴任中心的咨询委员会成员。2010年，《台社》又和台社中心一起协助成立了台湾社会研究学会，旨在吸纳更多年轻的批判性知识分子，向台湾日益专业化和体制化的社会研究发起质疑和挑战。该会的成立似乎也有和占据主流地位的台湾社会学会分庭抗礼之意。台湾社会研究学会由夏晓鹃任理事长，蔡培慧任秘书长，何东洪、朱伟诚任常务理事，徐进钰、陈竹上、王增勇、蔡晏霖、刘雅芳、魏玓、许雅斐、张立本担任理事，陈美霞任常务监事，陈光兴和冯建三任监事。学会定于每年9月召开年会，至今已经举办了三届年会。除了年会，学会也不定期地举办各种论坛。

在文化研究学会成立之后，台湾文化研究者就开始探索"建制化的可能性"。① 2002年，台湾"交通大学"社会与文化研究所（简称"交大社文所"）成立，并开设了硕士和博士班。专任教师有陈光兴、刘纪蕙、朱元鸿、邱德亮、林淑芬等人。陈光兴任所长。社文所围绕"社会、文化与政治思想"的主轴发展出了"台湾文化研究"、"东亚现代性"，以及"文化史比较研究"三个重点方向。除了交大社文所，台湾"中央大学"性/别研究室也是台湾文化研究的一个重镇。1995年，何春蕤在台湾"中央大学"英文系发起成立了性/别研究室，聚集了"中大"英文系的丁乃非、白瑞梅和哲学研究所的宁应斌等著名性别研究者。性别研究也因此成为台湾人文学科中最具国际竞争力的研究领域。此外，台湾"清华大学"中文系的刘人鹏和社会学研究所的李丁赞也是台湾文化研究界的活跃人物。

2003年，台湾"交大"、"中大"和"清大"的文化研究教师开始酝酿成立跨校的"文化研究国际中心"，并终于在2012年7月获准成立了"台湾联合大学系统文化研究国际中心"。台湾联合大学系统是由台湾"清华大学"、"交通大学"、"中央大学"和阳明大学四所研究型大学联合组建的。在联大系统下，四校将开展一系列合作项目，包括合聘教师、相互承认学分、举办联合招生、校际转系及跨校修读辅系或修双学位、合办跨校研究所和研究中心、共享图书设备资源、免费校际专车等。② 文化研究国际中心

---

① 《缘起》，http://english.ncu.edu.tw/cccs/start.htm。
② 《台湾联合大学系统》，维基百科，http://zh.wikipedia.org/wiki/%E8%87%BA%E7%81%A3%E8%81%AF%E5%90%88%E5%A4%A7%E5%AD%B8%E7%B3%BB%E7%B5%B1。

现已整合了四校人文社科领域的 60 余位文化研究教师，形成了各有 15～25 人的四大研究群。国际中心设主任一名，现由刘纪蕙担任。另设来自不同校区的四位副主任，由陈光兴、李丁赞、何春蕤和刘瑞琪担任。

由于文化研究在英美学界已经相当普及，而台湾的人文社科领域又有大量接受过英美学术训练的海归学者，因此，中文、外文、比较文学、传播学、心理学、地理学、艺术学、人类学、社会学等各个学科都有文化研究的实践者。但台湾最具代表性的文化研究者还是集中于文化研究学会、台社和文化研究国际中心这三个机构。因此，本文尝试以这三个机构的知识生产、社会实践和体制建构为脉络，勾勒台湾文化研究在 2012 年的最新发展动向。

# 一　文化研究学会

### 1. 年会

2012 年 1 月 7～8 日，文化研究学会和台湾大学地理系在台大霖泽馆联合主办了主题为"芜土吾民"的学会年会。"芜土吾民"这四个字可分别解释为"吾土吾民（我的土地我的子民），无土无民（没有土地没有人民），芜土吾民（荒芜的土地，我们的人民）"。会议筹委会企图通过"芜土吾民"的主题，"继续置疑'共同体'、'我们'"，以及"各种建制性的吸纳/排除"（如台湾文学研究及客家研究的建制化反思、性/别的邀请与排斥、族群的建制与取消等）。①

年会的开幕论坛和闭幕论坛都和土地、艺术有关。开幕论坛名为"南方的亚洲——土地/艺术/运动"，闭幕论坛名为"土地/抗争/影像/文学"。两个论坛的主持人分别为高雄师范大学跨领域艺术研究所的吴玛悧和台湾"清华大学"社会所的李丁赞。来自泰国、孟加拉和台湾本土的艺术家、作家、诗人和导演担任了与谈人。会议期间穿插了一个名为"土地/抗争/影像"的影展，放映了四部影片。会议第二天安排了 6 个圆桌论坛，主题分别为"打造新文化共同体？谈艺术介入社会的诸种矛盾与创新""在记忆崩裂时破声乱舞：论台湾通俗音乐与时代感""BOT 东海岸?!""台湾文学的

① 《会议缘起》，http://www.csat.org.tw/conference/Goals.asp? C_ID=42。

土地书写""家园政治的回顾与前瞻 I&II"。家园政治的讨论主要涉及社区灾后重建，核电厂、核废场与国家公园的困境，都市更新中的地产霸权与捍卫家园大混战等话题。

根据论文的提交情况，年会设立了 24 个分会场。分会场的主题分别是："蜗居、笼屋、钉子户与观景豪宅：亚洲城市住居状态与社会文化想象""台湾文学研究建制化：回顾与展望""田园将芜胡不归：当地台湾农村议题的另类组织与行动""物、媒介、互动""土地、反叛、社会运动与影音创作""劳动、身分、认同想象""水的政治经济学""括号里的'部落'""'性别主流化'之外拥抱性/别羞耻的酷儿众生""哪里是新的共同体基地？""疯狂再现""读-传播""身心障碍与文化呈现""文学中的土地""新媒体与跨国/界文化网络连结""环境空间生产""粉都城里的身体与运动""影像-政治""母/体""全球城市、在地的身体与知识""酷儿：运动、族群、敢曝美学"。

**2. 文化批判论坛**

2012 年，文化研究学会参与主办了七场文化批判论坛。3 月 18 日，由文化元年基金会筹备处、OURs 专业者都市改革组织、文化研究学会和新新闻杂志四家单位共同主办的第 92 场文化批判论坛在台北当代艺术中心举行。论坛主题为"师大商圈存废争议、台湾街区文化何去何从"。与会者围绕师大商圈的管理、存废或发展方向展开了讨论，旨在"为城市急速发展消抹的街巷文化寻找出路"。主办方本来还邀请了台北市政府部门主管，但这些政要都因各种原因没有到场。OURs 秘书长彭扬凯（师大商圈的商户）、诗人鸿鸿（商圈周边的住户）、旅日作家郭正佩和淡江大学建筑系副教授黄瑞茂担任了引言人。逐字稿刊载于《文化研究双月报》第 127 期。①

3 月 31 日，由文化研究学会、台湾同志咨询热线协会和台湾社会研究学会联合举办的第 93 场文化批判论坛在台北市 NGO 会馆举行。论坛主题为"台铁公共性事件：从不当安置到媒体造法/罚"。2012 年初，一群人组团在台铁火车上举办了一场性爱派对。尽管未涉及暴力且无人遭受侵害，活动主办方还是遭到了地方检署的起诉。与会者讨论了台湾社会的性恐慌、对

---

① 《"文化元年"论坛：旧的街巷·新的城市/师大商圈存废争议、台湾街区文化何去何从？》，《文化研究双月报》第 127 期，2012 年 4 月 25 日，http://www.csat.org.tw/index.htm。

性少数群体和新的性爱模式的法律钳制。苗栗地方法院法官蔡志宏、花魁参与者 Candy、台权会会长赖中强、台湾青少年性别文教会教育推广部主任吕健志、高中生制服联盟召集人徐豪谦、某技术学院辅导老师吕昶贤、南华大学公共政策研究所副教授许雅斐担任与谈人。"中大"性/别研究室的何春蕤教授担任主持人。

5 月 7 日，由《共志》和文化研究学会主办、台湾运动社会学会协办的第 94 场文化批判论坛在紫藤庐茶艺馆二楼举行。论坛主题为"（后?）林来疯启示录"。与会者从社会、媒体、资本、国族等多个角度，探讨了 NBA 华裔球星林书豪在美国和台湾所引发的"林来疯"现象。"体大"体研所副教授陈子轩、中研院欧美所助理研究员王智明、ESPN STAR Sports 媒体企画经理林炜凯、"政大"新闻系副教授刘昌德担任与谈人。逐字稿刊载于《文化研究双月报》第 132 期。

5 月 26 日，由文化研究学会主办的第 95 场文化批判论坛在台大地理环境资源学系举行。论坛主题为"反身/返深：郭昱沂《女书回生》纪录片座谈"。《女书回生》发表于 2011 年。该片以中研院民族所刘斐玟研究员进入湖南江永，与女书最后一代传人何艳新女士缔交姐妹情谊为线索，记录了中国的女书与女歌文化，反思了女性研究者和女性研究对象相互交织的生命故事。开南大学助理教授郭昱沂、台艺大电影系讲师谢嘉锟和中研院民族所助理研究员吕心纯担任与谈人。逐字稿刊载于《文化研究双月报》第 133 期。

6 月 15 日，比较文学学会与文化研究学会在台北书林书店举办了第 96 场文化批判论坛。论坛主题为"鲍伯·迪伦在亚洲 'Bob Dylan in Asia'"。鲍伯·迪伦是美国 1960 年代影响巨大的民谣歌手，是整整一个时代的文化象征。2011 年 4 月，迪伦举办了一次亚洲巡演，先后在台北、北京、上海、胡志明市、香港和新加坡开唱。本次论坛讨论了迪伦和美国流行音乐在亚洲各地的不同效应，及其对新世纪亚洲青年的启示。美国加州大学圣塔克鲁兹校区文学系的诗人学者威雷伯（Rob Wilson）、作家与文化评论家张铁志、台师大大众传播研究所蔡如音和辅仁大学心理系何东洪担任引言人。王智明担任主持人。

11 月 4 日，文化研究学会和台湾高等教育产业工会在台北慕哲咖啡举办了第 97 场文化批判论坛。论坛主题为"回归市场或重建职业伦理？——

多元评鉴之可行性探讨"。与会者围绕台湾教育主管部门制定的备受诟病的评鉴制度，探讨了高等教育是否需要评鉴、如何进行评鉴的问题。台大物理学系的林敏聪教授、阳明大学人社院心智哲学所的洪裕宏教授，以及台湾"清华大学"动力机械系的彭明辉教授担任与谈人，世新大学校长赖鼎铭担任主持人。

12月7日，文化研究学会和台湾高等教育产业工会在台北慕哲咖啡举办了第98场文化批判论坛。论坛主题为"工作在哪里？——流浪博士的生存与运动策略"。近年来，随着高等教育的扩张，高学历人员的失业问题也在台湾成为常态。本次论坛探讨了造成高学历者失业的结构性因素，并分享了个人以及组织的抵抗策略。"交大"人社中心博士后研究员王维资、台大社会学系博士吴鸿昌，以及世新大学舍我纪念馆博士后研究员萧旭智担任与谈人，台大社会学系项目助理教授陈惠敏担任主持人。

**3. 《文化研究》**

《文化研究》2011年秋季号（总第13期，2011年12月出版）刊载了五篇研究论文，分别是：刘瑞琪的《呼唤纨裤女的隐藏名字？——1920年代柏伦妮斯·艾比特的同女作家肖像摄影》、杨凯麟的《施明正，书写的身体政治与政治身体的书写》、陈正芳的《陈黎诗作的"拉美"：翻译的跨文化与互文研究》、张孝慧的《基督新教与西拉雅族的第一次接触：论荷兰亚米纽斯主义者在福尔摩莎的传教事工（1627~1643）》、林素幸的《移动的美术馆：20世纪初中国的书籍装帧设计与商业美术》。本期《文化研究》规划了两个论坛："缺席：艾未未问题"和"污名的比较：残障与性"。第一个论坛针对的是2011年台北市立美术馆的展览"艾未未：缺席"。第二个论坛是对美国酷儿理论家海涩爱（Heather Love）2010年赴台演讲后的本土回应。本期的书评栏目刊登了台湾酷儿作家洪凌为丁乃非与刘人鹏合编的《置疑婚姻家庭连续体》一书所撰写的书评。

《文化研究》2012年春季号（总第14期，2012年9月出版）刊载了该刊编委林文玲策划的"公共人类学"专题。专题包括林文玲的导论《不只是行动，公共人类学的介入与思辩》，以及吕欣怡的《课堂如田野：以导论课程作为公共人类学实践场域》、林文玲的《人类学学识、影像的展演/介入与公共化策略：民族志影展在台湾》、容邵武的《死刑战争：法律人类学的中介》和彭仁郁的《进入公共空间的私密创伤：台湾"慰安妇"的见证叙事作为疗愈场景》等四篇论文。本期还收录了刘绍华的《伦理规范的发展与公共性反思：以美国及台湾人类学为例》和林徐达的《论诠释人类学的修辞转向、当代批评与全球化挑战》两篇"研究议题"，以及"交大"社文所助理教授蓝弘岳的论文《面向海洋，成为"西洋"："海国"想象与日本的亚洲论述》。本期规划的两个论坛都和日本关系密切。蓝弘岳组织的"越境与移动"论坛收录了五篇来自日本学界的论文。这些文章从不同角度探讨了全球资本移动"所造成的新空间、新边陲、新劳动力、新市镇以及新的人口管理与新的阶级差异"①。王智明策划的"核寓/预言：反思核子现代性"论坛收录了四篇来自中国大陆、日本和马来西亚学者的文章，在日本福岛核电厂爆炸一周年以及钓鱼岛争端的背景下，重温了东亚和平问题。

**4.《文化研究月报》**

2012 年文化研究学会一共出版了 12 期《文化研究月报》，其中不乏新锐有趣的论题。如第 129 期刊登了洪凌的一篇文化评论《"灵性"使用权的物种争夺战：从科幻创作视角探究非人生命的独特知觉与超感智识》，探讨了当代影视文学作品中的后人类书写，如人与非人类物种之间的权力关系和情感纠葛。第 130 期刊登了蔡正芸的《旅行沙漠中的海市蜃楼——考山路背包客天堂》。泰国考山路被誉为背包客的"天堂"。该文运用列斐伏尔的社会空间概念，并辅以背包客的旅行经验，讨论了背包客与旅行地之间的关系，背包客的旅行想象如何建构地方真实。

除了单篇论文，《文化研究月报》也发表了一些值得关注的专题论文。1 月出版的第 124 期刊发了一组以台湾新移民为主题的研究论文，包括杨华美的《"不"专业的摸索前行——陪伴跨国婚姻家庭中的认识行动》、钟佩怡的《社会差异作为多元文化教育起点——转化、理解与认同的实践》、张明慧的《"他者"的故事——新移民女性母职的困境》。三位作者均为从事移民社工服务或教育的女性。她们既是研究者，也是社会行动者，"以不同的社会位置，陪伴受压迫者面对生活的悲伤与磨难，肯认生命主体的行动"②。

6 月出版的第 129 期刊发了两篇探讨"快速平价时尚"的论文。刘育成

---

① 刘纪蕙：《从"人的知识"到东亚公共议题——编辑室报告》，http：//www.ylib.com/book_cont.aspx？BookNo＝LA014。
② 廉兮：《"行动研究与社会抵抗"——以台湾新移民研究为例导言》，《文化研究双月报》第 124 期，2012 年 1 月 25 日，http：//www.csat.org.tw/index.htm。

的《快速时尚潮流的消费美学：加速的救赎与宰制?》，以国际知名的快速时尚（fast fashion）品牌 ZARA、H&M、UNIQLO 的生产与营销策略为基础，从阿多诺和费斯克的文化理论出发，分析了快速时尚的内涵及其对现代社会主体所产生的影响。论文主张，快速时尚是现代资本主义生产逻辑透过个体化潜能的伪装，是对消费者实施管控的一种新策略。陈俐君的《鲜食海洋？都市海鲜消费的自然拜物教——以争鲜企业为例》讨论了平价寿司的品牌化、符号化和体验化现象，以及海鲜餐厅的消费空间所塑造出的都市海鲜消费的自然拜物教与新鲜迷思。作者一方面批判了海鲜消费对自然的剥削和对海洋环境的破坏，另一方面也指出了重构人和海洋的伦理关系的具体路径。这种以环保主义理念为指导，研究日常饮食消费的思路值得大陆学者借鉴。

9 月出版的第 132 期刊发了"原住民族土地专刊"，收录了陈竹上的《重返山林的坎坷路：由泰雅族榉木事件及鲁凯族漂流木事件探讨原住民族土地及自然资源权利在国家司法体系中的处境》、萧惠中的《新自由主义下原住民族土地的发展地景：一个新伙伴关系的初探》、黄雅鸿的《原住民传统领域权？国家的领域权传统？——一场对话的启示》、罗永清的《原住民保留地纠纷类型刍议与司法判解的民间理解：太鲁阁区域的例子》。四篇文章的作者都是长期关注原住民土地议题的年轻学者，并有不同的学科背景，他们的文章"共同构成对原住民族土地政策和制度之有系统的解析"①。

## 二 台社学术圈

### 1. 台湾社会研究学会年会

2012 年 9 月 22～23 日，台湾社会研究学会在世新大学举办了主题为"'开门见山'：面对公民社会的矛盾"的年会。新世纪以来，社会力量的重组、社运团体内部的差异和矛盾，成为台湾社会发展的新议题。主办方试图通过此次年会，探索"激荡进步意识，并形成反抗保守力量统一战线的可能"②。台大地理环境资源学系教授兼所长徐进钰作了题为"公民社会的

---

① 官大伟：《"原住民族土地专刊"专题导言》，《文化研究双月报》第 132 期，2012 年 9 月 27 日，http：//www. csat. org. tw/index. htm。

② 《研讨会讯息》，http：//cc. shu. edu. tw/～atss1/Seminar_ 1_ 20120810. html。

矛盾与冲突"的主题发言。辅仁大学心理学系副教授何东洪主持了名为"规训与突围——从 LiveHouse、性别、媒体谈起"的闭幕论坛。会议设置了三个圆桌论坛："踟蹰异林：情色公民的跌撞十年""草根改革运动团体组织工作的困境与突破——从卫促会经验出发""重访社会运动与主流政治势力的关联和矛盾"。会议还安排了"批判与实践"博硕士论文奖得主的论文发表和颁奖环节。此次年会的参加者中有不少是研究生和社运团体成员。培养具有批判意识和实践精神的新生学术力量、巩固学界与社运团体的联系，显然是年会的一个重要考虑。

年会分会场的主题包括："弱势群体与其健康问题：概念、资料与社会实践""国家法律、艺术自由与人民权利""台湾原住民主体经济的实践与未来发展""驯化与抵抗——高教危机下的新工会主义""八年抗战之后，乐生运动新路与回顾""烟害的政治经济学分析以及因应之道""创意个什么城市？——再也回不去的'高雄'""土地、村民与家园韧力""反转社会抵抗的文化视域：重看原住民教育实践与小区行动的意义""大马旅台生的社会运动参与与联结""解构照顾市场化背后的性别与族群关系""重建生计：原初丰裕社会与团结经济之可能""社会运动对象、主体与方向性的反思""市场化：台湾医疗危机的根源""表演艺术，三位一体：艺文团体所面对的国家、市场与社会""抵抗都市更新，或追求空间正义？""批判社工师法对社工教育体系的扭曲与颠覆""草根改革运动团体组织工作的困境与突破——从卫促会经验出发""当国家卫生体制危害国民健康""永续的水与原住民部落发展""当信息成为一种力量，当小众遇上强权：来自香港和大陆的经验""跨世代学术对话"。6 位来自大陆的年轻学者参加了由陈光兴主持的"中国崛起之空心化？——现实亏空与历史重返"的分会场，并围绕"1949 前后大陆与台湾的历史经验"和"中国革命中的主体问题"两个话题发表了论文。

### 2. 台社论坛

2012 年，台社学术圈除了与文化研究学会合办了一期"台铁公共性事件"论坛，还在紫藤庐茶艺馆举办了三期台社论坛。该茶馆位于一座靠近台大的古朴日式建筑内，因环境清雅和交通便利，从戒严时期起就是民运人士、左翼知识分子和前卫艺术家的聚会场所。茶馆内随处可见《台社》书刊。

4 月 14 日，紫藤文化协会、台社中心和《台社》举办了"'虚拟经济'背后的分化统制：透视本劳、外劳工资脱钩争议"论坛。2012 年，以低工资逻辑"成长"的台湾产业主对当局施压，要求本地劳动者和外来劳动者的基本工资脱钩。徐进钰、汪英达、吴永毅、赖香伶、丘延亮、廖元豪等六位关注工运的学者、劳工运动者和劳资调解员，从人权、政治、经济、资本流动和派遣劳动等不同面向对这一问题进行了讨论。

10 月 15 日，共志、台社中心、紫藤文化协会、媒体学社、《台社》和台湾社会研究学会举办了"资本垄断中的记者集体组织：媒体工会再出发？"论坛。2012 年，台湾媒体集团并购活跃，为了应对并购之后的裁员，媒体工作者纷纷成立工会，捍卫自己的劳动权益。徐国淦、陈晓宜、彭琳淞、刘昌德等记者协会会长、工会负责人和新闻传播领域的学者参加了论坛，共同探讨资本集中化的新形势下记者工会的抗争策略。

12 月 29 日，台湾社会研究学会、台社中心、紫藤文化协会和《台社》举办了"高学费问题·今昔与未来：从工农子女教育补助到反高学费运动"论坛。2012 年 10 月，台湾教育主管部门调涨学费，引爆各校学生齐聚主管教育行政部门抗议。台湾在 90 年代，也曾引发过反高学费运动。论坛邀请曾接触"学费运动"和正在参与运动的年轻人担任与谈人，透过高学费问题来捕捉台湾社会经济变迁的脉动。

### 3. 研讨会

2012 年 11 月 22 ~ 23 日，台社中心和《台社》协助政治大学社会工作研究所和阳明大学卫生福利研究所，在台大主办了"女性主义学者的生命历程与研究路径：与建制民族志大师相遇"研讨会。会议邀请了三位建制民族志大师 Dorothy E. Smith、Marie L. Campbell 和 Marjorie L. DeVault。第一天的主题是"旅行在不同的世界：女性主义学者的生命历程与研究路径"。三位海外学者就"学术工作与照顾工作的断裂""外人内置（outsider within）？成为女性主义社会学家"，以及"跨越学门的界线：从社会学到健康服务研究"三个主题分享了她们的经验。第二天的主题是"另一种知识生产的典范：建制民族志的理论与应用"。三位学者分别介绍了建制民族志的理论、方法论与方法实作和应用。

2012 年 10 月 6 日，中华保钓协会、台湾"交大"亚太/文化研究室、台湾社会研究学会、台社中心、《台社》、《人间思想》杂志和 Inter – Asia

*Cultural* 在台湾"师大"举办了"民间东亚论坛——钓鱼台、独岛（竹岛）争议圆桌讨论"。论坛希望通过"民间东亚"的交流，促进历史反思，寻求区域和平。与谈人包括：韩国民主教授协会国际连带委员会的李大勋、《返风》杂志的若林千代、反修宪市民联络会的高田健、《世界》杂志前编辑长冈本厚、人人保钓大联盟的林孝信、中研院欧美所的王智明。两位大陆学者韩嘉玲和王晓明也参加了讨论。陈光兴和中华保钓协会的刘源俊担任了论坛主持人。

**4.《台湾社会研究季刊》**

2012 年，《台社》一共出版了 4 期。第 86 期（2012 年 3 月）刊登了"文化研究的人类学　人类学的文化研究"专题，收录了邱贵芬的《性别政治与原住民主体的呈现：夏曼·蓝波安的文学作品和 Si - Manirei 的纪录片》、林文玲的《部落"姊妹"做性别：交织在血亲、姻亲、地缘与生产劳动之间》、蔡庆同的《〈南进台湾〉：纪录片作为帝国之眼》、林徐达的《贫穷的文化反思：三位原住民的生命话语与意义》、王应棠的《跨文化理解与翻译：鲁凯族田野经验与阅读原住民汉语文学之间的对话》等五篇论文。丘延亮为专题撰写了导言。本期的"书介与评论"栏目刊发了七篇书评，大多是评论钱理群的《毛泽东时代和后毛泽东时代（1949~2009）：另一种历史书写》一书。"左异声响"栏目刊发了浅井基文 2011 年 9 月访台的演讲"我所认识的陈映真以及 1960 年代的台湾"，以及会后讨论的逐字稿，并配发了陈光兴的《编按：浅井基文与陈映真的故事》。浅井基文是 1963 至 1965 年驻台的日本外交官。在 1963 年至 1967 年间，他接触到了以陈映真为中心的知识社群。在言论禁锢的时代，浅井利用自己的身份之便，为这群台湾青年知识分子提供了一个探索左翼思想的空间。

第 87 期（2012 年 6 月）是新任主编宁应斌上任后负责的第一期，本期也碰巧刊出了多篇与性/别有关的论文。五篇"一般论文"分别是：许雅斐的《反人口贩运与母权政治：性产业的罪罚化》，潘淑满、杨荣宗与林津如三人合写的《巢起巢落：女同志亲密暴力、T 婆角色扮演与求助行为》，吴燕秋的《避"罪"之道？从月经规则术引进看 1970 年代台湾堕胎史》，邓建邦的《跨境婚姻：中国大陆台干家庭的身分安排》，林本炫和李宗麟的《"正确放生"论述的形成：台湾战后动物放生文化的历史考察》。"问题与讨论"栏目刊登了韩国左翼学者曹喜昀的《"中国特色的民主主义"是否可行：对改革开放后中国党国体制的"危机因素"和"社会主义领导权政治"的想象》。"左异声响"栏目刊登了 4 篇关于批判知识分子的文章，并配发了赖鼎铭的前言《碰撞·新生　理论与实践"踹共"　批判知识分子的再生产机制·代前言》。"书介与评论"栏目刊登了陈光兴的《"状况内的半个局外人"：〈发现成露茜〉读后》。

第 88 期（2012 年 9 月）刊登了王志弘的《台北市人行空间治理与徒步移动性》、石计生的《大稻埕异托邦：百年城市史里的"福科问题"与文化闲逛》、齐伟先的《现代社会"教改"论述的演变及其发展的结构性条件：以台湾暨德国的教改论述为例》、王金寿和魏宏儒的《台湾地方法院裁判评议制度之实证研究》等 4 篇论文。"研究纪要"栏目发表了许甘霖的《从商品虚构到批判论述分析：重新发现博蓝尼的方法》。"问题与讨论"栏目发表了姚新勇的《前路茫茫，还是柳暗花明？中华民族认同的危机与再造之反》。"响应与挑战"栏目发表了吴易叡的《超越国家单位的台湾抗疟史：回应林宜平〈对蚊子宣战〉》。"左异声响"栏目刊发了一组讨论"台铁公共性事件"的文章。

第 89 期（2012 年 12 月）刊登了柳书琴的《从"昭和摩登"到"战时文化"：〈赵夫人的戏画〉中大众文学现象的观察与省思》、苏硕斌的《评鉴的制度化与制度的评鉴化：一个以台湾社会学者为对象的研究》、王翊涵的《暧昧的归属，策略性的协商：在台东南亚新移民女性的国族认同》、王实之和吴怡伶的《常民参与对医疗知识与卫生政策的贡献：职业病认定与补偿之争议的历史分析》等 4 篇论文。"问题与讨论"栏目刊登了赵刚的《为什么要读陈映真？》、白永瑞的编按《东亚批判刊物会议：处于 2012 年的东亚，寻找另类发展模式》、白乐晴的《开会辞》、崔元植的《东亚国际主义的理想与现实："国际"与"民际"》、陈光兴的《东亚批判刊物会议的轨迹》、池上善彦的《311 之后》、李云雷的《中国人的"世界想象"及其最新变迁》、贺照田的《让"民际"鲜花盛开——读崔元植〈东亚国际主义的理想与现实〉》。"左异声响"栏目刊登了一组关于高等教育危机和高教工会的文章。

## 5. 台社丛书

2012 年 1 月，联经出版社和台社联合出版了钱理群的《毛泽东时代和后毛泽东时代（1949～2009）：另一种历史书写》。全书分上下两册，共 14

讲。作者按照时间顺序，从 1949 年一直写到 2009 年，涉及建国、反右、"大跃进"、大饥荒、"文革"、后毛泽东时代等历史时段。钱理群自称："一方面，我是毛泽东时代所塑造的，毛泽东文化已渗透到我的血肉及灵魂中，这种毛泽东时代的印记永远改变不了，无论如何挣扎、自省、批判，我都是个无可救药的理想主义者、浪漫主义者、乌托邦主义者。另方面，我更是个毛泽东时代自觉的反叛者。我的历史使命就是反戈一击，对毛泽东做出同时代人所能达到的最彻底的清理和批判。既受他的影响，同时又是他的反叛者，并力图使自己成为彻底的反叛者。"本书对当前的"中国崛起论""中国模式论"，以及后毛泽东时代出现的"毛泽东的幽灵"提出了有力的响应与批判。①

2012 年 5 月，唐山出版社和台社联合出版了夏晓鹃、廖云章合编的纪念文集《发现成露茜》，以及夏晓鹃编的《理论与实践的开拓：成露茜论文集》。成露茜（1939～2010）是台湾左翼社会学者、报人，长期关注弱势群体，致力于研究与实践的结合。她曾在美国加州大学洛杉矶分校（UCLA）社会学系任教超过 30 年，也是世新大学社发所的创始所长，与全国人大常委会原副委员长成思危、台湾世新大学董事长成嘉玲乃同胞兄妹。《理论与实践的开拓：成露茜论文集》由"资本主义与父权体制下的女性""资本主义发展与劳工流移""跨国主义与侨乡""全球化/国家/市民社会""媒体/实践/典范"五个部分组成，收录了成露茜在不同历史时期撰写的 15 篇论文。

2012 年 8 月，唐山出版社和台社联合出版了宁应斌和何春蕤合著的《民困愁城：忧郁症、情绪管理、现代性的黑暗面》。本书是对西方学界的"情感转向"（the affective turn）的回应，也是对台湾近年来出现的"道德进步主义"和情感娇贵化的批判。全书分为导论"情感的现代性与现代性的情感"、上篇"民困愁城：忧郁症与现代性的黑暗面"、下篇"没来由的情绪：情绪的认知主义建构论与'情绪管理'"和结语四个部分。上篇由何春蕤撰写，梳理了西方社会批判理论中有关忧郁症的论述，提出忧郁症是社会压迫与竞争下，自恋者营造现代自我失败的副作用。下篇由宁应斌撰写，追溯了情绪哲学的"认知主义"，讨论了四种"没来由的情绪"对认知

① http：//taishe.shu.edu.tw/books/forum18.htm.

主义的挑战，为无法被管理的"坏情感"之存在合法性进行了辩护。

2012年9月，台社出版了阿席斯·南地著、丘延亮译的《贴身的损友：有关多重自身的一些故事》。南地是政治心理学家、社会理论家，印度独立后第一代重要的公共知识分子。本书通过南地最广为人知的几篇重要文章，具体地呈现了南地的主要方法与论说。选译的文章包括：《印度文化中女人与女人性的对峙：文化与政治心理学的论说》《最终的邂逅：谋刺甘地的政势》，1983年出版的英文版《贴身的损友》中的《前言》、《殖民主义的心理学：不列颠印度中的性别、年龄和意识型态》、《从殖民中解放的心智：对印度和西方的破殖民看法》，以及1995年发表的《野蛮人的佛洛伊德：殖民时期印度的第一个非西方心理分析家及种种隐秘自身的政势》。

## 三　文化研究国际中心

### 1. 学位课程

2012年，文化研究国际中心开设了亚际文化研究国际硕士学位学程（International Master's Program in Inter – Asia Cultural Studies），并将于2013年9月正式招收国际生和本地生。该学程的硕士生除毕业论文之外，需修满24学分。其中必修课程"亚际文化研究导论"3学分、"论文研究方法"3学分。学生可于修业期间任选下列一门课完成"研究方法"的3学分：学术训练讨论课、人类学方法论、历史研究与讨论、社会学方法论、论文写作与研究方法。专业领域选修9学分，学生需根据其研究方向，在"批判理论与亚洲现代性""当代思潮与社会运动""性/别研究""视觉文化"4个课群中选定一个专业领域，并选修至少9学分。选修学程外的课程，以9学分为上限。硕士生修满18学分时可申请论文计划提案审查。论文可用中文或英文撰写。

批判理论与亚洲现代性课群"关注亚洲现代性的政治、美学与伦理等理论性议题"。当代思潮与社会运动课群注重"真实世界的变化与知识生产互相渗透的思想训练，从区域性文学、历史、社会出发，探索思想与运动的多层次辩证关系"，帮助学生"开展具有在地主体性的思想与运动模式，突破既有的知识困境"。性/别研究课群"关注在地、区域与全球的性/别政治之关连布局，以知识/权力为焦点，既注重主体能动、草根社运与历史面向，也注重法律、政治与社会制度的结构面向"，并强调"现实脉络中的具体实践与真实发声"。视觉文化课群整合了台联大系统在电影研究、艺术研究，以及戏剧与表演研究三个领域的师资，提供视觉艺术形式与历史，以及当代视觉文化两方面的课程。①

2013 年度上学期的课表中安排了两门必修课：陈光兴的"亚际文化研究导论"和李卓颖的"历史研究与讨论"。从各学群开设的专业选修课来看，大多还是传统的人文社科和艺术类课程，如"近现代日本思想史专题""东亚文化史研究""政治社会学专题：公民社会""艺术史方法与理论""台湾电影：影响与比较研究选读"等课程。不过也有一些课程较有新意。如林淑芬的"异质空间专题：难民营、基地与特区"、黄道明的"爱滋的文化政治"、蔡芬芳的"性别、国族与族群"。课表中还出现了两位海外学者开设的课程：Jalani Niaah 的"加勒比海思想与南方文化研究"和 Madhava Prasad 的"20 世纪印度自由思想"。这两门都注明是英文授课。另有部分课程是双语授课。

**2. 学术活动**

2012 年 3 月 23~25 日，文化研究国际中心筹备处、台湾"清华大学"亚太/文化研究中心和台湾"交大"社文所联合主办了"亚际文化研究的未来"国际研讨会。23 日下午和晚上，首先举办了亚际文化研究机构联合指导会议和亚际文化研究学会（Inter – Asia Cultural Studies Society）理事会议。3 月 24 日上午，陈光兴作了工作报告。与会代表随后围绕"知识生产与机构建置""性/别""社会思想与社会运动""影像生产的政治"4 个主题作了发言。来自中国大陆、台湾、香港和新加坡、韩国、日本、印度、孟加拉国和澳大利亚的 20 多位学者参加了这次会议。

2012 年 6 月 6~9 日，台湾"交大"社文所和文化研究国际中心筹备处联合主办了"马克思主义在东亚"国际工作坊。本次工作坊的目的是：（1）检视 20 世纪东亚地区的马克思主义思想发展的贡献或局限；（2）从马克思的批判思想出发，批判性地重估东亚现代性历史进程以及当代状况；（3）重新评估马克思思想的当代意义，对马克思主义进行理论性的重新诠释。来自中国台湾、大陆和日本、韩国、美国、加拿大、比利时、瑞士等地的

---

① 《课程与修业规定》，http：//iics. ust. edu. tw/cource1021. htm。

30 余位学者在会议上发言。会议还邀请两位参会者、美国马克思研究学者 Harry Harootunian 和 Moishe Postone 作了两场专题演讲。

2012 年 11 月 10 ~ 11 日，"中大"视觉文化研究中心和文化研究国际中心联合主办了"视觉文化"国际学术研讨会。美国威斯康辛大学麦迪逊校区视觉文化中心主任、日本文学与视觉文化系副教授 Adam L. Kern 博士在会上作了"测绘现代性：地图上早期现代日本的出现"的主题发言。会议包括七场小组会议，主题分别是："写实图像的视觉传达与悖论""印刷图像：讽刺与复制""都市与美术""图像与影像""电影、文学与历史""重返老电影""电影美学再探"。

**3. 学术出版**

首先是两本和视觉文化有关的论文集。2012 年 4 月，刘瑞琪主编的《近代肖像意义的论辩》由远流出版公司出版。该书汇集了中文世界研究西方、中国肖像的重要论文，展现了晚近肖像研究的多元切入角度与方法。7 月，苏硕斌主编的论文集《旅行的视线：近代中国与台湾的观光文化》由阳明大学人社院出版。该书围绕中国、日本、日治时期的台湾和原住民的观光文化，收录了 9 篇论文。

其次是"中央大学"性/别研究室于 2012 年 8 月和 11 月分别出版的两本论文集：何春蕤主编的《转眼历史：两岸三地性运回顾》，黄道明主编的《爱滋治理与在地行动》。两本书都是性/别研究室举办的相关学术研讨会的成果。《转眼历史：两岸三地性运回顾》收录了七篇文章：吴敏伦的《香港的性政治》、潘绥铭的《建构宏大叙事中的生存体验》、万延海的《且战且走：风风雨雨二十年》、李银河的《我所关注的大陆涉性法律改革》、何春蕤的《台湾性别政治的年龄转向》、严月莲和姚伟明的《紫藤十六年》、王苹的《从个人实践看台湾性/别运动的转进与冲突》。此外还收录了宁应斌撰写的附录《台湾性解放运动十年回顾：试论》。文集作者均为两岸三地在性/别领域开疆辟土的重要学者和运动组织者。他们通过回首个人经历展现了两岸三地性/别议题发展的历史。《爱滋治理与在地行动》收录了黄道明和国际知名的艾滋文化研究学者 Cindy Patton 的 4 篇论文，以及台湾本土艾滋行动者的回应与讨论。

本年度另外一本与性/别有关的书籍是刘人鹏、宋玉雯、郑圣勋、蔡孟哲合编的《酷儿·情感·政治——海涩爱文选》。该书于 2012 年 12 月由蜃楼出版社出版。海涩爱（Heather Love）是美国情感研究和酷儿研究领域的新星，现任教于美国宾州大学英语系。她的专著《感觉倒退：失落与酷儿历史的政治》（*Feeling Backward*: *Loss and the Politics of Queer History*, 2007）被誉为"酷儿研究的新浪潮"。《酷儿·情感·政治——海涩爱文选》分为两个部分。第一部分"倒退的政治"，选编了海涩爱关于情感与酷儿论述的六篇文章。第二部分"Feeling Bad in 2010"记录了海涩爱访台期间与台湾学界及运动界所进行的三场精彩对话，内容涉及酷儿的文化政治、残障污名与性污名等议题。①

在批判性思想方面，2012年10月，刘容生、王智明、陈光兴主编的《东亚脉络下的钓鱼岛：继承、转化、再前进》由台湾"清华大学"出版社出版。作为2011年"东亚脉络下的钓鱼岛：保钓精神的继承与转化国际研讨会"的成果，该书将钓鱼岛问题"置放在东亚区域和平与冷战结构的双重脉络中来理解，因为反抗强权、寻求和平亦是保钓运动的精神遗产"。论者认为，面对日益恶劣的资本掠夺与环境破坏，我们需要跳出爱国主义、领土主权与开发的思维模式，以寻求区域的和平发展与土地正义。钓鱼岛不只是一个悬而未决的领土争议，更是一个具有历史厚度和复杂度的思想问题，值得持续回顾、反思与继承。② 同月，陈光兴、张颂仁、高士明主编的《后/殖民知识状况——亚洲当代思想读本》由上海人民出版社出版。该书收录了白乐晴、卓莫·夸梅·桑达拉姆、帕沙·查特吉、新崎盛晖、板垣雄三，以及阿希斯·南迪等6位亚洲思想家的10余篇文章，深刻剖析了全球化与殖民/后殖民境况下的亚洲生存状态。

2012年，台湾知识界的一份新杂志《人间思想》创刊。该杂志由吕正惠担任发行人，陈光兴、赵刚和郑鸿生担任主编。编委会基本上是《台社》的班底。杂志的自我定位是一份继承了"从鲁迅到陈映真以来的极重要但却又被高度压抑的在地左翼传统"的中文国际刊物，主张"思想"应先于"学术"。《人间思想》的刊名也袭用了陈映真当年创办的《人间杂志》和《人间思想与创作丛刊》。③ 该刊在2012年出版了夏季号和冬季

---

① http：//www. tongyulala. org/announcementview. php? id = 204.
② http：//thup. web. nthu. edu. tw/files/14-1075-49140，r764-1. php.
③ 《〈人间思想〉发刊辞》，http：//apcs. nctu. edu. tw/page1. aspx? no = 267730&step = 1&newsno = 33458.

号两期。夏季号刊登了"亚洲现代思想计划会议"的一组发言稿,冬季号刊登了"台湾通俗音乐与时代感"专题,以及关于钱理群的《毛泽东时代和后毛泽东时代(1949~2009):另一种历史书写》一书的评论文章,并配发了陈光兴的《编案:在历史条件的限制中寻找一种不同的知识方式》。

## 四 其他相关学术资讯

### 1. 台湾人文学社

台湾人文学社于2009年成立,成员多为比较文学出身的外文系或台文所教师。学社的第一届理事长为台大外文系特聘教授廖朝阳。现任理事长为中兴大学台文所副教授李育霖。学社开展了理论营、读书会、论坛和研讨会等多种学术活动。

2012年2月16~17日,学社的"理论台湾研究群"(Theory - Taiwan Collective)在台师大举办了名为"我的十堂理论课:生命与载体"的理论冬令营。廖朝阳、邱彦彬、李鸿琼、李育霖、黄涵榆、沈志中、黄宗慧和林建光等人分别作了题为"理论与文学研究""裸命(bare life)""事件与奇异(event and singularity)""内在性与生命(immanence and life)""档案(archive)""声音(voice)""影像(image)"的主题演讲,对德勒兹、德里达、阿甘本等西方理论家的重要概念作了阐发。冬令营以"理论在/与台湾"圆桌座谈会结束。

2012年10月14日,学社与政治大学日本研究学程、"中山大学"日本研究中心以及中兴大学人社中心联合举办了"东浩纪教授专题论坛:后311之日本的思想"。日本当红思想家和文化评论家东浩纪以"后311之日本的思想:由倒错至实践"为题进行了演讲,讨论了日本地震和核事故后的社会变革,针对"日本2.0"在思想、心理、理念、价值观上全新的"思维模式"提出建言与构想。廖朝阳、黄锦容和郑力轩担任与谈人。

和大陆一样,台湾也有一批痴迷于(西方)理论的学者。而台湾文化研究界则对西方理论的"普世性"有着高度的警醒。实际上,台湾文化研究的宗旨之一就是努力挖掘本土和第三世界的批判性思想资源,坚持走自己的路,用"乡土""传统""民众""社会主义""区域""第三世界""后街"来对抗"西方""现代""公民""资本主义""全球""欧美中心""都会"。① 许多文化研究者都具有学院知识分子和社会运动人士的双重身份，不满足于纯粹的理论思辨和冥想。

**2. 比较文学会议**

2012 年 5 月 5 日，台湾比较文学学会与台湾"清华大学"外语系在台湾"清华大学"举办了第三十五届比较文学会议，大会主题是"寄/记存之间 Archival Spaces"。廖朝阳作了"记忆与决断：〈仁医〉的时间像"的主题演讲。分会场的主题包括："知识档案学""离散记忆的再现""性别经验的编纂与复制""自然、生态、记忆""寄/记存之间的迭床架屋""网络、基因、后人类存有""族裔经验的编纂与复制""历史、文学的记/寄存""历史、记忆的视觉档案""情感与记忆的交汇""文化经验的小说档案历史""档案空间：历史、记忆的回顾与开展""书写主体的建构与解构""虚实之间""文学史的继承与交流"。

**3. "地景、海景与空间想象"国际研讨会**

2012 年 11 月 2~3 日，中山大学人文研究中心举办了"地景、海景与空间想象"国际研讨会。加拿大阿尔伯塔大学英文与比较文学系的 Jonathan Locke Hart、香港浸会大学荣休教授钟玲教授，以及中研院李有成特聘研究员分别作了题为"地景：旅行、诗歌与历史的空间""作为自然与文明融合的隐居""悼念的工作：W. G. 塞堡德的《土星环》"的主题演讲。英国埃塞克斯大学荣休教授 Jonathan White 在全体大会上作了题为"地点的记忆：历史的与想象的"的演讲。分会场的主题包括："地景/他者/异托邦""旅行与地景""空间书写与跨文化""兰屿的地景、情感和隐喻""空间政治、历程、意象及第三空间""疆界叙事与空间论述研究""崇高、位移和殖民想象""地景、空间与文学的辩证""视觉艺术与文学""城市空间"等。

**4. 文学/文化研究新书**

2012 年，韦伯文化国际出版了两本文化研究译著，一本是 Jeff Lewis 著、邱志勇和许梦芸译的《细读文化研究基础》（Cultural Studies：The Basics）的修订译本。该书厚达 800 余页，号称"华文世界里内容最翔实的文

---

① 《〈人间思想〉发刊辞》，http：//apcs. nctu. edu. tw/page1. aspx? no = 267730&step = 1&newsno = 33458。

化研究学术翻译经典之作"。全书分为 12 章，分别是："界定文化：文化研究的范畴""社会与文化""马克思主义与文化意识形态的形构""英国文化研究""语言与文化：从结构主义到后结构主义""女性主义：从女性到断裂""后现代主义与超越""流行消费与媒介阅听人""身体""后现代空间：本土与全球认同""新传播科技文化""文化与政府：建构未来"。另一本是 Ann Gray 著、许梦芸译的《文化研究：民族志方法与生活文化》（*Research Practice for Cultural Studies*：*Ethnographic Methods and Lived Cultures*）。该书旨在探讨、提供文化研究的方法与技巧。全书分为两部分。第一部分"民族志方法"，包括"捕捉生活文化""构连经验""想象的共同体：奇观与平凡""一个关于研究的问题"。第二部分"研究的过程"，包括"实例的选择与素材的产生""我想告诉你一则故事""紧系文本""分析的策略与谋略""书写""知识的来源与认识的方法"。

"跨文化"是近年来人文学界的热门词语。2012 年，台湾出版了两本以"跨文化"为名的学术著作。中研院中国文哲研究所研究员彭小妍的专著《浪荡子美学与跨文化现代性：一九三〇年代上海、东京及巴黎的浪荡子、漫游者与译者》（联经出版），以"跨文化现代性"重新思索了"现代性"的本质。全书由七个部分组成，分别是：导言"浪荡子美学：跨文化现代性的真髓"，第一章"浪荡子、旅人、女性鉴赏家：台湾人刘呐鸥"，第二章"一个旅行的次文类：掌篇小说"，第三章"漫游男女：横光利一的《上海》"，第四章"一个旅行的文本：《昆虫记》"，第五章"一个旅行的现代病：'心的疾病'与摩登青年"，以及结论"相互依存"。中正大学台文所副教授邱子修主编的《跨文化的想象主体性：台湾后殖民/女性研究论述》是台大出版中心 2012 年出版的"台湾文史研究译丛"中的一种。该书收录了杜维明、张诵圣、余珍珠、古芃、伍湘畹、哈玫丽、何依霖等海外学者研究台湾文学和文化的 11 篇论文。

台湾文化研究偏重思想史和社会问题，真正研究当代大众文化，特别是年轻一代的日常文化实践的学者并不多。政大台湾史研究所副教授李衣云算是一个特例。她不仅是漫画研究者，也是资深的漫迷，曾是台大卡通漫画研究社的创社会员。2012 年，她出版了两本漫画研究方面的专著，一本是入门程度的《读漫画》（群学出版），另一本是进阶级别的《变形、象征与符号化的系谱：漫画的文化研究》（稻乡出版）。《变形、象征与符号化的系谱：漫画的文化研究》一书的内容包括：导言"漫画展演的探求"，第一章"漫画的起源：变形、象征与符号化"，第二章"流动的文法体系——点线与文字的文化差异"，第三章"漫画符号体系的解释共同体——漫画的读者介入与二次创作"，第四章"漫画文法的表现系谱——台湾漫画的断裂、吸纳与再生"，结语"漫画文法的共享与流动"。鉴于耽美漫画的广泛流行，该书还在附录部分收入了作者 2010 年发表的一篇论文《日本女性漫画中的少年爱与 Boy's Love》。

2012 年，台湾文化研究除了继续秉持左翼批判精神，将知识生产与社会实践相结合之外，还成立了联大文化研究国际中心，开设了国际学位课程，在建制化和国际化的道路上取得了重大突破。这是台湾文化研究界十多年来，一步一个脚印稳健推进、水到渠成的结果。从 2000 年 *Inter - Asia Cultural Studies：Movements* 的创刊，到亚际文化研究学会（2005）和文化研究机构联合会（Consortium of Inter - Asia Cultural Studies Institutions，2010 年）的建立，再到 2010 年、2012 年的韩国首尔以及印度班加罗尔暑期班，都已为台湾文化研究的国际化打下了良好的基础。陈光兴主编的 *Inter - Asia Cultural Studies：Movements* 现已成为国际文化研究领域的一份重要刊物，也是台湾第一份获得 SSCI 收录的英文期刊。亚际文化研究学会每两年一度的年会也在吸引着越来越多的亚太地区学者参加。虽然台湾未来不一定能真正成为亚洲乃至世界文化研究的"中心"，建立另类学术"中心"的企图或许也只是一种幻象，但台湾文化研究者自觉打破欧美学术霸权，扭转"自我殖民化的知识状况"[①]，团结亚洲学界的胆识和努力，值得大陆学者学习和借鉴。

---

① http：//apcs. hss. nthu. edu. tw/Announcement/viewtopic. php？CID = 38&Topic_ ID = 505.

# 中国香港

蒋　璐　曲舒文[*]

2012 年香港的文化研究以香港中文大学、香港岭南大学、香港浸会大学和香港大学等几所学校的相关院系为研究阵地，举办了一系列的学术活动并出版相关著作。总的来看，香港地区的文化研究领域关注的问题多元化而紧跟时代语境，但是对地区整体的学术交流和学科发展仍然缺乏关注。此外，随着内地与香港交流的日益加深，港人的身份危机和资源忧虑在这一年集中爆发，文化研究学者亦针对该现象展开评述，社会影响广泛，以至于 2012 年被媒体称为"内地香港矛盾年"。

## 一　学术活动

本年度香港并没有专门针对文化研究的大型学术会议，而是依然沿袭几所高校各自为战的传统。各校相关院系定期举办小型的学术活动，主要形式包括学术讲座、工作坊与跨学科学术会议。

香港中文大学的文化与宗教系于教学时间定期举办学术活动。这些活动既是本科生和研究生日常教学的一部分，也向全校和社会开放，很多学术活动作为公开讲座，提供跨学科的视角和学习机会。2012 年 16 次学术活动的主题如下：

　　1 月：认识印度古医学讲座

　　2 月：公开讲座，李鸿良主讲《省制昆曲剧团的营运情况》

　　3 月：朱凯迪先生（菜园村支援组成员）公开讲座《菜园村与土地正

---

　　* 作者单位：蒋璐，首都师范大学文化研究院；曲舒文，香港中文大学文化研究与宗教研究系。

义》

3 月：简介讲座系列《西方艺术史简介（18 世纪与 19 世纪）》

3 月：放映电影《广场》——台湾的民主运动与纪录片

3 月：核能关注日讲座与电影放映

4 月：科技文化及其对日常生活的影响

5 月：Zhang Zhen 教授公开讲座《艺术，影响与活动家纪录片》（Art, Affect and Activist Documentary）

5 月：放映纪录片课程作品，有《六个纪录短片带你领略多元的香港》《一位大陆母亲带 12 岁女儿在港求学》《"新光"戏院起死回生的背后故事》《舞蹈系学生与学院体制的矛盾重重》《在逐渐消失的海岸寻找白海豚身影》《"女同学社"生活的点点滴滴》《大陆学生面对毕业的去留选择》

5 月：Douglas A. Knight 教授公开讲座《圣经的社会历史研究——关于法律、权力与正义》（The Sociohistorical Study of the Bible: With Special References to Law, Power, and Justice）

6 月：Leong Seow 教授公开讲座《反观约伯之妻——宗教与视觉艺术》（Job's Wife, with Due Respect: Religion and Visual Arts）

9 月：Lee Tsun Frankie（演艺中国音乐公司创始人）讲座《文化管理和香港的音乐产业》（Cultural Management and Hong Kong Music Industry）

9 月：公开讲座，释依昱博士主讲《唯识、空观与潜能开发》

10 月：学术写作工作坊

11 月：由香港中文大学文化及宗教研究系、岭南大学人文学科研究中心联合举办鬼文化节，回顾中华传统及现代社会中的鬼文化，探讨鬼文化如何作为一面观照社会文化的镜子及启发艺术创作的泉源。文化节活动包括国际学术研讨会、道教度亡仪式表演、京剧、南音、粤剧及香港鬼片电影欣赏等项目。

12 月：Timothy Light 教授讲座《宗教学中宗教间相互理解的启示》（Lessons from Religious Studies for Mutual Understanding Among Religions）

此外，香港中文大学传播学系不定期举办文化研究领域的研讨会，主题包括：陈儒修"走出悲情：台湾电影的另一面"；郭力昕"纪录片的伦理与性别政治"；罗世宏"评估数码时代的非营利新闻及其对台湾民主的意涵"；管中祥"台湾媒体改革运动"；姜飞"中国需要一个什么文化观念——一个传媒和传播研究者的视角"；王卉"影响新闻从业者伦理观与伦理抉择的因素——来自成都地区的报告"等。

2012 年适逢《传播与社会学刊》创刊五周年。中文大学传播学系于 2012 年 1 月举办题为"新闻与阅听人再界定"的国际会议。该会议讨论现代传播与当代社会文化的互动方式，涉及传播学和文化研究领域。主办方在介绍会议背景和目的中提到：现代社会受到信息科技及全球化的冲击，正以史无前例的速度更迭，而传播生态也起了重大的转变，甚至冲击传播理论的基础。媒体在社会中扮演核心的角色，是人类活动的重要平台和推动力量。社会理论家 Zygmunt Bauman 因当代社会的流动加速和普及，而称此形态为"液态现代"，我们或可因传播与社会互动的加剧和中心化而称此为"媒体现代"。如果社会固态在"液态现代"中溶解，我们是否也可以说，在"媒体现代"中，社会事物莫不挥发为影像？华人社会与西方社会的特点不尽相同，但是华人社会重构的速度有过之而无不及，而传播的影响力更是位居要中。在强调流动性的社会中，事物的边界变得模糊、不稳定，融合成了常规，这在符号化的媒介世界，更是如此。会议共分为三个主题：

主题（1）"谁引用谁？学术出版与传播研究"。

主题（2）"重构新闻：液态新闻？新闻与新闻工作再定义"。包括"新媒体中的新闻专业主义""公民新闻学""商业导向下的新媒体发展""专业权威的争夺"等几个分主题。

主题（3）"重构阅听人：自我传播抑或大众传播？"包括"知识生产社会行动""日常生活中的能动者""新媒体环境下的信息流动和社会动员""新媒体使用研究"等几个分主题。

香港岭南大学是该地区最早创办文化研究学位课程的高校，其课程开设之完备、培养模式之严格，使其成为香港文化研究的重要阵地。2012 年，岭南大学共举办 16 次文化研究研讨会，主题涵盖：

高等教育政策与学术实践 Higher Education Policy & Academic Practice

高等教育政策生存 Surviving Higher Education Policy

教学与管理文化 Pedagogy and Managerial Culture

文化研究、人文学科与高等院校 Cultural Studies, the Humanities and the University

发展教学与研究的联结关系 Developing the Teaching / Research Nexus

批判性教学法 Presentation on Critical Pedagogy

21 世纪读写能力

一对一研究提纲讨论与学习技巧

工作坊经验

嬉戏灭亡的年代：文明化与社会规训

爱欲的家驯化：家庭、情感与女性主义

情感的娇贵化：新兴民主的性治理

性别治理的新政治 The New Politics of Gender Governance

重庆经验客观分析

中国的八次危机及其"软着陆"

## 二　出版论文和著作

本年度香港文化研究的出版物主要集中在以下三个主题：

首先是针对内地个案的文化研究成果。香港的文化研究历来有引进西方理论、立足本港、关注内地的学术传统。香港学者的内地个案研究主要有两个面向，其一是通过个案研究从事一般的文化理论建构，其二是为思考本港的文化前景提供更为广阔的视野。彭丽君教授（Pang Laikwan）本年度出版著作《创造力及其不满：中国的创意产业与知识产权挑战》（*Creativity and its Discontents：China's Creative Industries and Intellectual Property Rights Offenses*）。借助内地创意产业发展的个案，作者试图打破创意经济的传统分析模型，而构建一种从文化视角理解创造力的理论框架。彭丽君、罗贵祥教授等主编的《边城对话：香港、中国、边缘、边界》一书，以关怀香港作为中国边缘地带的前景为出发点，从跨学科的视角考察中国不同时空、不同阶层的少数边缘族群，其中涉及少数民族、弱势群体以及亚文化群体，以期对思考边城香港与中央的互动提供参照。此外，香港大学的 Louise Edwards 教授重点关注中国内地的女性研究，发表有《想象美国的堕落来生产中国和缓的现代性：上海现代妇女的美国梦》（Imagining America's Depravity to Produce China's Moderate Modernity：The Shanghai Modern Woman's American Dreams）等三篇论文。

其次是有关香港人的身份认同研究。作为具有悠久殖民历史的地区，港人的身份认同问题始终存在。早在英殖民时代，就有刘兆佳等学者对华人身份认同进行探讨。[①] 香港回归之后，亦有李明堃等学者就此加以论述。[②] 至 2012 年，香港回归已有 15 年，港人对本土身份的认知和思考发生了哪些新变化？马家辉、梁文道、王慧麟等编著的《香港本土论述 2011：本土的性与别/想象新界》给出了部分答案。《香港本土论述》是一本人文科学刊物。主办方每年举行论坛，邀请各界人士就香港本土具争议性的议题进行讨论与交流。本年度的讨论涉及性别问题、土地问题、政治主体问题以及危机社会问题等，与文化研究领域密切相关。有多位文化研究学者参与讨论，就港人如何认知本土身份、处理认同问题以及一国两制的前景发表观点。

最后是传播学与文化研究跨学科领域的研究。在第一部分，我们曾经介绍过香港中文大学传播学系在文化研究方面的学术活动。香港还没有文化研究的专门期刊，而由中文大学传播学系创办的英文季刊 Chinese Journal of Communication 和中文季刊《传播与社会学刊》凭借跨学科的视野和高质量的学术论文，成为文化研究领域的重要刊物。

Chinese Journal of Communication 在本年度推出了四期。第一期的专题是"中国媒体与全球化"。话题涉及"地方媒体文化的建构""电视台的地方化""模糊的媒体'走出去'政策""中国网络的历史""实践与全球化"。第二期收录了几篇有关中国媒体分析的个案研究，包括"中国媒体中的儒

① 刘兆佳：《"香港人"或"中国人"香港华人的身份认同 1985～1995》，收录于刘青峰、关小春编《转化中的香港：身分与秩序的再寻求》，香港中文大学出版社，1998。

② Lee, Ming-kwa, 1998, "Hong Kong Identity：Past and Present," in *Hong Kong Economy and Society：Challenges in the New Era*, eds. Siu-lun Wong and Toyojiro Maruya. Hong Kong：Centre of Asian Studies, University of Hong Kong, pp. 153-175.

教""北京：建造中媒体之都""中国网络论坛对艾滋病的污蔑"等。第三期有"媒体与国家的关系"专题，探讨中国和其他国家的案例。这一期的几篇文章探讨"媒体与文化霸权的关系""媒体商业化对国家－媒体关系""媒体与外交关系"等。第四期选刊的文章有《媒体应用》《社会凝聚与文化公民：对中国大城市的分析》《中国报纸关于山寨文化生产的话语：真实性与合法性》《中国美丽故事：大学女生如何协调美丽、身体形象与大众媒体》等。

《传播与社会学刊》本年度第一期专刊以"华人社会电视剧与时代"为主题。刊载了冯应谦与电视研究权威 Toby Miller 围绕着电视研究展开的谈话，探讨电视在网络时代的创新发展空间，期刊还收集了对热播电视剧的研究成果，包括下岗女工题材、"剩女"题材、爱情题材等。第二期的学术对谈中，陈韬文教授从比较研究与新媒体的角度，分析如何构思与进行本土化的原创性研究。本期学刊共刊登四篇研究论文，作者分别来自中国大陆与台湾、马来西亚、新加坡等地，探讨媒体与社会运动的关系等问题。第三期专刊以城市屏幕文化为探究对象，共刊登五篇研究论文，提出了有关屏幕文化的新概念，如世俗魅惑、大都会美学、跨国屏幕文化、手机视觉的"一般感知"、公共屏幕的参与空间等，这些概念为屏幕文化提供初探式的理论观点，颇具原创性。第四期学刊共刊登五篇研究论文，作者来自中国大陆和台湾，五篇论文都涉及公关，关注政府和企业公关利用新闻媒体进行的信息发布以及借助网络媒体从事的危机沟通。

## 三 "内地香港矛盾"年

2012 年在香港发生了多次港人反对内地居民共享资源的事件，如"D&G 事件"、"蝗虫论"、"双非"孕妇赴港产子、粤港自驾游、国民教育风波、光复上水地铁站等。这是自香港与内地交流加深之后，港人积蓄已久的身份认同与资源危机感爆发的结果。在此种语境之下，文化研究学者在这一年度对"内地香港矛盾"问题的集中关注体现在各种学术著作与媒体评论中。

学者陈云提出"香港城邦论"。认为内地与香港矛盾不断激化，主要是由于中央政府的很多政策，例如不断开放陆客自由行，在教育方面企图推行国民教育，抹杀香港英治时期的历史及制度，令很多香港人感觉到生存状态的突变。他认为类似的政策会将殖民政府留下的文明，或者殖民政府保存的一些华夏文化，例如广东话的汉音及正体字，以及好的、文雅的公共用语，公共的中文或者英文，当作是前朝历史、殖民地余孽慢慢地扫除掉。进而，政治上的制度，如三权分立、司法独立、人权法这些由殖民政府引入香港的现代东西，都会被当作外来的殖民霸权而面临生存危机。因此，港人需要根据《基本法》维护香港特有的政治法律制度不被改变，维持"一国两制"过渡期的现状。①

关于港人对"政治主体"的追求，香港内部亦有截然不同的声音。如独立媒体人陈景辉对"蝗虫论"给予质疑："我们追求的'政治主体'，不单只要求自由和自治，而且要正义对待他人，因为好的主体性，就是'自由'和'正义'都绝不偏废。借用台湾学者吴丰维有关主体性的分析，我们该追求的既非'无正义的自由'……'蝗虫论'一役，就是过于追求主体自由，而忘了正义。"②

也有评论者从港人的社会心理特点分析"内地与香港矛盾"的缘由。例如徐承恩认为，香港婴儿潮这代出生的"香港人"之所以支持本土身份的抗争和强烈民主意愿，与当时的历史环境有关。即 80 年代时逢香港民主改革和政体转型的蜜月期，这一代人直接感受过英殖民时期的利好，而未经受过殖民早期的磨合期。

香港中文大学文化及宗教研究系助理教授胡嘉明在分析内地孕妇来港生产问题时指出。这不是单一的经济社会结构与族群认同问题，而是这两个问题在今天内地与香港跨境时与一国两制的政治地理背景（geo - political background）搅混在一起，既有性别、族群，又是阶级不公的一个共同体。它指向香港在粤省港澳的未来定位，香港人尤其中低层市民，以后在这个商品服务对外开放的城市里的权利保障；它也指向、提倡一个更流动、跨越罗湖政治边界的新的内地与香港意识，而不是一个本质化的香港族群意识。这样才能解决身份政治带来的一连串文化歧视与污名化，让香港本土

---

① 陈云：《香港城邦论》，天窗出版社，2011。
② 陈景辉：《想象"蝗虫论"以外的港人政治主体性——与陈云商榷》，《明报》2012 年 2 月 16 日。

的市民社会意识、文化优势，不只生根，还要接枝发扬。①

　　总的来看，本年度香港的文化研究处于"封闭"与"开放"并存的状态。之所以说其"封闭"，是由于地区性的学术资源整合仍然相对欠缺。香港几所院校各自独立从事教学研究，整年度未组织针对文化研究的学术会议。另外，香港本土尚未创办文化研究的刊物，这与中国内地、台湾近年来文化研究出版物的活跃景象形成强烈对比。而另一方面，香港的文化研究又是"开放"的。香港学者关注的问题涉及海峡两岸和香港的文化现象，擅长采用比较视角，结合前沿理论和各地个案的经验，为探讨本港问题拓宽视野。各院校的小型研讨会亦不乏与内地、台湾和新加坡学者的交流。香港文化研究的开放还体现在学者与社会的互动。针对本土的热点问题，媒体上时常可以听到文化研究学者的声音，相关文化研究的著作亦在市民中有广泛的读者群。文化研究学者、媒体评论家与公众针对文化热点问题频繁互动，形成香港文化界的独特景观。回归15年，香港正处在发展的十字路口，而文化研究领域所关注的社会问题，正是紧跟时代话语、回应公众需求、解决本土焦虑的重点所在。香港的文化研究亟须打破多年来沉寂的现状，推动更为活跃的本土文化研究。

---

　①　胡嘉明：《内地孕妇产子：中港跨境下的阶级问题与身份认同政治》，收录于马家辉、梁文道、王慧麟编著《香港本土论述2011：本土的性与别/想象新界》，漫游者文化出版社，2012。

# 美 国

罗 靓\*

## 小 引

在过去一年内，美国文化研究学界在总体上持续了历年来对人文学科的位置、大学教育的意义，以及文化研究学者自身价值的反思。其中对美国学院知识分子境遇的关注成为历年来一以贯之的主题。相较 2011~2012 年度，2012~2013 年度美国文化研究中的危机意识更为强烈，危机话语与话语危机成为美国文化研究的热点及重要关键词。与之紧密相连的是美国学院知识分子的职业危机。随着美国大学内部财政紧缩和由此带来的人文学科系所的生存危机，大学兼职教师的待遇问题也成为 2013 年初美国现代语言学会（Modern Language Association）年会会长主题发言关注的中心问题。

但危机也能孕育变革的契机。在过去一年中，美国文化研究的另一个关键词即是变革与参与。在这种种变革的可能之中，对环境问题的反思，对欧美中心之外亚洲和拉美关系的探究，以及对文化形态再现政治转型的考察成为学界关注的重点。而在探究如何从危机走向转机的过程中，文化研究（cultural study）也在更广泛的意义上走向文化参与（cultural engagement）。2012~2013 年度美国文化研究界的另一热点即是倡导将学院式文化研究带入社会实践之中，并争取在与流行文化、社区服务、文化产业的磨合中，在保有批判立场的前提下实现文化研究的社会参与价值。

在危机与变革的双重变奏中，美国文化研究学界在过去一年中还表现出以下整合重组的新趋势：其一是所谓全球化美国研究（globalizing Ameri-

---

\* 罗靓：美国肯塔基大学助理教授。

can Studies）的蔚然成风；其二是所谓华语语系研究（Sinophone Studies）作为自足研究领域的初步成形。这些整合重组与美国学界对既有美国研究和中国研究的反思息息相关，尤其是与伴随所谓美国特殊性的消减和区域研究模式的转型而产生的新研究对象与范式相连。它反映了在所谓美国世纪渐远、中国世纪来临的经济文化转型时期，美国文化研究学界对新形势下新研究领域的构想和初步实践。

本文随后概述 2012~2013 年度美国文化研究学界重要学术期刊和丛书的动向。从 Positions 二十年纪念特刊由"东亚文化批评"到"亚洲批评"的视野拓展，到《文化研究》（Cultural Studies）杂志 2012 年"东亚语境中的殖民现代性及其它"特刊，再到 Steven T·t·sy de Zepetnek（多多西）教授主编的"比较文化研究书系"中 2012 年度的代表新书，可见美国文化研究学界对亚洲问题及比较文化研究的持续关注和学术兴趣。本文将在下文中，从美国文化研究热点及关键词、美国文化研究领域整合重组的新趋势，以及重要期刊及丛书的走向三个方面，来概述 2012~2013 年度文化研究在美国学界的发展态势。文章最后以美国文化研究学会（Cultural Studies Association）2013 年度年会所揭示的跨国、跨学科、跨产业趋势作结。

# 一　美国文化研究热点及关键词

## 1. 危机话语与话语危机

2012 年度美国比较文学学会（ACLA）年会的主题是"崩溃/灾难/变革"（Collapse/Catastrophe/Change）。经济危机、生态危机，以及人文学科、外语教学、比较文学、区域研究、文化研究的危机，美国学界似乎已被深重的"危机"话语所围困。而与此同时，在这话语系统内部似乎也危机四伏：在"革命""民主""正义""悲剧""社群""自由"等词语中，究竟还保有怎样的精神？在不同文化、国别或全球性的语境中，它们的意义又有何不同？在文学的再想象中，我们能否重建文化？文化塑造与社会变革的关系又何在？

在"崩溃/灾难/变革"的大会主题下，两百多个讨论组各自的主题中也频繁出现"人权""革命""灾难""崩溃""危机""暴力""悲剧""重构"等关键词。"形式上（非正式）的关注：人权与文化形式"〔（In) formal Concerns: Human Rights and Cultural Forms〕讨论组以社交网络在中东、北非以及美国近来的"占领"活动等维权运动中的关键作用作为主题。以埃及博客 Wael Abbas 通过 Twitter 和 Facebook 将警察强奸和虐待亚历山大汽车司机 Emad Kabeer 的事实公之于众为例,讨论在叙述人权被侵和历史创伤经验时可采用的文化形式。其落脚点在于对再现的伦理的理论探究,以及对再现当代社会侵权事件中美学与政治关系的讨论。"一种新型政治生态学"(A New Political Ecology: Guattari, Stengers, Latour)讨论组以 Felix Guattari 的《三种生态学》(*Three Ecologies*, 1989)为切入点,讨论资本的控制对精神与自然生态的双重毁灭。其关注的重心在于结合当代政治的转向对政治生态学问题的复杂性进行深入探讨。"团结就是沉沦? 建设欧洲与瓦解欧洲"(United We Sink? Making and Unmaking Europe)讨论组通过文学、批评理论、哲学、政治学、社会学、媒体研究的多学科视角,来重新审视话语与文化塑造在建设欧洲过程中的关键作用。该小组关注的中心问题之一在于欧洲内外在社会动荡和恐怖分子威胁的情境下,社群意识的瓦解及现存公民模式的危机。

### 2. 多重变革

在多重变革的主题下,2012 年度的美国比较文学学会年会还对环境问题、亚洲和拉美问题、政治转型等问题相当关注,有关这些议题的讨论组占据了相当分量,并提出了对我们在中国从事文化研究具有启发性的问题。比如"随处散落的意义:环境污染与文学艺术中的垃圾"(Littered with Meaning: Environmental Pollution and Waste in Literature and other Arts)关注文学艺术对环境污染和垃圾的描摹,是如何与既有的或新兴的危机、灾难、崩溃及变革的话语体系相连。通过对文学、电影、视觉艺术、音乐的跨越国别、历史、学科的讨论,来聚焦环境正义(environmental justice)的问题。"跨越太平洋的另类交流:亚洲与拉美"(Alternative Transpacific Exchanges: Asia and Latin America)小组提出跨越学科和地域的疆界,摆脱习以为常的中西比较模式和欧洲北美中心主义的束缚,深入探究亚洲和拉美在再现流亡、离散、移民等现象中的文化联系及其理论意义。"超越福岛:震后日本的伦理和对未来的期许"(Beyond Fukushima: Ethics and Ideas for the Future in Post - Earthquake Japan)将 2011 年春天以来的一系列灾难置于日本文化史的语境中,强调其在日本的特定时空的历史连续性和偶发性,并探究灾难是如何通过社交网络得以实时表述的。"政权的崩溃和民主转型：反思后集权时代文本"（Regime Collapse and Democratic Transition：Reflections on the Post – Authoritarian Text）认为有必要重温阿根廷的 Piglia、前苏联的 Pelevin、南非的 Coetzee 以及西班牙的 Almodóvar 数十年前在文学电影领域为民主转型发出的声音，并提出了一系列重要问题：近十年来反思民主转型的文本和以往相比有何发展变化？近年来批评理论中"记忆研究"的勃兴及所谓"情感"和"伦理"的转向如何迫使我们重新解读这些文本？其中尤为关键的是，发掘民主转型过程中失落的声音，以及对后集权文本中人权话语和记忆研究的贡献及其局限性的理论反思。

**3. 职业危机**

与 2012 年度美国比较文学学会年会中的多重话语危机相呼应，Michael Bérubé 教授在 2013 年 1 月召开的美国现代语言学会（MLA）会长主题发言中，以语言文学文化研究者在美国学界的职业危机作为一以贯之的主题。他首先提出研究生教育和廉价学术劳力这两个紧密相关的问题。有 128 年历史的美国现代语言学会，在此以社会活动家的姿态参与协调学界的"生态危机"，并对其间不合理的实践进行干预。举个具体的例子：Bérubé 教授提出在大学任教人员的工资应该能保证其基本生活，应该在一门课七千美元左右（事实上有人兼了六门课，却只有一万五千美元的低收入）。现代语言学会有关大学教师工作状况的提议在社交网络上引起了巨大反响。一个名为"兼职项目"（Adjunct Project）的私人网站（http：//adjunct. chronicle. com，兼职大学教师可在此发布或查询工资信息）开始和《高等教育记事》（*Chronicle of Higher Education*）杂志合作，据称已开始对兼职大学教师的生活产生了"革命性的改变"。

Bérubé 教授生动描摹了美国政府对外语学习的功利态度。在华盛顿只有两个理由行得通：外语有利于我国经济的国际竞争力，外语对保卫国土安全举足轻重。他进而以马德琳·英格（Madeleine L' Engle）的《时间的皱纹》（*A Wrinkle in Time*）一书为例，说明我们要加入这个工业化国家中仅仅百分之四的"阅读阶层"（the reading class）的初衷：因为我们热爱书本，享受阅读。同样，文学理论并非通向神秘之乡或文本内蕴的锁匙，亦非可把无尽文学文本塞入其中以获取意义的机器。对于理论，我们在掌握其主旨的同时也应该将其作为文本，品位个中滋味。

Bérubé 教授的目的是逆转语言文学文化研究界的"非职业化"趋势。因为诸如"有必要在人文学科从事深入研究吗?"（Why should anyone bother with advanced study in the humanities?）的论调已占有了一定的话语市场。事实上，美国人文学界的所谓"职业危机"已持续了近四十年，并在最近十五年激化。问题不可能在一朝一夕得以解决，但 Bérubé 在美国现代语言学会的主题发言以及整个大会的主题"获取的种种途径"（Avenues of Access）（学生获取高等教育的途径；博士生获取终身教职的途径；残障研究对人文学术的意义；信息的公开与学术交流的未来），应能增加学界内外对人文学科"非职业化"的关注并增强共同抵抗这一趋势的力量。

**4. 文化参与**

2013 年春季的《偏锋：文化研究学会学报》（Lateral：a Journal of the Cultural Studies Association）与年初美国现代语言学会年会对美国人文学界"职业危机"的强调呼应，同样关注美国大学学院体制内部的问题。但"剑走偏锋"的意义在于它往往能达到出人意料的效果。这一期的《偏锋：文化研究学会学报》以大量篇幅登载了学报三位编者 Miriam Bartha、Bruce Burgett、Ron Krabill 教授与澳大利亚西悉尼大学 Ien Ang 教授有关文化研究的对话。

这一四人对话的主旨延续了美国现代语言学会对"多种变革"和扭转"职业危机"的呼吁，贯穿了将文化研究（cultural studies）引入文化参与（cultural engagement）的主题。

Ien Ang 教授生于印尼的爪哇岛，在荷兰受教育。主要从事文化研究，现为澳大利亚西悉尼大学文化与社会研究所创始所长。她首先介绍了自己的学术历程。在出版于 80 年代的《观看〈达拉斯〉》（Watching Dallas）一书中，Ang 考察了普通荷兰观众对美国电视连续剧《达拉斯》的接受。《达拉斯》在此语境中成为美国文化帝国主义的象征，而文化研究的重要工作正是要把通常不为人重视的声音与视角发掘出来。到达澳大利亚以后，Ang 发现所谓澳大利亚的亚洲化引发了有关经济管理和国际安全两个话语体系的对话。她对这一现象的文化面向（尤其是国族认同）产生了兴趣。此后的两部著作，《关于不说中文：在亚洲与西方之间生活》（On Not Speaking Chinese：Living between Asia and the West）和《另类亚洲人：艺术、媒体和流行文化中的多重澳华身份》（Alter/Asians：Asian‐Australian Identities in Art,

*Media and Popular Culture*，合编），也正是她不断捕捉新视角、倾听新声音的结果。Ang 教授介绍说，她后来在西悉尼大学所做的工作主要着眼于社区服务和文化参与，也就是将文化研究带出学界，带入社会生活。

《偏锋：文化研究学会学报》编委之一的 Bruce Burgett 教授就此提出问题。他认为 Ang 教授的描述与美国有关和现实结合的或跨行业的文化研究异曲同工，包括 Burgett 教授自己在华盛顿大学 Bothell 分校的文化研究硕士和华盛顿大学西雅图分校的公共学术研究生证书班中所做的尝试。但这一跨行业参与的话语可能引发非常不同的实践模式，包括从纯粹增强新自由主义的经济发展模式到加入草根社区组织进行进步激进活动的两极分化。和 80 年代末文化研究实践者们所能做的相比，当下新自由主义的环境给文化研究带来了相当的困难。

Ang 教授的回应是：我们的文化研究的确处于新自由主义的时代。问题在于我们应该怎样确保在实践中保持一定的批评力量，并坚守自己的政治价值。她认为这当中总是牵涉到协商与妥协，而不相信那些凡事讲求纯粹的声音。Ang 教授认为过多的文化研究学者过于满足于批评理论的生产，觉得理论上越纯熟越好。她相信真正有效的文化研究知识必须超越文化批评；需要发扬她在澳洲文化研究学会刊物《连续性》（*Continuum*）之《探究复杂性》（*Navigating Complexity*）特刊的序言中所提及的"文化智商"（cultural intelligence）。

谈及文化研究的未来，Ang 教授再次强调文化参与的重要性。她认为像 20 世纪 90 年代那样理论盛行的时代已经完结。人们已经开始跨越学术和非学术的界线，寻找新的方式去做实际有效的工作。尤为重要的是，年轻的学者们也开始对这样的工作有兴趣。即使在最保守的大学，跨学科研究也被视为学术创新的发源地，而新兴的或相对边缘化的院校或许更能在这方面起先锋作用。Ang 教授还认为，环境问题将在文化研究中占据更为重要的地位，而在这方面人文学者与科学家、工程师的深层次的跨学科合作，应该是文化研究未来的走向之一。

## 二 美国文化研究领域整合重组的新趋势

### 1. 全球化美国研究

Brian T. Edwards 和 Dilip Parameshwar Geonkar 合编的《全球化美国研究》

（*Globalizing American Studies*）自 2010 年底由芝加哥大学出版社出版后，过去一年内持续在学界内外引起较大反响。笔者所在的肯塔基大学，在过去一年内也与上海大学合作，在上大成立了"美国研究中心"，而过去一年中，美国文化研究学界的诸多年会也纷纷组织了有关全球化美国研究的讨论小组。

Edwards 和 Geonkar 在该书的引言中以"美国的幽灵"开篇，阐述美国研究在 20 世纪如何受到所谓"美国世纪"和"美国特殊论"（American exceptionalism）的影响而固步自封。Donald Pease 有关"美国特殊论"的文章开启了全书。他提出了一个关键问题："美国特殊论之后还有美国研究的可能吗？"（同理，在美国学界，"中国特殊论之外还有中国研究吗？"）Pease 最终否认了所谓"后特殊论美国研究"的可能，并转而提出以"帝国政权的多种特殊论"（imperial state exceptionisms）来更深入地认识美国特殊论。

《全球化美国研究》的编者 Edwards 和 Geonkar 认为：国际局势的变化（包括所谓"中国世纪"的来临）将所谓"美国世纪"带入历史，也事实上削弱了所谓"美国特殊论"的神话。他们倡导以新鲜的视角重建美国研究的活力，在全球性流动中发现"美国"。该书所收论文对冷战时期女性观念的比较研究，对跨越墨西哥和美国边境活动的跨国研究，都是全球化美国研究的初步实践。

**2. 华语语系研究**（Sinophone Studies）

在美国学界的"中国研究"中，和"美国特殊论"直接对应的便是"中国特殊论"。所谓"中国世纪"的兴起，在美国社会已被形容为相当有威胁性的变化，而美国社会、学界对中国大陆经济、军事、文化影响力的抵抗心态也可想而知。对在中国从事文化研究的学者而言，近年来"华语语系研究"作为自足研究领域在美国的兴起应是相当重要的一个风向标，而史书美等学者合编的《华语语系研究》（*Sinophone Studies*）一书也在 2013 年 1 月由哥伦比亚大学出版。以加州大学洛杉矶分校史教授为代表的文化研究学者，以后殖民主义的立场，将"华语语系研究"理论化为对生存于民族国家地缘政治边缘的华语文化的研究。在史书美的定义中，其研究对象也侧重中国大陆内部与从大陆移民到世界各地的处弱势地位的华语语系族群之间的关联。当然，美国学界语境中的"华语语系研究"本身也有着极为丰富的谱系，而有关"华语语系"这一概念的包容性和排他性，及其间隐含的革命力量和暴力倾向的辩论，都将持续不断地引发更多有关超越区域研究、整合文化研究的激烈论争。

## 三　重要学术期刊及丛书的动向

**1. 从"东亚文化批评"（East Asian Cultures Critique）到"亚洲批评"（Asia Critique）：*Positions* 二十年纪念特刊**

创刊于 1992 年，由现在 Rice 大学任教的 Tani E. Barlow 教授担任主编的 *Positions：East Asian Cultures Critique*（现已更名为 *Positions：Asia Critique*）学术期刊至今已走过了二十个年头。该刊 2012 年冬季号推出了二十年纪念特刊。从东亚到亚洲，从文化批评到批评，其批评视野拓展的脉络不可谓不明了。在纪念特刊刊出的访谈文章中，Barlow 教授谈及胡志德（Ted Huters）教授的启发及创刊时期集合在身边的 Donald Lowe、Jing Wang、James Hevia、Judith Farquhar、Angela Zito、Miriam Silverberg、Ann Anagnost 等一群左翼批评学者。通过与《社会主义评论》（*Socialist Review*）编辑 Jeffrey Escoffier 和《现代中国文学》（*Modern Chinese Literature*）编辑 Howard Goldblatt 的交流（后改为与《现代中国文学与文化》的编辑 Kirk Denton 教授交流），以及参与 Carol Breckenridge 和 Arjun Apadurai 组织的在夏威夷大学中西中心举办的"国际化文化研究"（Internationalizing Cultural Studies）的会议，Barlow 结识了 Dilip Gaonkar、Ashish Rajadhyaksha、Sanjung Kang 等一批希望通过小型学术期刊传播新的批评理念的同仁。

Barlow 和当时在伯克利任教的刘禾教授一起组织了"东方主义之后"的研讨小组，以确保期刊成立之后有充足的高品质文章来源。据她回忆，刘禾是命名 positions 之人。在 Barlow 看来，集结在 *Bulletin of Concerned Asia Scholars*（BCAS）周围的左翼学者，反战运动、亚洲各国的民族主义共产主义运动以及 Subaltern Studies Group 中的马克思主义者都影响了 *Positions* 成立之初的宗旨。但在所谓"后冷战"的情境中，有关东亚研究的进步学术力量面临着"皮之不存，毛将焉附"的危机：因为在当时已很难找到事实存在的进步政治实体。

在美国学界，研究中国、日本、韩国的学者往往被视为材料搜集者，别人会对他们搜集的材料进行加工处理，学界并不鼓励他们自己进行理论思辨。Barlow 认为 *Positions* 二十年来最大的贡献在于，为美国学界的另类学术形态打通了一条具有惊人创造力的试验渠道。在二十周年纪念特刊的"编者引言"（Editor's Introduction）中，Barlow 介绍了特刊的三个组成部分。第一部分聚焦"区域研究"，并通过 Harry Harootunian 教授的《区域研究之后"落后的记忆"》（"Memories of Underdevelopment" after Area Studies）来回顾区域研究对于他们那个年代批评知识分子的意义。第二部分关注当前和未来文化研究的走向。Barlow 教授的文章《消散的广告和历史的天使》（Advertising Ephemera and the Angel of History）采用本雅明（Walter Benjamin）的经典理论，来评价 20 世纪早期以新媒体形式出现的稍纵即逝的广告中包含的社会内容，及其与社会学理论在中国普及的关系。特刊的第三部分刊出了汪晖教授《可能有新的国际主义吗？》（Is a New Internationalism Possible?）一文。他认为 *Positions* 帮助确立了了"批评性亚洲研究"（Critical Asian Studies）。这一新的研究范式既破除了冷战式区域研究，又促成了新学术群体的成形。其间理论探索和历史研究成为更为广义的文化研究的有机成分，并催生了一种新的国际主义。

**2.《文化研究》特刊：东亚语境中的殖民现代性及其它**

由任教北卡大学教堂山分校的 Lawrence Grossberg 教授主编的《文化研究》是美国和国际文化研究学界的重要刊物。《文化研究》旨在探究文化实践、日常生活与物质、经济、政治、地理与历史环境的关系。同时还试图营造开放的思辨性、批评性和政治性对话，并在此过程中干预对现存技术、体制与权力结构的再生产、抵制和转型过程。"文化"在此语境中成为极具包容性的，而不是排他性的概念。《文化研究》自 1987 年创刊以来，即代表了真正国际性、跨学科的当代文化研究动向，且在过去二十余年中不断反映美国文化研究学界日益国际化的趋势。

《文化研究》2012 年第 26 卷第 5 期上刊出了"东亚语境中的殖民现代性及其它"特刊。在该刊引言中，Hyunjung Lee 和 Younghan Cho 表明，该刊从东亚历史和现实语境中探究殖民现代性，以昭示东亚现代生活与情感之目的。自 Tani E. Barlow 教授在《东亚殖民现代性的形成》（1997）一书中提出"殖民现代性"的概念以来，这一概念对阐释东亚现代性的成形及其在殖民主义时期的发展产生了相当的影响。当代东亚的快速工业化、城市化，以及资本主义的扩张，使对至今影响显著的殖民现代性的反思显得大有必要。《文化研究》特刊强调殖民现代性自 20 世纪早期以来的延续性和断裂，以破除对亚洲现代性的静止及整一性的成见。与其只在与西方的二元对立式比较中强调对亚洲与亚洲现代性的理解，这一特刊则通过多重当代视角重申殖民现代性主题的价值与重要意义，并揭示出当前东亚现代性在后殖民情境与美国化影响下的繁复图景。Tani E. Barlow 的文章《有关东亚殖民现代性的辩论及其它可能》（Debates over Colonial Modernity in East Asia and some Alternatives），从 1990 年代早期对费正清教授所谓仁慈温和的亚洲殖民主义的批评出发，进而阐释美国东亚学者如何对待作为新生词的"殖民现代性"，并强调在 20 世纪早期和东亚当下的情境中商品的重要性与资本始终如一的运作规律。

**3. Steven T·t·sy de Zepetnek（多多西）主编：比较文化研究（Comparative Cultural Studies）书系**

因曾在 1997 年译过多多西教授的一篇文章《比较文学现状之我见》（My Opinion on the Current Situation of Comparative Literature），笔者对他历年来在比较文学和比较文化研究领域的著述和编辑出版活动稍有了解。总结过去一年内美国比较文学的研究出版状况，多多西教授主编的由普渡大学出版社（Purdue University Press）出版的"比较文化研究"丛书颇值得一提。该丛书自 2002 年伊始，至今已有 10 年历史。从 2002 年多多西教授的《比较文学与比较文化研究》（*Comparative Literature and Comparative Cultural Studies*），到 2012 年在同一书系出版的《阶级、性别、文化身份的多重跨国话语》（*Transnational Discourses on Class, Gender, and Cultural Identity*）、《现代欧洲文化中的文本与图像》（*Text and Image in Modern European Culture*）、《海外亚洲人与东西现代性》（*Asian Diaspora and East - West Modernity*），可见这一书系在比较文化研究领域的持久活力，以及 2012～2013 年度美国文化研究学界对比较文化研究、跨学科跨国别研究的持续关注。

## 结　语

最近于芝加哥召开的 2013 年度文化研究学会年会，"跨越学科界线：对文化研究与艺术的多重干预"（Beyond Disciplinarity：Interventions in Cultural Studies and the Arts），再次突显了美国文化研究学界对跨学科研究的重视。其关注的核心问题在于拓展文化研究的可能性，并"剑走偏锋"地使其在高等教育体制内外、在不同学科之间游走。大会展示了跨越人文、社科与艺术的多学科和跨学科实践的品质、贡献及其局限性，并力图在投身上述跨学科活动的学者、艺术家、社会活动家之间建立持久有效的合作关系。

　　当大学内外的各种政治势力大力宣扬所谓"人文学科的危机"之时，跨越学科、打破行业界线的交流与合作就成为当务之急。当我们反省人文学科自身以便更好地展望其未来时，人文学科的哪些特质是我们必须坚守的，又有哪些是可以扬弃的？文化研究对于人文学科（及其同路人）的长期批评性关注，如何能帮助我们创造新的文化产品、界定与推出新的受众群？对于美国文化研究学会而言，提出这样问题的时机已经相当成熟了。该学会自 2012 年度圣地亚哥年会以来已经重组为一个独立的非营利组织，并建立了新的网站和数字传播平台，该会会刊《偏锋：文化研究学会学报》（*Lateral*）的第二期也得以全文上线。这一系列努力使文化研究学会 2013 年年会成为国际文化研究学界历年来最盛大的一次交流活动。七百多位学者向大会递交了论文申请，代表二十二个国家、一百九十多个机构的五百多位学者获取了与会资格。

　　虽然立足美国，文化研究学会 2013 年度年会所显示出的充沛学术能量表明，就研究者自身的跨国属性而言，我们也很难继续仅以国别为单位撰写年度文化研究大事记。美国文化研究领域的发展态势一直以来都与国际文化研究的动向密切相关。美国经济危机以来的所谓"人文科学的危机"也不只是国别文化研究内部的现象。美国文化研究学界对亚洲、拉美、中东、北非的兴趣，对环境问题、新能源和可持续发展的关注，也和全球文化研究的动向息息相关。或许今后我们在撰写国别年度报告之外，还应更多地打破国别界线，更多关注跨国、跨学科、跨行业共同关注的年度热点和中心议题。

# 澳大利亚

王　毅[*]

　　澳大利亚文化研究在 2012 年一如既往，研究成果颇丰。尤其是文化研究的理论方面，迈出了解构主义的大门，从德里达走向拉图尔，一改理论研究停滞多年的局面。这年的年会也因此"转向"拉图尔，展现出文化研究新探索的勇气。研究方面，文化研究依旧遵循注重差异、注重反霸权的传统，强调创造性、批判性和创新性，不少研究主题令人耳目一新。关注土著人的文化是澳大利亚文化研究本土化的特点和研究新方向。学科体制方面，鉴于目前大学环境及主导价值日益工具化及企业化，当代文化研究学者迫切需要重新想象他们的空间与位置，以及社会角色，以凸显 21 世纪文化研究学者的责任。

## 一　2012 澳大利亚文化研究学会年会

　　澳大利亚文化研究学会（Cultural Studies Association of Australia）是该国文化研究的最高学术团体，简称 CSAA。该学会成立于 1992 年，旨在发展与推动澳大利亚全国文化研究的教学以及相关的学术研究，同时也为社区、行业及政府等提供文化研究方面的咨询和建议。学会旗下有网上的博客、贴吧供会员交流和讨论，同时出版一年两期电子版的《文化研究评论》。2012 年学会的年会于 12 月 4～6 日由悉尼大学性别与文化研究系主办。大会主题为"物质性：经济，经验主义及物体"（Materialities: Economies, Empiricism & Things）。会议通知对该主题作了说明："文化研究有研究物质实践的长久历史——确实这是英国文化研究的成立宗旨——但最近

---

的新转向或返回到唯物主义似乎又出现于该领域。这种物质性意味着什么目前尚无定论，但我们认为它在召唤重新关注如何研究文化对象、机构和方法等问题，以及什么是物质和物质性（经验主义），如何在全球经济、环境和文化变迁中重新定位物体（人类和非人类）。"

这次年会的理论背景，在某种意义上，与法国理论家布鲁诺·拉图尔（Bruno Latour）的"行动者网络理论"（actor – network theory）有关。该理论见于其 1987 年发表的《行动中的科学》（Science in Action）。拉图尔不仅受法国后结构主义者青睐，同时也是继福柯、德里达、拉康等之后，得到文化研究者关注的法国理论家。他 1991 年出版的著作《我们从未现代过》（英译本，1993）在现代性问题的论争中独辟蹊径，提出无所谓时间上的"过去"的现代主义。在拉图尔看来，我们今天生活在一个共时的、万物都属于"当代"的时代，所以我们离开了"时间"的时代，进入了"空间"的时代，从过去先后循序的顺时进入了一个共存共荣的共时时代，因此"过去"和"现在"的区分应该摒弃。事物的联系与"时间"无关，而是与事物相互之间的"关系"有关，包括人与非人的关系。

2012 年年会的问题涉猎学术界多方面的研究，包括以下主题：

- 非人类中的性、性别和种族之位置（Placing sexuality, gender and race within the more – than – human）；
- 文本和类别的物质性（The materiality of texts and genres）；
- 过去与未来的物质文化研究（The future and the past of material cultural studies）；
- 人文和生态环境的变化（Changing environmental humanities and ecologies）；
- 人类世界中的文化研究（Cultural studies within the anthropocene）；
- 原始和自然资源与文化的关系（Cultural relations with/in primary and natural resources）；
- 全球化的新物质性（The new materiality of globalism）。

12 月 6 日的专题讨论会"文化研究什么最重要?"（What Matters for Cultural Studies?）是这次年会的亮点。讨论会由悉尼大学性别与文化研究教授埃尔斯佩思·普萝宾（Elspeth Probyn）主持。几乎所有文化研究的重量级人物都到场，包括澳大利亚人文学院院士、西悉尼大学文化研究教授洪美恩（Ien Ang），西悉尼大学社会与文化理论教授托尼·巴奈特（Tony Bennett），昆士兰科技大学传媒研究教授斯图亚特·坎宁汉（Stuart Cunningham），墨尔本大学英语语言文学教授约翰·弗柔（John Frow），悉尼大学性别与文化研究教授米根·莫里斯（Meaghan Morris），新南威尔士大学写作教授斯蒂芬·穆克（Stephen Muecke），昆士兰大学文化与传媒研究教授汤姆·欧里甘（Tom O'Regan）和昆士兰大学文化研究教授葛兰姆·特纳（Graeme Turner）。他们多是澳大利亚文化研究的第一代学者，齐集一堂，讨论今天该做什么来振兴文化研究，英国文化研究的传统能否继续，新近的唯物主义转向意味着什么。虽然答案仍不明了，但是说明文化研究又开始重新关注研究对象、体制和方法等问题。

## 二　《文化研究评论》（*Cultural Studies Review*）

《文化研究评论》（电子版）创刊于 2006 年，每年春秋两期。其非电子版的前身可以追溯到 20 世纪 90 年代。所刊文章大多偏重于文化理论的探索，这也许跟编辑多来自英语系有关。该刊也发表其他领域有关文化研究的成果。

2012 年第一期颇似一次诱惑不同思维的学术庆典，不设特定主题，也不囿于编辑的限制，定位于邀请读者去体验一下文化研究思想多重轨迹的旅行。斯蒂芬·穆克（Stephen Muecke）的《摩托车、蜗牛、拉图尔：无判断批评》（Motorcycles，Snails，Latour：Criticism without Judgement）是一篇尝试用布鲁诺·拉图尔的哲学理论探索文化与文学分析的文章。作者通过一篇关于人与蜗牛关系的小说引申出文学文本的持续再生产体系，再从文学的角度联系到人与非人类的关系。斯蒂芬·穆克引用福柯，是希望提供一种没有判断的批评。但是什么样的批评不带判断？作者继而引用布鲁诺·拉图尔的不同生存方式理论。欧洲启蒙主义后，人从上帝的手中解放出来，取代上帝成了中心。而在拉图尔的"生态多元现实哲学"中，人不再是中心，上帝也不是，所有的存在包括人类与非人类都是舞台中心的行动者，一个苹果是行动者，一个人也是。拉图尔反对判断标准，认为由于新时间概念的出现，"进步"和"反动"的划分应该放弃。斯蒂芬·穆克发现澳大利亚土著人的生存理念是"一切在原地生存"。土著人的仪式中，不仅人，一切"非人类"，树木、动物、水塘都是参与的一部分，甚至包括灵魂和梦想。斯蒂芬·穆克认为让"一切在原地生存"是一种现代的视野。我们应当从澳大利亚土著人那儿学到如何维护文化，维护文化的生态学。因为生态学的中心是非人类，"科学无法想象一个蜗牛和它所吃的叶子的关系"，"摩托车气缸的爆炸声也许来自一片从恐龙嘴里掉进河水的树叶"。拉图尔曾呼吁尊重不同的存在模式，而再生产是他的许多存在模式之一："让客体说话"。斯蒂芬·穆克认为后批评环境的文学和文化的分析可以通过参与"实验"、多元现实、"再生产"，从而发现新的方向，以此成为联系人类和非人类的媒介和动力。这种"合作伙伴"关系是文化形式得以"再生产"的关键。

这一期中，劳瑞·约翰逊（Laurie Johnson）的《形式与功能之间：博客空间的历史与身份认同》（Between Form and Function: History and Identity in the Blogosphere）旨在研究博客空间的身份认同理论。作者追述了过去十多年关于博客的研究成果，通过分析互联网/阿帕网（arpanet）的历史，认为博客来源于阿帕网最早研究人员的个人记事。互联网的研究表明，博客从最初个人"日记"的功能，发展到今天挑战主流媒体等"意外"的功能，都来于最初的研究者对技术新功能和新身份的追求。这种新的互联网形式成就了博客网络社区的联系功能，而博主使用这种形式，也是在对博客功能的极限进行探索。

约翰·弗柔（John Frow）的"移民定居"（Settlement）讨论全球化语境下"陌生人"的定义以及"陌生人"的认同、排异和归属感。作者引用了恩格斯《英国工人阶级状况》（1844）中对伦敦的描述，一群陌生人为了一个目的或利益形成了一种关系，从而改变了陌生人的身份，形成城市，产生新的政治问题。约翰·弗柔通过分析在历史档案馆发现的一张1890年由土著人画的一幅画，一个白人被抛弃后被土著人接受，一同欢迎驶向岸边的英国船队，从而发出一个有意思的哲学疑问："谁是陌生人？"

2012年第二期《文化研究评论》的副标题为"世俗的不适与论狂人"（Secular Discomforts and On Mad Men），主要探讨什么是"世俗的不适"以及文化研究与世俗和宗教的关系，认为宗教和文化研究并不是对立的，不可调和的，但同时也否认"世俗化"是宗教和文化研究之间的中立区域。

埃德温·吴（Edwin Ng）的《佛教、后结构主义思想、文化研究：职业信念》（Buddhism，Poststructuralist Thought，Cultural Studies：A Profession of Faith）是作者研究佛教和后结构主义有关什么是知识、自我和道德后的心得。通过实践一种佛教冥想后，探问什么是所谓的"灵性的政治"（the politics of spirituality），探索信念在文化研究中的作用。作者通过分析福柯的后期著作，说明佛教和后结构主义思想有一定的关系。

"论狂人"部分集中讨论美国有线电视系列节目《狂人》，讨论涉及电视节目本身、节目的观众，以及文化研究和其他学科的关系。分析集中在体裁、性别研究以及创造力的作用和广告的"低级"审美文化领域。梅丽莎·哈迪（Melissa Hardie）的《狂人的三副面孔：中庸文化与高品质电视节目》（The Three Faces of Mad Men：Middlebrow Culture and Quality Television）探讨《狂人》被再现的历史，以及节目在展示快感和审美体验关系的焦虑过程。作者认为该节目对历史的绕行、修正可作为"去现代"的一种思考方式，让我们得以重审有关性别与身份认同和审美经验等问题。

《文化研究评论》在 2012 年第一次出版了第三期，由特邀编辑布鲁斯·布坎和大卫·伊利森（Bruce Buchan & David Ellison）共同主持专刊"论噪音"（On Noise）。这是一次跨学科的合作。编者在《对眼睛说话》（Speaking to the Eye）一文中阐明，研究噪音的目的是重新审视现代性研究中被过度重视的视觉，从而尝试去关注在文化理论研究、文学和电影研究、文化历史和人类学中，被静音、被忽略以及被压迫的听觉。此专刊讨论噪音的概念和它在不同语境中的作用，以"噪音"为研究对象，冲击法律、政治和文学的现有规范。

布鲁斯·布坎在《倾听政治思想的噪音》（Listening for Noise in Political Thought）一文中，从苏格拉底的对话追述西方的政治思想史，重新考虑噪音的各种形式、价值和历史。噪音是愉悦和痛苦的断层，也是社会阶层的分界线。噪音和声音被分为审美的两极。正统观念对声音的审美标准压制了噪音现象在历史中的正面评价。噪音对噪音制造者和听噪音的人来说意味着什么？如何管理噪音？从狄更斯以来，城市噪音就不断被抱怨，但是噪音是文明进步、城市化、创造力的一部分。各种政治对话就包括争论，这是西方政治的精髓。布坎认为应该倾听政治噪音，尤其是产生噪音（如抗议）的语境，呼吁进一步通过文化研究去研究噪音现象。玛丽·坦普森

（Marie Thompson）的《生产性寄生虫：关于噪音影响的思考》（Productive Parasites：Thinking of Noise as Affect）从经典的"寄生虫"概念出发，对将噪音当作不必要或破坏性声音的负面叙述给予了不同的解释。认为如此负面的叙事容易让噪音受到道德的攻击，从而导致静音和噪音变成过去和现在、自然与文化、放松和令人不安之间的二分法，从根本上成为好与坏的差别。文章重新调整噪音概念，建议将之看作为影响，从而对噪声的伦理内涵进行再思考。

## 三　《连续统一：传媒与文化研究》（Continuum：Journal of Media and Cultural Studies）

2012 年《连续统一：传媒与文化研究》双月刊共出版六期。除了第一期，其余五期皆为专刊。第二期专题为"学术事务"（A Scholarly Affair）。文章来自 2010 年澳大利亚文化研究学会年会的概念框架。由于新自由主义时代严峻经济环境带来的学术环境恶化，迫切需要重新想象当代文化研究学者的空间与位置以及他们的社会角色。激发文化研究的重要因素是什么？知识如何超越学术机构边界并得到接受、加强以及体制化？利文·康内尔（Raewyn Connell）的《澳大利亚的现代性与南方观点》（A Fringe of Leaves：Australian Modernity and Southern Perspectives）一文，通过分析澳大利亚诺贝尔文学奖获得者帕特里克·怀特写于 20 世纪 70 年代的小说《叶边缘》，质疑欧洲在澳大利亚土地上的存在及其文化意义，作者认为澳大利亚现代性需要放在南半球语境中考虑。丹尼尔·马歇尔（Daniel Marshall）的《战时生活：性、招聘和电视真人秀》（Life during Wartime：Sexuality, Recruitment and Reality Television）从酷儿理论的视角研究军队中的同性恋和当代政治的"同一民族主义"（homonationalist）倾向。斯尔·霍克（Shé Hawke）的《水文化：一个"另类"，积极的跨文化教育学，可持续发展与人权》（Water literacy：an "otherwise", active and cross – cultural approach to pedagogy, sustainability and human rights），借鉴水与澳大利亚土著的关系分析在特定的跨文化协作中如何可持续发展。文章重铸了水的认识论，为了解澳大利亚目前的水资源危机的政治僵局、跨文化环境的困难提供重要的研究方向。

第三期"思考青年文化"（Mediated Youth Cultures）对文化研究的"青

年文化"进行了重新定义。传统上青年文化是一种亚文化。其研究的概念框架集中在青年文化身份、团体活动、兴趣爱好（如流行音乐和时尚等）上。青年文化被视为是亲密的、共享的、日常的、基于面对面的互动。但是由于互联网和手机为青年人开辟了新的领域和交往方式，这种青年文化的解释已产生越来越多的疑问。青年是互联网的主流，"虚拟"的年轻人分散世界各地但仍然"面对面"的互动。数字媒体技术的启用使年轻人有权构建并实施属于他们自己的话语身份、归属感和文化实践。互联网成为年轻人一个重要的文化资源，为他们提供参与公民生活的机会，支持他们集体身份的交往和情感表达。因此如何将"青年文化"纳入文化研究的框架是 21 世纪的新问题。

这期一共汇集了 13 篇有关青年文化的原创文章，分为三个主题：第一，社会网络网站和话语；第二，音乐、舞蹈和归属感；第三，移动电话和青年文化的跨国状态。文章有的关注社会网络网站和涂鸦社区年轻人的创造力（Ben Light, Marie Griffiths & Sign Lincoln）；有的挑战政府政策，批评其针对年轻女性的饮酒习惯教育不足（Rebecca Brown & Melissa Gregg）；还有社交网站如何为年轻人的"成长"经历提供记录（Rosa Reitsamer）；另有关于墨尔本难民背景的年轻人利用网络为中介的跨国空间文化个案研究（Raelene Wilding）。

第四期专题是"性欲电影与声音：文化、媒体与欲望"（Erotic Screen and Sound：Culture, Media and Desire）。文章主要来自 2011 年在格里菲斯大学召开的同名学术讨论会。会议的主题在于探讨历史和当代文化形式和实践中，性欲如何被表现、被再现、被审美化和被传媒化。研究的对象为电影、电视、音乐、视觉艺术、文化表演和仪式中有关的性欲理论和历史。阿德里安·马汀（Adrian Martin）在《焦虑理论，或：在电影院亲吻》（A Theory of Agitation, or：Getting off in the Cinema）中，对目前颇为流行的女性主义电影理论家帕特里夏·麦考科马克（Patricia MacCormack）怪异的观众理论"电影性爱"（cinesexuality）提出疑问。伊丽莎白·斯蒂芬斯（Elizabeth Stephens）的《感觉机器：电影，现象学和感官训练》（Sensation Machine：Film, Phenomenology and the Training of the Senses）用女性主义现象学的电影理论，从历史哲学的角度探讨电影作为一种感官训练的技术。针对以观众为中心的娱乐，艾伦·麦基（Alan McKee）的《色情娱乐》（Pornography as Entertainment）提出应将色情作为娱乐的副刊来阅读。文章指出 19 世纪以来大众娱乐的审美系统有一致性，无外乎粗俗、感性、大团圆结局等。将这些特点与色情娱乐对比后，麦基认为，以这种方式阅读主流色情作品能更好理解其与其他文化的关系。其他的文章包括《对 1968～1974 年屏幕上的女同性恋吸血鬼的分析》（David Baker），《20 世纪 60 与 70 年代先锋派电影的影响及其与色情的关系》（Danni Zuvela），以及《在巴兹鲁曼的左倾澳大利亚原住民的声音（2008）》（Bruno Starrs）。

第五期"放聪明些：智能手机时代对移动媒体的修正"（Wising Up: Revising Mobile Media in an Age of Smartphones）是对智能手机这一新领域的新研究。探讨智能手机对媒体性质带来什么改变，对社会和文化带来什么改变，有什么影响。

第六期"印度/电影：政治档案与快感"（India/Cinema: An Archive of Politics and Pleasures）将印度与电影之间的交叉点作为档案，为研究印度社会、政治和经济的矛盾提供土壤。随着过去 20 年印度的经济发展，对印度电影的研究也超出电影的范畴。在这个意义上，电影成为这个国家表征的特定代码，也是见证印度变化的档案。宝莱坞不啻是研究的热门。然而学者们认为宝莱坞一词的使用有不少误解和混乱。这一期的文章有《导演自述：拍摄 20 世纪 30 年代影星曼尔·奥勃朗（Merle Oberon）纪录片时遭遇的关于种族、明星与历史记忆之间的论争》（Maree Delofski），《印度 20 世纪 50 年代电影黄金时代的分析》（Sudesh Mishra），《明星研究：印度电影工业造星文化背后复杂的关系及全球化的影响》（Ranjani Mazumdar），《电影的酷儿研究》（Shalmalee Palekar），《印度电影与斯里兰卡电影的跨国关系》（Maya Ranganathan and Selvaraj Velayutham），以及《宝莱坞电影的澳大利亚记忆》（Goldie Osuri）。

## 四　2012 年新书

2012 年一本令人耳目一新的书是《什么成为文化研究》（*What's Become of Cultural Studies*, Sage, 2012）。作者格雷姆·特纳（Graeme Turner）是澳大利亚文化研究的领军人物，曾著有《英国文化研究》（*British Cultural Studies*, Routledge, 2003）一书。格雷姆·特纳认为，在过去的 30 年里，文化研究改变了人文科学和社会科学的景观。在这方面澳大利亚的文化研究一枝独秀，常被引为现代大学多学科以及跨学科教学和研究的成功学术典范。然而文化研究目前正经历代际变化，面临诸多困境，文化研究的意义在高等教育中受到质疑，"什么是文化研究"又一次成为新生代关注的问题。作者思考文化研究如何生存，并提出可供参考的解决方法和理论。全书分为"文化研究的成就""'无学科'：文化研究与跨学科""意想不到的后果：融合文化""新媒体研究与创意产业""文化研究的国际化""文化研究有未来吗？"六章。

文化研究的最大成就，特纳认为就是将被传统学科忽略的日常生活和大众文化堂而皇之地接纳入大学殿堂，使之成为理所当然的学术研究领域和关注的中心，为许多学科开启了一扇新的研究大门，开拓了新的研究视野。但是特纳指出，作为一个学科本身，无论是研究学理或研究实践，文化研究都是矛盾的。一方面它起源于跨学科；另一方面，它本身变得越来越像一个学科，尽管不是严格意义上的学科。目前文化研究日益被一些新领域占领，尤其是教学方面，学生们在选课时从文化研究分流到其他科目，而这些新领域在教学上原来都属于文化研究，现在却鸠占鹊巢。特纳的问题是：这些新学科是否有足够的理论和学科基础？是否是大学学科重新洗牌或挂名的产物？是否与文化研究的传统相关联？

在文化研究国际化方面，特纳回顾了澳大利亚文化研究的发展历程。20世纪80年代，一批英国学者为"逃离"撒切尔夫人的保守政府寻求更为自由的学术空间，纷纷移居其他英语国家，如澳大利亚、加拿大、新西兰和美国。他们将文化研究的英国影响带到这些英语语境中。但各国文化研究的本土化程度不同。澳大利亚迅速有了自己的文化研究，加拿大花费的时间却长得多，新西兰的文化研究仍在发展之中。相当一段时间里，英语世界关于文化研究国际化的讨论大多指的是美国如何"国际化"地接纳文化研究。文化研究很少进入欧洲或亚洲的大学系统。20世纪90年代后发生了一些变化，文化研究渐渐进入了一些非英语的国家和地区。亚洲文化研究的一些新形式明显表现出在本土语境中对英国文化研究的重构。特纳重点讨论了非英语圈的文化研究。

最后特纳认为文化研究的未来一方面取决于各国的体制，另一方面，就学科本身而言，如果文化研究要生存并继续发挥重要的学术作用，必须要有三个重要方面的发展。首先是恢复文化研究的核心研究，主要任务是将日常生活涌现的现实如新传媒和创意产业纳入文化研究教学之中，但要用更新的表现手段。对文化研究来说，重要的使命是将公众利益置于经济发展之前。第二个发展为加强现有研究，进一步开拓文化研究作为一个真正的人文学科和社会科学中跨学科的研究领域。从澳大利亚的经验来看，文化研究可以成为新人文学科的学术"混合语言"（lingua franca），能使与文化有关的各学科凝聚在一起。这是跨学科的目的，也是重构人文学科与社会科学疆界的目的。但是文化研究本身对这一目的来说是不够的，因为文化研究的生存从根本上来说依赖于体制（大学）对其的保护与维持，承认其是一门独立的学科。最后，文化研究要创新才能生存。

2012 年由剑桥学者出版社出版的《回忆电视：历史，科技与记忆》（*Remembering Television：Histories，Technologies，Memories*），是一本从文化研究角度研究电视历史的著作，由澳大利亚学者凯特·达利安 – 史密斯和苏·腾布尔（Kate Darian – Smith and Sue Turnbull）共同主编。全书收集了 12 篇文章，分为"历史""科技""记忆"三章。书中提出的问题直接挑战史学界：历史应该记录什么？什么可以或应该被载入史册？换句话说，由于新媒体的到来，电视机被逐渐挤出人们的日常生活。当这一媒体成为或即将成为过去，回忆电视时，谁的记忆被收集？谁的记忆被遗忘？原因或目的是什么？此书赋予日常生活中电视的文化、社会、体制以及政治意义以新的解读，对如何将历史、电视和记忆的关系理论化提出新的见解。

文化研究和历史研究在"回忆电视"方面，对什么可以入史存在理论上、研究上以及实际操作上的矛盾与分歧，二者的理论与方法有极大差异。澳大利亚的电视历史常被历史学家忽视，即使关注，他们更看重的也是历史内容如何被电视节目表现出来，比如纪录片或历史剧。而电视中的日常生活，如新闻、今日关注、肥皂剧、生活类节目……常常入不得历史学家的法眼。这种现象背后一个更广泛的学术论争是关于"知识"（knowledge）的认知。什么是知识？著名电视研究学者约翰·哈特利（他也是此书的作者之一）认为，当学者们竭力将电视研究打造成一个严肃的学术领域时，却在什么是知识的问题上产生了严重分歧。在历史学家眼里，电视传递的日常生活的"知识"是非正式的、非严肃的或娱乐性的，只是被某些学者用某种理论"置换"成"正式的知识"，而这不是历史学家们理解或关注的知识。福柯说过，知识是创造出来的，不是获取的。那么，此书问到，电视创造的是不是知识？文化研究者关注的电视荧屏前的日常生活，关注的普通观众的电视经验，是不是一种"国家民族现象"？该归类于什么知识？

此书秉承了澳大利亚文化研究关注社会非主流的一贯特点，重点研究被忽略的观众的电视经验多元性。研究发现，官方与非官方的兴趣导致如何收集和记忆电视历史的差别。虽然澳大利亚国家电视档案馆定期收集各种电视历史资料，但是往往关注制片人、导演、演员、电视节目等，很少收集观众的资料。官方的历史档案很少能找到普通人（老百姓）的电视记忆。这在构建国家民族的历史记忆方面是不完整的，有缺陷的。媒体对记忆的重构与创造，对主体内在以及社会和大众的形成有重要作用。从无线电报到收音机和电视，电视最终进入家庭，成为一个隐形却不可分割的"家庭成员"，但历史关心的则是电视的社会与文化意义，而忽略观众看电视的经验的回忆。因此，哈特利认为在"电视历史学方面"，澳大利亚电视并未能整合进构建民族国家的叙事之中。这是一部颇具开拓性与前瞻性的学术著作，尤其是提出电视与历史的一个重要关系：电视的"陪伴记忆"（companion memory），电视与观众的共同存在经验本身成为一种历史形式（Chris Healy）。本书中，苏·腾布尔（Sue Turnbull）的文章《记录的差距：电视观众与"我们"的历史》（A Gap in the Record：Television Audience and History of "Us"），是一篇研究电视"陪伴记忆"的力作。作者通过民族志的研究，走访大量观众，收集了许多个人记忆。通过分析这些回忆，作者呼吁一部电视的"另类"历史，那些与电视曾共同"生活"的观众的历史——电视史也应该是观众的观看历史，是"我"的历史以及"我们"的历史。本书其他文章包括《上个世纪 50 年代澳大利亚移民的电视记忆》《外国电视节目如何帮助移民孩子融入当地社会》《有关电视历史的"私人收藏"的价值》《电视的"自我记忆"功能》等。

2012 年澳大利亚文化研究学会介绍了四本新书。澳洲传媒学者皮特·普格斯勒（Peter C. Pugsley）的《当代亚洲电影的传统，文化及审美》（*Tradition，Culture and Aesthetics in Contemporary Asian Cinema*，Ashgate）探讨流行的亚洲电影审美元素以及如何理解正在崛起的亚洲电影。通过跟踪一些最具影响力的中国、日本、韩国、马来西亚和新加坡及印度的电影，作者提供了一个理解亚洲国家热门电影审美特征的独特见解。书中不仅有传统和现代的文本分析，还分析亚洲各国电影院线话语及当地/全球电影之生产、发行、消费过程中交叉的审美特征。此书创造性地为进一步理解东西方之间视觉和听觉的功能提供了新的视角，被美国学者大卫·德塞尔认为是研究亚洲电影的一个"主要学术成就"，"不仅展现了亚洲电影的轮廓、主要导演及重要的美学基础"，同时还有亚洲电影"在西方的销售及被西方接受的方式"。

《寻找文化作品：乡村边远地区创作力的政治与诗学》（*Locating Cultural Work：The Politics and Poetics of Rural，Regional and Remote Creativity*，Palgrave Macmillan）是一项填补空白的研究。作者苏珊·卢克曼（Susan Luckman）研究了城市以外的乡村创意性工业及其价值，尤其是非主流的艺术家。她从三个相关方面进行研究：首先是英国工业革命以来（特别是浪漫主义和工艺美术运动）创新活动的历史与地点；其次为创意与地方的情感与驱动力；最后是乡村和区域文化产业的关系，其中包括旅游和环保意识。

艾莉森·利文斯可罗夫特（Alison Ravenscroft）的《后殖民的眼睛：白澳大利亚欲望与种族视野》（*The Postcolonial Eye：White Australian Desire and the Visual Field of Race*，Ashgate）是一本通过"后殖民的眼睛"研究当代澳大利亚的种族意识的著作。通过"眼睛"和"我"的关系研究白人和土著的澳大利亚之间的文化鸿沟。艾丽森强调当前许多土著作品被"陌生化"以取悦于白人的审美观念，但现代土著文化可以是令人困惑的，如果不了解"白人"的文化形式。相对于许多企图抹去这一鸿沟的研究，作者运用视觉、知识、欲望以及后殖民诸理论，分析土著人小说、电影和生活故事中白人的欲望，强调这一鸿沟的存在。评论普遍认为此书对了解种族和视觉的重要性有深远影响。

《城市标志：理解城市空间逻辑》（*Cities of Signs：Learning the Logic of Urban Spaces*，Peter Lang）是安德鲁·希克（Andrew Hickey）关于公共教育学的研究成果。作者不仅研究作为城市景观的标志，还研究充斥城市空间的指路牌、广告或街头涂鸦，同时研究人们对标志的解读。标志是当代城市空间的要素。城市和"我们"如何被这些标志书写？生活在这些空间意味着什么？通过社会学和教育学解码城市标志的文化生产的同时，作者提出了一种动态的方法来理解在城市景观中文化的生产和消费。

## 参考资料

Alison Ravenscroft, *The Postcolonial Eye：White Australian Desire and the Visual Field of Race*, Ashgate, 2012.

Andrew Hickey, *Cities of Signs：Learning the Logic of Urban Spaces*, Peter Lang, 2012.

Bruno Latour, *Science in Action：How to Follow Scientists and Engineers through Society*, Harvard University Press, 1987.

Bruno Latour, *We have never been modern*, Harvard University Press, 1993.

Graeme Turner, *British Cultural Studies*, Routledge, 2003.

Graeme Turner, *What's become of Cultural Studies*, London：Sage, 2012.

Kate Darian – Smith & Sue Turnbull, eds. *Remembering Television：Histories, Technologies, Memories*, Cambridge Scholars Publishing, 2012.

Susan Luckman, *Locating Cultural Work：The Politics and Poetics of Rural, Regional and Remote Creativity*, Palgrave Macmillan, 2012.

Peter C. Pugsley, *Tradition, Culture and Aesthetics in Contemporary Asian Cinema*, Ashgate, 2012.

*Cultural Studies Review*, Issue 1 – 3 2012, http：//www. csreview. unimelb. edu. au/about. html.

*Continuum：Journal of Media and Cultural Studies*, Issue 1 – 6 2012.

http：//www. csaa. asn. au/events/annual. php.

http：//www. conference. csaa. org. au.

# 欧 洲

李会芳　常海英<sup>*</sup>

作为文化研究的学术重镇，2012 年的欧洲学术界文化研究方面硕果累累，与前一年相比，著述更为丰富，话题更为广泛，时代契合性更高，尤其在一般理论研究、网络文化研究、青少年亚文化研究和大众文化研究方面成果突出。本文主要对这一年度在欧洲举行的重要学术会议、欧洲的重要学术期刊的专题和论文，以及这一年欧洲的主要出版物加以总结和介绍。

## 一　学术会议

欧洲 2012 年召开了多次文化研究领域的学术会议，承办国家包括英国、德国、意大利、葡萄牙、丹麦和希腊等，议题具有鲜明的跨学科的性质，囊括了当代社会形态、生态、现代性、新媒体、文学、种族、视觉文化等各方面的内容。

1. 2012 年 3 月 10 ~ 13 日，在德国柏林召开信息社会发展国际协会（IADIS）主办的"2012 年 E - 社会国际会议"（IADIS International Conference E - Society 2012），内容覆盖了信息社会的技术层面和非技术层面等各方面内容。

2. 2012 年 3 月 21 ~ 24 日，在英国牛津大学举办"移动的现代主义会议"（Moving Modernisms Conference），主要议题包括：速度、运动、旅行和交通，情感与智力和情感的表征，移动的形象和移动的身体，变换的时间性和新兴的地理，规训感觉的变迁。

---

* 李会芳：河北师范大学外国语学院副教授，2011 ~ 2012 年于英国诺桑比亚大学社会与艺术学院从事博士后研究；常海英：河北师范大学外国语学院 2012 级硕士研究生。

3. 2012 年 5 月 7 ~ 9 日，在意大利的 Ancona 举办"第七届城市再生和可持续性发展国际会议"（7th International Conference on Urban Regeneration and Sustainability），主要关注城市环境下互相关联的多个方面，覆盖了从交通到人口流动，从社会排斥到预防犯罪等多个侧面的议题。

4. 2012 年 6 月 11 ~ 15 日，在英国伦敦举行"现代文化发展中的道德和审美矢量会议"（Moral and Aesthetic Vector of Modern Culture Development），涉及文化学、艺术史、建筑、工程和哲学科学等学科。

5. 2012 年 7 月 11 ~ 13 日，在牛津大学举办的"第四届全球会议：电子游戏文化与互动娱乐的未来"（4th Global Conference：Videogame Cultures and the Future of Interactive Entertainment）主要议题包括：电子游戏和打游戏，诸种电子游戏文化，游戏与社会，接受、短暂性与电子游戏，电子游戏中的新互动方式等。

6. 2012 年 7 月 29 ~ 30 日，在葡萄牙的 Braga 举办"文学、大众文化以及艺术中的吸血鬼与哥特学术会议"（Dracula and the Gothic in Literature, Pop Culture and the Arts），主要议题包括：斯托克研究，哥特小说作家研究，浪漫主义、歌剧及超自然，维多利亚哥特，世纪末哥特小说的复兴，以及影视中的吸血鬼以及女性哥特等。

7. 2012 年 9 月 7 ~ 9 日，牛津大学举办"第二届全球会议：白色意象"（2nd Global Conference：Images of Whiteness），主要议题包括：白色文化中的种族他者的拨用，白色与反白色，电视剧中的白色意象，白人身份的民族构成，白色与多元文化主义，绘画、摄影以及视觉艺术中的白色建构，小说和非小说中的白色写作，白色研究的政治和伦理等。

8. 2012 年 9 月，丹麦哥本哈根大学举办"新媒体与公共领域学术会议"（New Media and the Public Sphere），主要探讨：在新媒体转型语境下，如何在当代媒体驱动社会里从理论和实践上发展公共领域；传统意义下的公共领域能否在当下的新媒体框架下发挥作用；在线交流是否仍沿袭之前的平等者的公开辩论模式并会导致公共意见的形成；如果不是，替代它的将是什么。

9. 2012 年 9 月 5 ~ 7 日，在希腊城市 Kos 举办"第四届建筑与自然和谐化国际会议"（This fourth International Conference on Harmonisation between Architecture and Nature），主要议题包括：自然设计、生态敏感性与文化敏

感性、被动系统设计、生命圈评价、建筑中的质量可持续发展性等。

10. 2012 年 9 月 16～19 日，在英国牛津大学举办"第六届全球会议：多元文化主义、冲突和归属感"（6th Global Conference：Multiculturalism，Conflict and Belonging），主要议题包括：挑战旧有的"自我"和"他者"概念，民族、民族身份和民族主义，机构、组织和社会运动，传媒与艺术表征，跨民族文化交叉和当代生活，新概念与排斥的新形式。

11. 2012 年 9 月 20～21 日，在波兰 Gdansk 大学举办的"跨学科会议：离散、记忆和身份"（Solidarity，Memory and Identity：Interdisciplinary Conference），议题主要包括：当代世界、记忆和遗忘、形式与身份、文化与艺术、日常生活等。

12. 2012 年 9 月 25～27 日，英国牛津大学举办了"第一届青少年和当代视觉文化国际会议"（1st Global Conference：Teenagers and Contemporary Visual Culture），主要对当代视觉文化中青少年表征的流行现象进行考察、探索和讨论，相关议题包括：主流文化和反文化中对青少年生活和文化的描述、青少年消费模式、青少年作家、青少年娱乐的跨民族消费、青少年视觉文化对成人的吸引力等。

13. 2012 年 9 月 25～27 日，英国牛津大学举办"性别与爱：第二届全球会议"（2nd Global Conference：Gender and Love），主要议题包括：作为规训力量的爱——性别的产生，范式、规范性和亲密性，性别化渴求，性别与爱的表征，全球化视野下的性别与爱。

14. 2012 年 12 月 13 日，在英国诺丁汉大学举办的"被遗忘的美国声音：美国文化中记忆的急迫性和历史的变幻性"（America's Forgotten Voices：Imperatives of Memory and the Vagaries of History in American Culture，American Forgotten V），主要讨论美国文化中的历史自我意识，文学或历史的经典化以及经典变化过程，审美和社会语境中的遗产概念，美国艺术、文学、建筑及大众媒体中的纪念化等。

## 二　学术期刊

文化研究类的学术期刊在欧洲主要包括《文化研究》（Journal of Cultural Studies）、《欧洲文化研究》（European Cultural Studies）、《国际文化研究》

（*International Journal of Cultural Studies*）、《理论、文化与社会》（*Theory, Culture & Society*）、《法国文化研究》（*French Cultural Studies*）、《视觉文化》（*Visual Culture*）、《新构成》（*New Formation*）等。这里主要对前四种期刊所发表的论文加以介绍。

1.《文化研究》（*Journal of Cultural Studies*），Routledge 公司出版，2012年发行了六期。

该刊分别于 2012 年的第一期和第五期发表两个特刊。第一期关注的主题为："文化研究在拉丁美洲的学术体制化"（The Academic Institutionalization of Cultural Studies in Latin America），主要收录的论文包括《拉丁美洲研究生课程中的文化研究——以哥伦比亚和阿根廷为例》《哥伦比亚的文化研究》《文化研究与拉丁美洲主义：知识分子、文化与意识形态》《秘鲁的文化研究》等。

第五期关注的主题为："超越殖民现代性：东亚语境"（Colonial Modernity and Beyond：the East Asia Context）。该专题为了阐释东亚地区的现代生活和情感，主要从历史上的东亚和当代东亚两方面研究了殖民现代性问题。东亚快速的工业化、城市化和资本主义扩张令重温殖民现代性的轨迹变得必要。为了反对"东亚现代性是停滞的、连续的"这一观点，该专题不仅阐明了殖民现代性的连续性，而且指出其 20 世纪早期以后的断层，通过当代东亚现代性的多样性的研究，旨在重申殖民现代性命题的有效性和重要性。主要收录的论文包括：《殖民现代性重要吗？》（Colonial Modernity Matters？）、《对新加坡现状的后殖民主义批判》（Toward a Postcolonial Critique of the State in Singapore）、《仿真现代身体》（Emulating Modern Bodies）、《殖民地下变成日本人》（Becoming Japanese in the Colony）。《日本鬼子》（"Japanese Devils"）的作者为 Leo Ching，该文探讨中国在 2005 年引发的反日情绪。Chih - Ming Wang 的《文学的地缘政治》（Geopolitics of Literature），主要探讨中外文学对比。此外还有 Kai Khiun Liew 的《英国化与中国化的交叉》（Intersecting Anglicization and Sinicization）等。

第二、三期是合刊，主要是拉克劳研究，由 Dilip Parameshwar Gaonkar 和 Robert Hariman 合编，着重探讨了拉克劳的《民粹主义逻辑》（*On Populist Reason*）及书中"人民"（people）的含义，同时还研究了拉克劳思想中的民主和修辞学。论文包括 Dilip Parameshwar Gaonkar 的《拉克劳的〈民粹主义理性〉中的政治至上和"人民"转喻》（The Primacy of the Political and the Trope of the "People" in Ernesto Laclau's on Populist Reason），Lisa Dish 的《代表的杂质与民主的活力》（The Impurity of Representation and the Vitality of Democracy），Oliver Marchart 的《抗议的原理：拉克劳民粹主义理性中的政治和文化》（Elements of Protest：Politics and Culture in Laclau's Theory of Populist Reason），Henry Krips 的《新社会运动、民粹主义以及生活世界的政治》（New Social Movements, Populism and the Politics of the Lifeworld），Ivor Chipkin 的《朝向一种民主极限理论的说明》（Notes Towards a Theory of the Democratic Limit），Randall Bush 的《修辞、心理分析以及想象界》（Rhetoric, Psychoanalysis, and the Imaginary），Christian Lundberg 的《归于等价链条》（On being Bound to Equivalential Chains），Gloria Perelló & Paula Biglieri 的《固有与超验的辩论》（On the Debate around Immanence and Transcendence），Meghan Sutherland 的《民粹主义与景观》（Populism and Spectacle），Michael Kaplan 的《利用霸权的辩证经济：拉克劳、民粹主义和自由赌》（Capitalizing on the Dialectical Economy of Hegemony：Laclau, Populism and the liberal Wager），Elizabeth A. Povinelli 的《超越人民名义之外》（Beyond the Names of the People）。

第四期的主要论文包括：Saskia Witteborn 的《Testimonio 与风险空间：一个被动移民者的视角》（Testimonio and Spaces of Risk：a Forced Migrant Perspective），Juan Antonio Tarancón 的《朱诺：一个关于青少年、电影以及文化研究的实用案例研究》〔Juno（Jason Reitman, 2007）：a Practical Case Study of Teens, Film and Cultural Studies〕，Gal Hermoni & Udi Lebel 的《政治化记忆：对记忆仪式的一个民族志研究》（Politicizing Memory：An Ethnographical Study of a Remembrance Ceremony），Kathryn Wheeler 的《"改变今天，选择公平贸易"：公平贸易两周与公民消费者》（"Change Today, Choose Fairtrade"：Fairtrade Fortnight and the Citizen‐consumer），Max Haiven 的《皮卡丘能否挽救房利美？——新宠物精灵经济的价值、金融和想象》（Can Pikachu Save Fannie Mae？——Value, Finance and Imagination in the New Pokéconomy），Simone Browne 的《太阳下人人都能得到光亮：黑色亮度和监视的视觉文化》（Everybody's Got a Little Light under the Sun：Black Luminosity and the Visual Culture of Surveillance），Helen Graham 的《衡量政府性》

（Scaling Governmentality），Raechel Tiffe 的书评《性而后思》（Thinking after Sex）。

第六期的论文包括：Alicia Ory DeNicola & Lane DeNicola 的《挽救和救赎：当代印度的设计学校、传统工艺和单一民族国家》（Rescue and Redemption：Design Schools, Traditional Craft and the Nation – state in Contemporary India）；Emma Martín Díaz, Francisco Cuberos Gallardo & Simone Castellani 的《拉美向西班牙移民：来自"祖国"的话语和实践》（Latin American Immigration to Spain：Discourses and Practices from "la madre patria"）；Ling Yang & Hongwei Bao 的《怪异的亲密：超级女孩剧迷社区的朋友、剧迷以及情感交流》（Queerly Intimate：Friends, Fans and Affective Communication in a Super Girl Fan fiction Community）；Tim Snelson 的《从 Juke Box Boy's 到 Bobby Sox Brigade：战时时代广场的女青年、道德恐慌和亚文化风格》（From Juke Box Boys to Bobby Sox Brigade：Female Youth, Moral Panics and Subcultural Style in Wartime Times Square）；Stacy Thompson 的《日常生活的微观伦理》（The Micro – ethics of Everyday Life）；Rod Giblett 的《自然也是日常的》（Nature is Ordinary Too）；Roberta Buiani & Gary Genosko 的《违背第五戒律的小兄弟》（Little Brother Break the Fifth Commandment）；Babak Elahi 的《穿过德黑兰大街：德黑兰的数字和城市空间》（Crossing Tehran Avenue：Digital and Urban Spaces in Tehran）；Amanda R. Keeler 的《书评：发现美国早期广播的听众》（Book Reviews：Finding the Audience in Early American Radio）；Aaron C. Thomas 的《21 世纪戏剧，19 世纪脚本》（Twenty – first Century Play, Nineteenth Century Scripts）。

2.《欧洲文化研究》（*European Cultural Studies*），Sage 公司出版，2012 年发行了六期。

第一期上的主要论文有：Johan Roeland 的《超越自然驯化？在汽车广告中重建自然和科技之间的关系》（Beyond the Domestication of Nature？Restructuring the Relationship between Nature and Technology in Car Commercials），Ayhan Erol 的《音乐、权力和符号暴力：土耳其国家早期共和国时期的音乐政策》（Music, Power and Symbolic Violence：The Turkish state's Music Policies during the early Republican Period），Dilek Kaya 的《世俗化的另一故事：20 世纪 60、70 年代土耳其电影的宗教审查》（A Different Story of Secularism：

The Censorship of Religion in Turkish Films of the 1960s and early 1970s），Andrea Ochsner 的《不确定性小说："男性小说" 中男性气质和父亲身份的危机》（Fictions of uncertainty：The Crisis of Masculinity and Fatherhood in "ladlit"），以及 Jarno Valkonen 的《在自然风光旅游业中作为工具的国家发言》（Nationspeak as a Tool in Nature Tourism Work）。

Simon Cross 的《心中的疯狂：观看和阅读疯癫的历史意象》（Bedlam in Mind：Seeing and Reading Historical Images of Madness），以一首名为《Bedlam 精神病院的疯子汤姆》的民谣为案例，说明了一个早期现代疯狂的标准是如何在经历文化变化后，在流行歌曲传统中得以维持的。

奥斯陆大学 Fengshu Liu 的《"政治冷漠的"民族主义者？网络时代中国青少年政治身份的谈判》（"Politically Indifferent" Nationalists? Chinese Youth Negotiating Political Identity in the Internet Age），探讨了在中国网络空间中，明显的政治冷漠与民族主义激情为什么同时发生。该文通过对大学生的采访，运用"新政治"这一概念，认为在中国网络民族主义构成了一种重要的政治扩展方式，或者当代青年中的一种"新政治"形式。中国青少年的这种"双重"政治身份来源于网络的使用，这种"双重"身份反映了并加强了他们离线时的自我。他们对参与政府事务明显缺乏兴趣，但他们有极强的民族主义色彩，二者都是后毛泽东时代相同变化主体的产物。

第二期主要探讨欧洲各国的多元文化主义现状，收录的论文包括 Alana Lentin 的《欧洲"多元文化主义"的危机：斡旋的宣礼塔，无法忍受的主体》（The Crisis of "Multiculturalism" in Europe：Mediated Minarets, Intolerable Subjects），Les Back 的《归属感的新等级》（New Hierarchies of Belonging），Arun Kundnani 的《多元文化主义及其不满：左翼，右翼和自由党》（Multiculturalism and its Discontents：Left, Right and Liberal），Marc de Leeuw 的《移民文明化：融合，文化与公民权》（Civilizing Migrants：Integration, Culture and Citizenship），Peter Hervik 的《作为不兼容性解决方案的零容忍：丹麦的"多元文化主义危机"》（Ending Tolerance as a Solution to Incompatibility：The Danish "crisis of multiculturalism"）。

Michael Cronin 的《谁害怕在新欧洲讲话？多语言主义与变通性》（Who Fears to Speak in the New Europe? Plurilingualism and Alterity）主要论述在所谓的欧洲多语制度失败后，语言差异已经成为公众争论的焦点。融入社会中主要的、占主导地位的语言被看做国家语言政策唯一一个令人满意的结果。该文提出了一种完全不同的语言变通的方法，即利用翻译所提供的理解、时间和空间之间的关系以及冲突的社会本体论（在其中，语言特色作为一个重要的因素）。因为语言塑造身份，所以凸显冲突的本体论维度是非常必要的，多语意味着没有最终的、确定的对立者之间的和解，而是任何一种方案都是一种临时的、不稳定的平衡，不排除在未来发生进一步冲突的可能。这种对于语言冲突的理解，对当代多语制度和多元文化的社会提供了一种新的思考方式，超越了揭露性的普遍主义和分裂性的相对主义。

Maria Stehle 的《白人贫民窟：统一德国的"多元文化主义危机"》（White Ghettos: The "Crisis of Multiculturalism" in Post – unification Germany）通过分析欧洲新出现的"民族贫民窟"和"平行社会"里所表现出的焦虑，追溯了德国多元文化主义话语，以及 20 世纪 90 年代早期德国失败的多元文化主义实验在 21 世纪所发生的转变。在这些话语中，"欧洲"既作为一个多元文化主义失败的案例，同时又被作为一个需要保护的西方价值的堡垒。文章第二部分讨论了创意性的政治干预，揭露了国家之间的紧张态势和矛盾，在德国和欧洲地区，强调历史维度的种族排斥。作者描述了社会排斥的影响，提倡（often syncretic）跨地区的团结和激进主义。在他们不敬的、胡闹的、表演性的政治干预下，社会活动家和艺术家发展一系列策略来反对具有本质主义性质的文化主义，带有本质主义的文化主义支持关于欧洲一体化、多元文化主义以及德国的多元文化主义危机的讨论。

第三期主要是人物访谈，涉及人物有 Lawrence Grossberg, Janice Radway, Andrew Ross, Constance Penley 以及 George Lipsitz。论文有 Jon D. Cruz 的《文化研究和社会运动：美国一个关键的复杂关系》（Cultural Studies and Social Movements: A Crucial Nexus in the American Case）。在 20 世纪 60 年代民权运动前夕，在以青年、多种族及性别运动为先锋的美国政治中，文化研究应运而生。随着学术合法性危机的产生，社会斗争塑造了它的接受能力及其加强学术类型的能力，文化研究与这些社会斗争产生了强烈共鸣。该文对这些历史关系进行了追溯，对把英国文化研究仅仅当做学术的进出口现象的观点提出了质疑。这些被忽视的历史关系形成了美国学术界中文化研究的琐碎性和讽刺性，这导致了双方保守派的反感和左翼的失望。这些历史关系的恢复强调了文化类型价值和威廉斯所提倡的主张，另一方面，也给予了理论家和方法论一个警告。

第四期发表的论文包括：Chris Atton 的《文类和地区文化政治：自由即兴创作的现场经验》（Genre and the Cultural Politics of Territory：The live Experience of Free Improvisation），Frederik Dhaenens 的《YouTube 上的怪异剪辑：基于剧迷的作为怪异抵制形式的肥皂剧再编辑》（Queer Cuttings on YouTube：Re‐editing Soap Operas as a Form of Fan‐produced Queer Resistance），Cheryl Klimaszewski 的《文化遗产保护议程研究：以罗马尼亚为观察点》〔Studying up（and down）the Cultural Heritage Preservation Agenda：Observations from Romania〕，Maija H Majam·ki 和 Virve K P·ysti 的《芬兰和法国为赌博辩护的词汇研究》 （Vocabularies of Gambling Justification among Finnish and French Players），Signe Ravn 的《有争议的身份：青少年娱乐毒品文化中身份的构建》（Contested Identities：Identity Constructions in a Youth Recreational Drug Culture），Ryan S. Trimm 的《带你回来：Beamish 的地区、工业和生活历史技术》（Taking you back：Region，Industry and Technologies of Living History at Beamish）。

Richard L. Kaplan 的《大众社会和革命实践之间：德波〈景观社会〉中的矛盾》（Between Mass Society and Revolutionary Praxis：The Contradictions of Guy Debord's Society of the Spectacle），解释和评价了德波（Debord）的理论。德波理论最大的缺陷是德波拒绝社会生活中文化和交流时必要的中介，而且，他的分析属于大众社会的修辞，在大众社会中，民众被认为没有文化，脱离了社会，易陷入虚假需求的欺骗。为了对抗这个异化的世界，德波与自由地创造社会的集体革命性主体相竞争。然而，无论是异化的大众还是革命性的集体，都依赖于自由个人主义。自由个人主义把个体从个体所在社会中的文化传统和社会关系中抽象出来。

第五期刊登了 Liz Moor 的《超越文化介入？从社会—技术的角度看社会干预的市场》（Beyond Cultural Intermediaries？A Socio‐technical Perspective on the Market for Social Interventions），Giselinde Kuipers 的《大都市的电视买手部落：跨国文化中介的专业精神、个人品味和大都市资本》（The Cosmopolitan Tribe of Television Buyers：Professional Ethos，Personal Taste and Cosmopolitan Capital in Transnational Cultural Mediation），C. Clayton Childress 的《决策，市场逻辑和评级思维方式：美国贸易出版领域的协商 BookScan》（Decision‐making，market Logic and the Rating Mindset: Negotiating BookScan in the field of US Trade Publishing)，Sarah Elsie Baker 的《零售业回顾：阶级，文化资本和风格（再）评估的物质实践》〔Retailing Retro: Class, Cultural Capital and the Material Practices of the（re）valuation of Style〕，Richard E. Ocejo 的《为您服务：当代酒保的意义和实践》（At your Service: The Meanings and Practices of Contemporary Bartenders），Benjamin Woo 的《Alpha nerds：亚文化场景中的文化中介人》（Alpha Nerds: Cultural intermediaries in a Subcultural Scene）。

第六期刊登了 Tammy Castle 的《摩里根崛起：探讨以女性为目标读者的仇恨网站的宣传》（Morrigan Rising: Exploring Female – targeted Propaganda on Hate Group Websites），Nathalie Heinich 的《从语用社会学看当代艺术中媒介人的概况》（Mapping intermediaries in Contemporary Art according to Pragmatic Sociology），Daniel Just 的《艺术和平淡：共产主义下捷克斯洛伐克的流行文化和日常生活》（Art and Everydayness: Popular Culture and Daily Life in the Communist Czechoslovakia），Aneta Podkalicka 和 James Meese 的《"双重转换"：救世军的慈善商店和物质价值与社会价值的重建》（"Twin Transformations": The Salvation Army's Charity Shops and the Recreating of Material and Social Value）。

还有 Anamik Saha 的《定位米娅："种族"，生产的商品化和政治》（Locating MIA: "Race", Commodification and the Politics of Production）。MIA（真名：Mathangi "Maya" Arulpragasam）是为数不多的进入西方主流流行音乐的亚洲音乐艺术家。她在歌词中前景化了反种族和反帝国主义的信息，她取得这种成就的方式可以被看做是一种音乐—政治干预。尽管随之人们对她产生了争议，但这些争议都强调了亚洲艺术家在进军西方流行乐坛时所面对的挑战。然而，米娅音乐生涯中最重要的一点是，在没有陷入亚洲文化所排除的边缘空间的情况下，她是如何成功地摆脱了亚裔身份。这是特定行业实践的结果，这些行业成功地使之带有商品化特色。米娅以这种方式代表了一种有效的差异文化政治，这种差异文化政治的成功视同样有效的生产政治的情况而定。

Michael Serazio 和 Wanda Szarek 的《生产消费者的艺术：对后共产主义时期波兰广告的批判性文本分析》（The Art of Producing Consumers: A Critical Textual Analysis of Post – communist Polish Advertising），对几百篇在关键的历史时刻（20 世纪 90 年代早期，共产主义的崩溃和资本主义市场经济的

兴起）出现在波兰杂志上的广告进行了批判性的文本分析。通过研究在这个象征性的材料中所表现出的焦虑与渴望，更好地理解在深刻的政治过渡时期，新型消费者是如何在意识形态方面被引导的。

3. 《国际文化研究》（*International Journal of Cultural Studies*），Sage公司出版，2012 年发行六期。

在 2012 年 1 月份发行的第一期上发表的论文包括：Mirca Madianou 的《作为透视镜的新闻：羞耻以及中介的象征力量》（News as a Looking - glass：Shame and the Symbolic Power of Mediation），Michael John Wilson 的《"腾出空间，推动时间"：一个苏丹嘻哈团体与他们的衣柜录音工作室》（"Making Space, Pushing Time"：A Sudanese Hip - hop Group and their Ward-robe - recording Studio），Nick Stevenson 的《亚政治的本地化：过渡运动和文化公民权》（Localization as Subpolitics：the Transition Movement and Cultural Citizenship）。

Lothar Mikos 的《旅行的风格：从〈丑女贝蒂〉的国家改编看其审美的差异与相似》（Traveling Style：Aesthetic Differences and Similarities in National Adaptations of *Yo soy Betty，la fea*）值得一提。21 世纪前十年，全球电视景观是一个充满矛盾的复杂领域。在早期的电视节目中，美国是最重要的电视系列节目、电视连续剧、电视游戏节目出口国，但是现在时代发生了变化。无可否认的是，在全球范围内美国依然在出口电视小说方面居于领先地位，不过自从 20 世纪 90 年代西欧撤销了对电视市场的管制之后，英国和荷兰在出口非小说如真人秀等电视节目方面成为领先者，澳大利亚的肥皂剧也行销全球，而拉丁美洲国家则是重要的电视连续剧（尤其是浪漫的肥皂剧）的出口方。21 世纪初期，哥伦比亚电视连续剧《丑女贝蒂》（*Yo soy Betty，la fea*）在全球走红，一些国家购买其版权，然后对之做适当改编，成为本国民众审美可以接受的版本。例如，美国 ABC 电视台将哥版贝蒂改编为《丑女贝蒂》（*Ugly Betty*），德国 German channel Sat. 1 的改编版是《柏林之恋》（*Verliebt in Berlin*），俄国版《丑女贝蒂》则是 *Ne Rodis' Krasivoy*。该文对哥版贝蒂（原版）与德国、俄国、西班牙和美国的改编版进行了对比研究，发现了它们在故事和叙事等方面的相近与不同。

Matthew Hollow 的《完美生活：当代英国社会中的生活方式杂志和乌托邦冲动》（Perfect Lives：Lifestyle Magazines and Utopian Impulses in Contemporary British Society）一文，主要探讨和揭示了当代男性和女性生活方式杂志中的意识形态与风格元素。该文以英国最流行的两个例子（*FHM* 和 *Red*）为焦点，分析了二者使用的语言、描绘的图像以及二者的文本结构。在关于乌托邦主义的新兴文学中，尤其是用理论家 Louis Marin 和 Frederic Jameson 所提倡的"乌托邦"方法，来追寻贯穿男性和女性生活方式杂志中的常见的修辞与规则。最后，根据这些研究，该文提出了这些文本在当代文化和社会中扮演什么角色这一问题。

2012 年 3 月份出版的第二期发表的论文有 Sheenagh Pietrobruno 的《规模和数字：全球知识的微型化》（Scale and the Digital：The Miniaturizing of Global Knowledge），Anna Potter 的《这只是个小小的世界：新媒体星座和迪斯尼的新星：〈歌舞青春〉的全球成功》（It's a Small World after all：New Media Constellations and Disney's Rising Star – the Global Success of High School Musical），Maria Nengeh Mensah 的《被看见和被听到？魁北克日报第一人称艾滋病/艾滋病毒携带者故事的社区解读》（Becoming Visible, being Heard？Community Interpretations of First – person Stories about Living with HIV/AIDS in Quebec Daily Newspapers），David Bissell 的《信息时代的移动见证：旅游评论的力量》（Mobile Testimony in the Information Age：the Powers of Travel Reviews），Paul Grainge 的《歌曲和舞蹈：品牌娱乐和移动促销》（A Song and Dance：Branded Entertainment and Mobile Promotion）。

Stina Bengtsson 的《想象的用户模式：日常生活中的媒体道德》（*Imagined User Modes：Media Morality in everyday life*），研究了日常媒体使用的道德维度，讨论了日常生活中媒体使用的道德经验中的价值观、策略与范式。首先，它确定了与媒体文本和科技有关的三种不同类型的价值观。其次，它讨论了在日常生活中创建道德上正确的平衡的不同策略。最后，它提出"想象用户模式"来深化我们对日常媒体使用的道德维度的理解。想象用户模式是不同科技与文本的预想（preconceptions），与媒体如何影响使用它们的用户这一想法有关。在特定情况下，它们以适当的行为与我们谈判时，它们才会被考虑，因此，它们可以是不同的，这取决于个人的价值观体系和正确的道德行为观念。

2012 年 5 月份出版的第三期发表的论文包括：Rob Shields 的《野生郊区：加拿大麦克莫里堡社会再生产的文化拓扑学》（Feral Suburbs：Cultural

Topologies of Social Reproduction, Fort McMurray, Canada）, Louise C Johnson 的《创意郊区？女人、设计与科技如何更新澳大利亚郊区》（Creative Suburbs? How Women, Design and Technology Renew Australian Suburbs）, Terry Flew 的《创意郊区：反思城市文化政策——以澳大利亚为例》（Creative Suburbia: Rethinking Urban Cultural Policy—— the Australian Case）, Nicholas A Phelps 的《存在争议的郊区亚—创意经济》（The Sub – creative Economy of the Suburbs in Question）, Chris Gibson 等人的《酷社区，创意社区？郊区文化活力的社区认知》（Cool Places, Creative Places? Community Perceptions of Cultural Vitality in the Suburbs）, Alan McKee 的《澳大利亚电视，大众记忆和郊区》（Australian Television, Popular Memory and Suburbia）, Tania 的《"社区在成长"：生态电视中的绿色公民，创意和生活政治》（"There Grows the Neighbourhood"：Green Citizenship, Creativity and Life Politics on Eco – TV）；

　　Mark Gibson 的《郊区的教化：郊区国家的教育》（Bildung in the burbs: Education for the Suburban Nation）, 认为城市决策者对形成一个多元视野的大都市地区越来越感兴趣，对郊区的"空间制造"越来越关注，然而，郊区的文化和教育政策却缺少这方面的内容。从政治的保守方面来讲，尤其是北美和澳大利亚的政治，郊区已被废弃为一个绝对功利主义的场所。冲动在保护郊区远离大都市中的城市"精英"群体方面是消极的。从政治的进步性来看，占主导地位的政治修辞一直是解决郊区的"劣势"。这种观点已经被屈尊降贵和文化精英主义的风险所预示，文化精英主义导致了贫血的"平等"议程，该议程对再分配的外部指标以外的其他东西都不感兴趣。该文表明，重新发掘古典自由主义理论中文化、教育和空间的关系，或许可以成为打破这种僵局的一个途径。该文通过与澳大利亚郊区创意从业者的采访，认为郊区是由来自城市品位的一个自主权定义的，这个观点是有一定道理的，但是，这并不应等同于创新抱负的缺失。该文从威廉·冯·洪堡（Wilhelm von Humboldt）的角度重新审视了"自主"（self – formation）和"教化"（Bildung）这些概念。

　　Wen Wen 的《在城市边缘实现"四宜"：中国杭州白马湖生态创意城项目》（Realizing "Four Comforts" in the Urban Fringe: the Case of White Horse Lake Eco – creative City Project, Hangzhou, China）, 研究了一个位于中国杭

州市中心之外的文化创意产业园区项目——白马湖生态创意城。一个虚构的乡村生活方式是该项目主要的吸引力。通过分析政府政策和发展规划，以及对创始者、经理和创意从业者的采访，该文首先对其地理位置进行评估，即选址对硬件和软件基础设施的影响；然后研究了战略目标中的协同作用和张力，即建立"四宜"城市——宜于居住，宜于商业，宜于旅游和文化；该文最后认为，中国式的文化转换虽然仍然锁定在一个自上而下的意识形态框架之内，但是在这个意识系统中，农村居民和新型"创新阶级"都会得到尊重。

2012 年 7 月份出版的第四期发表的论文包括：Raminder Kaur 的《原子漫画：比喻拟态和绘图科幻》（Atomic Comics: Parabolic Mimesis and the Graphic Fictions of Science），Erik Nielson 的《"警察来了"：监督 Rap 音乐中的抵抗》（"Here Come the Cops": Policing the Resistance in Rap Music），Bonnie Zare 的《大众文化中的"邮购新娘"：殖民表征和缺失话语》（"Mail – order brides" in Popular Culture: Colonialist Representations and Absent Discourse），Megan Le Masurier 的《独立杂志和印刷业的回春》（Independent Magazines and the Rejuvenation of Print），Jeffrey Herlihy 的《关于社会工程和定居美国者文学的反思》（Reflections on Social Engineering and Settler – American Literature），Bartlomiej Brach 的《谁是梅西？马拉多纳与梅西的对比研究》（Who is Lionel Messi? A Comparative Study of Diego Maradona and Lionel Messi）。

2012 年 9 月出版的第五期发表的论文包括：Lori Kido 的《〈最后的风之子〉的影迷活动家和种族政治》（Fan Activists and the Politics of Race in The Last Airbender），Bill Rolston 的《重塑形象：壁画创作和北爱尔兰状况》（Re – imaging: Mural Painting and the State in Northern Ireland），Mark McLelland 的《澳大利亚"虐童材料"立法、网络规范和想象的司法化》（Australia's "child – abuse material" Legislation, Internet Regulation and the Juridification of the Imagination），Yow – Juin Wang 的《作为性别表现的异托邦网络交友网站：台湾异性恋男性约会者的案例研究》（Internet Dating Sites as Heterotopias of Gender Performance: A Case Study of Taiwanese Heterosexual Male Daters），Michael Higgins 等人合作的《好战广播和翻新电视：〈拉姆奇夫人厨房的噩梦〉中的专业无礼》（Belligerent Broadcasting and Makeover Television: Professional Incivility in Ramsay's Kitchen Nightmares）。

　　Michael Chan 的《社会认同动力学和情绪劳动：深圳水疗馆推拿按摩的多重角色》（Social Identity Dynamics and Emotional Labour：The Multiple Roles of the Tuina masseuse in the Shenzhen Spa）一文，利用霍克希尔德的"情绪劳动"这一概念，探讨了中国一个大型水疗馆的中医按摩师的角色。通过民族学的研究，该文发现，随着顾客的不同，按摩师的角色不断地变化，这样的变化表现出情绪劳动的不同形式，可以以心理和经济效益积累转换价值。此外，按摩师有一个很强烈的身份即按摩"专家"，这似乎也支持与情绪劳动联系在一起的消极结果。研究表明，情绪劳动并不是以前人们所认为的是一个稳定和静态的过程，未来的研究应该更多地考虑工作者的机构。

　　2012 年 11 月份出版的第六期发表的论文包括：Tania Lewis 等人合作的《风格亚洲？生活咨询项目对现代性和自我身份的塑造》（Lifestyling Asia? Shaping Modernity and Selfhood on Life – advice Programming），Abraham K. Mulwo 的《艾滋病毒和非洲亚撒哈拉的否定话语：一个黑人乐观主义者的回应？》（HIV/AIDS and Discourses of Denial in Sub – Saharan Africa：An Afro – optimist Response?），Kyle Conway 的《文化翻译、全球电视研究以及美国电视肥皂剧本的发行》（Cultural Translation，Global Television Studies，and the Circulation of Telenovelas in the United States），Neriko Musha Doerr 的《歌唱日本的心和灵：黑人演歌歌手杰诺和日本的种族政治》（Singing Japan's Heart and Soul：A discourse on the Black Enka Singer Jero and Race Politics in Japan），Linzi Juliano 等人的《贴上标签：本体论如何限制身份的阅读》（Tagging it：Considering how onto Logies Limit the Reading of Identity），Emma Blomkamp 的《新西兰电影政策中的合法化话语》（Discourses of Legitimation in New Zealand's Film Policy）。

　　4. 同样隶属于 Sage 旗下的《理论、文化与社会》（ Theory，Culture & Society），2012 年分别于 1 月份的第一期、7 ~ 9 月份的第四、五期以及 12 月份的第七、八期发表特刊或专题。

　　第一期特刊的主题是："记忆、社区和新博物馆"（Memory，Community and the New Museum），该特刊对创伤记忆和恐怖地点进行了研究。在过去的几十年，为了回应女性主义、后现代和后殖民主义批评，博物馆在文化领域重新确定其重要地位。这些新兴博物馆不仅通过改变其叙事，而且还通过协商叙事过程，重新定义其社区功能。它们不仅把自己定义为学术历史的研究空间，并且还是记忆空间。这些新兴博物馆的主要特色是，它们运用不同的策略来调动游客的情感，使游客同情并且认同个体受难者/受害者。通过对不同的地理和历史语境的研究，该专题认为新兴博物馆的全球审美暗示了这些记忆"地点"带给游客的特殊的历史经历，以及这些经历消失的可能性。论文主要包括《记忆博物馆和博物馆文本：丹尼尔·利伯斯金的〈犹太博物馆的媒介间性〉和泽西博尔德的〈奥斯特利茨〉》《创伤地点博物馆和记忆政治：吐斯廉屠杀博物馆，Villa Grimaldi 和博洛尼亚乌斯蒂卡博物馆》《回到恐怖地点：阿根廷秘密集中营的回收改造》等。

第四、五期的主题是"文化拓扑学"（Topologies of Culture）。在社会和文化理论中，拓扑学常常被用来描述权利空间和结构的改变。该专题认为文化越来越具有拓扑性，这充分体现在目前经济、政治和文化生活形式的时空连续性的新秩序中。这些实践不仅通过建立等价性或相似性在不连续的世界中引入一种新的连续性，而且通过重复对比展现和标记不连续性。在这种多重关系下，拓扑变化是恒定的、正常的、内在的，而非外部产生的一种特殊形式，也就是说，经济、政治和文化生活形式通过这些术语的连续性改变而被确认并且变得清晰。该期特刊讨论了拓扑文化的意义，为理解其影响提供了分析框架。主要论文包括《接近和 Da – sein①：存在和时间的空间性》（Nearness and Da – sein：The Spatiality of Being and Time），《文化拓扑学：1736 年 Konigsburg 的七座桥》（Cultural Topology：The Seven Bridges of Konigsburg, 1736），《包含和排除之间：关于全球空间和边界的拓扑学》（Between Inclusion and Exclusion：On the Topology of Global Space and Borders），《基础建设关系的拓扑质量：一个民族志方法》（The Topological Quality of Infrastructural Relation：An Ethnographic Approach），《艾滋病毒、全球化和拓扑学：介词和主张》（HIV，Globalization and Topology：of Prepositions and Propositions），《数据库设备的政府拓扑学》（The Governmental Topologies of Database Devices）等。

2012 年 12 月份的第七、八期的特别专题是"齐美尔研究"，主要探讨齐美

---

① 德语词，da 意为"那里"（there），sein 意为"存在"（being），一般英语译为"存在"（existence）。

尔的著作（如《货币哲学》《齐美尔选集》）、其作品的哲学思想以及齐美尔对生命的思考等。主要论文包括《Soziologie 和 Lebensanschauung：齐美尔作品中两种融合"康德"和"歌德"的方法》（Soziologie and Lebensanschauung：Two Approaches to Synthesizing "Kant" and "Goethe" in Simmel's Work），《齐美尔与现代性对话中的命运、经历和悲剧》（Fate, Experience and Tragedy in Simmel's Dialogue with Modernity），《生命、死亡和个性化：齐美尔关于生命本身的问题》（Life, Death and Individuation：Simmel on the Problem of Life itself），《寻找统一：齐美尔关于作为艺术作品的意大利城市》（In Search of Unity：Georg Simmel on Italian Cities as Works of Art），《齐美尔的完美货币：〈货币哲学〉中小说、社会主义和乌托邦》（Simmel's Perfect Money：Fiction, Socialism and Utopia in the Philosophy of Money），《片段之下和超越片段：齐美尔当代主体性的哲学路径之魅力》（Beneath and Beyond the Fragments：The Charms of Simmel's Philosophical Path for Contemporary Subjectivities），《谎言的制造者：齐美尔、谎言和诚信经济》（The Maker of Lies：Simmel, Mendacity and the Economy of Faith），《货币亦或生活：齐美尔哲学的隐喻》（Money or Life：Metaphors of Georg Simmel's Philosophy）等。

## 三　出版物

这里主要介绍罗德里奇（Routlege）出版集团、塞奇（Sage）出版集团、爱丁堡大学出版社（Edinburgh UP）以及政体（Polity）出版社四家出版社，于 2012 年出版的"文化研究"主题（subject）之下的相关英文著作。需要注意的是，虽然这些出版物都有"文化研究"（cultural studies）这一主题词，但其涵盖的内容并不相同，罗德里奇出版集团（Routlege）在此主题下涵盖了 8 类著作，政体出版社也涵盖了 8 类，不过这些类别也不完全一样。爱丁堡大学出版社则仅涵盖两类，但又与其他主题如性别和传媒研究有交叉部分。政体出版社也是如此，虽然文化研究（cultural studies）主题下著述不多，但列于其他学科如性别研究中的某些著作却可归于文化研究的范围内。这说明即便在欧洲，"文化研究"（cultural studies）这一概念的界定也还未能完全清晰统一。

1. 与上一年度相比，罗德里奇出版集团（Routledge）2012 年文化研究类（cultural studies）著作出版成果丰硕，达到罕见的 224 本，共分为 8 个类别，其中文化理论（cultural theory）48 本，网络文化（cyberculture）19 本，时尚（fashion）1 本，性别（gender）87 本，遗产（heritage）9 本，大众文化（popular culture）35 本，种族（race & ethinicity）17 本，亚文化（subculture）8 本。这里主要介绍文化理论、网络文化以及大众文化三大类的著作。

（1）文化理论类（cultural theory）主要探讨的内容包括视觉文化（如电影、电视、数字技术等）、亚文化、文化混杂、城市与政治、女性、记忆、旅行，以及对文化理论家如福柯、萨义德、布尔迪厄、拉图尔等人的最新研究成果等。

具体作品包括 Jennifer Lynde Barker 著的《反法西斯电影的审美：激进的映射》（*The Aesthetics of Antifascist Film：Radical Projection*）；Frances Robertson 的《印刷文化：从蒸汽印刷到电子书》（*Print Culture：From Steam Press to Ebook*）；Paula Geyh 的《城市、市民与科技：城市生活和后现代性》（*Cities，Citizens，and Technologies：Urban Life and Postmodernity*）；Carl Grodach 和 Daniel Silver 主编的《城市文化政策的政治：全球化视野》（*The Politics of Urban Cultural Policy：Global Perspectives*）；Christine Henseler 主编的《X 一代的全球化：绘制变动中的青年文化》（*Generation X Goes Global：Mapping a Youth Culture in Motion*）；Alexander Styhre 的《机构中的视觉文化：理论及案例》（*Visual Culture in Organizations：Theory and Cases*）；Margaret Beetham 和 Ann Heilmann 主编的《新女性混杂性：女性气质、女性主义和国际消费文化，1880～1930》（*New Woman Hybridities：Femininity，Feminism，and International Consumer Culture*，1880～1930），该书主要探讨女性与现代性之间的张力；Kwok - Bun Chan 主编的《文化混杂性：矛盾和两难》（*Cultural Hybridity：Contradictions and Dilemmas*）；John Lechte 的《西方意象的系谱学和本体论》（*Genealogy and Ontology of the Western Image and its Digital Future*）；Jennie Germann Molz 的《旅行联系：流动世界的旅行、科技和一起》（*Travel Connections：Tourism，Technology and Togetherness in a Mobile World*）；Rowan Wilken 和 Gerard Goggin 主编的《移动科技与位置》（*Mobile Technology and Place*）；Russell J. A. Kilbourn 所著的《影院、记忆、现代性：从艺术电影到跨国影院中的记忆表征》（*Cinema，Memory，*

*Modernity*: *The Representation of Memory from the Art Film to Transnational Cinema* )，通过对欧洲、南北美洲以及亚洲电影的研究，作者认为影院不仅为读者提供了记忆的内容和形式，还提供了自身所处的位置；Julian Hanich 的《恐怖电影中的影院情感：快感恐惧的审美悖论》( *Cinematic Emotion in Horror Films and Thrillers*: *The Aesthetic Paradox of Pleasurable Fear* )；Mark Hayward 主编的《文化研究与金融资本主义：经济危机及以后》( *Cultural Studies and Finance Capitalism*: *The Economic Crisis and After* ) 以及 C. Wait 著的《美国身份的数字化演变》( *The Digital Evolution of an American Identity* )。

对理论家如福柯、萨义德、布尔迪厄以及拉图尔等人的最新研究成果包括：Ranjan Ghosh 主编的《萨义德与文学、社会和政治世界》( *Edward Said and the Literary*, *Social*, *and Political World* )；Lauri Siisiinen 的《福柯与听的政治》( *Foucault & the Politics of Hearing* )；Jeremy F. Lane 的《布尔迪厄的政治：问题与可能性》( *Bourdieu's Politics*: *Problems and Possiblities* )；Tobias Doring 和 Mark Stein 主编的《萨义德的易位》( *Edward Said's Translocations* )；Mark G. E. Kelly 的《福柯的政治哲学》( *The Political Philosophy of Michel Foucault* ) 等。

在文化理论类研究中，Jennifer Lynde Barker 的《反法西斯电影的审美：激进的映射》( *The Aesthetics of Antifascist Film*: *Radical Projection* )，通过对《大独裁者》( *The Great Dictator* )、《广岛之恋》( *Hiroshima Mon Amour* ) 以及《窃听风暴》( *The Lives of Others* ) 等一系列电影案例的分析，探讨了在"二战"、冷战时期所表现出的反法西斯审美及其起源和重现。这些反法西斯电影反对基于霸权、纯粹和景观之上的法西斯审美，反映了失真的激进之美、异质性、碎片化和缺失。该书从电影和文化研究、美学和民族哲学以及社会政治理论中得到启发，认为 20 世纪三四十年代的政治承诺和现代主义表征策略，引发了代表后现代主义的另一种抉择的激进审美形式。

在 Russell J. A. Kilbourn 的《影院、记忆、现代性：从艺术电影到跨国影院中的记忆表征》( *Cinema*, *Memory*, *Modernity*: *The Representation of Memory from the Art Film to Transnational Cinema* ) 中，作者认为电影从一开始就不仅仅是对人类经历的"反映"，而且还是人类经历必不可少的索引方式，这种人类经历主要是对时代的经历、对现在的经历，最重要的是对过去的经历，既包括集体经历也包括个人经历。在电影生产者和接受者日益跨国化的情境下，作者提出一个对好莱坞主流电影和国际艺术电影中记忆表征的对比性的理论，他把欧洲、南美和北美以及亚洲电影作为研究重点，认为电影不仅对观赏者提供了记忆的内容和形式，还提供了自身所处的位置。

Julian Hanich 的《恐怖电影中的影院情感：快感恐惧的审美悖论》（*Cinematic Emotion in Horror Films and Thrillers：The Aesthetic Paradox of Pleasurable Fear*），对为什么我们可以从恐惧中得到快感，为什么有时可以从我们竭力逃避的情感中获得快乐进行了研究。Hanich 通过对恐怖电影如《魔鬼怪婴》（*Rosemary's Baby*)、《沉默的羔羊》（*The Silence of the Lambs*)、《七宗罪》（*Seven* and)、《女巫布莱尔》（*The Blair Witch Project*）的原型场景的分析，把电影中的恐惧分为五类，这比以前的电影研究中的分类更加详细。作者描述了这五类恐惧在身体、时间和社会经历方面的不同，开创了处理这些情感的新方式。Hanich 的研究并没有停留在电影中的恐惧，而是把这种强烈的影院情感扩展到现代世界中：社会关系的脱离、加速和松动。Hanich 认为恐怖电影中强烈的情感、时间和社会经历可以给人们带来快感，是因为它们可以抵消现代性所带来的好恶相克的变化。

C. Wait 著的《美国身份的数字化演变》（*The Digital Evolution of an American Identity*），详细分析了美国的个人主义概念受到了数字化演变的挑战。随着数字媒体对既往印刷文化的冲击，先前关于个体与社区之间关系的假设开始变得可疑起来。当下对于言论自由的争论以及对隐私含义的困惑无不展示了这种挑战的性质。

在探讨文化混杂类著作中，Margaret Beetham、Ann Heilmann 合编的《新女性混杂性：女性气质、女性主义和国际消费文化，1880～1930》（*New Woman Hybridities：Femininity, Feminism, and International Consumer Culture*, 1880～1930），探讨了新女性意义的多样性，并利用"混杂性"（Hybridities）这一概念来阐释"现代女性"的民族多重性和种族多重性，并把现代女性这一形象定位于国际消费文化和女性写作的情景中。该书主要探讨了新女性与现代性之间的张力。

Kwok - Bun Chan 编辑了《文化混杂性：矛盾和困境》（*Cultural Hybridity：Contradictions and Dilemmas*）。全书集中了不同学科的学者关于

日常生活事件的研究，并试图回答这样一个古老的问题：当两种或多种文化相碰撞时，或当东方遇到西方时，会发生什么。该书认为当两种或多种文化相撞时，不应该一直关注文明的碰撞、吸收、转化以及本质主义等结果，而是应该关注对其过程而非结果的分析。更应该注重的是，我们个体在微观、宏观以及全球层次的学习、成长、吸收综合以及创新改革的能力，简言之，就是混杂性（hybridity）。

在对文化理论家的研究中，Torben Elgaard Jensen 的《布鲁诺·拉图尔：混杂世界中的混杂思想》（*Bruno Latour：Hybrid Thoughts in a Hybrid World*），探索了拉图尔如何帮助我们理解不断变化的科学、技术、社会、自然和超越了现代性的政治之间的关系。该书主要围绕其思想的四个核心部分：对科学研究的贡献；现代性兴起和衰落的哲学研究方法；对政治、自然和生态的创新观点；对社会学中著名的 ANT（Actor – Network Theory 行动者网络理论）的贡献。

Ranjan Ghosh 编的《萨义德与文学、社会和政治世界》（*Edward Said and the Literary，Social，and Political World*），研究作为文学批评家的萨义德，论证了萨义德与其他当代主要思想家（包括德里达、保罗·利科、罗兰·巴特和布鲁姆）的关系，同时也研究了他在当代主要思潮的参与（例如音乐、女性主义、新人文主义、马克思主义）。该书还补充了对萨义德作为文学批评家的研究，是萨义德研究不可缺少的重要部分。

Mark G. E. Kelly 的《福柯的政治哲学》（*The Political Philosophy of Michel Foucault*），认为在对福柯的研究中，很多人认为福柯的思想是前后矛盾的、无意义的或者虚无的，因而该书系统地对福柯的政治和哲学思想及权力、主体、抵抗等概念，进行了详细分析，为福柯的时间观念提供了有力的支持。

Jeremy F. Lane 的《布尔迪厄的政治：问题与可能性》（*Bourdieu's Politics：Problems and Possibilities*），是对布尔迪厄政治的一个系统分析，并且试图评估其理论作为一种政治分析工具的特殊性和优越性。

（2）网络文化（cyberculture）主要探讨的内容包括媒体（社会传媒、移动媒体、新闻业以及媒体话语和新科技等）和网络（如赛博朋克、网络暴力、赛博空间以及网络游戏文化、网络赌博）等。

2012 年此领域出版的著作包括：Larissa Hjorth，Jean Burgess 及 Ingrid

Richardson 主编的《研究移动传媒：文化技术，移动通信与苹果手机》（*Studying Mobile Media：Cultural Technologies，Mobile Communication，and the iPhone*）；Kevin LaGrandeur 的《安卓与早期现代文学与文化中的智能网络：人工奴隶》（*Androids and Intelligent Networks in Early Modern Literature and Culture：Artificial Slaves*）；John E. Richardson，Joseph D. Burridge 合编的《媒体原创作者》；Chris Davies 和 Rebecca Eynon 合著的《青少年和科技》（*Teenagers and Technology*）；Ersilia Menesini 和 Christiane Spiel 的《网络暴力：发展、后果、风险以及保护因素》（*Cyberbullying：Development，Consequences，Risk and Protective Factors*）；Trebor Scholz 主编的《数字劳动力：作为操场和工厂的互联网》（*Digital Labor：The Internet as Playground and Factory*）；Ken Hillis, Michael Petit, Kylie Jarrett 合著的《谷歌和搜索文化》（*Google and the Culture of Search*）；Graham J. Murphy, Sherryl Vint 的《超越赛博朋克：一个新的批评视角》（*Beyond Cyberpunk：New Critical Perspectives*）；Robert Williams, Robert Wood, Jonathan Parke 合著的《罗德里奇国际手册：网络赌博》（*Routledge International Handbook of Internet Gambling*）；Christian Fuchs 所著的《批判性传媒与信息研究的基础》（*Foundations of Critical Media and Information Studies*）等。

在媒体研究中，《研究移动传媒：文化技术，移动通信与苹果手机》（*Studying Mobile Media：Cultural Technologies，Mobile Communication，and the iPhone*）一书，不仅讨论了苹果手机作为一种象征、一种文化以及当代移动媒体的一系列物质实践，苹果手机的特点、用途及"影响"，同时也探讨了"苹果手机时代"如何对社会变化做出反应。该书还研究了 21 世纪媒体实践消费文化和网络交流的理论研究方法及系统的方法论。

John E. Richardson，Joseph D. Burridge 合编的《媒体原创作者》，认为在文学和电影研究中形成的"原创作者"这一概念，在当代数字媒体的新实践中被争论、重新定义甚至重新创造。

Chris Davies，Rebecca Eynon 合著的《青少年和科技》（*Teenagers and Technology*），对数字科技在青少年生活中所扮演的角色及青少年对数字科技的观点进行了研究。主要讨论的问题包括：社交网络和在线参与更广泛的社会世界；在网络上建立自我认同和小组成员；家庭里的科技；开发支持学习的科技技术；青少年在走向成年的过程中对科技资源的利用。该书

对 "数字青年" 和大众传媒所引起的夸张焦虑进行了反驳。

在网络文化研究中，Ersilia Menesini 和 Christiane Spiel 的《网络暴力：发展、后果、风险以及保护因素》(*Cyberbullying*:*Development*, *Consequences*, *Risk and Protective Factors*) 较为突出。该书分为两部分，第一部分主要关于网络欺凌的发展过程和可能的相关预测因素，第二部分主要探讨了网络欺凌和面对面欺凌的关系。该书对网络欺凌和网络受害的发展过程和结果提出了新的观点，为未来的研究开启了新方向。

《超越禁忌：网络空间的道德和心理研究》(Garry Young, Monica Whitty 合著) ( *Transcending Taboos*:*A Moral and Psychological Examination of Cyberspace* )。在电视游戏中，谋杀或致残是不是比强奸更容易让人接受？该书并没有对虚拟世界中违反真实世界的禁忌这一行为是对是错进行讨论，而是给我们提供了一种理论框架，以帮助我们理解为什么会产生这样的区别，探索了网络空间中违反离线禁忌的心理影响。作者对以下网络领域进行了研究：描述禁忌意象的 "现实" 地点；社会网站和在线聊天室；在线交友网站以及视频游戏内容。该书对在线和离线行为的道德、伦理和哲学影响进行了全面剖析。

《超越赛博朋克》(Graham J. Murphy, Sherryl Vint 合编) ( *Beyond Cyberpunk*:*New Critical Perspectives* )，超越了 20 世纪 80 年代对网络朋克的狭隘定义，对正在进行的讨论，如信息科技、全球资本主义和人类社会存在如何协商改变等方面进行了探讨。该书提出了对网络朋克多样性的不同观点，以及这种亚体裁从打印小说转变为一种更广泛的文化实践过程中，是如何保持相关性的。

《谷歌和搜索文化》( *Google and the Culture of Search* )。在越来越依赖于搜索引擎的时代里，在网络文化中，搜索技术就是知识和力量。搜索引擎不仅影响我们导航、分类和评价网络信息，还会影响我们对自身和周围世界的观点。该书作者对搜索文化和网络文化中的危险因素进行了研究。

（3）大众文化（popular culture）主要研究的问题可以分为三类：不同地区的大众文化研究，对名人、音乐和影视的研究，以及大众文化与宗教研究。

书目介绍如下：Mounira Soliman, Walid El Hamamsy 主编的《中东和北非的大众文化：一个后殖民主义视角》( *Popular Culture in the Middle East* and North Africa: A Postcolonial Outlook）；Russell W. Belk，Rosa Llamas 主编的《罗德里奇丛书：数字消费》（The Routledge Companion to Digital Consumption）；Claire Taylor，Thea Pitman 的《在线文化生产中的拉丁美洲身份》（Latin American Identity in Online Cultural Production）；Lindsay Steenberg 所著的《当代美国流行文化中的司法科学：性别、犯罪与科学》（Forensic Science in Contemporary American Popular Culture: Gender, Crime, and Science）；Kiran Klaus Patel 主编的《欧洲的文化政治：欧洲文化资本与 1980 年以来的欧盟》（The Cultural Politics of Europe: European Capitals of Culture and European Union since the 1980s）；Anthony Elliott 的《再发明》（Reinvention）；Raymond F. Betts，Lyz Bly 所著的《流行文化史：更多，更快，更亮》（第二版）（A History of Popular Culture: More of Everything, Faster and Brighter, 2nd Edition）；Anastasia Valassopoulos 主编的《阿拉伯文化研究：历史、政治与流行》（Arab Cultural Studies: History, Politics and the Popular）；John A Lent 和 Lorna Fitzsimmons 合编的《转变中的亚洲流行文化》（Asian Popular Culture in Transition）；Belinda Wheaton 主编的《生活方式运动项目的消费和表征》（The Consumption and Representation of Lifestyle Sports）。

Geoff King，Claire Molloy 和 Yannis Tzioumakis 主编的《美国独立影院》（American Independent Cinema: indie, indiewood and beyond）；Eduardo de la Fuente 的《20 世纪音乐和现代性质疑》（Twentieth Century Music and the Question of Modernity）；Geoffrey Baym，Jeffrey Jones 主编的《全球范围的新闻戏拟和政治讽刺》（News Parody and Political Satire Across the Globe）；Helena Goscilo 主编的《作为名人和文化偶像的普京》（Putin as Celebrity and Cultural Icon）；John Champagne 的《法西斯意大利的审美现代性和男性气质》（Aesthetic Modernism and Masculinity in Fascist Italy）；Annette Wannamaker，Michelle Abate 合编的《全球视野下的人猿泰山：从丛林之王到国际偶像》（Global Perspectives on Tarzan: From King of the Jungle to International Icon）；Bronwyn Williams，Amy Zenger 的《流行文化与识字表征》（Popular Culture and Representations of Literacy）；Jerome De Groot 主编的《公众和流行史》（Public and Popular History）；Robert van Krieken 的《名人社会》（Celebrity Society）；Terry Ray Clark 和 Dan W. Clanton Jr. 主编的《理解宗教

和大众文化》（*Understanding Religion and Popular Culture*）；Monica R. Miller 著的《宗教和嘻哈音乐》（*Religion and Hip Hop*）；Jane Northrop 的《反思医疗整形：身体形象、羞耻和自恋》（*Reflecting on Cosmetic Surgery: Body Image, Shame and Narcissism*）；Carl Rhodes, Simon Lilley 的《组织与流行文化：信息、表征和转化》（*Organizations and Popular Culture: Information, Representation and Transformation*）以及 Jane Catherine O'Connor 的《童星的文化意义》（*The Cultural Significance of the Child Star*）等。

《中东和北非的大众文化：一个后殖民主义视角》（*Popular Culture in the Middle East and North Africa: A Postcolonial Outlook*）一书，对中东、北非、土耳其和伊朗在 2000 年到 2010 年的大众文化主体和生产，对电影、动画、音乐、舞蹈、照片文身、小说和广告中的性别、种族、政治和文化问题进行了研究。该书的重要性在于对大众文化研究提出了全新的见解，旨在反驳伊斯兰恐惧症和他者的常规表征，表明大众文化可以影响社会变化，并且改变人们的认知和常规思想。

《在线文化生产中的拉丁美洲身份》（*Latin American Identity in Online Cultural Production*）主要研究了数字网络文化影响下产生的拉丁美洲身份认同。该书主要研究文化产品和实践（如超媒体小说、网络艺术和在线表演艺术以及博客、电影、数据库和其他网络项目等）对拉丁美洲话语所表现出的尊敬，同时对网上流传的西方霸权话语的敬畏，以及这些文化产品和实践的变革和延续进行了研究。

《当代美国流行文化中的司法科学：性别、犯罪与科学》（*Forensic Science in Contemporary American Popular Culture: Gender, Crime, and Science*）对美国大众文化对犯罪电影和电视节目中司法学的痴迷进行了跟踪并提出质疑。在当代影视文化中，犯罪日益被拍摄成为一个科学调查的领域，并且在这一领域中女性专家越来越多。该书的核心之一就是研究女性探员所表现出的专业科学知识的性别特点。作者认为大众对司法科学的痴迷程度取决于他们对（涉嫌的）女性身体的痴迷程度，即与调查案件的女性探员的痴迷程度和案件受害人（大部分是女性）身体的痴迷程度有关。

《欧洲的文化政治：欧洲文化资本与 1980 年以来的欧盟》（*The Cultural Politics of Europe: European Capitals of Culture and European Union since the 1980s*）一书，从"欧洲"这一概念对欧洲文化政策的真正意义入

手，超越了官方机构和政治领域的限制，揭示了以布鲁塞尔为中心的欧洲文明神话，认为欧洲文化政策应被看做为一个彼此相关的多方向的运动。该书集合了政治科学家、社会学家、人类学家和历史学家对欧盟、城市研究和文化研究的不同观点，改变了我们对"欧洲化"的理解。

《转型中的亚洲流行文化》（*Asian Popular Culture in Transition*）一书对韩国、中国、印度的当代消费实践进行了研究，更新和扩展了该地区的大众文化研究。该书对信息科技和全球化的最新进展和变化，是如何影响文化市场、时尚、数字一代、移动文化、女性特质和婚姻广告，以及女演员的形象与表演等问题进行了研究。

《作为名人和文化偶像的普京》（Helena Goscilo 编）（*Putin as Celebrity and Cultural Icon*）一书认为，普京在担任俄罗斯总统和总理期间超越政治而成为俄罗斯的文化符号，该书主要研究普京文化地位的本质，探索他作为一位有远见、有智慧、有道德、身体强壮、魅力无边的英雄形象是如何恢复俄罗斯的世界大国地位的。

《全球视野下的人猿泰山：从丛林之王到国际偶像》（Annette Wanna-maker, Michelle Abate 合编）（*Global Perspectives on Tarzan：From King of the Jungle to International Icon*）试图解读人猿泰山长久不衰的全球吸引力。为什么这个在非洲丛林中被猿猴养大的凶残的小男孩的故事，可以被不同文化语境下的观众所喜爱？为什么同样的叙事可以表达对儿童漫画和奢侈音乐产品的偏见，同时也可以代表充满浪漫想象力的民族话语？该书通过对《人猿泰山》小说、漫画、电视节目、玩具和电影的分析，对这些问题给出了合理解释。同时，作者还对人猿泰山中所表达的帝国主义、民族认同、语言习得、性别构建，人猿泰山对儿童读者的影响，以及对全球文化的影响进行了研究。

与宗教相关的两本著作中，《理解宗教和大众文化》（Terry Ray Clark, Dan W. Clanton Jr. 合编）（*Understanding Religion and Popular Culture*）倡导批判性地思考大众文化实践和产品，尤其是与宗教思考、主题和价值观联系在一起的娱乐形式。该书所涉及的领域包括宗教和食品、暴力、音乐、电视和视频游戏，为理解宗教和大众文化这一研究领域提供了宝贵的切入点。而《宗教和嘻哈音乐》（Monica R. Miller 著）（*Religion and Hip Hop*）则采用宗教研究中的后现代理论和批判方法，探索了宗教学者和理论研究学者是如何用宗教来分析嘻哈音乐的。该书超越了传统的对电影或舞蹈中说唱歌词的分析，以一个全新的方法探索了大众文化形式中宗教的偏执姿态，以及宗教在嘻哈文化中的修辞使用。

（4）亚文化研究类的著作包括：Ayalla A. Ruvio, Russell W. Belk 主编的《罗德里奇丛书：身份和消费》（*The Routledge Companion to Identity and Consumption*）；Henry Jenkins 的《文本偷猎者：电视剧迷和参与文化》（第二版）（*Textual Poachers:Television Fans and Participatory Culture*, *2nd Edition*）；Andy Furlong 的《青年研究：入门》（*Youth Studies:An Introduction*）；Silvia Rief 的《俱乐部文化：边界、身份和他者》（*Club Cultures:Boundaries, Identities and Otherness*）；Kristin Lawler 的《美国冲浪者：激进文化和资本主义》（*The American Surfer:Radical Culture and Capitalism*），该书主要考察美国大众文化（影视、小说、杂志、广告等）中的一个典型类型——冲浪者形象；Aaron Delwiche 和 Jennifer Jacobs Henderson 主编的《参与性文化手册》（*The Participatory Cultures Handbook*）；John R. Hall, Laura Grindstaff, Ming – cheng Lo 主编的《文化社会学手册》（*Handbook of Cultural Sociology*）；Lindsey Michael Banco 的《20世纪文学中的旅行和毒品》（*Travel and Drugs in Twentieth – Century Literature*）等。

（5）值得注意的是，罗德里奇出版集团 2012 年的文化研究类著作中有5 部涉及中国文化研究的著作，包括 Ming Dong Gu（顾明东）所著的《中国主义：东方主义和后殖民主义之外的方法》（*Sinologism:An Alternative to Orientalism and Postcolonialism*）；Mark Stevenson 和 Cuncun Wu 主编的《帝国主义时期中国的同性恋》（Homoeroticism in Imperial China：A Source-book）；Elaine Jeffreys 所著的《中国的嫖娼丑闻》（*Prostitution Scandals in China:Policing, Media and Society*）；Paola Voci 的《视频中的中国》（*China on Video:Smaller – Screen Realities*）；Chee – Beng Tan 的《罗德里奇手册：中国人大流散》（*Routledge Handbook of the Chinese Diaspora*）。

其中 Ming Dong Gu（顾明东）所著的《中国主义：东方主义和后殖民主义之外的方法》（*Sinologism:An Alternative to Orientalism and Postcolonialism*）尤其引人注目。该书探讨了西方长期以来对中国现实的歪曲，19 世纪中期以后中国学者在对中国文化的赞誉和贬毁、对西方的崇拜和妖魔化之间徘徊的心态，以及国际学者对中国文化观点不一等现象。作者认为，西方对中国和中华文明的曲解，不仅仅是因为他们对中国不了解或偏见甚至政治干预，还因为文化无意识中的想当然原则。该书探讨了中国主义的起源、发展、特点和内在逻辑，并对中西方学者（包括孟德斯鸠、赫尔德、黑格尔、马克思、韦伯、罗素、庞德、王国维、郭沫若、顾颉刚、闻一多）作品中所表现出的中国主义进行了批判分析。

Paola Voci 的《视频中的中国》（*China on Video：Smaller - Screen Realities*），第一次深入研究了屏幕现实及其在快速发展的中国媒体空间、实验电影与非主流电影中所扮演的角色，对视频中国提出了新颖幽默的社会和政治批判。在该书中，作者提出"轻"（lightness）这一概念，并把小屏幕电影、电影制作和观看描述为"轻现实"（light realities），用生产成本、分布大小、利润收益、学术和艺术抱负来指出了轻现实的重要性，同时进一步理解"轻"现实的意义。

2. 塞奇（Sage）出版集团 2012 年出版的文化研究类著作也很丰富，列在文化研究（cultural studies）主题下的著作共 36 本，主要分为 4 类：学术类（academic books）19 本，教材（textbooks）15 本，参考书（reference book）1 本，学生用书（student book）1 本。其中学术性著作主要涉及网络、传媒和影视，城市和文化政策，理论家，日常生活和遗产等。

（1）学术类书目如下：Sarah Pink 的《放置日常生活：实践和处所》（*Situating Everyday Life：Practices and Places*）；Margaret Wetherell 的《情感与感情：一种新的社会科学理解》（*Affect and Emotion：A New Social Science Understanding*）；Lisa Blackman 的《非物质身体：情感、体现与思考》（*Immaterial Bodies：Affect，Embodiment，Mediation*）；Sarah Pink 的另一本著作《视觉方法论的进步》（*Advances in Visual Methodology*）；W. James Potter 的《媒体素养》（第六版）（*Media Literacy，Sixth Edition*）；Toby Miller，George Yudice 的《文化政策》（*Cultural Policy*）；Helmut Anheier 和 Yudhishthir Raj Isar 的《文化与全球化：城市、文化政策和治理》（*Cultures and Globalization：Cities，Cultural Policy and Governance*）；Rex Butler 的《波德里亚：真实的辩护》（*Jean Baudrillard：The Defence of the Real*）；Mike Featherstone 和 Roger Burrows 的《赛博空间/赛博身体/赛博朋克：科技体现的文化》（*Cyberspace/Cyberbodies/Cyberpunk：Cultures of Technological Embodiment*）；Nicholas Abercrombie 和 Brian J. Longhurst 的《观众：一种演

出和想象的社会学理论》（*Audiences：A Sociological Theory of Performance and Imagination*）；Wolfgang Welsch 的《非美学》（*Undoing Aesthetics*）；Pertti Alasuutari 的《媒体观众的再思考：新议程》（*Rethinking the Media Audience：The New Agenda*）；Jean Baudrillard 的《消费者社会：神话与结构》（*The Consumer Society：Myths and Structures*）；Andrew Milner 的《阶级》（*Class*）；Engin F. Isin 和 Patricia K. Wood 的《公民权与身份》（*Citizenship and Identity*）；Paul Cloke，Marcus Doel，David Matless，Nigel Thrift 以及 Martin Phillips 合著的《描绘农村：五种文化地理》（*Writing the Rural：Five Cultural Geographies*）；Elizabeth Shove，Mika Pantzar 以及 Matt Watson 的《社会实践动力学：日常生活及其如何变化》（*The Dynamics of Social Practice：Everyday Life and how it Changes*）；Navina Jafa 的《行为遗产：展览行走的艺术》（*Performing Heritage：Art of Exhibit Walks*）；Anjali Roy 的《宝莱坞的魔法：国内及国际》（*The Magic of Bollywood：At Home and Abroad*）。

Helmut Anheier 和 Yudhishthir Raj Isar 的《文化与全球化：城市、文化政策和治理》讨论了政府管理和文化政策是如何在国家和国际环境下展开的，以及在动态的、不断变化的当代城市条件下，全球化、文化生产及文化政策制定所面临的挑战。具体涉及的问题包括：城市文化动态及其对政策的影响，替代经济、创造力、迁移、多样性、可持续性、教育和城市规划等。作者认为城市是感受文化和全球化最敏锐的地方，同时也是对文化和全球化作出回应的场所。该书可视为是理解城市化的现代世界中文化产生和塑造及文化政策的指南。

Mike Featherstone 和 Roger Burrows 的《赛博空间/赛博身体/赛博朋克：科技体现的文化》一书讨论了赛博空间这一新兴领域，及其对人类身体的社会和文化形式所带来的挑战，认为人类身体和科技之间关系的改变为文化表征提供了新内容。同时，作者还考虑了人类体现的现实和虚拟世界的不足。此著作所涵盖的内容包括：人类科技身体的修改、替代和科技义肢；赛博空间、虚拟环境和赛博文化中的人类身体；视觉和文化作品中科技体现的文化表征，以及赛博朋克科学小说作为一个前象征的社会和文化理论等。

而《媒体素养》（第六版，W. James Potter 著）（*Media Literacy，Sixth*

*Edition*）的作者认为，媒体通过塑造我们的信仰和期望而对我们认知世界产生深刻影响。如果我们掌握更多的媒体素养，就可以避免媒体信息潜在的负面影响，同时强化其正面影响。该书对媒体内容、观众和媒体产业进行了具体讨论，并尝试解决媒体所有权、隐私的侵犯、媒体信息隐私、暴力及体育等主要问题。该书语言简洁，内容翔实，可帮助读者对现实世界和仿拟媒体世界有一个更清晰的认识。

主要针对印度电影研究的 Anjali Roy 所著《宝莱坞的魔法：国内及国际》（*The Magic of Bollywood: At Home and Abroad*）认为，印度最重要的文化和艺术武器是宝莱坞的商业电影，宝莱坞的软实力成为在世界范围内传播印度文化和价值观的途径。该书对宝莱坞在南亚及南亚之外的流行度，及其在国际关系和外交中所扮演的重要角色进行了研究。除了文化软实力外，该书还对宝莱坞电影在全球对不同群体的吸引力进行了研究，探讨了它流行的原因以及观众对电影叙事的认同。

（2）教材类书目主要有：Sean Redmond 和 Su Holmes 的《明星与名人：读本》（*Stardom and Celebrity: A Reader*）；Paul du Gay 的《文化的生产与生产的文化》（*Production of Culture/Cultures of Production*）；Jane Stokes 的《如何做传媒与文化研究》（*How to do Media and Cultural Studies*）；John L. Sullivan 的《传媒观众：效果、用户、机构和权力》（*Media Audiences: Effects, Users, Institutions, and Power*）；Paul du Gay 与 Michael Pryke 的《文化经济：文化分析与商业生活》（*Cultural Economy: Cultural Analysis and Commercial Life*）；Andrew Tudor 的《解码文化：文化研究的理论和方法》（*Decoding Culture: Theory and Method in Cultural Studies*）；David Hesmondhalgh 的《文化产业》（第三版）（*The Cultural Industries, Third Edition*）；Wendy Griswold 的《变迁世界中的文化和社会》（第四版）（*Cultures and Societies in a Changing World, Fourth Edition*）；Guy Julier 的《设计的文化》（第二版）（*The Culture of Design, Second Edition*）；David Walton 的《生产文化理论》（*Doing Cultural Theory*）；Anastacia Kurylo 的《文化/跨文化交际：文化的表征和建构》（*Inter/Cultural Communication: Representation and Construction of Culture*）；Vincent Miller 的《理解数字文化》（*Understanding Digital Culture*）；Chris Anderton, Andrew Dubber 以及 Martin James 的《理解音乐产业》（*Understanding the Music Industries*）；

Terry Flew 的《创意产业：文化与政策》（ *The Creative Industries：Culture and Policy* ）；Gillian Rose 的《视觉方法论：视觉材料研究入门》（第三版）（ *Visual Methodologies：An Introduction to Researching with Visual Materials, Third Edition* ）等。

（3）学生用书为 John Hartley，Jason Potts，Stuart Cunningham，Terry Flew，Michael Keane 和 John Banks 编著的《创意产业关键词》（ *Key Concepts in Creative Industries* ）。

3. 爱丁堡大学出版社（Edinburgh UP）出版的文化研究类著作主要分为两类，一是大众文化类（popular culture），一是种族研究类（race & ethnicity）。2012 年大众文化类共出版 6 部著作，种族研究类 4 部，简单介绍如下。

在大众文化类中，Huimin Jin（金惠敏）的《积极受众：文化研究关键词的新唯物主义解读》（ *Active Audience：A New Materialistic Interpretation of a Key Concept of Cultural Studies* ），在对霍尔提出的制码/解码经典模式的批判，以及对 Morley 创立的民族志受众研究进行细读的基础上，提出了一种面向 21 世纪的新的唯物主义受众概念。Petula Sik Ying Ho 和 Ka Tat Tsang 的《香港的性爱与欲望》（ *Sex and Desire in Hong Kong* ），收录了两位作者历时 15 年的性学研究成果，通过对两位作者的观念以及香港性结构的变迁描述，拓展了"性"这一话题的讨论空间。两位作者提出了一个基于社区的对性欲和色情态度进行研究的模式，并对香港的男性同性恋和中年女性的实践进行研究。全书分为五部分，涵盖了性研究领域的精英话语和日常对话、身体及其性器官、身份与性的关系、婚姻关系、多个性伴侣和种内伴侣关系、欲望及其与金钱、幸福和自我的联系等。此外还有 Michael Flynn 和 Fabiola F. Salek 主编的《拍摄折磨：国家恐怖和政治统治的传媒表征》（ *Screening Torture：Media Representations of State Terror and Political Domination* ）以及 Antoine de Baecque 的《相机历史：电影中的本世纪》（ *Camera Historica：The Century in Cinema* ）。

而在 Beng Huat Chua 的《东亚大众文化中的结构、观众与软实力》（ *Structure, Audience, and Soft Power in East Asian Pop Culture* ）中，作者认为东亚的大众文化可以被视作一个完整的文化经济，此经济始于日本、韩国大众文化的兴起，并成为影响汉语大众文化的分配与接受网络中的一个力量。该书以新加坡作为泛亚华裔（Chineseness）为研究重点，对跨文化受众的断裂接受过程、受众形成过程、消费权力的使用及其对国家政治的参与进行了细致分析。在 Michael Bourdaghs 的《再见美国，再见日本：日本流行音乐的地缘政治前历史》（*Sayonara Amerika，Sayonara Nippon：A Geopolitical Prehistory of J - Pop*）中，作者分析了从 1945 年的美国占领到 20 世纪 90 年代的泡沫破裂之后一段时间内日本的流行音乐，认为流行音乐允许日本艺术家和受众假设自己的多种身份，反映了这个国家处于美国霸权下的尴尬处境，以及基于变动不居的地缘政治现实而产生的不确定感。

Daniel Herwitz 的《后殖民地的遗产、文化与政治》（*Heritage，Culture and Politics in the Postcolony*）认为把历史改写为遗产，在当代每一个后殖民国家都是一项蓬勃的产业，这些后殖民国家如同 18、19 世纪的欧洲先行者一样，都是征用遗产机构、博物馆、法庭和大学等，作为宣传提升其团结、悠久、价值观等的有力工具。Geraldine Pratt 与 Victoria Rosner 主编的《全球与私密：当代的女性主义》（*The Global and the Intimate：Feminism in Our Time*）收录了跨学科的 16 篇论文，对跨国关系、经济发展以及文化交换等问题，从独特的女性主义视角加以解读。Robyn Ferrell 的《神圣的交换：全球化语境中的形象》（*Sacred Exchanges：Images in Global Context*）认为，国际艺术市场对土著意象的全球化改变了这类意象在地方和更大语境下的身份、地位、价值以及目的。作者通过对澳大利亚一种土著绘画演变成当代艺术的一种流行形式的分析，追溯了文化交易对艺术、自我以及对他者态度的影响。Ngũgĩwa Thiong'o 的《全球辩证法：知的理论与政治》（*Globalectics：Theory and the Politics of Knowing*）中，作者从个人经验出发，运用黑格尔、马克思以及列维 - 施特劳斯等人的理论，对下列问题进行了探讨：非洲写作中的语言政治、语言帝国主义以及文学的抗拒功能，口语与写作/文学之间的艰难平衡，民族文学和世界文学之间的张力，文学教程在强调和弱化西方经典的作用。

4. 政体出版社近年出版的文化研究领域著述颇多，主要包括教材和文化研究丛书，后者主要包括以下几类：一般文化研究类，文化研究入门类，文化理论类，文化社会学类，大众文化类，宗教与文化类，数字文化/信息时代类，消费文化类，美国研究类以及物质/视觉文化类等。但与上年比，2012 年文化研究类著作出版数量明显减少，仅有 5 本，其中一般文化研究类 4 本，数字文化/信息时代类 1 本。前者有：Bernard Stiegler 所著的《不满个体的不可控制社会：不信任与无信用》（第二卷）（*Uncontrollable Societies of Disaffected Individuals：Disbelief and Discredit，Volume* 2）；Alexandra Howson 的《社会中的身体：入门》（第二版）（*The Body in Society：An Introduction，*2*nd edition*）；Mckenzie Wark 的《心灵感应：传媒、文化与阶级》（*Telesthesia：Communication，Culture and Class*）；Jussi Parikka 的《何谓传媒考古学》（*what is Media Archaeology?*）。后者是 Martin Hand 的《无处不在的照片》（*Ubiquitous Photography*）。

# 《文化研究年度报告》稿约

　　《文化研究年度报告》是由首都师范大学文化研究院和社会科学文献出版社联合主办的连续性学科出版物，由陶东风教授担任主编。《文化研究年度报告》旨在充分展示国内文化研究的学术成果，促进国内外文化研究的交流，成为文化研究的另一个重要平台和品牌，自2011年起每年出版一辑。《文化研究年度报告》推崇有独特新锐的声音、见解、观点，智慧的原创性的文化研究成果，现将有关投稿和选稿要求敬告如下：

## 一　《文化研究年度报告》的常设栏目

　　"年度论文"：精选上一年度国内发表的重要论著，介绍国内外文化研究的前沿动态。

　　"文化研究工作坊"：主要推介和发表国内高校及研究所在文化研究领域涌现出来的优秀学位论文和其他论文，主要以个案研究为主，类似布迪厄的《社会学工作坊》，带有研究示范和实验性；也可以发表有价值的原创性的调研报告和民族志访谈，提倡田野调查。每篇文章后面由作者自己写一个研究经过和心得体会，也可以由导师写出简短评语，以便读者和学者参考。

　　"文化热点评述"：评述上一年度国内外的文化热点话题。

　　"文化研究年度重要论著评述"：主要评述上一年度本领域的重要学术著作和重要集刊。

　　"文化研究大事记"：辑录、整理本年度国内外文化研究领域具有史料性质的事件，如热点现象、机构的成立、重要会议等。

## 二　征稿方式和要求

1. 各高校及研究所的学者可以推荐和自荐稿件，欢迎为"文化热点评述""文化研究大事记""文化研究工作坊"等栏目撰写稿件。

2. 稿件或邮件请发送到《文化研究年度报告》征稿专用邮箱：cswenxuan2010@163.com。来稿必复。

3. 稿件一经采用，推荐者可获赠最新一期的《文化研究年度报告》和《文化研究》杂志各一本，作者可获样书及薄酬。

4. 推荐稿件的学者请留下具体联系方式（手机、邮箱和通信地址），如果能够提供原作者的联系方式我们将不胜感激。

5. 每年度征稿截止时间：当年年底。

6. 稿件以 word 文档为最佳，注释为脚注，具体格式请参照《文化研究》丛刊。如果稿件已发表，请提供刊物的具体期数及查找线索，选用后由编辑录入文字。

《文化研究年度报告》编辑部

**图书在版编目（CIP）数据**

文化研究年度报告. 2012 / 陶东风主编 . —北京：社会科学文献
出版社，2013.11
ISBN 978 - 7 - 5097 - 5270 - 8

Ⅰ.①文…　Ⅱ.①陶…　Ⅲ.①文化研究 - 研究报告 - 中国 - 2012

Ⅳ.①G0 - 12

中国版本图书馆 CIP 数据核字（2013）第 265141 号

## 文化研究年度报告（2012）

主　　编 / 陶东风

出 版 人 / 谢寿光
出 版 者 / 社会科学文献出版社
地　　址 / 北京市西城区北三环中路甲 29 号院 3 号楼华龙大厦
邮政编码 / 100029

责任部门 / 人文分社 （010）59367215　　　　　责任编辑 / 许　力
电子信箱 / renwen@ ssap. cn　　　　　　　　责任校对 / 张兰春
项目统筹 / 宋月华　吴　超　　　　　　　　　责任印制 / 岳　阳
经　　销 / 社会科学文献出版社市场营销中心 （010）59367081　59367089
读者服务 / 读者服务中心 （010）59367028

印　　装 / 北京京华虎彩印刷有限公司
开　　本 / 787mm × 1092mm　1/16　　　　　印　张 / 22.75
版　　次 / 2013 年 11 月第 1 版　　　　　　　字　数 / 366 千字
印　　次 / 2013 年 11 月第 1 次印刷
书　　号 / ISBN 978 - 7 - 5097 - 5270 - 8
定　　价 / 69.00 元